중국조선족 기업의 네트워크

중국조선족 기업의 네트워크

전남대학교 세계한상 · 문화연구 3차총서 ❸

중국조선족 기업의 네트워크

Chinese-Korean Business Network

임채완, 이장섭, 최웅용, 김재기 지음

북코리아

21세기에 들어서 세계적으로 가속화되고 있는 초국가적인 인구이동과 더불어 다문화시대가 도래하면서 민족간 공생의 개념이 점점 확산되고 있다. 이러한 시대적 배경 속에서 이 총서는 2003년 9월 한국학술진흥재단 기초학문육성사업 인문사회과학 분야의 연구과제로 선정된 전남대 세계·한상문화연구단의 '세계한상네트워크 구축과 한민족공동체 조사연구' 사업의 3차년도 연구성과를 집약하여 출판한 것이다.

이번에 출판으로 완성된 3차년도 연구과제는 제1차년도 재외한인 사회의 경제환경 및 문화영역, 제2차년도 재외한인 기업의 경영활동 및 사회·문화영역에 이어 각 영역별로 재외한인의 네트워크 실태를 진단하고 지구적 차원에서 민족네트워크 구축을 위한 전략 및 구체적인 대안을 제시하는 데 초점이 맞추어져 있다.

제1차 총서와 제2차 총서에 이어 세 번째로 발간되는 이번 총서는 『재미한인기업의 네트워크』, 『재일한인기업의 네트워크』, 『중국조선족기업의 네트워크』, 『러시아·중앙아시아 고려인기업의 네트워크』, 『재외한인 민족교육 네트워크』, 『재외한인 권익보호단체 네트워크』, 『재외한인 언론인 네트워크』, 『재외한인 여성공동체 네트워크』, 『재외한인 정보자원 네트워크』, 『재외한인 사회단체 네트워크』, 『재외한인 문화예술인 네트워크』 등 총 11권으로 구성되어 있다. 각 지역별 재외한인사회의 특성을 반영하되 글로벌 수준의 디아스포라 네트워크 구축이라는 공통적인 주제로 집약되어 발간되는 이번 총서는 연구단이 1년간에 걸쳐 수행한 연구성과들이 체계적으로 집약되어 있다. 또한 세부과제팀별로 지구화 시대 글로벌 네트워크 구축이라는 큰 틀 속에서 재외한인들의 자본, 노동력, 정보교류의 특징 등을 상세히 분석하고 있다.

이번 총서는 2005년 9월부터 1년간 67명의 연구원을 비롯해 총 200여명의 국내외 연구자와 현지조사자들이 투입된 연구결과물이다. 이 연구의 대상 및 국가는 재외한인들이 가장 많이 밀집되어 있는 미국, 일본, 중국, 러시아·중앙아시아 지역의 25개 재외한인 거점지역들이다. 연구단이 3차년도에 수집한 연구성과 중에서 재외한인 관련 데이터베이스 및 네트워크 구축의 가치가 있는 주요 성과들을 살펴보면 다음과 같다.

먼저 한상분야에서, 미국한상연구팀은 재미한인 기업연감 4,000개 리스트, 재미한인 9개 금융기관 리스트, 재미한인기업 리스트 252개, LA 재미한인 의류업 리스트 104개 등을 확보했다. 기타 재미한인 사회단체 리스트 341개, 사진 100장, 오디오 파일 20개를 입수했다. 재일한상연구팀은 기업가 리스트 1,059개, 뉴커머 기업가 리스트 195개, 기업가 관련 사진 80장, 개인 디렉토리 12,000여건, 단체 디렉토리 20건 등을 확보하였다. 중국한상연구팀의 경우, 기업 디렉토리 300개, 명함 100장, 기업가 및 각종 사진 900장, 오디오 30여건 등을 입수하였다. 러시아·중앙아시아 한상팀은 고려인 기업 87개, 고려인 자영업자 48개, 고려인 단체 26개, 고려인 교민단체 39개, 한국진출기업 리스트 151개, 한국진출 교민 자영업 리스트 191개 등을 수집하였다. 이처럼 풍부한

자료들은 그동안 공식·비공식적으로 산재하였던 각종 문헌들을 재조
사하거나 현지조사 과정을 통해 직접 입수한 자료들로서 한상의 실태
에 대한 학문적, 실용적 기초자료로서 가치를 지닌다 하겠다.

　다음으로 재외한인 교육연구팀에서는 재미한인학교 100개, 재일조선
인 학교 140개, 중국조선족 학교 240개, 러시아·중앙아시아 한인학교
230개 리스트를 확보하였고, 기타 관련사진 27장, 오디오 파일 33개를
수집하였다. 재외한인 사회단체팀에서는 미국한인단체 100개, 일본한
인단체 100개, 중국한인단체 100개, 개인 디렉토리 60개, 단체 디렉토
리 90개 리스트, 사진 55장을 수집하였다. 재외한인 언론팀에서는 개인
디렉토리 89개, 단체 디렉토리 86개, 국가별 신문과 언론인 사진 60장,
오디오 파일 6개 등을 수집하였다. 재외한인 법률인권팀에서는 개인 디
렉토리 101개, 단체 디렉토리 65개 등을 수집하였는데, 구체적으로 중
국조선족 변호사 리스트 110명, 중국조선족 변호사 인적사항 52명, 중
국조선족 로펌 및 변호사 소개 32건, 재외한인 법적 분쟁 및 제한사례
208건, 재외한인 제한 법령 50건을 수집하였다. 재외한인 집거지 사회
문화팀에서는 개인 디렉토리 197개, 단체 디렉토리 79개, 사진 200장,
비디오 및 DVD 1건, 재외한인 문화예술인 리스트 300개, 재외한인 문
화예술공간 리스트 50개, 재외한인 집거지 사진 550매를 수집하였다.
재외한인 정보자원팀에서는 개인 디렉토리 65개, 단체 디렉토리 57개,
사진 1400장, 오디오 파일 28개, 중국 조선문 정보자원, 중국조선족 자
작곡 및 악보, 동영상 및 영상, 러시아·중앙아시아 고려인 정보자원 등

다수를 발굴하였다. 재외한인 여성팀에서는 개인 디렉토리 377개, 단체 디렉토리 58개, 사진 209장, 오디오 파일 97개, 그리고 여성지도자 활동사 100건, 여성활동가 103명, 재외한인 여성의 사회적 불평등사례 94건, 여성활동가 녹취자료 85건, 재외한인 여성단체 및 복지기관 58개 리스트를 확보하였다.

이처럼 제3차년도 연구총서는 세계 주요 국가에 분포한 재외한인을 대상으로 수집한 자료를 바탕으로, 그들의 경제와 교육, 문화, 사회, 언론, 인권, 여성, 정보자원 등 광범위한 영역에 걸친 활동상황 및 네트워크 구축실태에 관한 풍부한 정보를 담고 있다. 11권의 책들은 주요 한인 집중 거주지역인 5개 지역에 걸쳐 11개 팀의 연구자들이 그동안 조사한 자료를 바탕으로 수차례에 걸친 국제학술회의 등을 통해 전문가 집단의 논평과 보완과정을 거쳤으며 전문가 초청 집담회와 워크숍 등의 과정을 통하여 수정 보완한 내용들을 토대로 완성된 것이다. 이번 제3차 총서 발간을 계기로 해외 각지에 분포된 재외한인의 연결망과 교류실태에 관한 더욱 실감나고 흥미 있는 정보들을 얻을 수 있을 것으로 기대한다. 주지하다시피, 제1차 총서와 제2차 총서의 발간은 국내외 학계와 관련단체는 물론 연구자들의 큰 관심과 반향을 불러 일으켰고 그중 7권은 대한민국학술원과 문화관광부로부터 우수도서에 선정되는 성과를 거두기도 하였다.

우리 연구단은 이번 총서를 통하여 재외한인 연구가 학문적으로 더욱 심화되어 작금에 국내에서 논의되고 있는 '재외동포학' 내지 '디아스포라 연구'가 새롭게 정초되는 기회가 되었으면 하는 바람을 가져본다. 이를 위해서는 재외동포사회에 대한 연구가 일회적 산물로 그치지 않고, 향후 전문교재의 발간, 학제간 강좌의 개발 등 구체적인 프로그램 개발은 물론 '디아스포라와 인문학' '디아스포라 연구의 인문학적 지평' 등 인문학적으로 참신한 의제(agenda)를 개발하여 이를 한국사회 내에 담론화시켜 내는 데 성공해야 할 것이다.

이 총서가 발간되기까지 많은 사람들이 물심양면으로 지원을 아끼지 않았다. 무엇보다도 지난 3년간 현지조사과정에서 만났던 수많은 재외 한인 관련 단체장, 기업가, 연구조력자, 현지조사자의 노고에 깊이 감사드린다. 그분들의 순수한 열정과 도움없이는 이 총서가 완성되기 힘들었을 것이다. 또한 연구과제를 지원해 주고 연구과정이 원활하도록 배려를 아끼지 않으신 한국학술진흥재단의 허상만 이사장님과 관계자들, 전남대학교 강정채 총장님과 산학협력단 관계자들, 국내외 학술회의 참가자 및 전문가, 연구단 홍보를 위해 지원을 아끼지 않으신 사회단체 및 언론사 관계자, 비좁은 연구실에서 밤잠을 설쳐가며 함께 노력해 온 연구단 식구들께 진심으로 감사를 드린다. 또한 총서의 출간을 허락해 준 북코리아출판사 이찬규 사장님과 편집자들께도 심심한 감사의 뜻을 전한다.

2007년 12월
용봉골 연구동에서
세계한상·문화연구단장 임 채 완

오늘날 우리 사회에서 초국가주의와 디아스포라에 관한 담론은 더 이상 낯선 주제가 아니다. 국경을 넘는 지구적인 인구이동 과정에서 새로운 삶의 터전을 형성한 이산민족 집단, 즉 '디아스포라(diaspora)'의 실존적 경험에 관해 한국사회가 학문적인 관심을 갖기 시작한 지 십년이 넘고 있다. 재외한인분야에서 시작한 이러한 관심은 점차적으로 타민족의 경험을 반영한 보편적 디아스포라 현상과 다문화주의에 대한 새로운 담론으로 증폭되고 있다.

한국사회가 건국 후 60년 만에 세계 10위권의 교역강국으로 부상하면서 세계의 주목을 받은 것처럼 재외한인들도 현지에서 경제적 지위나 문화적 영향력을 강화시키며 사회의 주역으로 성장해 왔다. 어느새 145년을 넘긴 한인디아스포라의 역사는 전 세계 174개국에 걸쳐 수많은 한인공동체를 정착시키고 있다. 재외한인은 한반도 전체인구의 10% 정도인 700만 명을 넘어섰다. 이들은 유럽과 북미지역뿐만 아니라 중국, 러시아, 일본, 아프리카, 알레스카, 브라질 등 다양한 지역과 영역에서 활동하고 있다.

재외한인들은 일찍부터 거주지에서 민족고유의 문화유산을 계승발전하면서도 다양한 민족과 교류하면서 현지화를 추구하였다는 점에서 모국에 살고 있는 한국인들보다 먼저 국제화의 길을 개척했다. 모국이 척박한 가난을 극복하고 선진국의 대열에 도달하는 동안에도 재외한인들이 낯선 이역에서 정착해 온 과정은 결코 순탄치 않은 역경이었다. 그러나 민족의식을 결절(結節)로 한 초국가적인 네트워크의 출현으로 세계 각국에 분산되었던 한민족은 통합적인 구심력과 함께 원거리 디아스포라 공동체의 가능성을 얻게 되었다.

그런가 하면 세계 전역에 걸친 한인공동체의 존재만큼이나 한국사회 내에도 지구상의 어느 곳 못지않게 다양한 인종과 민족이 혼거하는 다 문화사회로 변모하고 있다. 1980년대 말 이후 한국에 직장을 구해 장기적으로 체류하는 외국인력은 약 100만 명에 달하고 있다. 인구통계에 따르면 한국에서 국제결혼을 통해 성립된 다문화가정은 전체적으로 11만 쌍이 넘으며 출신국가도 무려 112개국에 달한다. 뿐만 아니라 2025년에는 한국에 상주하는 외국인의 규모는 250만 명에 달할 것으로 보인다. 이처럼 한국은 바야흐로 이민송출국에서 이민대상국으로 변모하고 있는 것이다.

지난 수년간 한국사회는 국제이주여성, 외국인노동자문제 등과 같은 다문화사회의 도전과 충격을 겪으면서 글로벌 시대에 대한 준비의 부족을 질책하는 목소리가 작지 않았다. 재외동포재단, 노동부, 법무부 등의 관련기관에 의해 부분적인 지원책이 모색되었지만, 글로벌 사회공동체 패러다임을 주도할 학술적 기반을 제공하는 전문기관은 많지 않다.

이 점에서 세계한상·문화연구단의 재외한인과 디아스포라 연구는 그동안 근대적 영토공간의 경계 안에 제한되어 있던 민족구성원에 대한 관심을 탈영토적인 공간으로 확장시켰으며, 초국가적인 인구이동의 흐름과 정착과정에 대한 생생한 경험들을 학문적으로 정립하였다는 점에서 의미를 높이 평가할만하다. 더욱이 재외한인에 대한 연구를 보편적인 '디아스포라' 현상에 대한 관점에서 바라보게 함으로써 최근의 다문화주의 담론과 연결시켜 생각할 수 있게 하였다는 점에서 우리 사회에 기여한 바가 크다 하겠다. 세계한상네트워크와 한민족문화공동체 조사연구가 가진 학술적 가치는 디아스포라, 국제인구이동, 해외정보, 초국가 민족연결망, 국제교류, 국제비즈니스 등에 걸친 다양한 학제적 연계성을 제공하는 단초를 마련했다는 점이라 할 수 있다.

전남대학교 세계한상문화연구단이 적극적으로 제기했던 디아스포라 연구의 중요성은 이제 사회적으로 큰 관심사로 등장하고 있다. 첫째, 초국가적 디아스포라 네트워크에 대한 관심이 크게 증가했다. 거대 중국 대륙을 부활시킨 세계 화상(華商), 브릭스(BRICs) 경제권의 축인 인도인상(印商), 미국과 러시아 경제에 막강한 영향력을 가진 유대인네트워크는 글로벌 시대 국가경쟁력의 표상이 되고 있다. 둘째, 노동력의 국제이동에 따른 다양한 사회현상에 대한 관심도 크게 증가하고 있다. 중국, 중앙아, 동남아 외국인노동자의 국내유입이나 한국인의 캐나다, 인도, 호주, 중남미, 북미, 유럽 등 세계각지로의 초국가적 이동현상은 유출국과 유입국 모두의 관심을 증가시켰다.

이 책자는 지난 2003년 8월 이후 3년간 한국학술진흥재단의 지원을 받아 진행된 "세계한상네트워크 구축과 한민족공동체 조사연구"의 연구성과를 집약하여 연구총서 형태로 발간한 것이다. 총서의 매 책장 마다 지난 5년간 이 역작을 발간하는데 참여했던 연구책임자를 비롯한 연구원들의 땀과 노력의 흔적이 각인되어있다. 우리는 해외한인사회에 대한 다양한 기초조사를 바탕으로 엮어진 이 총서가 그 동안 관심영역 밖에 머물던 재외한인 문제에 대한 지속적인 관심과 통찰력 있는 시각들을 제공할 것으로 기대한다.

하나의 책자가 세상의 빛을 보기 위해 생명력을 가지는 첫걸음이 길고 지루한 활자화 과정이라면 두 번째의 생명력은 독자들에게 남겨진 몫이다. 여러 모로 한정된 연구의 제약여건을 극복하고 마침내 활자로 탄생한 이 책의 행간에 축약된 의미들은 독자들이 재해석하고 새롭게 보완해 가야할 것이다. 그렇게 함으로써 이 총서는 단순히 한 시대에 읽도록 재단된 책으로 끝나지 않고, 역사 속에 길이 쓰여지는 텍스트로 완성될 수 있을 것이다. 한 가지 덧붙여 강조하고 싶은 점은 이 책의 진정한 주인이 척박한 이역의 땅에서 민족의 맥을 이어온 재외동포들이라는 점이다. 총서의 한 장 한 장마다 고난의 역사 속에서 명멸을 거듭한 재외동포들의 땀과 눈물이 숨어 있음을 기억하며 넉넉한 마음으로 일독할 것을 추천하는 바이다.

2007년 12월
재외동포재단 이사장   이 구 홍

　새로운 세계경제 질서의 대두와 무한 경쟁이라는 미래 세계 경제변화의 가장 큰 특징은 국경없는 경제의 전개이다. 국경없는 경제활동을 전개하기 위하여 기업들은 세계적인 차원에서 경영자원을 동원·배분하며, 구매, 연구개발, 생산, 판매 등 모든 경영활동을 범세계적으로 전개하는 글로벌화 전략을 추진하게 된다. 따라서 치열한 글로벌 경쟁으로 인하여 기업들에게는 독자적인 기술 및 특화된 제품개발이 필수적으로 요구되고 있다. 그러나 개발된 기술과 제품의 수명이 단축되는 경향을 보이고 있다. 이에 따라 기업들은 정보, 기술, 원재료 및 부품, 자산 등의 교환 기회와 공유를 목적으로 기업간 협력이라는 상호 작용을 증대시키고 있다. 네트워크 전략은 일반적으로 이와 같은 다국적 및 초국적 기업 상호간에 이루어지거나 다국적 기업이 주축이 되어 외국기업 및 진출국 현지기업과 협력관계를 구축하는 형태로 전개된다. 이러한 기업간의 네트워크 전략은 중국진출 한국 기업에게도 예외일수는 없다.

　중국에는 약 5만 여 개의 한국기업이 진출해 있다. 이러한 한국기업의 중국 진출러시는 중국의 개혁 개방 이후 15년간 줄기차게 이어져 왔으며 이러한 열기는 앞으로도 계속될 것으로 보인다. 그러나 블랙홀처럼 빨아들이는 중국의 경제정책 앞에 한국기업은 무기력하며 계속적으로 실패에 실패를 거듭하는 데도 별 대응책을 내놓지 못하고 있는 실정이다.

　중국에는 200여만 명의 조선족이 살고 있으며 이들은 연변조선족자치주를 떠나 심양, 북경, 청도, 상해 등 대도시에서 코리아타운을 형성

하여 살고 있으며 또한 자영업에서 중소기업으로 그리고 대기업으로
성장에 성장을 거듭하고 있다. 이렇듯 성장을 거듭하고 있는 조선족기
업이 중국이라는 블랙홀에서 빠져 나오지 못하는 한국기업에게는 실패
에서 성공으로 이끌어주는 견인차가 될 수 있으며 또한 대안이기도 하
다. 즉 중국진출 한국기업과 조선족기업 간의 네트워크를 통하여 상호
간에 윈-윈전략을 구사하는 것이다. 이에 따라 본연구팀은 이에 대한
대안을 제시하기 위하여 지난 3년 동안(2003. 9~2006. 8) 중국 조선족
기업을 대상으로 기초조사연구를 하였다. 즉 제1차년도인 2003년 9월
부터 2004년 8월까지는 중국 조선족사회의 경제환경 조사를 실시하였
는데 특히 지금까지 아무도 조사한 적이 없는 중국 조선족들의 자영업
(개체호) 실태를 조사하였다. 즉 중국 조선족들의 집거지인 연변과 심
양, 하얼빈, 북경, 청도의 조선족 자영업자 약 1천3백 명을 대상으로 설
문조사를 하였으며 또한 각 지역의 자영업자 중 일부는 선별하여 직접
면담을 하여 「중국 조선족사회의 경제환경 기초조사」라는 제목으로 보
고서를 작성하고 단행본도 발간하였다.

　이어서 제2차년도인 2004년 9월부터 2005년 8월까지 중국의 연변,
심양, 북경, 청도, 상해를 방문하여 중국 조선족기업을 대상으로 면담과
설문조사를 하였다. 면담은 연구대상지역인 5개 지역 조선족기업인 약
30명을 대상으로 이루어졌으며 설문조사는 중국 조선족기업의 경영활
동, 즉 인사, 재무, 생산, 마케팅, 세무 등에 대한 조선족기업의 경영실
태에 대하여 기초조사를 하였다 설문지는 총 291부가 회수되어 「중국
조선족기업의 경영실태 조사」에 대한 분석이 이루어졌으며 단행본도

발간하였다.

제3차년도인 2005년 9월부터 2006년 8월까지는「중국 조선족기업의 네트워크 실태조사」라는 주제로 2차년도 연구대상지역과 같은 연변, 심양, 북경, 청도, 상해 지역에서 각 지역별로 비교적 성공한 기업 30개 업체를 대상으로 면담 조사를 통하여 성공사례를 개발하였으며 다음으로 중국 현지전문가인 공동연구원을 통해 조사된 실패사례를 각 유형별로 개발하였다. 설문조사는 중국 5개 지역에서 총 217부가 회수되어 분석이 이루어졌다. 제3차년도 설문조사의 주된 내용은 중국 조선족기업과 한국투자기업이나 한국에 있는 기업과의 네트워크 실태 그리고 중국기업, 중국내 외국기업, 해외의 외국기업이나 화상기업들과의 상호 협력이나 교류 내용을 조사하였으며 또한 이들 기업과의 수출과 수입, 투자, 기술이전이나 기술도입에 대한 설문조사도 하였다. 이러한 설문 조사와 면담조사 분석을 통하여 중국 조선족기업과 중국 진출 한국기업 간의 한상네크워크 구축 방안을 제시하였다. 따라서 본 저서는 총 5장으로 구성되어 있는데 각 장별 내용을 요약하면 다음과 같다.

제2장은 중국기업의 글로벌화와 화상네트워크로서 중국기업의 글로벌화, 화상네트워크, 중국경제의 발전과 화상의 역할에 대해서 언급하였다.

제3장에서는 중국 조선족기업의 네트워크 사례를 조사하였다. 즉 중국 5개 지역에서 비교적 성공한 조선족기업을 대상으로 성공 사례를 조사하여 분석하였고 또한 네트워크 형태에 따른 기업실패를 3가지 유형으로 나누어 분석하였으며 이에 따른 시사점을 제시하였다.

제4장에서는 중국 조선족기업의 네트워크 실태 설문조사를 하였다.

이 조사는 중국 5개 지역 조선족기업 217개 업체를 대상으로 하였으며 이를 통하여 중국 조선족기업의 네트워크 실태를 파악하였다.

제5장 맺음말에서는 화상네트워크 벤치마킹을 통해서 본 중국 한상 네트워크 활성화 방안을 제시하였다. 즉 화상네트워크와 조선족기업 네트워크를 비교하였고 또한 화상네트워크의 중국 한상네트워크에 적용 가능성을 검토하였다. 또한 중국 한상네트워크 구축에 관한 유인요인과 장애요인을 분석하였으며 이를 통하여 중국 한상네트워크 구축 방안을 제시하였다.

이 연구는 지난 3년 연구의 결론에 해당하는 부분이다. 결론이라고 말은 하지만 기초조사인 만큼 이 연구는 향후에도 계속되어야 하며 그래야만 화상네트워크와 같은 한상네트워크를 구축할 수 있을 것이다.

지난 3년간의 연구과정에서 참으로 많은 분들의 도움과 은혜를 입었다. 연변 서시장의 조선족 자영업자로부터 상해에서 제3자 물류서비스를 통하여 대기업으로 발전해가는 조선족 기업인까지. 그러나 이 연구를 할 수 있도록 오래 전부터 초석을 다져오시고 또한 국내 한상연구의 개척자이신 임채완 세계한상문화연구단 단장님의 한알의 밀알 같은 희생이 없었더라면 이 땅에 한상이란 단어가 없었을 것이다. 그리고 전남 대학교 세계한상문화연구단 중국한상팀의 팀장이신 최웅용 교수님의 헌신적인 지원과 고대영, 배현정, 이동현 등 연구보조원의 도움이 없었더라면 이 연구가 빛을 보지 못했으리라 생각한다. 또한 국가와 민족을 위하여 불철주야 연구에 매진해온 세계한상문화연구단의 연구교수들과 연구보조원들의 무언의 지원에 감사드린다. 그리고 오로지 민족의 발전과 한상네트워크 구축이라는 목표를 위해서 현지 실태조사 과정에서 앞장서 주었던 흑룡강신문사 산동지사장인 박영만 사장의 은혜를 잊을 수 없다. 또한 실태조사 과정에서 어려운 일이 생길 때마다 해결해 주셨던 심양의 윤형중 박사님 그리고 면담과정에서 바쁜 일정에도 불구하고 시간을 할애해 안내와 기업인을 소개해 주셨던 연변 천우그룹의 전규상 회장님, 현지 연구원으로서 설문과 면담 등 헌신적으로 도움을 주었던 연변심리자문센터의 이명선 사장님, 그리고 기업자료를 아낌없이 제공하여 연구에 도움을 주었던 심양 영성실업유한공사의 민영근 회장님, 북경 세종지능유한책임공사의 천걸 회장님, 조선족 여장부 기업인인 청도아위사상포유한공사의 임계환 사장님과 상해 김금자컨설팅유한공사의 김금자 사장님 등 중국 대도시에서 글로벌화된 기업으로 성장해 가는 조선족 기업인 여러분들에게 헌신적으로 협조해준 데 대해서 뜨거운 민족애와 함께 감사의 마음을 전한다. 앞으로 한상네트워크 연구는 계속될 것이며 머지않아 화상네트워크와 같은 한상네트워크가 구축될 것이다. 그러면 이제 세계 곳곳에 퍼져 있는 700만 재외동포 기업인과 모국 기업인이 한상네트워크를 통하여 수출 및 수입과 투자를 할 것이며 윈-윈 전략을 구사할 것이다. 이제 21세기는 네트워크 시대이다. 5,000만 한국인과 700만 재외동포가 한상네트워크를 통하여 상생할 그 날을 기대해 본다.

2007년 12월
저자대표 임 채 완

표 차례

그림 차례

I
머리말

1. 연구의 목적 및 필요성

중국은 1978년 개혁·개방 이후 연평균 9.4% 이상의 경제성장을 지속하고 있는 세계 최대의 성장시장이다. 여러 가지 문제가 있음에도 불구하고 많은 전문가들은 중국경제가 앞으로도 8% 이상 고도성장을 계속 유지할 것으로 전망하고 있다.

한 나라의 경제규모는 국내총생산액(GDP)과 무역액으로 가늠해볼 수 있는데 이 모두에서 중국은 질주를 하고 있다. 국내총생산 규모는 1999년도에 1조 달러를 초과하여 세계 7위가 되었는데, 2003년에는 1조 4천억 달러로 세계 5위로 올라섰고, 2010년에는 2조 달러를 넘어 세계 3위의 경제대국으로 올라서겠다는 계획이다. 이러한 페이스를 유지하면 2020년에는 일본을 추월하고 그 이후는 미국과 선두경쟁을 벌이게 될 것이다. 중국이 2040년에 미국을 제치고 세계 최대의 경제대국으로 부상할 가능성이 있다는 보고서를 낸 것은 다름 아닌 미국계의 골드만삭스 회사이다.

1인당 국민소득은 2003년에 1,090달러를 기록하여 사상 처음으로 1,000달러를 넘어섰다. 그러나 중국에 있어서는 1인당 평균 얼마라는 숫자는 별 의미가 없고 중국의 비중을 나타내는 것과는 별 상관이 없는 단순한 숫자일 뿐이다. 중국은 인구 숫자로 곱하면 엄청난 숫자가 나오고 인구 숫자로 나누면 극히 작아진다는 말이 있기 때문이다(신국호, 2004:22∼23).

많은 중국 연구자들은 중국이 어떻게 현재와 같은 빠른 경제성장을 이룩할 수 있었는지 다각도의 연구를 진행하고 있다. 이들의 연구결과 중 빠지지 않고 언급되는 것이 바로 화교(華僑)의 역할이다.

화교경제인 공동체라 할 수 있는 화상(華商)은 우선 1978년 중국이 진행한 경제개혁 및 문호개방 초기에 자본을 제공했을 뿐만 아니라 향후 중국 정부가 채택해야 할 경제발전 모델까지도 제시해 주었다. 화교들은 또한, 비즈니스 네트워크를 통해 천안문사태 이후 서방의 경제 제재로부터 고통 받는 중국경제를 구해내는 데 커다란 기여를 했다.

한국은 2차 세계대전 이후 해외 수요에 기반한 대외 수출지향적 경제성장 모델을 통해 고도 경제성장을 이룩해 왔다. 하지만, 외환위기 이후 가속화되는 시장개방 및 세계 비즈니스 네트워크 구축이라는 국제 추세에 발맞추기 위하여 많은 노력을 기울이고 있다. 이런 이유 때문에 중국의 경제 개방 과정에서 화교들의 역할이 어떠했는지 면밀히 검토하는 것은 한국 경제에 중요한 교훈들을 줄 수 있을 것이다. 한국 역시 약 7백만 명의 재외동포가 있으며 중국에는 2백만 명의 조선족 동포가 있다. 한국이 지난 10여 년간 대중무역이 지금처럼 발전할 수 있었던 것은 조선족이 한국과 중국 사이의 가교 역할을 훌륭히 했기 때문에 가능했던 것이다. 또한 이들은 소득 수준이 높아지면 한국상품의 소비자, 한국기업의 협력자가 될 가능성이 큰 중국인이라는 측면과 한·중 우호관계에 있어 교량 역할을 할 수 있는 친한 집단이라는 긍정적인 관점에서 이들을 실질적으로 돕는 것이 필요하다.

그러나 한국은 지금까지 조선족 동포들을 상대적으로 경시해 왔으며, 조선족 동포들 역시 한국의 경제발전을 촉진하고 남북한 갈등을 해소하는데 실질적 역할을 하지 못했던 것이 현실이다. 즉, 전체 한국인의 10%에 달하는 재외동포들을 한국의 발전 과정에서 소외시키는 결과를 야기했다. 따라서 현 시점에서 재외동포들이 한국 경제성장에서 기여할 수 있는 일정한 제도적·정책적 조치를 취한 필요가 절실히 요구된다.

21세기는 네트워크 시대다. 세계 각국이 더욱 상호의존적(interdependent)으로 되어감에 따라 비즈니스 네트워크가 세계시장에서 중요한 역할을 하고 있다. 지난 세대를 풍미했던 규모의 경제(economies of scale) 원리는 네트워크 경제(network economies)에 그 자리를 넘겨주고 있다(정영록, 2003:49~51).

본 연구는 중국 조선족기업 네트워크 실태 파악에 중점을 두고 논의하였다. 따라서 먼저 이론적인 배경으로 중국기업의 글로벌화 전략과 화상네트워크, 중국경제의 발전과 화상의 역할 등을 개관하고 이어서 중국 조선족기업 네트워크 실태를 파악하였다. 이를 위해서 2006년 1월부터 4월까지 약 4개월간 중국 연변과 심양, 북경, 청도, 상해 지역의 조선족기업인 200여 명을 대상으로 설문조사를 하여 네트워크 실태를 분석하였으며 각 지역의 조선족기업인 30여 명을 면담하여 이들의 경영활동 과정에서 형성된 기업네트워크를 파악하였다. 이러한 면담과 설문분석 결과를 통해서 중국 조선족기업의 기업네트워크 현황을 분석하였고 이러한 네트워크를 한국투자기업 또는 한국기업과 연결하여 중국 조선족기업과 중국진출 한국기업 및 한국에 있는 기업이 서로 상생할 수 있는 방안을 제시하였다.

2. 연구대상과 범위

1) 연구대상과 내용

연구대상은 중국의 연변, 심양, 북경, 청도, 상해의 5개 지역에서 경영활동을 하는 조선족기업이며, 이 기업들이 경영활동 과정에서 어떤 조직이나 단체들과 네트워크를 구축하고 있는지를 파악하는 것이었다. 즉 본 연구대상인 중국 5개 지역 조선족기업들과 중국 내에 있는 조선족기업 또는 중국진출 한국기업이나 한국에 있는 기업과의 네트워크 구축 실태와 중국기업 또는 외국기업이나 화상기업과의 네트워크 구축 실태를 파악하였다. 한편으로는 중국 조선족기업과 중국 또는 한국에 있는 대학이나 연구소와의 산학연계 네트워크 기초조사와 중국 정부기관이나 금융기관 또는 조선족기업협회나 한국상회, 코트라 등 단체와의 네트워크 구축실태도 조사하였다. 또한 중국 5개 지역 조선족기업들과 한국을 포함한 해외기업들과의 수출 및 기술이전, 수입 및 기술도입과 투자 등에 관한 네트워크 구축실태도 파악하여 분석하였다.

이 연구는 중국 조선족기업을 대상으로 하는 중국 한상 연구의 마지막 연도의 연구이다. 제1차년도에는 중국 조선족사회의 경제환경, 제2차년도에는 중국 조선족기업의 경영활동을 중심으로 연구하였다. 제3차년도 연구는 본 연구의 결론 부분으로서 중국 조선족기업의 네트워크 실태를 조사 분석함으로써 결과적으로 중국 조선족기업 뿐만 아니라 모국인 한국기업과 미국, 일본, 러시아 등 세계한상기업과의 네트워크를 구축할 수 있는 구축방안을 제시한다. 따라서 이 연구의 기초자료 수집을 위해 통계자료 분석과 문헌조사, 조선족기업을 대상으로 한 설문조사와 면담조사를 하였다.

첫째, 통계자료를 분석해야 될 부분은 두 가지로 나누어지는데 하나는 2차자료를 이용한 문헌분석으로 중국기업의 해외투자나 한국투자동향, 화상자본의 규모와 산업구조, 화상기업의 중국투자현황 등이며 다음으로는 중국 현지에서 조선족기업을 대상으로 설문조사한 설문지를 코딩하여 통계자료를 분석하는 일이다.

둘째, 문헌조사는 중국기업과 조선족기업 또는 기업의 글로벌 네트워크 등에 관련된 기존문헌 중 국내외 단행본, 연구논문, 신문, 잡지 등을 수집 분석한다. 주제별로 보면 첫 번째 주제는 중국기업의 글로벌화와 화상네트워크이며 두 번째 주제는 조선족기업의 성공·실패사례조사이고 세 번째 주제는 조선족기업 네트워크 실태설문조사에 관한 연구이다.

셋째, 조사대상지역인 연변, 심양, 북경, 청도, 상해 조선족기업 약 200여 업체를 대상으로 설문조사를 하였다. 설문조사의 주된 내용으로는 조선족기업의 일반현황과 조선족기업이 거래나 교류하고 있는 중국 내 기업 및 해외(한국 포함)기업과의 네트워크, 즉 중국 내에 있는 조선족기업, 한국투자기업, 한국에 있는 기업과의 상호협력이나 교류관계이며 다음으로는 중국 및 기타 외국에 있는 기업 즉 중국기업, 중국내 외국기업(한국투자기업 제외), 해외 외국기업(한국기업 제외), 화상기업과의 교류이다. 다음은 대학(연구소), 정부기관, 금융기관, 단체와의 네트워크이며 또한 조선족기업이 중국내 기업 및 해외(한국 포함)기업과의 수출이나 기술이전, 수입이나 기술도입, 투자에 관한 네트워크를 내용으로 설문조사를 하였다.

넷째, 연변, 심양, 북경, 청도, 상해 등 중국 5개 지역 조선족기업 중 비교적 성공한 기업을 업종별, 지역별로 약 30여 기업을 선정하여 면담을 하였다. 면담내용은 회사형태, 자본, 종업원 수, 연간매출액 등 핵심 기업정보와 경영이념 및 경영전략, 한상네트워크에 관한 구체적인 의견 등을 면담을 통하여 사례를 수집하였다.

한편, 실패사례 수집은 현지에서 직접 경영에 실패한 경영자를 만나서 자료를 수집하는 것이 불가능하기 때문에 현지의 기업 컨설턴트나 변호사, 회계사 등으로부터 20여 개의 실패사례를 입수하여 실패의 원인을 분석하고자 하였다.

2) 연구범위와 지역

본 연구의 범위는 중국의 5개 지역, 즉 연변, 심양, 북경, 청도, 상해 지역에서 경영활동을 하는 조선족기업을 대상으로 하였다. 그러나 본 연구의 주제가 중국 조선족기업의 네트워크 실태에 관한 기초조사이며 또한 조선족기업에 관한 성공사례와 실패사례를 조사 수집하는 것이기 때문에 단지 5개 지역의 조선족기업을 대상으로 한 연구보다는 연구의 범위가 훨씬 넓다고 할 수 있다. 즉 중국 5개 지역의 조선족기업들이 구축하고 있는 중국내 및 해외지역의 네트워크 구축 대상까지를 연구의 대상으로 하기 때문이다.

예를 들면 중국 5개 지역의 조선족기업들과 상호협력이나 교류하고 있는 중국내 조선족기업이나 한족기업 등 중국기업, 한국투자기업, 한국에 있는 기업, 중국내에 있는 해외외국기업, 해외에 있는 외국기업이나 화상기업, 나아가서는 중국이나 한국에 있는 대학이나 연구소 또는 단체와의 네트워크 구축 사례가 모두 연구의 대상이자 범위이다.

구체적인 연구대상 지역은 다음과 같다. 즉 연변 조선족자치주의 경우 연길시를 비롯한 용정시, 화룡시, 도문시, 훈춘시, 안도현이며 이곳에서 기업을 경영하는 조선족기업과 연변대학 또는 연변과학기술대학과 연구소 또는 연길진출 한국기업 등이다. 심양의 경우 구체적인 연구대상 지역은 서탑가, 화평, 심하, 동릉, 철서, 우홍, 고신, 황고, 신성자, 소가툰구 등 심양 전지역이며 또한 이러한 지역에서 기업을 경영하는 조선족기업과 네트워크를 구축하고 있는 심양공과대학이나 연구소 등과 또한 한국 등 해외국가나 지역의 대학이나 연구소 등이다.

북경의 경우는 오도구, 왕징, 엔사, 야윈촌 등 북경 전지역을 대상으로 하며 이러한 지역에서 기업을 경영하는 조선족기업과의 네트워크를 구축하고 있는 해외지역 즉 한국, 미국, 일본, 러시아 등 해외 한민족이 밀집해 있는 집거지역이다.

청도지역의 경우는 청양, 이촌, 리우팅 등 청도 전지역을 대상으로 하며 특히 청도 지역에서 기업을 경영하는 조선족기업들의 중국내 및 해외네트워크도 연구의 범위이자 연구대상 지역이다. 상해지역 또한 상해 전지역에서 경영활동을 하는 조선족기업과 이들과 네트워크가 구축되어 있는 중국내외의 대학이나 연구소 또는 상해진출 한국기업이나 한국에 있는 기업 등 해외외국기업, 화상기업 등이 직간접으로 연구대상지역에 포함된다.

3. 연구방법

1) 통계자료 분석

중국의 연변, 심양, 북경, 청도, 상해 등 본 연구의 대상지역에서 발간한 조선족기업에 관한 통계자료나 중국기업에 관한 중국문헌의 통계자료를 수집 분석하여 본 연구에 활용하였으며 또한 국내에서 발간된 단행본이나 논문, 보고서 등에서 본 연구와 관련된 통계자료를 수집 분석하여 연구에 활용하였다.

설문조사의 경우 현지에서 수집한 설문지를 코딩하여 통계처리를 하였으며 통계처리된 자료를 바탕으로 분석함으로써 본 연구에 활용하였다.

2) 문헌분석

중국 조선족기업 네트워크 구축에 필요한 2차자료로 활용하기 위하여 문헌을 수집 정리하였다. 즉 국내나 중국 등 해외에서 발간된 단행본이나 논문, 연구보고서, 신문이나 잡지 등을 수집하였다.

단행본은 국내에서 발간된 단행본 중 사회네트워크 분석이나 휴먼네트워크와 기업경영, 글로벌경쟁시대의 네트워크전략 등 주로 사회네트워크와 기업네트워크 전략 문헌이며 글로벌 비즈니스나 경영전략, 경영사례연구, 글로벌 경영사례집 등을 수집 분석하여 중국 조선족기업 네트워크 실태조사연구의 이론적 기반이 되게 하였다. 나아가서는 설문조사를 통하여 입수된 조선족기업 네트워크와 면담조사를 통하여 파악된 성공사례나 실패사례 분석을 통하여 도출된 시사점을 기존문헌 분석을 통하여 나타난 결과와 비교분석하여 올바른 결과를 도출하는 데 도움이 되게 하였다.

다음으로 본 연구와 관련된 논문과 연구보고서를 수집 정리하였다. 즉 논문이나 보고서는 주로 국내대학이나 재외동포재단 또는 코트라, 한국수출입은행이나 한국산업은행, 대외경제정책연구원 등에서 발간된 논문이나 연구보고서 중 본 연구와 관련된 연구물만을 수집하였다. 그러나 기존에 발표된 연구보고서나 논문은 단지 화상네트워크나 인상 또는 유대인상의 네트워크만을 연구한 자료일 뿐 한상, 특히 중국 조선족기업에 관한 네트워크 실태조사는 본 연구가 최초이기 때문에 기존의 네트워크 관련 논문이나 연구보고서는 단지 벤치마킹용으로서 참고하였다.

신문자료는 중국 조선족사회에서 발간되는 흑룡강 신문의 동북뉴스(연변, 심양)와 연변일보, 요녕신문, 흑룡강신문의 베이징 뉴스(북경)와 연해소식(청도), 흑룡강신문의 상하이 뉴스(상해) 등에서 본 연구와 관련된 기사만을 발췌하여 활용하였다.

잡지는 북경에서 발행되는 금교, 한울타리, 경제생활 등과 청도에서 발행되는 청도가이드, 산동비즈니스, 상해에서 발행되는 상하이 넷타임 등에서 각 지역의 조선족기업 관련자료나 중국 진출 한국기업 관련 자료를 수집하여 본 연구에 활용하였다.

3) 현지조사

(1) 조사지역

설문조사와 면담조사 대상지역은 연변과 심양, 북경, 청도, 상해 지역이며 이 지역에서 경영활동을 하고 있는 조선족기업이다. 설문조사와 면담조사의 주요 지역과 일정을 보면 다음과 같다.

연변 지역의 경우 2006년 1월 4일부터 7일까지 연변 조선족기업 6개 업체를 면담과 설문조사를 하였으며, 심양 지역의 경우 1월 8일부터 10일까지 심양 조선족기업 6개 업체를 면담하고 설문조사를 하였다. 북경 지역의 경우는 2006년 1월 11일부터 13일까지 6개 업체를 면담하고 동시에 설문조사를 하였으며 청도 지역의 경우 1월 14일부터 17일까지 7개 업체를 면담하고 동시에 설문조사도 진행하였다. 상해 지역의 경우도 1월 18일부터 1월 22일까지 6개 업체의 면담과 설문조사를 동시에 진행하였다. 결과적으로 2006년 1월 4일부터 1월 22일까지 19일간 전임연구원과 연구보조원이 연변, 심양, 북경, 청도, 상해 지역을 방문하여 31개 조선족기업에 대한 면담조사를 하였으며 동시에 설문조사도 병행하여 설문지 31부를 회수하였다.

설문지 회수 현황을 보면 1차적으로 2006년 1월 4일부터 1월 22일까지 중국 5개 지역 현지방문 조사시 31부의 설문지가 회수되었으며 2차로 1월 25일에 설문지 39부가 상해로부터 회수되었다. 3차로 2월 15일에 연변과 심양으로부터 설문지 75부가 회수되었다. 4차로 2월 28일에 청도로부터 설문지 32부가 도착되었다. 5차로 4월 15일에 북경으로부터 40부의 설문지가 도착되었다. 그러나 설문지 코딩과정에서 상해 지역 설문지 39부에 대한 문제점이 발견되어 현지 공동연구원에게 다시 돌려보냈으며 4월 30일에 상해로부터 재작성된 설문지 39부가 도착되었다.

결과적으로 설문지는 연변 48부, 심양 39부, 북경 46부, 청도 39부, 상해 45부 등 총 217부가 회수되어 실증분석에 활용되었으며 면담지는 최종적으로 31개 기업에서 회수하여 성공사례를 개발시 부분적으로 활용되었다.

실패사례조사 자료는 중국 5개 지역 중 심양지역을 표본으로 선정하여 2006년 3월 20일에 현지 공동연구원으로부터 실패사례 15건을 메일로 받았으며 상해지역으로부터 1건의 실패사례를 메일로 받아서 연구에 활용하였다.

(2) 조사 대상자

① 설문조사

설문조사 대상자는 중국 조선족기업이다. 즉 중국 5개 지역(연변, 심양, 북경, 청도, 상해)에서 경영활동을 하는 조선족기업의 네트워크 실태를 조사하였다. 설문지 회수 결과에 의하면 중국 5개 지역 조선족기업인들로부터 총 217부의 설문지를 회수하였는데 지역별로 구분해 보면 연변 48부, 심양 39부, 북경 46부, 청도 39부, 상해 45부로서 합계 217부이다. 전체 설문지 회수 조선족기업 217개를 업종별로 구분해보면 서비스업 부문 114개(연변 25개, 심양 15개, 북경 31개, 청도 18개, 상해 25개)이며 이는 전체의 55%를 차지하였다. 제조업 부문은 46개(연변 4개, 심양 12개, 북경 5개, 청도 14개, 상해 11개)이며 이는 전체의 23%를 차지하였다. 도소매 부문은 44개(연변 14개, 심양 12개, 북경 10개, 청도 4개, 상해 4개)이며 이는 전체의 22%를 차지하였다.

중국 조선족기업 대상의 부문별 특징을 보면 서비스업 부문에서는 무역업의 비중이 가장 높았으며(10%), 제조업 부문에서는 전기·전자·기계기구제조가 가장 높은 비중(7%)을 차지했다. 도소매 부문에서는 전자·전기제품 판매점의 비중이 높은 것(4%)으로 조사되었다.

설문조사는 중국 5개 지역 조선족 공동연구원의 협조로 이루어졌다. 먼저 전임연구원과 연구보조원이 중국 각 지역을 방문했을 때 지역책임자인 공동연구원과 지역에서 설문지 작성과 회수를 도와줄 대학원생들을 대상으로 설문지에 대하여 철저하게 교육을 시키고 현장에서 설문지 작성시 오류를 범하지 않도록 관리하였다.

② 면담조사

2006년 1월 4일부터 1월 22일까지 19일간 연변, 심양, 북경, 청도, 상해 지역의 조선족기업인 31명을 면담하였다. 면담대상기업은 각 지역 조선족기업 중 자본금이나 매출액, 종업원 등 규모면에서 비교적 크고 성공한 기업을 대상으로 면담을 하였다. 심층면접 내용으로는 기업의 개요, 자본금, 종업원 수, 연간매출액 등이며 또한 경영자의 경영이념과 경영전략, 한상네트워크의 필요성 등에 관하여 질문하였다.

   면담일정과 면담지역, 면담대상기업은 아래와 같다.

□ 연변 조선족기업(2006년 1월 4일~1월 7일)

- 길림천우집단(전규상 동사장)
- 길림원항건설그룹유한공사(강철 회장)
- 길림신원집단(김창익 동사장)
- 연변심리자문센터(이명선 사장)
- 연변국제무역대하유한책임공사 (최정금 회장)
- 천지실업유한공사(김일록 회장)

□ 심양 조선족기업(2006년 1월 8일~1월 10일)

- 심양도래미찬음유한공사(정기철 총경리)
- 환서인증유한공사(윤형중 박사)
- 신대원장식재료유한공사(홍금표 동사장)
- 심양영성실업유한공사(민영근 동사장)
- 무순시대흥문창장(신영옥 총경리)
- 심양동해삼명전장유한공사 (박명선 동사장)

□ 북경 조선족기업(2006년 1월 11일~1월 13일)

- 북경세종지능유한책임공사(천걸 동사장)
- 북경대우창업상무유한공사(우중렬 총경리)
- 북경희리양광과기발전유한공사(김영 총경리)
- 북경 차이나-코리아닷컴(이동춘 동사장)
- 북경우씨창의과무유한공사 (우선옥 총경리)
- 북경북진국제여유공사(허성일 총경리)
- 북경금잔디유치원(김혜민 원장)

□ 청도 조선족기업(2006년 1월 14일~1월 17일)

- 청도서한안전기술유한공사(김철주 총경리)
- 우신산업주식회사(한영권 상무이사)
- 청도유일가방유한공사(염병송 동사장)
- 금룡비치업고문유한공사(이성 총경리)
- 청도개성복장복식유한공사 (김문식 대표이사)
- 청도금미광공무유한공사(김익성 동사장)
- 청도아위사상포유한공사(임계환 동사장)

□ 상해 조선족기업(2006년 1월 18일~1월 22일)

- 상해김금자기업관리컨설팅유한공사 (김금자 총경리)
- 상해예예복장유한공사(우철의 동사장)
- 상하이넷타임광고유한공사(안귀선 총경리)
- 상해가사룡상무유한공사(이만호 총경리)
- 상해애시안진출구공무유한공사 (김진영 회장)
- 상해한강건축모판유한공사(최용군 총경리)

③ 사례조사

성공사례는 5개 지역(연변, 심양, 북경, 청도, 상해)에서 면담한 기업 중 각 지역에서 가장 성공가능성이 있는 기업 1개 회사를 선택하여 사례개발을 하였다.

<표 Ⅰ-1> 성공사례 개발 대상기업(5건)

지역	기업명	경영자	업 종
연변	길림천우집단	전규상 동사장	건설, 부동산, 무역, 노무송출, 직업학교
심양	심양영성실업유한공사	민영근 동사장	투자회사(단독투자, 대지분참여, 주식참여)
북경	북경세종지능유한책임공사	천 걸 동사장	제조업(소방전자)
청도	청도아위사상포유한공사	임계환 동사장	제조업(가방)
상해	상해김금자기업관리컨설팅유한공사	김금자 총경리	서비스업(기업컨설팅)

실패사례는 중국 5개 지역 중 「심양지역」을 표본으로 선정하였으며 현지공동연구원을 통하여 총 15건의 실패사례를 입수하였으며 추가로 상해지역에서 1건의 실패사례를 입수하여 사례개발에 활용하였다. 실패사례의 개발을 아래와 같은 '투자형태에 따른 기업실패의 유형'별로 분류했다.

<표 Ⅰ-2> 투자형태에 따른 기업실패의 유형 사례(5건)

기업유형	실패사례
조선족기업과 한국기업	(사례1) 중외합자기업의 지분양도 실패 (사례2) 판매관리 부실로 인한 실패 (사례3) 세무전략수립 실패
조선족기업과 한국기업 · 한족기업	(사례) 중국기업의 지분양수도 잘못으로 인한 실패
조선족기업과 중국(홍콩)기업	(사례) 경영실패

(3) 조사도구

중국 5개 지역을 방문하기 전에 국내에서 현장조사를 위한 사전준비를 철저히 하였다. 즉 면담조사와 설문조사를 하기 위하여 디지털카메라와 녹음기, 노트북컴퓨터, 건전지, 로밍휴대폰, 현지지도, 면담할 기업명단과 날짜별 지역별로 작성된 현지탐방 세부일정표, 심층면접 내용이 담긴 면담지 50부, 설문지 50부 등을 준비하였다.

연변, 심양, 북경, 청도, 상해 등 각 지역을 방문하기 전에 방문지에서 작성해야 할 설문지와 면담지를 체크하였으며 현지공동연구원으로 하여금 미리 면담대상기업을 2배수로 선별 작성하여 제출하도록 하였다. 전임연구원은 현지 공동연구원에게 2배수로 선별 작성된 명단에서 최종적으로 방문지역의 일정을 감안하여 방문대상기업의 최고경영자와 상의하여 면담장소와 시간을 확정하도록 지시하였다.

면담지역에 도착 후 미리 계획된 일정대로 진행하되 면담기업 방문 1~2시간 전에 반드시 전화를 하여 다시 한 번 확인을 한 후 기업체를 방문하였다. 동사장이나 총경리 등 최고경영자와 면담할 시에는 전임연구원이 약 1시간 동안 직접 면담지에 있는 내용에 따라 질문하여 답변을 유도하였으며 최고경영자의 답변은 녹취와 동시에 메모를 하였다. 녹취와 메모가 끝난 후 연구보조원이 최고경영자의 사진을 찍었으며 이어서 약 30분간 설문지를 작성하였다. 설문지 작성이 끝나면 회사내부와 공장의 생산 현장을 최고경영자의 승낙 하에 사진을 촬영하였다. 면담이 끝나고 숙소에 돌아오면 당일에 방문했던 면담대상기업의 최고경영자에 대한 녹취록과 사진들을 컴퓨터에 날짜별로 저장하였다.

설문지는 현지공동연구원의 책임 하에 각 지역당 40부 정도 작성하도록 하였으며 40부의 설문지는 그 지역의 업종별 특성에 근접하도록 안배하여 작성되도록 하였다. 설문지는 전임연구원이 현지공동연구원과 설문지를 직접 작성할 대학생이나 대학원생을 대상으로 설문지 내용에 대한 교육을 철저히 시켰다.

연구대상지역에서 설문지가 회수되어 도착하면 연구자가 의도하는 데로 작성되었는지 검토하였으며 오류가 있는 설문지는 다시 반송하여 재작성해 보내오도록 하였다. 중국 5개 조사대상지역 현지 업체를 방문시 면담업체의 내부자료나 회사소개용 책자, 홍보자료들을 최대한으로 확보하여 귀국 후 성공사례를 개발시에 보조자료로 활용될 수 있도록 하였다. 귀국 후 사례를 개발할 때 부족한 자료는 이메일이나 팩스로 보내줄 수 있도록 유대관계를 강화하였으며 상호교환한 명함 등을 통하여 교류함으로써 연구에 도움이 되도록 하였다.

(4) 조사자료 분석

회수된 설문지는 SAS와 EXCEL을 이용하여 통계분석을 실시하였으며 분석된 결과물을 통하여 중국 전체 조선족기업의 네트워크를 파악하는데 주안점을 두었다. 또한 중국 5개 지역 조선족 기업인들 간의 네트워크 실태 비교분석을 통하여 한상네트워크를 구축할 수 있는 시사점을 도출하는 데 초점을 맞추었다. 좀 더 구체적으로 보면 중국 조선족기업 대상의 설문조사 분석을 통하여 중국 조선족기업과 중국내 기업 및 한국을 포함한 해외기업이나 대학, 연구소, 정부기관, 금융기관, 단체 등과의 네트워크 실태를 파악하고 또한 수출 및 기술이전이나 수입 및 기술도입, 투자 등의 네트워크 실태를 파악하여 시사점을 도출함으로써 한상네트워크를 구축할 수 있는 방안을 마련하였다.

또한 중국 5개 지역 즉 연변, 심양, 북경, 청도, 상해 지역 조선족기업인들과의 면담을 통하여 성공사례를 개발하고 성공요인을 분석하였다. 그리고 네트워크 형태에 따른 다양한 기업실패의 유형을 개발하고 실패요인을 분석하였다. 결과적으로 성공·실패사례를 통해서 본 시사점과 설문조사를 통해서 본 시사점을 비교 분석하여 조선족기업 간 또는 세계한상기업 간의 네트워크를 구축할 수 있는 시사점을 도출하였다.

4. 선행연구 검토

1) 경영 · 경제네트워크 연구

이중우(2005)는 「글로벌 경쟁시대의 네트워크 전략」이라는 연구를 통하여 격심해지는 국제경쟁 속에서 한국기업들이 직면한 경쟁력 강화 문제를 기업 간 정보와 자원교환의 상호작용을 바탕으로 수립한 네트워크 전략의 수행을 통하여 해답을 제시하고자 하였다. 이 연구에서는 한국 대기업그룹의 글로벌화를 위한 전략적 경영방안을 제시하고 최근 선진국 기업들의 네트워크 전략 수행 사례들을 심도 있게 분석하였으며 최근 한국기업의 국제화 전략변화와 네트워크 전략 추진 사례를 심층적으로 분석하였다.

또한 한국의 인터넷 벤처기업과 한국의 자동차 산업, 한국의 의료산업에 대한 경영혁신과 네트워크 구축전략을 분석하고 방안을 제시하였으며 결론적으로 해외 선진기업들이 첨단산업에 수행한 네트워크 전략을 간략하게 재조명하고, 향후 국내기업의 네트워크 전략 추진에 관한 시사점을 제시하였다.

이 연구는 한국기업의 글로벌화를 위한 전략경영을 국제네트워크 전략을 통하여 상생할 수 있는 방안을 사례를 통하여 제시한 선진적인 연구이다. 이 연구는 국내에서 기업네트워크에 관한 연구가 일천한 상황에서 사회학에서 발달한 네트워크 개념을 기업에 적용시킴으로써 글로벌화된 국제 경영환경에서 살아나갈 수 있는 기업의 생존전략을 제시한 연구라는 점에서 큰 의미를 가지는 반면에 한국기업만을 대상으로 연구하고 사례를 제시했다는 아쉬움을 갖는다.

정명호 · 오홍석(2005)은 「휴먼 네트워크와 기업경영」의 연구를 통하여 직장 내에서 구축되는 인간관계 형성과정을 인사관리 측면을 통하여 파악하려고 노력하였다. 이 연구의 주된 핵심은 사람들은 기업에서 어떻게 사회적 관계를 형성하는가, 이러한 사회적 관계의 특성은 기업경영에서 어떠한 효과를 발휘하며 어떻게 활용될 수 있을까에 대한 해답을 제시하고자 노력하였으며 또한 기업 내에서 이루어지는 휴먼네트워크가 얼마나 중요하고, 어떻게 기업경영과 관련되는지를 연구를 통하여 파악하고 분석하였다. 이 연구의 내용은 첫째, 휴먼네트워크와 네트워크 관점에서는 기업내 네트워크의 유형을 제시하였으며 둘째, 휴먼네트워크와 기업경영에서는 조직적응 과정에서 네트워크의 효과, 다운사이징과 휴먼네트워크 등을 언급하였으며 셋째, 휴먼네트워크와 조직성과에서는 창의성 경영과 네트워크 관리 등을 제시하였다. 이 연구는 기업 내에서 벌어지는 복잡한 인간관계를 이해함으로써 직원 간의 갈등을 해소할 수 있는 인사관리 측면의 연구물로서 가치가 있다,

손동원(2005)은 「사회네트워크 분석」 연구를 통하여 「사회네트워크 분석」이라는 과학적인 방법론을 소개하고, 또 그 방법이 경제현상과 경제행위를 설명하는데 주는 의미와 가치를 논의한 연구이다. 연구자는 사회네트워크 분석이 '경제현상'에 대한 정확한 이해에 커다란 도움을 주는 방법임을 강조하면서 다음과 같이 경제행위에 대한 사회네트워크의 의미를 설명하였다.

"경제행위자인 개인과 기업을 설명하는데 사회네트워크라는 비경제적인 의미를 가진 도구와 관점이 제공하는 가치는 정말로 크다. 우리가 사회네트워크라고 할 때, 네트워크를 구성하는 각 노드는 한 사람 개인으로 생각하는 것이 가장 쉬운 출발이며, 그것을 관심에 따라 기업, 국가, 부서, 팀, 조직 등의 각 개체로 확대하면 될 것이다."

이 연구는 기존 네트워크 이론 위에 경제행위를 접목시킨 연구로서 기업네트워크 연구와는 그 방향성이 다르다.

조영복·김성규(2004)의 「네트워크 조직과 경영전략에 관한 연구」는 인터넷 발달과 글로벌 경영환경에 적합한 전략과 조직을 연구하기 위해서 네트워크 조직에 대한 이론적 개념과 기업이 네트워크 조직을

구축하고 활용하여야 하는 필요성을 고찰하고 성공적으로 국제적인 네트워크를 구축하는 전략방향을 제시한 연구이다. 그러나 이 연구는 국제화 시대 기업의 글로벌화를 위한 네트워크의 필요성과 글로벌 경영전략을 제시했을 뿐 실제적인 사례나 설문조사를 통한 네트워크 실태를 파악한 연구가 아니라는 데 한계가 있다.

2) 화상네트워크 연구

임채완(2005)의 「한상과 화상네트워크의 현황 비교」 연구는 세계적인 규모의 화상과 한상의 네트워크 구조, 규모, 그리고 경제와 문화교류의 가장 큰 장이자 오프라인 네트워크라 할 수 있는 화상대회와 한상대회의 현황 및 특성을 분석한 연구이다. 이 연구를 위한 자료는 주로 한국과 중국에서 생산된 통계자료와 문헌들을 분석하였으며, 한상 및 화상네트워크와 관련된 사이트 자료들을 참조하였다. 또한 현재까지 조사연구된 전남대학교 세계한상문화연구단의 연구성과도 함께 참조하여 구성한 연구이다.

이 연구는 세계한상네트워크를 구축하는 전초단계로서 온라인과 오프라인 상에서 한상과 화상네트워크의 현황을 분석하고 시사점을 찾아내는데 시의적절한 연구이다. 이러한 연구의 토대 위에 계속 업그레이드된 연구를 통하여 세계한상네트워크를 구축하는 연구의 초석이 될 것이다.

왕샤오핑·박정동(2004)의 「화인형 기업경영」 연구는 국내에서는 불모지라고 할 수 있는 화인계 자본의 기업경영에 대한 연구를 저서로 발간하기는 최초이다. 이 연구에서는 화인사회의 변천과 화인계 자본의 동향, 화인계 자본의 기업가정신, 화인계 자본의 기업지배구조, 재무구조, 사업네트워크 변천, 화인계 제조업 자본의 경쟁력 평가, 한국화인계 자본의 경제활동 등을 다루었다.

이 연구는 자료수집의 어려움과 화인경제의 상황파악 곤란함, 화인의 복잡한 민족문제, 화인계 기업 경영자의 설문조사 및 인터뷰의 소극성에 따른 자료 확보의 어려움에도 불구하고 화인들의 기업경영을 파악하고 분석했다는 점에서 화인형 기업경영을 연구하는 연구자에게는 연구의 초석이 될 수 있는 중요한 연구 자료이다. 그러나 아쉬운 점이 있다면 화인들의 기업경영연구를 통하여 해외 한상들의 한상네트워크를 구축할 수 있는 방안을 제시하지 못한 한계점이 있다.

재외동포재단(2003)의 「현대 중국 건설과 화교의 역할」은 기본적으로 '화상네트워크의 구축'을 보다 효율적으로 성사시키기 위해서 화교네트워크의 구축과정과 중국 정부의 대화교정책의 변화과정 등을 중점적으로 다룬 연구이다. 이러한 맥락에서 본 연구는 대체로 화교의 현황 및 화교자본의 현황, 화교네트워크, 중국과 대만의 화교정책 및 화교의 공헌 그리고 마지막으로 재외동포정책 수립에 대해서 기술하였다.

본 연구는 보고서 형식을 통하여 화교와 중국과의 관계 그리고 세계 화상네트워크의 벤치마킹을 통한 한상네트워크 구축 가능성 검토 등을 통하여 우리의 재외동포정책에 적용 가능성을 타진하였다. 본 연구는 화상네트워크의 한상네트워크 구축에 적용 가능성을 검토한 측면에서는 중요한 연구라고 판단되나 화상네트워크를 한상네트워크에 적용하기 위해서는 화상네트워크의 연구와 아울러 세계 곳곳에 퍼져 있는 한상들의 네트워크 실태와 현황 등을 설문조사와 면담 등을 통한 기초자료 수집이 선행되어야 하는 데도 불구하고 본 연구는 단순한 이론적인 검토에 그친 점이 아쉬움과 동시에 한계점으로 남는다.

정영록(2003)의 「화교 비즈니스 네트워크가 한국에 주는 함의」는 화교비즈니스 네트워크를 벤치마킹하여 재외동포정책 또는 한상네트워크에 적용을 시도해보려는 연구이다. 화교 비즈니스 네트워크와 관련하여 화교 비즈니스 네트워크가 지금까지 성공적으로 작동되고 있는지 알아보았고 또한 중국 경제의 성장과 화교의 역할, 즉 화교 비즈니스 네트워크가 어떻게 발전되어 왔는지 살펴보았다. 마지막으로 재외동포에게 주는 함의를 논의하였다.

본 연구는 이러한 주제로 다른 기존 연구와는 달리 논리의 전개가 보다 구체적이고 세부적이다. 특히 본 논문은 화교의 성립발전 및 중국과 싱가포르의 화교들에 대한 정책, 화교의 중국 경제발전에 기여한 부분에 대해 매우 잘 설명하고 있다. 그러나 본 논문이 간과한 논의의 빈약성이 몇 가지 있는데 그 중에서 가장 중요한 것은 화교 비즈니스 네트워크를 재외동포정책에 적용가능한가를 파악하는 일이다. 즉, 해외한상들에 대한 면담이나 설문조사를 통한 기초자료를 활용하여 해외 한상들이 현재 어떻게 비즈니스 네트워크를 구축하고 있으며 활용하고 있는가에 대한 구체적인 자료의 제시에 대한 언급이 없다는 점이 한계점으로 남는다.

5. 중국 한상네트워크의 모델

중국 조선족기업 네트워크 실태조사를 통한 중국 한상네트워크 구축에 있어서 본 연구에서 활용한 네트워크 모델은 다음과 같다. 즉 기초연구인 경영·경제 네트워크나 화상네트워크를 검토한 결과 본 연구에서 활용할 수 있는 모델로서는 이중우(2005)의 모델이 있다. 이중우의 기업네트워크 대상 모델에는 여러 종류가 있으나 그 중에서 한국기업의 중국진출에 관한 네트워크로 도시화 및 해설된 이론들을 참고하기로 한다.

본 연구가 비록 조선족기업을 대상으로 한 네트워크 실태조사 및 분석이지만 이중우(2005)의 모델을 적용하는 데 무리가 없을 것으로 판단된다. 이중우에 의하면 현대 기업집단은 개방정보사회에서 환경에 적절한 글로벌 경영전략을 수립하고 경쟁의 광역화에 대비한 성공적인 전략경영에 필요한 내부조직을 구성하고 있다. 기업집단의 내부조직은 시스템 관점에서 글로벌화를 위한 통합경영체제, 구성원, 그리고 증식적인 기업구조 개편, 네트워크 구축 및 M&A 등의 경영과정으로 구성된다고 할 수 있으며, 전체적으로 경영전략과 밀접한 관계 하에서 구성요소들 상호 간에 조화와 일관성을 유지하려고 노력하고 있다(〈그림 Ⅰ-1〉 참조). 따라서 환경과 전략 그리고 조직구조와 행동 사이에는 상호 간에 적합성과 일관성이 존재하고, 그 적합성과 일관성이 클수록 기업의 성과와 경쟁력도 높아지는 것으로 인식되고 있다(이중우, 2005:4).

즉, 글로벌 환경 하에서 기업들은 국가 간에 국경에 구애받지 않고 어떠한 경영자원도 활용하여 경쟁에서 우위를 유지할 수 있는 능력을 갖추지 않을 수 없게 되었다. 따라서 산업내 각종 시장, 비용, 정부 및 경쟁요인들이 세계화를 촉진하여 기업들로 하여금 최적의 경영 입지를 찾아 각종 경영자원을 활용하고 옮겨서 글로벌 경영을 추진하여야 하고 효과적인 본사와 지사 간의 경영자원 결합과 외부자원 활용 기능이 보다 중요해지고 있다(조영복·김성규:91~92).

그러나 이상에서 본 바와 같은 이중우의 모델을 참고만 할 뿐이지 모델에 관한 대부분의 내용들은 본 연구팀 연구자들의 창조에 의한 것임을 밝혀둔다. 네트워크 모델에 등장할 주요 대상기업과 단체·조직들은 다음과 같다.

즉 중국 한상네트워크의 중심은 중국 5개 지역의 조선족기업 다시 말하자면 연변, 심양, 북경, 청도, 상해 지역의 조선족기업이다. 이들 조선족기업이 각 지역이나 중국 내에 진출해 있는 한국투자기업과의 네트워크 및 중국내 조선족기업과의 네트워크이다. 또한 중국 조선족기업과 한국에 있는 기업과의 네트워크 실태 그리고 중국 내의 중국기업이나 외국기업과의 네트워크이다. 또한 해외의 외국기업 즉 미국이나 일본, 유럽 등의 기업 및 화상기업과의 네트워크를 모델로 한다.

그리고 기업이 아닌 대학이나 연구소, 조선족기업협회나 친목단체들과의 네트워크 현황을 모델로 할 것이며 또한 중국 조선족기업과 수출이나 기술이전, 수입이나 기술도입, 투자 등에 관한 네트워크도 본 연구의 모델이다. 본 연구는 이러한 모델을 통하여 성공사례에 대한 네트워크와 실패사례 그리고 설문조사를 통한 다양한 네트워크 모델을 개발한다. 이렇게 개발된 네트워크 모델을 분석하여 시사점을 도출하고 결과적으로 중국 한상네트워크 구축방안을 모색한다.

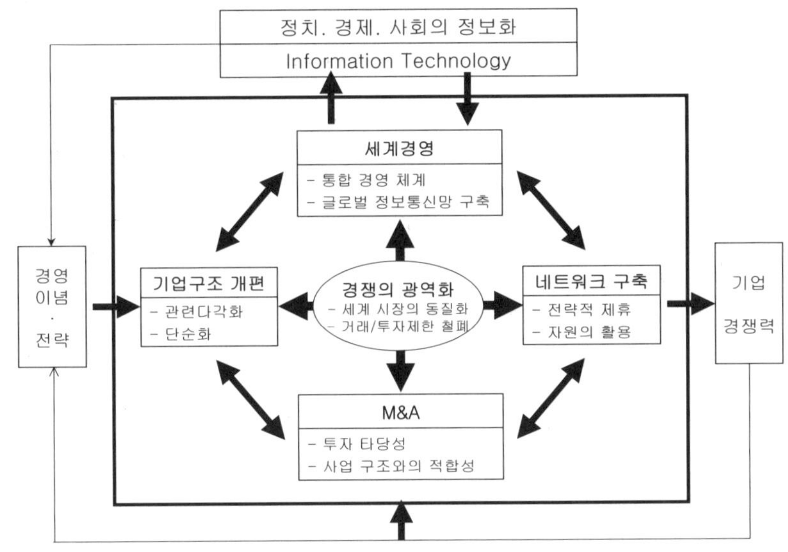

출처 : 글로벌 경쟁시대의 네트워크 전략(2005), 이중우, p.5 재인용

〈그림 Ⅰ-1〉 글로벌화를 위한 전략적 경영

6. 연구의 구성

이 연구는 머리말을 포함하여 총 5장으로 구성되어 있으며 장외로 참고문헌과 부록편이 들어 있다.

제1장 머리말에서는 연구의 목적 및 필요성을 언급하고 연구대상과

범위, 연구방법에 대해서 간략하게 설명하였다. 또한 경영·경제네트워크와 화상네트워크에 대한 선행연구를 검토하며 이어서 중국 한상네트워크 모델을 제시하였다.

제2장에서는 중국기업의 글로벌화와 화상네트워크에 대하여 살펴보았다. 즉 중국 경제의 발전과 성장에 따른 중국기업의 글로벌화에 대해서 알아보고 화상네트워크 현황과 구조적 특징 등 화상네트워크에 대하여 언급하였다. 이어서 중국 경제의 발전과 화상의 역할에 대해서 알아보았다.

제3장에서는 조선족기업 네트워크 사례조사를 하였다. 즉, 중국 5개 지역 조선족기업을 대상으로 성공사례를 개발하여 성공요인을 도출해 내며 또한 네트워크 형태에 따른 기업실패를 유형별로 개발하여 실패요인을 분석하였다. 결과적으로 성공·실패사례를 통해서 시사점을 도출하였다.

제4장에서는 중국 5개 지역 조선족기업을 대상으로 조선족기업 네트워크 설문조사를 하였다. 주된 설문조사 내용으로는 조사대상 일반현황과 중국내 기업 및 해외(한국 포함)기업과의 네트워크, 수출 및 기술이전과 수입 및 기술도입, 투자에 관한 네트워크이며 결론적으로 설문조사를 통해서 시사점을 도출하였다.

제5장은 맺음말로 우선 전체 연구내용을 요약하며 다음으로 화상네트워크 벤치마킹을 통한 조선족기업 네트워크 활성화 방안을 도출하며 끝으로 한상네트워크 구축에 관한 유인과 장애요인을 통하여 한상네트워크 구축방안을 제시하였다.

부록에서는 제3차년도의 설문지 양식과 면담양식을 제시하였다.

Ⅱ
중국기업의 글로벌화와 화상네트워크

본 장에서는 본 연구의 기반이 될 이론적 토대를 제시하였다. 즉 중국 기업의 글로벌화와 화상네트워크와의 관계를 분석함으로써 한상네트워크를 구축을 하는데 벤치마킹 대상으로서의 중국과 화상과의 네트워크에 대한 시사점을 도출하고자 한다. 이를 위해서 중국기업의 글로벌화 추진 배경 및 내용과 중국기업의 해외투자동향을 살펴보았다. 다음으로 화상자본의 규모 및 네트워크 현황과 구조적 특징을 살펴보았다. 결과적으로 중국 경제가 발전하는 데 화상이 어떠한 역할을 하였으며 이를 위해서 중국 정부에서는 화상에게 어떤 정책적인 배려를 했는지를 개괄해 봄으로써 중국 조선족기업 네트워크 분석을 통한 조선족기업과 한국과의 상생방안을 도출하는 데 이론적 토대가 되도록 하였다.

1. 중국기업의 글로벌화

1) 중국기업의 글로벌화 추진 배경 및 전개과정

(1) 글로벌화 추진 배경

2003년 중국은 미국을 제치고 세계 최대의 외국인 직접투자(FDI, Foreign

Direct Investment) 유치국으로 부상했다. 중국의 값싼 노동력 혹은 방대한 내수시장 확대 잠재력을 보고 앞다투어 중국에 진출하고 있는 외국기업들이 늘어나고 있기 때문이다. 2001년 말 WTO 가입에 따른 내수시장의 개방도 향상, 2008년 베이징 올림픽과 2010년 상하이 엑스포 등이 중국시장의 매력을 증대시키는 요인이 되고 있다.

그 결과, 1980년대에 연평균 20억~30억 달러 수준에 불과하던 중국의 FDI 유치액은 1990년대 중반 이후에는 그 열 배에 달하는 300억 달러대로, 그리고 1990년대 후반에는 450억~550억 달러대로 늘어났다. 실제로 1999년 이후 중국의 연평균 FDI 유치액은 540억 달러에 달하였다.

그러나 많은 사람들이 간과하고 있는 중요한 사실은, 중국이 자본수입국의 위치에서 조용히 자본수출국으로 전환하고 있다는 점이다. 중국정부는 그동안 외국인 직접투자를 홀2유치하는 이른바 '인진라이(引進來)' 정책을 펴왔으나, 1990년대 말부터는 기업의 해외 진출을 독려하는 이른바 '저우추취(走出去)' 정책을 과감히 추진하고 있다. 이는 1991년에 3억 7,000만 달러에 불과하던 중국 기업의 해외투자규모가 2003년 말에 93억 4,000만 달러로 늘어났고, 2005년 말경에는 120억 달러를 초과할 것으로 전망되는 것만 봐도 알 수 있다(김익수, 2005:11~12).

따라서 중국기업이 글로벌화를 추진하게 된 배경에는 중국정부의 적극적인 정책적 지원에 힘입은 바 크다. 정책적 지원의 배경을 보면,

첫째, 2004년도에 사상 최대의 무역수지 흑자(320억 달러)와 외환보유고(6,099억 달러)를 기록한 중국정부는 적정 외환보유고 유지를 위해서 중국기업의 해외진출 장려의 호기로 이용하고 있다.

둘째, 공급과잉과 국내시장 포화 등으로 중국내 산업구조 조정 및 신시장 개척이 필요하게 되었고, 자금력을 확보한 중국기업의 해외투자를 통해 기업의 체질을 선진화하는 계기로 활용하였다.

셋째, 중국내 우량기업들의 해외투자에 대한 견인차 역할을 하며 통

상마찰에 대한 우회방식으로 해외투자를 활용하고 국내외 시장과 자원의 효과적 이용 등 여러 가지 배경이 복합적으로 작용하였다.

중국정부는 기업들의 원활한 해외투자를 위해 기존 규제가 강한 해외투자 제도를 정비하고 투자절차 간소화를 통해 지원체제를 마련하는 한편 정부차원에서 해외투자국별, 산업별 가이드를 마련하여 중국기업의 해외투자를 적극 유도하는 정책적 지원을 하였다(코트라 동북아팀, 2005:1~2).

한편 중국수출입은행은 일정 조건을 충족시킨 기업에 대해 저리로 수출 금융을 제공하는 한편, 해외 투자와 플랜트 건설 프로젝트 수주를 돕기 위해서 무이자 혹은 저이자 대출을 시행하고 있다. 중국수출입은행이 2003년 한 해에 지원한 금액만도 20억 위안(약 3,000억 원)에 달하는데, 금융 지원 대상 기업에는 하이얼그룹과 같은 가전 및 IT업체도 포함되어 있다.[1] 또한 교육부도 중국 대학교의 해외 분교 설립에 관한 '대학교 해외 분교 설립 잠정 관리 방법'을 공표, 2003년 2월 1일부터 시행하고 있어 중국 대학의 해외 진출도 늘어날 것으로 보인다(김익수, 2005:25~26).[2]

(2) 글로벌화의 단계별 전개 과정

중국기업의 글로벌화는 〈표 Ⅱ-1〉에 요약·정리한 바와 같이 4단계로 전개되었다.

먼저 제1단계는 개혁·개방이 시작된 1979년부터 1984년까지의 기간이다. 이 시기에는 일부 국유 무역기업이 해외에 무역대표사무소(代表處), 변사처(辨事處) 등을 설치, 국내기업의 수출입을 대행하기 시작했고, 일부 요식업체와 자원개발업체가 해외에 투자를 개시했다. 다만 이때는 투자액도

---

1) "Chinese Firms Encouraged to Investment Overseas : Bank", People's Daily Online, 2003. 9. 1 재인용
2) 「人民日報」해외판, 2003. 1. 9, 4면 재인용

적었고, 대표사무소들은 주로 연락 기능만 담당하는 경우가 많았다.

　제2단계는 실험단계(1985~1991년)로서 도시 상공업 계획이 본격화되고, 무역 및 외자 유치 관련 제도와 정책이 대폭적으로 정비되는 시기이다. 이때 무역업, 금융업, 에너지, 광산업, 자원개발업에 종사하는 많은 기업들이 해외에 지점 혹은 판매법인을 설립하거나 해외 수출입 네트워크와 현지 판매망을 구축하여 수출을 확대하기 시작했다.

　제3단계는 1992~2000년까지로 확대 단계에 해당한다. 이때는 하이얼 같은 우량업체가 해외에 생산기지, R&D센터, 수리센터 등을 설립하고, 일부 농촌의 대형 향진기업(鄕鎭企業)이나 도시 집체기업들이 해외직접투자에 나서게 된다. 초보적이나마 일정 규모의 해외 생산기지 네트워크가 형성되는 시기이다.

　제4단계는 글로벌화 가속화 단계(2001~2005년 현재)로, 대형 우량 IT업체가 선진 기술을 확보하기 위해 미국과 일본 등지에 R&D센터와 연구소를 설립하고, 국유상업은행과 투자신탁회사가 해외 주식시장 상장을 시도하

〈표 II-1〉 중국기업의 글로벌화 전개 과정(1979~2005년 현재)

기　간	단계	각 단계별 주요 내용
1979~1984년	시작 단계	• 일부 국유 무역기업과 자원개발업체가 해외에 투자, 대표사무소나 변사처 등을 설립하여 국내기업의 수출입을 대행하고 자원을 개발 • 투자액이 적고 업무기능도 비교적 간단
1985~1991년	실험 단계	• 국유 무역기업과 금융기관들이 해외에 판매법인과 지점을 설립하여 판매망을 확보하고, 초보적 판매 네트워크를 형성
1992~2000년	확대 단계	• 하이얼 등 우량 대기업이 해외에 생산기지와 수리 센터를 건립하고, 일부 대형 집체기업이 해외직접투자에 나섬 • 초보적이나마 일정 규모의 생산기지 투자 네트워크가 형성되기 시작
2001~2005년 현재	가속화 단계	• 대형 우량 IT업체가 선진기술 확보를 위해 미국과 일본 등지에 R&D 센터와 연구소를 설립 • 국유상업은행과 투자신탁회사가 해외주식시장 상장을 시도하고 점포망을 확장하기 시작 • 정부도 기업의 글로벌 전략을 적극 지원·장려하기 시작

고 점포망을 확장하기 시작하는 시기이다. 이때는 정부의 입장도 바뀌어 글로벌 기업을 육성하고 기업의 해외직접투자를 독려하기 시작하였다. 실제로 중국의 2001년 해외직접투자는 전년의 5억 5,000만 달러보다 무려 27% 증가한 7억 달러 규모로 확대되었고, 그 후에도 15~25%의 성장세를 보이고 있다(김익수, 2005:26~27).

2) 중국기업의 해외투자 동향과 특징

(1) 2004년 중국기업의 해외투자 동향

① 업종별 분포

중국기업의 해외투자에 대한 업종별 분포를 보면 채굴업 투자액이 19.1억 달러로 52.8%를 차지하며 서비스업이 9.5억 달러로 26.5%, 제조업이 4.9억 달러로 13.5%, 기타 업종은 7.2%를 차지하는 것으로 나타났다. 이는 중국정부의 정책적 측면과 투자 가이드에 따라 자원개발 투자규모가 큰 채굴업에 집중하고 있는 것으로 분석되었다.

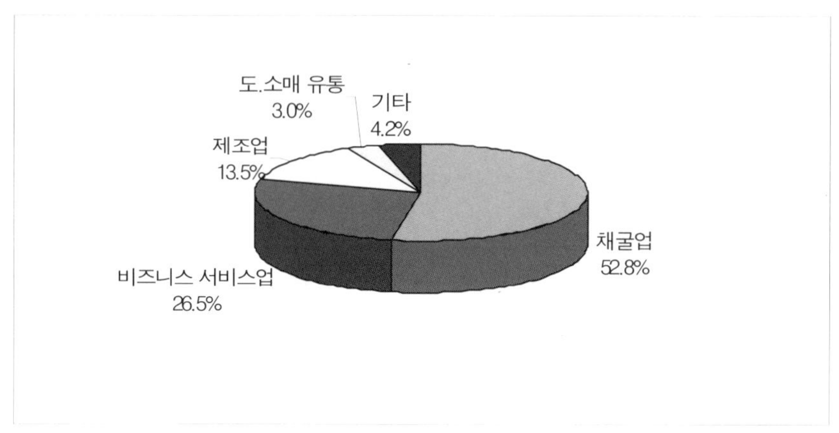

출처 : 2003년도 중국대외직접투자공보(상무부) 재인용

〈그림 Ⅱ-1〉 2004년 중국의 해외투자 업종별 분포

② 지역별 분포

중국기업의 해외투자동향을 지역별로 보면 중남미에 대한 투자가 16.7억 달러로 가장 많으며 비중은 46.2%이다. 중남미 지역의 주요 투자지역은 캐이먼 군도로 중국기업들이 조세회피 지역으로 이 지역을 활용하고 있는 것으로 보여, 이 지역의 투자비중은 큰 의미가 없는 것으로 보인다.

중남미 지역 다음으로 아시아 지역에 대한 투자는 13.96억 달러로 38.6%를 차지하고 있는데 아시아 지역 가운데에서도 홍콩과 인도네시아에 대한 투자가 주종을 이루고 있다. 또한 유럽에 대한 투자는 3.08억 달러로 8.5%를 차지하고 있으며, 에너지 자원개발을 위한 카자흐스탄이나 러시아에 대한 투자와 함께 유럽진출 교두보 확보를 위한 대 독일 투자가 주를 이루고 있다. 아프리카에 대한 투자는 1.35억 달러로 3.7%를 차지하고 있으며, 주요 투자국은 나이지리아와 남아프리카 공화국이다.

이밖에 북미에 대한 투자는 0.62억 달러로 1.7%를 차지하고 있으며, 주요국은 미국이고 대양주에 대한 투자는 0.48억 달러로 1.3%를 차지하며 대부분 자원개발로서 호주가 주요국이다(코트라, 2005:22~24).

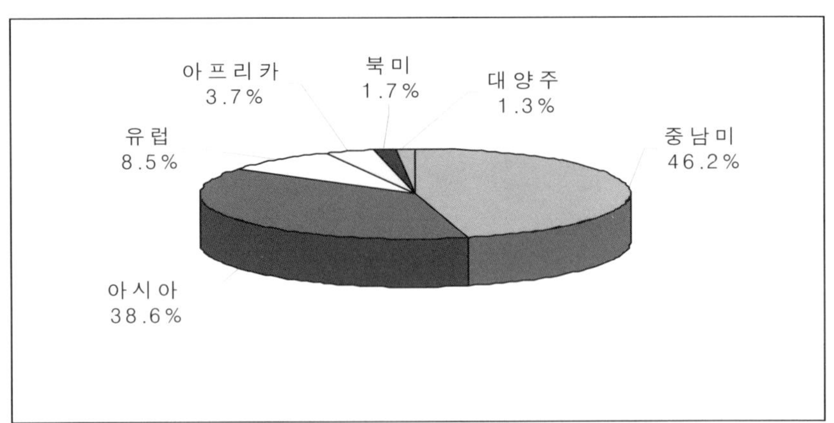

출처 : 2003년도 중국대외직접투자공보(상무부) 재인용

〈그림 Ⅱ-2〉 2004년 중국의 해외투자 지역별 분포

(2) 해외투자 확산의 특징

중국의 해외투자는 급격하게 확산되고 있는데, 그 특징은 다음과 같다.
① 투자규모가 빠르게 증가하고 있다 : 1999년 이후로 투자 규모가
   빠른 증가세를 보이고 있으며 2004년 평균 투자액은 470만 달러
   로 98년에 비해 4.6배 이상 증가하였다.
② 투자업종이 다변화되었다 : 제조업, 자원개발, 교통운송, 요식업,
   여행, 컨설팅, 무역업, 금융업 등 업종을 불문하고 거의 모든 업종
   에 분포되면서, 투자 초기 일부 업종에 집중된 현상이 다양화되는
   모습을 보였는데 이는 투자 초기 일부 요식업, 에너지, 자원 등의
   서비스업에 편중된 것과는 대조적인 양상이다.
③ 투자지역이 편중화되어 있다 : 2003년 누계 총액 기준으로 보면
   아시아가 전체의 80%를 차지하며 중남미가 14%, 북미 1.7%, 유
   럽 1.6%, 아프리카 1.5%, 대양주 1.4%를 차지하는 것으로 나타났
   다. 즉 조사에 의하면 홍콩, 마카오 지역을 비롯한 아시아 지역에
   투자 편중 현상이 나타나고 있는데 이는 다음과 같은 공통된 특성
   에 의거하는 것으로 보여진다.

첫째, 친근 시장의 접근을 통한 위험회피와 경험을 축적할 수 있다.
즉 홍콩과 마카오 지역은 중국과 가깝고 언어와 문화가 비슷해서, 중국
기업이 다국적 경영으로 나가기 전 훈련을 하기에 적당한 이상적인 투
자지역이다.
둘째, 잠재력 있는 해외시장을 발굴할 수 있다. 즉 미, 일, 독과 같은
선진국으로 직접 들어가거나 무쿼터 국가를 통해 선진국 시장에 진출
할 수 있다.
셋째, 역사적으로 형성된 경제교류관계를 발판으로 수출시장을 확대
하고 있다. 즉 태국, 러시아, 싱가포르에 대한 직접투자가 그 예이다. 특

히 아세안 지역에 대한 투자는 전통적 화교 네트워크를 활용하고 있는 것으로 보인다. 특히 2003년도에는 아시아 지역에서 홍콩 다음으로 한국이 중국의 주요 투자지역으로 부상한 것으로 나타났다.

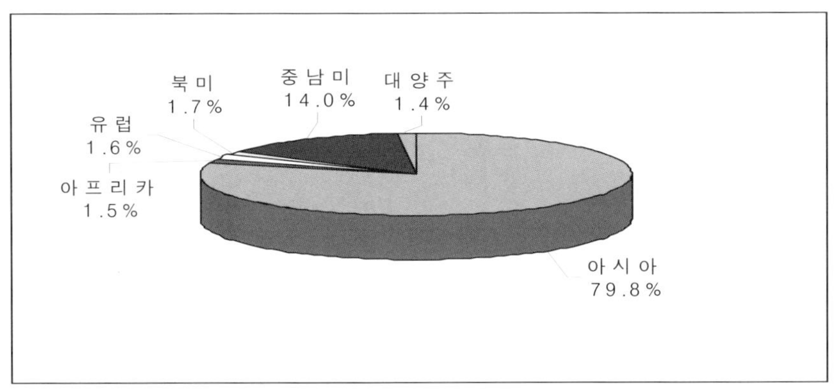

출처 : 2003년도 중국대외직접투자공보(상무부) 재인용

〈그림 Ⅱ-3〉 중국의 해외투자 지역별 분포(2004년 누계 기준)

④ 중국기업의 해외 M&A 방식이 새로운 투자방식으로 등장하였다 : M&A 방식의 증가는 시장과 기술을 함께 확보하려는 목적이며 기존의 소극적이고 수세적인 해외투자에서 적극적이고 공세적인 투자로 변화하고 있는 것을 의미한다. 즉 BOE의 하이디스 인수와 중국화공진출구총공사의 노르웨이 Atlantis 석유프로젝트 인수 등이 대표적인 예이다.

⑤ 투자주체가 다원화되고 국유기업의 비중이 여전히 높다 : 2003년도 기준으로 국유기업이 43%의 높은 점유율을 보이고 있는 가운데 TCI, 완상 등 민간대기업의 투자가 눈에 띠게 늘어나고 있다.

⑥ 연해지역 성시(省市)가 해외투자를 주도하고 있다 : 2004년도 중국의 해외투자 10대 주요 성시는 대부분 연해지역의 개발된 성시를 중심으로 해외투자가 이루어지고 있다. 또한 '저우추취(走出去)'가

국가적 전략으로 채택되면서 각 지방정부도 해당지역 우량기업의 해외진출을 중요한 정책으로 실시한다. 특히, 연해지역 성시가 개방개혁의 선도지역으로 부의 창출과 우수민영기업의 발전을 기초로 해외투자를 활발히 벌이고 있는 것으로 분석되며, 아울러 중국정부의 연해지역을 해외투자 시범지역 운영을 통한 투자절차 간소화도 영향을 준 것으로 분석된다(코트라, 2005:25~28).

3) 중국기업의 한국투자 현황

(1) 한국의 외환위기 이후 한국에 대한 투자 증가세

〈표 II-2〉 중국의 한국에 대한 투자현황

(단위 : 천달러)

구 분	건 수	금 액	건당 평균 투자규모
1991	3	690	230
1992	6	4,056	176
1993	29	6,864	237
1994	33	6,156	186
1995	51	10,892	214
1996	63	5,578	89
1997	76	6,518	86
1998	97	8,381	876
1999	323	26,586	82
2000	1,165	76,496	66
2001	812	70,422	87
2002	442	249,401	564
2003	522	50,230	96
2004	596	1,164,768	1954
2005 현재	161	16,256	101
누계	4,379	1,700,283	388

출처 : Invest Korea(1991~2005)

중국의 한국에 대한 투자는 90년대 수교 이후 미미한 수준을 지속해 오다가 1999년 이후에는 투자건수 뿐만 아니라 투자액도 꾸준한 증가세를 보이고 있는 것으로 나타나고 있다. 이는 한국의 외환위기 이후 자산가치 하락 등 투자환경에 유리한 조건이 형성됨에 따라 전반적인 증가세를 보이고 있는 것으로 나타났다.

(2) 2002년 이후 중국의 한국에 대한 투자 약진

한국에 대한 투자 증가세는 2002년 이후 대규모 M&A가 이루어지면서 새로운 전기를 마련하였으며 2004년은 투자액 기준으로 한국에 대한 투자 최고치를 기록하였다. 이는 중국정부의 '저우추취(走出去)'전략에 따라 관련 제도가 정비됨으로써 중국기업의 해외투자가 확대되면서, 한국도 중국의 해외투자 타깃지역으로 고려되고 있는 것으로 보인다.

〈표 Ⅱ-3〉 주요국의 한국에 대한 투자 현황

(단위: 천달러)

구분	2002		2003		2004		2005. 1/4분기		2005(1962~2005. 1/4분기)	
	건수	금액	건수	금액	건수	금액	건수	금액	건수	금액
미주지역	594	4,860,148	568	1,841,655	673	5,198,486	149	183,223	7,747	40,463,896
미국	494	4,500,740	453	1,240,255	552	4,717,499	118	164,154	6,664	32,417,015
아주지역	1,421	2,269,425	1,484	1,486,035	1,747	4,293,177	525	450,616	17,474	31,013,322
일본	474	1,603,542	495	540,663	552	2,258,008	138	168,705	8,412	15,656,653
중국	442	249,401	522	50,230	596	1,164,768	161	16,256	4,381	1,703,183
EU지역	266	1,680,094	283	3,062,488	366	3,008,695	92	2,465,001	3,896	33,150,869
독일	68	283,664	68	370,022	95	487,030	29	341,248	1,049	6,406,261
기타지역	159	292,525	262	78,015	316	285,059	93	22,848	1,835	2,126,970
합계	2,441	9,102,512	2,597	6,468,193	3,102	12,785,417	859	3,121,688	31,069	107,026,856

출처 : 산업자원부(2005. 4. 12) 재인용

주 : 신고 기준

2004년도 기준으로 주요국의 한국에 대한 투자동향을 살펴보면 미국이 47억 달러, 일본 22억 달러, 중국 11억 달러, EU 30억 달러로, 일본과 중국 두 나라가 EU 전체보다 더 많은 투자를 기록한 것이 두드러지는 특징이다. 이를 투자 건수로 보면 중국은 미국, 일본을 이어 3위를 기록하였으나, 투자액 규모로는 12위를 차지하고 있다. 최근 중국의 대규모 M&A로 인한 투자규모가 커지고 있으나, 기존의 소규모 투자가 주종을 이루고 있기 때문인 것으로 보인다.

(3) M&A로 건당 투자규모 확대

90년대 후반 이후 중국의 한국에 대한 투자가 활성화되면서 건당 평균 투자규모도 동반 증가세를 보이고 있다. 〈표 Ⅱ-3〉에 의하면 1999년 건당 평균 투자규모는 8만 2천 달러를 기점으로 증가세를 보이면서 2002년에는 56만 4천 달러, 2004년에는 195만 4천 달러로 평균 투자액 기준 최고치를 기록하였다. 2004년도에 총 투자액과 건당 평균 투자액이 높은 증가세를 보이는 이유로는 2004년 11월에 쌍용자동차(인수금액 5.6억 달러)와 2004년 9월에 인천정유(인수금액 5.5억 달러)의 대규모 M&A가 포함되어 있기 때문인 것으로 분석된다(코트라, 2005:35～37).

이상에서 살펴본 바와 같이 중국 정부는 그동안 외국인 직접투자를 유치하는 이른바 '인진라이(引進來)'정책을 펴왔으나, 1990년대 말부터는 중국기업의 해외진출을 독려하는 '저우추취(走出去)'정책을 과감히 추진하고 있는데 이에 따라 투자유형 또한 다양해지고 있으며 투자규모도 해마다 비약적으로 늘어나고 있다. 중국기업의 해외투자 확산 중 두드러진 특징을 태국, 싱가포르 등 아세안 지역에 대한 투자가 전체의 80%를 차지함으로써 투자지역이 편중화된 특징을 보이고 있는데 이는 전통적인 화교네트워크를 활용하고 있는 것으로 풀이된다.

2. 화상 네트워크

1) 화상자본의 규모와 산업구조

(1) 세계화상의 경제 규모

세계 곳곳에 흩어져 있는 화상들이 광범위한 네트워크와 막대한 자본력으로 세계 경제에 큰 영향을 끼치고 있다. 이를 구체적으로 보면 전세계 168개 국가에 8,700만 명(대만, 홍콩 등 포함)의 화교들이 정착하고 있는데 이들 중국 이민자들은 함께 모여 살면서 상업에 종사했고 자연스럽게 세계로 엮어진 화상네트워크를 형성하게 되며 또한 화상기업은 상당한 자본력을 갖고 있으며 화상이 전 세계에서 운용하고 있는 유동자본은 약 2조 달러 규모로 추정된다. 이러한 화상들은 거주국 경제에 큰 영향을 끼치고 있는데 구체적으로 보면 화상이 거주국 매출 총액에서 차지하는 비율이 인도네시아 30%, 태국 31%, 싱가포르 24%, 필리핀 22%에 달한다. 화상 거주국의 화교기업 비율을 살펴보면 인도네시아 30%, 태국 40%, 말레이시아 35%, 필리핀 30%로 큰 비중을 차지하고 있다. 이러한 화상기업의 성장이 중국이라는 거대시장과 맞물려 더욱 시너지 효과를 내고 있다. 최근 보도에 따르면 세계 500대 화상기업의 지난해 성장률은 21.6%에 이르는 것으로 나타났다(하나금융 경영연구소, 2005:2).

<표 II-4> 화상의 경제규모 추산

구 분	금 액
화상자본	2조 달러-현금 및 채권 : 1조 5천억 달러 주식 및 자산 : 5천억 달러
총자산(중화권 제외)	1,588억 달러
시장가치(중화권 제외)	6,750억 달러
연간 총소득(중화권 제외)	3,718억 달러

출처 : 매일경제신문(2005. 9. 26)

(2) 산업별 분포

2005년 아주주간의 「국제화상500」 순위 발표에서 500개 화상기업들이 총 시장 가격 신기록을 세우며, 작년대비 성장률 21.6%로 큰 폭으로 성장한 7,182억 달러에 달해 역사상 최고의 신기록을 달성했다. 더욱 놀라운 사실은, 2005년 국제화상 500개 기업의 전체적인 이익 급상승으로, 기업 순이익 총계가 485억 달러에 달하며, 2004년과 비교하여 53.6%로 급상승해 은행, 금융, 토지, 물류, 과학기술, 통신 등의 모든 산업 분야에서 괄목할 만한 성장을 이루었다는 것이다. 2005년 「국제화상500」 순위 기업들의 산업별 분포를 살펴보면 부동산, 임대 및 사업서비스가 전체 37%를 차지하고 있으며, 다음으로 제조업이 28%를 차지하고 있다. 다음 〈그림 Ⅱ-4〉는 「국제화상500」 기업의 산업별 분포를 나타낸 그림이다.

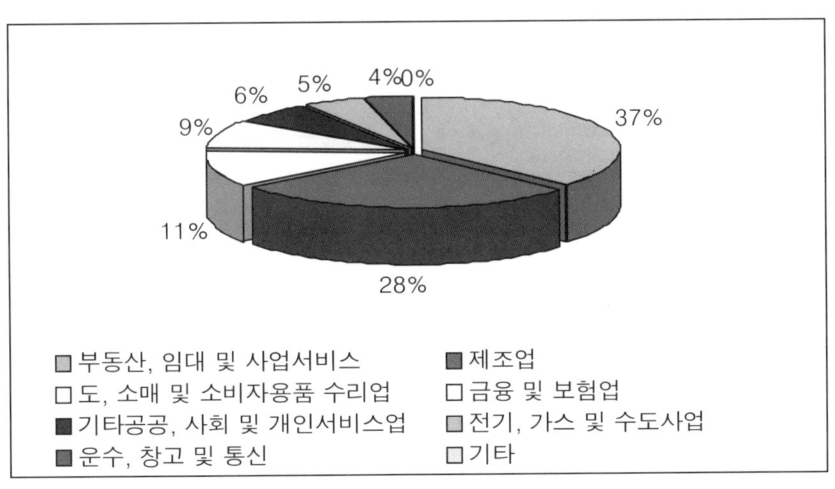

출처 : 아주주간(2005)

〈그림 Ⅱ-4〉「국제화상 500」 기업의 산업별 분포

(3) 화상기업들의 주요국가별 영업실적

화상기업들의 이윤은 날로 향상되어, 국제 상업 무대의 중요한 세력 중의 하나가 되었는데, 이는 화상기업들이 집중된 대(大)중화지구가 날로 세계 경제의 원동력이 되고 있으며, 또한 자연스럽게 최근 중국의 생산과 소비가 세계 경제의 강대한 원동력을 확대시키는 데에 화상기업들이 일익을 담당하고 있음을 반영한다. 그 중에서도 홍콩과 대만의 화상은 더 큰 역할을 담당하며, 무서운 속도로 성장하고 있다. 아래의 〈표 II-5〉에서도 알 수 있듯이 영업액의 순위로 대만이 1위를 차지하고 있으며, 그 뒤를 이어 홍콩이 2위를 차지하고 있는 것을 알 수 있다.

〈표 II-5〉 소재지별 영업액 및 순위

소재지	영업액(백만$)	순위
대만	259,869.9	1
홍콩	103,609.9	2
말레이시아	22,843.2	3
태국	13,416.0	4
인도네시아	7,896.1	5
필리핀	6,995.2	6
싱가포르	2,116.5	7

출처 : 아주주간(2005)

또한, 홍콩과 대만 화상의 성장률을 살펴보면, 영업액의 순위와는 다르게 홍콩이 1위를 차지하고 있으며, 대만이 2위를 차지하여 홍콩과 대만이 영업액과 성장율 측면에서 눈에 띄는 성장을 보이고 있다.

가장 사람들의 주목을 끄는 것은 화상기업이 제출한 화려한 성적표로, 「국제화상500」에 포함된 기업 중에서, 순이익 마이너스 증가를 보인 40개 기업을 제외한 나머지 460개 기업은 모두 평균 92% 정도의 이익 성장률을 기록하였다. 〈표 II-6〉에서 화상 분포 지역을 살펴보면 인도네시아 화상은 6개의 기업이 「국제화상 500」의 순위에 올랐으며, 홍콩은 133개 기업으로써 2위이며, 작년과 비교해 4개 기업이 줄어들었다. 비록 순위에 오른 홍콩 기업 수가 대만보다 90개가 적지만, 총 시장 가격은 대만을 앞서며, 2,914억 달러에 달한다. 「국제화상 500」 순위에 오른 대만 기업들은 2005년 총 시장 가격이 2,751억 달러로, 작년 같은 시기에 비해 16%가 증가하였다. 21세기의 화상은 이미 국제 시장에서 단지 소상인이라는 고정 관념에서 벗어나 전 세계 경제 발전에서 소홀히 할 수 없는 중요한 세력으로 자리 잡았다.

〈표 Ⅱ-6〉 500대 화상기업 국가별 분포와 시장점유율

지역	기업체 수(개)	시장점유율(%)
대만	223	40.18
홍콩	133	38.02
싱가포르	60	10.37
말레이시아	46	6.27
필리핀	19	1.24
태국	13	2.66
인도네시아	6	1.26

출처 : 아주주간(2005)

2) 화상네트워크 현황과 구조적 특징

(1) 온라인 네트워크의 현황

싱가포르총상회의 주도하에 1995년 12월 8일 정식으로 개통한 세계화상네트워크(www.wcbn.com)는 세계 각 지역 화인기업들의 상업성 교류를 위한 온라인상의 네트워크라 할 수 있다. 이는 2005년 현재 약 120여 개 국가의 화상들이 상호 정보를 교환할 수 있을 정도로 활발히 이용되고 있는 상황이다. 세계화상네트워크(이하 WCBN으로 약칭)라는 화상 온라인 네트워크의 개념은 1993년에 싱가포르 전 내각총리였

던 리광요(李光耀)가 홍콩에서 열린 제2회 세계화상대회에서 처음으로 제기하여 인터넷을 통한 상업 자문공간을 만들어 세계 곳곳의 화상들의 연계를 강화하자는 취지에서 설립되었다. 그 후 인터넷 기술이 발달하면서 싱가포르 총상회는 세계화상네트워크 인터넷 홈페이지를 새롭게 업그레이드하여 화상기업들이 보다 편리하게 상업서비스를 받아볼 수 있도록 하였다. 이 홈페이지에서 회원들은 검색을 통해 필요한 상업정보, 세계화상기업과 상업단체 자료도 받아볼 수 있으며, 잠재적인 상업동반자, 상업적 기회 및 무역활동 자료, 그리고 제품과 서비스별로 분류된 제품소개를 빠르고 간편하게 찾아볼 수 있다.

WCBN은 전 세계 화상기업을 연결하는 광범위한 비즈니스 정보사이트로 부상하여 중국어와 영어로 운영되고 있으며, 2005년 현재 120여 개 국가와 지역의 화상데이터베이스가 구축되어 있다. 등록된 화상기업의 자료는 이미 129,000여 건에 달하며, 아세안, 북미, 남미, 영국, 유럽, 호주 등 세계 각지의 화상 상공업단체 자료들이 함께 수록되어 있다.[3] WCBN은 현재 지속적인 업데이트로 사용자가 이 사이트를 통해 쉽게 비즈니스 파트너와 연결할 수 있도록 되어 있으며, 더욱 많은 비즈니스 기회를 제공해 세계 각지의 화상들 사이의 연계를 강화하는 유력한 커뮤니케이션 수단으로 부상하고 있다(임채완·리단, 2005:22).

(2) 오프라인 네트워크 현황과 특징

화상네트워크는 혈연, 지연, 업연에 의한 강한 유대관계를 형성하고 있다. 화상들은 미시적 시각에서 자아중심의 인간관계를 연결고리로 가족 및 출신지역의 영향을 강하게 받는다. 오늘날에 와서도 이들은 일반적으로 출신지역과 종족별로 조직을 구성하고 네트워크를 형성한다.

19세기 중엽부터 100여 년간의 중국 국력 실추로 화인사회에서는 자

---

3) www.wcbn.com.sg 참조

기보호, 생존을 위한 상부상조의 필요성에 따라 내부적으로 큰 권위를 가지고 있는 사회단체가 조직, 운영되었다. 세계 어느 지역이건간에 화인사회가 존재하는 국가에서는 화교로 구성된 독립조직이 네트워크 형성의 근거지 역할을 하고 있다.[4] 이러한 네트워크는 기본적으로 방(幇) 또는 회(會)의 사회를 구성하였다. 방과 회의 사회의 근간은 혈연(동족), 지연(동향), 업연(동업)의 삼연(三緣)이며 단단한 신뢰 관계에 기초한 인맥망이라 할 수 있다.

화교네트워크가 연계망을 갖는데 가장 중요한 요인은 동향관계이다. 이방인으로 거주국가에 적응하기 위해서 그들이 조직한 조직을 보통 방(幇)이라 불렀다. 방이란 혈연집단으로서 가(家), 지연적 결합으로써 향방(鄕幇, 동향회) 동업조합으로서 업방(業幇)으로 구성된 것이다. 가장 중심에 혈연이 있고, 그것을 보완하는 것이 향방, 그리고 그것을 포괄하는 업방이 있어, 상호보완적이고 중추적인 동심원적인 관계구조를 이루고 있었다(김재기, 2005:167~182). 중국인은 해외로 이주하는 경우 동향의 선배 또는 친척에 의지하기 때문에 그들은 같은 직업에 종사하는 경향이 많으며, 이에 따라 원래의 지연(地緣)관계 이외에 직업적 관계를 갖고 경우에 따라서는 다시 혈연적 관계를 갖게 되는 것이 일반적이다. 그 동향인들을 중심으로 동업에 종사하는 사람이 모여 동업 조직이 형성된다. 동향인은 최초의 동향조직을 중심으로 특정 지역에 집중되어 동향인 경제권을 형성하고, 동향인이 특정 산업 또는 직업 분야에 전문화하여 동향적·동업적 산업구조 또는 직업구조를 형성한다. 이에 따라 각각의 동향인 집단은 특정 산업·직업에 특화하는 양상을 보인다. 화교 공동체는 혈연적 그리고 연고적 공동체적 정체성을 근간으로 하여, 동일한 지역에 거주하는 화교 연결망의 구성원들은 동업종에 종사하게 되고 이를 통하여 이들 간의 상호관계의 밀도를 강화시키면서 다시 다음 세대간의 결혼 등을 통하여 혈연적 관계를 가짐으로써 연

---

4) 혈연, 지연, 업연으로 구성된 화교단체는 1991년에 이미 9,093개가 존재하고 있다.

결망의 밀도를 강화시켜 왔다(이덕훈, 2002:33~34).

화교네트워크는 방언그룹에 근거하여 특정 직업에 전문화하는 경향을 보이고 있다. 이렇게 결속된 화인네트워크는 언어와 습관의 공유로 말미암아 국경을 넘어 광범위하게 존재하며 이러한 관계유지는 신규사업 추진이나 현지 시장정보 획득, 다국적 기업망 구축에 크게 기여하였다. 이러한 화교들의 강한 결속력은 화교사회의 국제적 협력체계 구성의 원동력이 되고 있다. 방언그룹은 복건, 광동으로 대별되며, 복건, 광동, 조주, 객가, 해남 출신이 주축이 되어 네트워크가 구성되어 강력한 기업망을 구축하고 있다.5)

이처럼 화교공동체는 동종업종을 중심으로 연결망을 확대하면서 동시에 전 세계적으로 널리 퍼져 있는 조직된 경제적 네트워크를 활용하여 여러 나라에 걸쳐 강력한 기업간 연결망을 구축하고 있다. 따라서 홍콩, 대만은 물론 동남아 화교사회는 전통적인 종친회, 동향회, 동업조합인 공회와 공회의 중앙조직인 중화총상회가 유지되고 있으며 각각 역할을 담당하고 있다. 실제로, 세계적 규모의 네트워크를 가진 화교들은 그 명칭만으로도 이 같은 사실이 확인된다. 여기에는 세계화상대회(世界華商大會)·세계순예종친연의회(世界舜裔宗親聯誼會)를 비롯하여 세계적인 조직이 수십 개가 존재하고 있다(임채완·리단, 2005:23~25).

3) 화상기업의 경영특성

화교기업은 대체적으로 일반적인 자본주의와는 약간의 차이점을 가진다. 화교기업들은 화교 네트워크를 중심으로 한 '끼리끼리 비즈니스'로 유명하며 다른 사람에 대해서는 상당히 폐쇄적이다. 또한 본국으로 금의환향하는 형태의 투자를 '중화 경제권의 형성'이란 말이 나올 정도로 중화지향적이기도 하다. 이러한 화교 자본주의의 공통점은 거대한

---

5) 幇 : 가종 → 종친회(혈연조직) → 會館(지연조직) → 中華會館의 단계로 발전.

이민 경제이며, 차이나타운을 형성하고 있다는 점, 네트워크를 중시하고, 중국 국적 소유에 관계없이 중국의 문화 및 혈연을 중시하고 있다는 것 등이다.

대부분의 화교 사업체는 중소기업이며 거대기업인 경우에도 실제로는 소기업들이 결합한 경우가 많다. 예를 들어 홍콩 제조업체의 98%는 200명 이하를 고용하고 있는 중소기업이고, 대만 업체의 99%도 중소기업이다.

전형적인 화교 중소기업들은 가족 소유로서 중앙집권적인 의사결정을 중시하며, 비교적 단순한 조직체계를 갖추고 있다. 또한 일반적으로 한 가지 상품에만 관심을 가지고 있으며, 소유자 겸 경영자는 해당 상품의 시장에 정통하고 비용과 효율 측면에 대단히 민감한 특성을 지니고 있다. 이를 좀 더 살펴보면 다음과 같다.

① 중앙집권적 의사결정

일반적으로 화교기업에서는 경영자가 의사결정에 앞서 부하들과 의논하는 경우가 거의 없으며, 부하들도 충성을 다하고 복종하도록 훈련되어 있다. 따라서 신규 채용 시에도 서구기업에 비해 신뢰성과 충성심을 훨씬 강조하고 있다.

화교기업에는 신속한 의사결정을 원활케 하는 몇 가지 특성이 있는데, 중앙집권식 경영, 다양한 용도의 기술 보유, 단순한 회계 관행(화교기업의 장부는 종종 소유주가 기업의 재무구조를 항시 파악, 빠른 의사결정을 할 수 있도록 아주 단순한 대차대조표 양식을 갖추고 있음) 등이 그것이다(정성호, 2004:57~59).

② 동족경영

기업 조직이 근대화되어 가전이나 반도체 산업 등 첨단 산업에 투자하더라도 화교기업의 변하지 않는 특징은 창업자 일족 기업의 소유 형태라고 하겠다. 일반적으로 기업금융을 형성하는 화교자본은 그룹 중핵의 사업회사, 또는 지주회사나 투자회사를 소유구조의 정점에 둔다. 또한 그 회사의 주주는 거의 창업자 일족이나 그들 주주의 비공개 기업으로 차지하게 된다. 유력 화교기업의 중핵회사는 제3자의 개입을 배제한 동족에 의한 소유체제가 확실히 만들어지면서 동족 비즈니스가 이루어진다.

일부기업 사이에는 경영에 관해서는 전문경영자를 등용하는 경우도 증가하고 있지만 소유에 관해서 동족지배는 불변의 형태라 하겠다. 이것이 화교경제의 장점이며 단점으로 지적되기도 한다(이덕훈, 2002:33).

③ 내부 금융 선호

화교기업의 규모가 커지고 아시아 금융시장이 발달함에 따라 친족이나 친지들로부터의 자금 조달은 점차 사라지고 있다. 그럼에도 불구하고 전통적인 자금조달 방식은 창업한 지 얼마 되지 않은 소기업들에게는 여전히 중요하다. 친족은 창업 자본 조달의 중요한 원천이 된다. 예컨대 대다수의 대만 벤처기업은 친구나 친척들의 자금에 의존하는데, 그 이유는 대만의 경제계에 전통적인 중소기업이 압도적으로 많기 때문이다. 보다 규모가 큰 기업에서는 사내 유보금을 활용하는데 그 이유는 증자나 차입과는 달리 비용이 싸고, 기업 경영권이 외부인에게 넘어갈 염려가 없기 때문이다.

대형 화교기업들은 대개 여러 가지 방식을 혼용하여 자금을 조달하는데, 외부로부터 자금을 융통하기보다는 자사의 금융자회사로부터 차입하는 방식을 취하고 있다. 이렇듯 화교기업들은 대소를 막론하고 자금 융통시에 소유권의 상실을 최소화할 수 있는 방식을 선호한다.

④ 화교기업 간의 호의적 거래

주요 화교기업 간에는 수많은 호의적 거래가 이루어지고 있다. 어떠한 호의라도 언제나 보답이 있으며 그 보답이 이루어지기까지 수년씩 걸릴 때도 있다. 현재 이루어지는 어떤 화교기업의 다른 화교기업에 대한 특별한 배려나 움직임은 종종 몇 년 전에 받은 호의에 대한 보답일 수 있다. 호의를 주고받는 사람들은 종종 지연이나 학연, 교회 단체와 같은 몇 개의 연결고리를 공유하는 것이 보통이다.

⑤ 부동산과의 연계

거의 모든 화교 기업가들은 부동산을 가장 선호하는 투자대상으로 여기고 있다. 화교들에게 부동산은 유형(有形)인데다가 추가자본을 획득할 수 있는 담보로 이용할 수 있어 최상의 투자대상이 되고 있다.

사실상 화교 기업가들의 부는 대부분이 부동산이며, 많은 동아시아 도시들의 급격한 부동산 가격 상승은 이들에게 급속한 부의 축적을 안겨주었다. 대다수 화교 대기업들은 계열 부동산 회사를 통해 부동산 개발 및 투자 관련 사업을 활발히 모색하고 있으며, 화교기업들의 가장 보편적인 주력 업종은 토지와 부동산 개발이다(정성호, 2004:60~62).

⑥ 철저한 가부장적 경영

화교는 유교문화에서 자라났기 때문에 유교문화의 특징인 서열 중심으로 이루어졌으며 가부장적 제도가 그 중심을 이룬다. 그래서 상의적 경영보다는 경영자의 일방적인 톱다운 의사결정이 그 중심을 이룬다.

3. 중국 경제의 발전과 화상의 역할

1) 해외 화인계 자본의 중국 지역에 대한 접근

중국 대외개방정책의 실시 및 개혁의 심화가 해외 화인, 홍콩과 대만 거주인 및 기업의 중국 본토에 대한 이미지와 자세를 크게 변화시켰다.

단계적·지역 편중적 외자 도입에 의한 경제 개혁의 추진과 기업 경영 활성화의 촉진은 중국 경제에 커다란 활력을 가져 왔다. 중국은 인프라와 법제도 등의 정비가 눈에 띄게 지연되어 있었던 대외 개방 초기에 서방의 여러 선진국 자본의 유치가 곤란했기 때문에, 중국에 뿌리를 가지고 급속하게 성장하여 적정한 기술과 자본을 제공할 수 있는 화인계 자본에 적극적인 투자 유치를 실시했고 그 정책은 명중했다. 그 이후의 상황이 이런 선택이 옳았다는 것을 증명해주고 있다.

한편, 화인계 자본은 사업 국제화의 하나로서, 그리고 일부 거주 국가의 투자 환경 악화로 정치 일변도에서 경제 중심주의로 방향 전환을 도모하였다. 같은 문화와 관습을 가지고 있으며 염가(廉價)와 양질의 풍부한 노동력을 제공할 수 있을 뿐 아니라 시장 잠재력을 가진 중국을 이상적인 투자 장소 중 한 곳으로서 선택했던 것이다. 쌍방의 강한 경제 상호 보완 관계가 그 결합을 촉진시켰다.

중국 정부는 외자 우대정책 및 화인투자 우대정책을 공표하고 있다. 이러한 정책 이외에도 각 지방 정부 또한 독자적인 우대조치를 공표하고 있다. 화인 자본은 외자에 대한 우대 조건을 향유할 수 있었으며 부분적으로 내국민 대우도 받아 왔다. 그 외의 조건이 동일하다면 화인이 중국과 같은 문화 전통 가치관을 가진다는 사실만으로도 화인계 자본의 투자가 유리하게 전개될 수 있으리라는 것은 부정할 수 없다.

화교의 거주 국가로의 귀화가 상당히 진행되고 동남아시아 여러 국가가 중국과 연이어 국교를 수립 또는 회복한 것은 교류 확대에 좋은 환경을 마련하였다. 물론 다양한 비즈니스 기회를 만들어 내고 있는 양안 세 지역(兩岸三地)의 경제적 융합과 관계강화가 중요한 촉진 요인이 된 것은 말할 필요도 없다. 중국에 대한 직접투자가 가능하게 되었지만, 과거의 힘들었던 경험 때문인지 대부분의 아시안 국가들의 화인기업은 국제무역센터, 조세 회피지(tax heaven)로서의 유리한 조건을 향유할 수 있는 홍콩 마카오에 법인을 설립하고 그곳을 중계지로 하여 진출하는 방법을 취하고 있다.

일찍이 양안 관계에 휘둘렸던 해외 화인은 양안간의 긴장 완화와 양안 세 지역의 경제 일체화의 진전에 따라 경제적 이익을 추구하여 해당 지역에 참가하고 있다. 문화적 공감이 해당 지역에서의 제도의 미비, 사회적 자원의 부족을 보완하여 사업 전개를 촉진하는 역할을 수행하고 있는 것은 사실이다. 해외 화인자본과 해당 지역과의 관계를 〈그림 Ⅱ-5〉처럼 나타낼 수 있다(왕샤오핑·박정동, 2004:192~195).

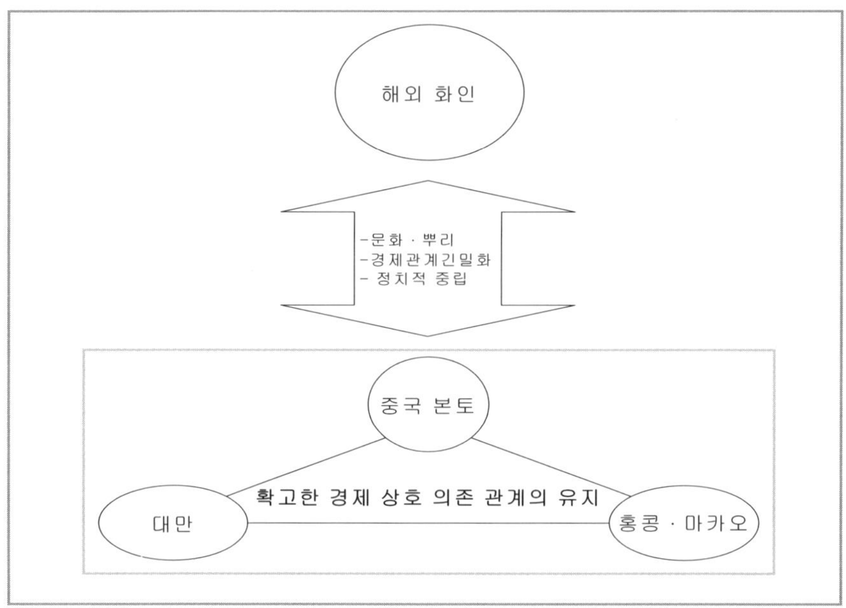

출처 : 왕샤오핑, 『활동을 뒷받침하는 시스템 : 화교·화인에게 있어서의 중국·대만·홍콩』, 카니 히로아키(可兒弘明)·유키나카 이사오(游仲勳) 편찬, 『화교·화인』, 동방서점, 1995, p. 232의 그림을 재인용.

〈그림 Ⅱ-5〉 해외 화인과 양안 세 지역과의 관계

2) 중국의 화교우대정책

중국은 그들의 국제적 지위가 개선됨에 따라 화교들에 대한 그들의 입장을 바꾸어 왔다. 우선 민족 통일과 중국 경제발전에 기여한 화교들에게 특혜를 주기 위한 정부기관들을 발족시켰다. 국무원(國務院), 전국인민대표자대회 상임위원회(全國人民代表者大會 常任委員會), 정치자문회의(政治諮問會議) 등에서 화교 문제들을 다루는 사무국이 개설되었다. 중국 공산당에서는 통일전선부(統一前線部)가 화교 관련임무를 수행하고 있다. 한편, 귀환화교협회(歸還華僑協會)와 같은 민간단체들은 전국적으로 지부를 설립하고 그들의 권리와 이익을 증진시켜 나가고 있다.

화교와 관련된 다양한 정부 기구들이 있지만, 이들 기구들의 대부분의 업무는 화교자본을 유치하는 것에 집중되고 있다. 따라서 이들 단체들은 화교를 본토로 초청하고 화교들의 본토 내 권리와 재산을 보호하고 그들의 친인척들을 보호하는 일도 함께 수행하고 있다. 화교들은 투자와 관련되어 문제가 발생하거나 중국 내 체류 동안에 문제가 발생할 경우, 국무원 산하 교무판공실(橋務辦公室)에 직접 도움을 청할 수 있게 되었다.

1950년대 화교에 대한 중국 정부의 정책적 목표는 화교를 통한 중국의 경제·정치적 이익을 촉진하는 것이었다. 경제적 측면에서 중국 정부는 화교들이 현금과 재화를 그들의 친족들에게 송금하는 것은 허용했으며, 화교들이 전세계적으로 중국 상품의 판매시장을 개척하고, 그들의 자본을 중국에 투자하도록 유도했다. 정치적 측면에서 화교는 통일 전선의 활동가로서 일익을 담당하여, 중국의 혁명 외교를 담당하는 것을 목표로 했다. 중국 정부는 이중국적이라는 기본 원칙에 입각해서 화교들을 대했다. 중국 정부는 화교의 국적 선택 결정권을 존중했다. 이에 따라 화교들은 중국 국적과 거주국 국적을 동시에 취득할 수 있었다.

중국 정부는 기업가로서 화교들의 업적을 높이 평가했으며, 그들의 본토에 대한 경제적 기여 가능성을 잘 꿰뚫고 있었다. 이런 맥락 속에서, 1989년 5월 대 화교 4대 기본정책이 발표되었다. 첫째, 중국 정부는 화교들이 이중국적을 취하는 것을 허용하며, 그들이 거주하는 국가의 국적을 취득하는 것을 장려한다. 둘째, 중국 정부는 화교들이 거주하는 국가에서 화교들의 권익을 보장받을 수 있도록 노력한다. 셋째, 중국 정부는 화교들이 거주국의 국법을 준수하고, 외국 국민들과 조화롭게 공존할 수 있도록 그들을 교육한다. 넷째, 중국 정부는 화교들이 중국에 대한 사랑과 애국심을 갖도록 교육한다. 위의 4대 기본정책은 또한, 화교의 자본, 기술, 해외 전문 인력 등을 중국 본토의 경제발전과 해외시장 개척에 이용하는 것에도 초점을 맞추고 있다.

화교에 대한 중국 정부의 기본 방침은 1991년의 '귀환 중국 교포와 친족에 관한 보호법'에 잘 정리되어 있다. 이 법은 22개 조문으로 구성되어 있다. 특히, 제3조는 화교에 대한 기본지침에 대해 기술하고 있다. 기본지침에는, 귀환 화교들의 권리와 의무에 관해서 '어느 정부 조직도 그들을 차별하지 말 것이며, 국가는 화교들을 적정하게 대우할 것이다'라고 적고 있다. 특히 관련 세부 조치 사항들은 중국 최고 행정 기구인 국무원에서 결정하도록 규정하고 있다. 이는 화교에 대한 정책이 중국 국내 정책의 중요한 한 영역으로 등장했음을 시사하고 있다.

중국 정부의 화교정책에 대한 위 기본지침은 화교들이 해당 국가에서 뿌리내려 성공할 수 있도록 지원하는 것과, 그들이 중국과 거주국 사이의 협력과 교류를 증진시키는 가교 역할을 할 수 있게 하는 것으로 요약될 수 있다. 특히 이 지침은 해외의 영향력 있는 화교들을 친지와 동향 기업을 통해 접촉하게 하여, 이들 화교들이 중국의 현대화 과정에 적극 참여하도록 유도하는 데 주안점을 두고 있다. 이러한 중국 정부의 점진적인 접근 방식은 화교들에게 대량 투자와 지원을 끌어내는 성공을 거두었다. 중국 정부는 중국이 모든 중화 민족의 모국임을 계속해서 화교들에게 일깨워왔던 것이다.

3) 화상기업의 중국투자현황

화상기업들은 특히 투자환경이 양호하고 홍콩에서 가까운 중국의 동남연해지역(상해, 강소, 광동, 광서, 복건 등)에 투자를 집중하고 있다. 1979년부터 2004년까지 주요 화인국(홍콩, 대만, 마카오)과 화교 거주국(싱가포르, 태국, 말레이시아)의 대중투자 누계액은 3,186억 달러로 중국 전체 FDI 유치액의 56.9%를 차지하고 있으며 또한 대부분의 동남아 화상기업들은 홍콩에 위치한 투자본부를 통해 화교들의 고향인 중국 동남연해지역에 투자하고 있다.

〈표 II-7〉 주요 화교거주국의 대중투자현황(1979~2004년)

	계약수(건)	계약액(억 달러)	실제투자액(억 달러)
홍콩	239,228	4,647	2,416
대만	64,626	799	396
싱가포르	13,150	480	255
마카오	9,122	140	57
말레이시아	3,240	85	35
태국	3,537	71	27
전체	508,903	10,970	5,604

출처 : 중국통계연감, 중국 대외경제무역통계연감(1999년부터 2004년까지 각 연도)

화상기업의 중국투자는 가족중심 경영, 네트워크 경영, 사해동포주의의 특징을 갖고 있다. 즉 대부분의 화상기업들은 가족자금과 인력을 기초로 회사를 만들고 주식도 가족이 소유한다. 이러한 가족중심 경영구조는 그룹 계열사 간의 적극적인 협력을 가능케 해 경영 시너지 효과를 유발하며 또한 화상기업은 화상네트워크를 통해 중국 정부와 밀접한 관계를 유지함으로써 안정적인 투자를 하고 사업영역을 쉽게 확대할 수 있다. 또한 화상네트워크를 중국 내수시장 및 해외 판로를 개척하는 데 이용하고 있다. 화상기업들은 교육사업, 환경보호 등의 중국 사회발전 분야에 기여를 함으로써 중국 정부와 우호적인 관계를 유지하고 소비자에게 좋은 이미지를 제고하고 있다.

최근 주요 화상기업의 대규모 대중투자현황을 보면 대만의 포모사 플라스틱 그룹은 중국의 물류 및 석유화학업에 170억 달러를 투자하였고 인도네시아에 본점을 두고 있는 진꽝 그룹의 경우 55억 달러를 중국의 제지, 금융, 식품가공 및 부동산업에 투자하였다. 그리고 꾸어스 형제그룹(말레이시아)은 최근 급부상하고 있는 중국 호텔업, 건축업, 쇼핑센터 등에 50억 달러를 투자하였다(하나금융경영연구소, 2005:3).

4) 중국의 경제성장에 따른 화상의 역할 증대

해외거주 화교들은 90% 이상이 거주국 국적을 취득하고 있지만 국경 없는 사업영역 확장에 나가면서 중국과의 연결고리도 각별하다는 특징을 가지고 있다. 중국은 지난해 전체 수입실적 2,953억 달러의 26.6%인 785억 4천만 달러 상당을 동남아 7개 화교권으로부터 수입했다. 이 가운데 대만과 홍콩으로부터의 수입이 각각 380억 8,200만 달러와 107억 8,800만 달러로 1위와 2위를 기록했다.

화교기업들의 중국진출은 수출보다 투자에서 보다 활발한 움직임을 보이고 있다. 중국에 투자된 외국인 자본의 70% 이상이 화교자본으로 추산될 정도여서 화교기업은 중국 경제성장의 밑거름 정도가 아니라 오늘날 중국의 경제성장을 결정적으로 이끌었다고 해도 과언이 아니다.

중국대외무역경제합작부 자료에 따르면, 2003년 2월 말 현재 중국에 진출한 외국인 투자기업 429,588개사 가운데 약 50%가 화교경제권의 중심지인 홍콩계 기업인 것으로 나타나 있다. 최근 중국 주요 항구들의 물동량이 급증세를 보이면서 조만간 홍콩을 앞설 것이라는 전망이 나오고 있지만 실제로 중국의 주요 항만시설은 리카싱을 포함한 홍콩의 화교 재벌들이 만들어 놓은 것이다. 리카싱 그룹 하나만 해도 상하이

등지의 항만시설 투자로 중국 전체 컨테이너 물동량의 25%를 담당하고 있을 정도다.

중국과 정치적 장애요인이 있는 대만도 정부가 1990년 11월 중국에 대한 간접투자를 개방한 이후 지난 해 말까지 668억 달러에서 최고 1천억 달러 이상을 중국에 투자한 것으로 추정된다. 중국의 5대 경제특구 가운데 하나인 푸지엔(福建)성 샤먼(廈門)의 경우, 샤먼국제공항 인근 대규모 외국인공단 입주업체의 90% 이상이 대만계 기업이다.

화교기업들의 중국투자는 종래 주로 제조업 중심이었지만 WTO 가입 후 중국의 개방이 확대되면서 앞으로는 서비스업 분야에 대한 본격적인 진출이 예상되며 이 분야에서 화교기업들은 큰 혜택을 보게 될 것으로 전망된다.

화상네트워크를 경제발전에 이용하려는 중국의 전략적 고려는 지난 2001년 9월 난징에서 개최된 제6회 세계화상대회에서 잘 드러난다. 세계 77개국 4천8백 명의 화상들이 참석해 사흘 간 열린 이 대회를 위해 중국 정부는 100억 위안(한화 약 1조 4,000억 원) 이상의 자금을 지원한 것으로 알려졌다. 전국적으로 2,925개의 지방조직을 두고 회원사 수가 무려 118만 개에 달하는 공상연합회(中華全國工商業聯合會)라는 비관변 단체가 주도적으로 개최한 대회였지만 주롱지(朱鎔基) 전 총리와 리루이환(李瑞環) 전 정치협상회의 주석 등 국가 최고지도층이 대거 참석했다.

중국의 화교와 화상네트워크 활용전략은 양방향(two-way)이다. 앞으로도 화교자본을 지속적으로 유치해 경제개발에 나서는 한편, 이른바 '저우추취(走出去)'라 불리는 중국기업의 해외진출에 있어서도 화교기업을 지렛대로 활용하는 것이다.

특히, '저우추취'에 있어서는 홍콩과 아세안(ASEAN)이 그 중요성을 더해가고 있다. 홍콩 통계처 자료에 따르면, 홍콩내 중국기업은 약 1,800개에 자산총액이 2,200억 달러를 초과한다. 홍콩내 중국기업은 단순 현지법인 형태를 넘어서 홍콩 증시에도 다수가 상장되어 있는데 이는 홍콩의 유리한 자금조달 여건을 고려한 것이다. 아세안은 국제경쟁력을 보유한 중국 대형 제조업체들의 유력한 해외투자 대상지일 뿐만 아니라 인도네시아 가스전 공동개발의 사례에서 보듯이 자원협력분야에서도 중요한 파트너라는 것이 중국 정부의 판단이다. 중국의 자유무역협정(FTA)에 있어 한·중·일 3국간 교섭보다는 아세안과의 협력에 무게를 두고 있는 것도 이 때문이다. 이제까지는 화교의 화상네트워크가 중국의 경제건설을 지원하면서 실리를 얻은 구조였다면 앞으로는 중국 주도로 대중화(大中華) 자본이 일체화하는 방향으로 발전할 것임을 시사하는 움직임이다(박한진, 2004:3～4).

이상에서 살펴본 바와 같이 제Ⅱ장에서는 중국 정부가 그동안 외국직접투자를 유치하는 '인진라이(引進來)' 정책에서 중국기업의 해외진출을 독려하는 '저우추취(走出去)' 정책을 과감히 추진하는 것을 보았다. 즉, 중국 정부는 자국 내에 해외자본을 끌어들여서 자국의 경제발전을 꾀하고 한편으로는 자국의 기업들을 해외로 진출시킴으로써 기업의 체질을 선진화하는 계기로 활용한 것이다. 한편 중국기업의 해외투자 동향과 특징에서 나타난 바와 같이 아시아 지역에 전체 투자의 80%를 차지할 만큼 투자지역이 편중해 있는데 이는 전통적 화교네트워크를 활용하기 때문인 것으로 나타났다. 이와 같이 중국 정부는 자국기업의 해외 진출시에 화교네트워크를 적극 활용함으로써 중국 정부와 해외 화교와의 상생관계를 보았다. 또한 중국 정부는 해외 화교들의 자국내 투자와 중국기업의 해외 진출시 상생을 위하여 화교우대 정책을 펼치는 것도 개관하였다. 현실적으로 이와 비슷한 처지에 있는 중국진출 한국기업과 중국의 조선족기업과의 관계 및 한국 정부의 한상네트워크에 대한 정책도 중국 정부와 화상네트워크를 벤치마킹해야 될 때라고 생각한다. 따라서 제Ⅲ장에서는 중국 5개 지역 즉 연변, 심양, 북경, 청도, 상해지역에서 비교적 성공한 조선족기업과의 면담을 통하여 성공요인을 발굴하며 또한 실패사례를 통하여 실패요인을 발굴함으로써 중국진출 한국기업 및 한국에 있는 기업과 중국 조선족기업과의 한상네트워크를 구축할 수 있는 시사점을 찾고자 한다.

III
조선족기업의 네트워크 사례

1. 조선족기업의 네트워크 성공사례

1) 연변 조선족기업 - 길림천우그룹주식유한회사

(1) 중국국유기업의 민영화와 연변의 경제환경

① 중국국유기업 민영화의 긍정적 효과

과거 중국경제의 상징으로 통했던 국유기업에 중국정부가 1998년부터 서슬 퍼런 개혁의 메스를 가한 이유는 간단하다. 일부 알짜기업을 제외하면 대부분 낮은 생산성으로 적자가 누적되면서 국가와 지방정부의 재정에 큰 짐이 됐기 때문이다. 시장개방 확대로 외국기업과의 경쟁이 갈수록 첨예화되면서 적자 국유기업은 더 이상 제 역할을 할 수 없는 존재가 되고 있다. 국유기업을 전담해 관리하고 있는 국유자산감독관리위원회(국자위)의 자료에 따르면, GDP에서 국유기업이 차지하는 비중은 1980년대 초반 100%에 육박했던 것이 2000년에 와서는 30%로 급락했다.

국자위는 2008년까지 경영실적이 부진한 국유기업 10만 개를 민영기업이나 외국기업에 매각하는 계획을 추진하고 있다. 또한 국가 차원에서 집중적으로 지원하는 196개 핵심 국유기업도 통폐합한 후 50개 정도만을 골라 세계적인 다국적기업으로 육성한다는 방침도 밝혔다.

최근 국유기업들에서는 국자위가 언제라도 메가톤급으로 조직 개편을 단행할 것이라는 우려가 팽배해지고 있다. 그러나 국자위의 개혁에 메스만 있는 것은 아니다. 주룽지 전 총리 주도의 개혁이 민영화와 감원 등 외형적인 구조조정에 치중했던 반면, 리룽룽 주임은 연봉제 및 스톡옵션 도입 등 내부개혁에도 박차를 가하고 있다. 국유기업의 고위 관리직에 능력 있는 인재를 초빙한다는 방침에 따라 외국인에게도 응모할 기회를 개방하고 있다(박한진, 2005:47~49).

이러한 개조(구조조정)의 결과로 인하여 종업원 1인당 매출액과 종업원당 매출액의 성장률을 비교하면, 구조조정을 한 국유기업과 구조조정을 하지 않은 기업 간에는 현저한 차이가 나타나고 있는 것을 알 수 있다.

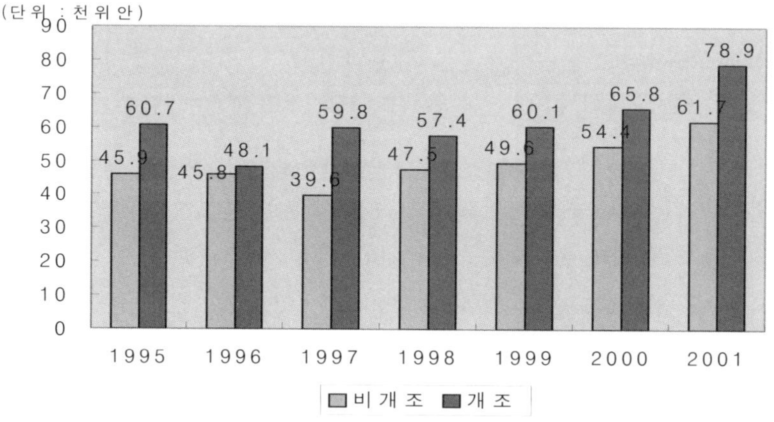

〈그림 Ⅲ-1〉 개조(改造)기업과 비(非)개조기업의 1인당 매출액 비교6)

---

6) 2004년 5월 28-29일, 상하이에서 개최된 'International Conference on State-Owned Enterprise Governance in China'보고서, p.49, Garnaut, Ligang Song, Yang Yao의 'SOE Restructuring in China' 'Forms of Gaizhi,' p.65-66에 걸친 개조기업과 비개조기업 간의 종업원당 매출과 종업원 매출의 성장률, 부가가치와 이익률의 비교를 시리즈로 재인용한 것임.

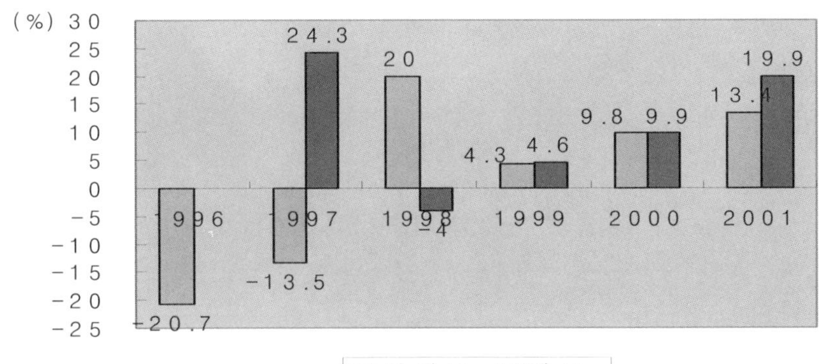

〈그림 Ⅲ-2〉 개조(改造)기업과 비(非)개조기업의 1인당 매출액 성장률 비교

중국경제에서 큰 비중을 갖는 국유기업이 어떻게, 얼마나 큰 규모로 구
조조정을 하였느냐에 따라 구조조정을 하지 않은 국유기업과의 차별화가
현저하게 나타난 것을 보게 된다. 또한 이와 같이 구조조정을 한 국유기업
을 중심으로 한 이익의 증가현상이 결국 은행의 불량채권 감소, 재정의 건
전화와 더불어 중국의 국가 신용력 평가가 상향·조정되는 결과로까지 나
타나게 된 것이다.

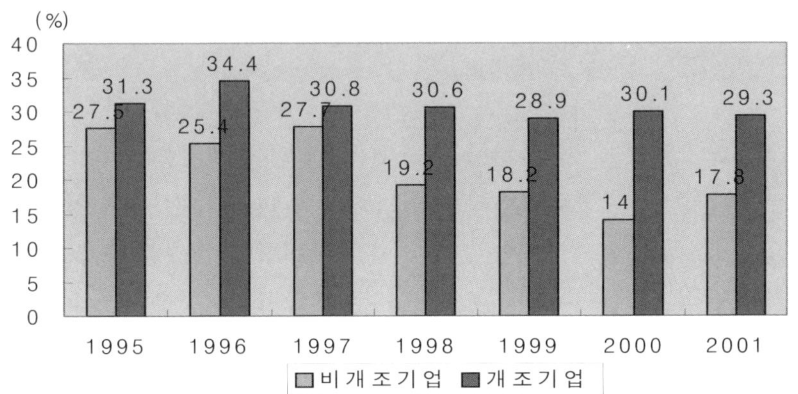

〈그림 Ⅲ-3〉 개조기업과 비개조기업간의 종업원당 부가가치의 비교

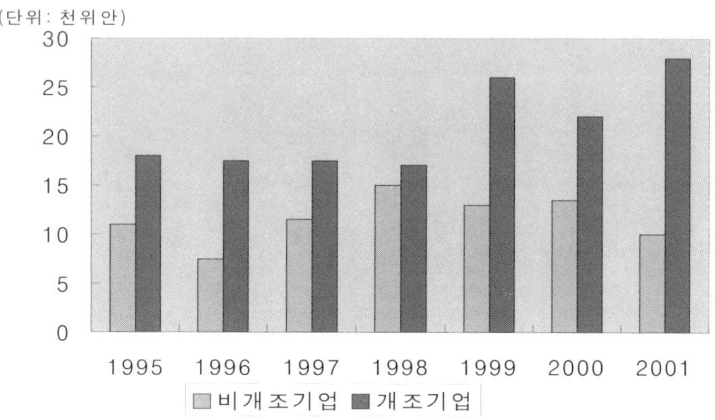

〈그림 III-4〉 개조기업과 비개조기업간의 이익률 비교

또 부가가치의 수치를 보면, 개조기업과 비(非)개조기업 간의 생산성의 차이를 더욱 철저하게 인식할 수 있다. 이는 특히 부가가치에 관한 수치는 부가가치세를 부담하는 기초가 되므로 그 신빙성이 특히 높다고 하겠다.

2001년의 경우에 구조조정을 한 기업과 그렇지 않은 기업과 1인당 생산성에서 3배 이상의 차가 나고 있으며, 또한 개조기업의 이익이 비개조기업보다 이익 측면에서 50% 이상이 높은 것을 볼 수 있다(홍인기 : 2006:662~664).

이상에서 살펴본 바와 같이 중국국유기업의 민영화에 따른 가장 큰 문제는 당해 국유기업 종업원의 실직처리문제인데 그럼에도 불구하고 국유기업의 민영화로의 구조조정에 따른 긍정적인 효과를 보았다. 아래에서는 연변의 경제환경의 개관을 통하여 연변에서 국유기업이었던 길림천우그룹이 민영화로 성공한 사례를 보도록 하겠다.

② 연변의 경제환경
연변의 기초시설에 대한 건설 규모는 계속 활발하게 늘어나고 있다.

2003년 자치주 전체의 고정자산 투자액은 71억 7,000만 위안에 달했다. 그중 국유[7])경제 단위에서 건설한 것이 33억 6,392만 위안, 집체[8])경제 단위에서 건설한 것이 4억 381만 위안, 개인 투자액이 5억 1,210만 위안, 그리고 연합경영, 주식제 경영, 외자 경영 등 여러 경제 유형의 투자액이 28억 8,611만 위안이었다.

자치주 전체의 고정자산 투자액 가운데서 기초시설 투자액이 32억 9,018만 위안, 부동산 개발 투자액이 13억 7,636만 위안, 신규기술개발 및 개조 투자액이 9억 9,583만 위안에 달했다. 따라서 계속적으로 끊임없이 발전하고 있는 기초시설에 대한 투자는 연변의 농업과 공업 생산 능력을 현저히 향상시켰고 도시와 농촌의 기본환경이 새롭게 변모되게 되었다.

가) 건축업

2003년 현재 연변자치주의 건축기업은 122개 업체로서 그중 국유건축 기업은 22개 업체이고 도시 집체 건축기업은 17개 업체, 그리고 기타 건축기업은 83개 업체이다. 건축 기업소 종업원은 22,228명인데 그중 국유 건축기업 종업원이 6,367명이고 도시 집체 건축기업 종업원이 3,746명, 그리고 기타 건축기업 종업원은 12,115명이다. 건축업 총생산액은 22억 5,726만 위안이며 건물 건축 시공 면적은 270억 3,497만 평방미터이다.

1978년부터 연변에서는 건축에 많은 인력, 자금, 장비를 투입해 전 자치주의 건축사에 남을 특징적인 건물들을 많이 지었다. 그중에 대표적인 건물로는 훈춘 광산 건물, 훈춘 발전소, 연길 알루미늄 공장, 연길 맥주공장, 연길 담배공장, 연길 난방시스템 공장 등과 같이 대공사를 진행한 결과 세워진 건물도 있다. 특히 인민 대중의 경제, 문화 생활과 밀접한 연관을 갖고 있는 연길백화점, 연길 국제무역청사, 연길 애득백화

---

7) '국유'는 말 그대로 국가의 소유라는 뜻이다.
8) '집체'는 공유(公有), 즉 집단이나 단체의 공동 소유로 볼 수 있다.

점, 연변 국제호텔, 연변 백산호텔, 세기호텔, 신문중심 대청, 전보대청, 박람대청과 같은 큰 건물들도 있다(김숙련·김영림, 2005:60~61).

나) 건축재료공업

해방 전 연변 건축재료공업의 초기 역사를 살펴보면, 몇 개 안 되는 소규모의 개인업체에서 말굽형 가마를 이용해 내화벽돌과 내화기와를 생산, 공급해 주는 것이 고작이었다.

오늘날 건축 재료 공업은 시멘트, 붉은 벽돌, 기와, 건축 도자기, 방수 자재 등 여러 가지 업종을 망라한 한층 더 큰 산업규모를 형성했고 연변의 원자재 공업의 핵심부문으로 성장했다. 오늘날 연변자치주 전역에 걸쳐 들어선 여러 가지 유형의 건축재료 기업은 190여 개소에 달하고 종업원 수는 1만 여 명에 이르렀다.

다) 대외무역

연변의 대외경제무역은 새 중국이 탄생된 초기에 이미 시작되었다. 대외 개방이 이루어지면서부터 대외경제무역은 비약적인 발전을 가져와 이미 대외무역의 경제주체 다원화, 상품 구조 양질화, 수출 상품 및 수출시장 다원화를 이룩했다.

2003년 자치주 대외 무역 수출입 총액은 4억 1,000만 달러에 달했다. 그 가운데 수출 총액은 2억 8,000만 달러이고 수입 총액은 1억 3,000만 달러이다.

연간 계약 외자 항목이 124개, 그 총금액은 1억 달러인데 그중 실제 외자 이용 총금액이 4,271만 달러에 달했다. 이 총액 가운데서 아시아 각국의 투자액이 80.1%를 차지하였으며 그중에서도 한국의 투자액이 68.7%를 차지하였다.

2003년 말까지 연변에 이미 등록한 외국 상인 투자기업체가 604개 업체(종업원 12,389명)에 이르렀으며 등록 자본 총액은 4억 1,928만 달러, 투자총액은 6억 8,817만 달러였다.

외국상인투자기업체의 업종별 분포를 살펴보면 농업·임업·목축업·어업에 32개 업체, 채굴업에 4개 업체, 제조업에 445개 업체, 건축업에 8개 업체, 교통운수·창고 저장 및 체신업에 3개 업체, 도매 구입·소매 무역 및 외식 산업에 21개 업체, 부동산업에 8개 업체, 사회서비스 산업·위생·스포츠 및 사회복리업에 44개 업체, 교육·문화·예술 및 과학연구 부문에 3개 업체, 기타 업종에 36개 업체로 각 분야에 널리 퍼져 있다. 외상 투자기업소의 연간 판매수입은 17억 5,772만 위안에 이르렀다.

현재 연변은 60여 개국과 무역거래를 하고 있으며 수출 제품은 초기의 농산물 등 몇 가지 단일 품종과 원료 수출로부터 기계, 전기설비, 방직물, 건축 자재 등 수백 가지 품종으로 늘어났다. 수출 상품도 정밀 가공과 부가가치를 높일 수 있는 가공 방향으로 발전했다.

이와 때를 같이 해 연변의 대외 기업청부와 역무합작도 보다 큰 발전을 이룩했다. 2003년 한 해에 새로 조인한 대외기업 청부 및 역무합작 계약항목이 20개, 계약 총액은 4,247만 달러에 달했다. 현재 1만 6,000명이 역무수출로 외국에 나가 농업, 건축업, 기계가공, 바다수송 등 사업에 종사하고 있으며 연간 경외수입은 6억 5,000만 달러에 이르렀다 (김숙련·김영림, 2005:69~70).

(2) 길림천우그룹(국영기업에서 민영기업으로의 전환 성공사례)

회사명	길림천우그룹주식유한회사	대표자명	전규상 회장 (54 세)
소재지	길림성 연길시 신흥가 162호 천우대하	전화번호	(Tel) 433-2513518 (HP) 133-2144-1188
		E-mail	tkxd@public.yj.jl.cn
회사형태	주식회사	Homepage	www.tianycon.net
		업태 및 업종	건설·부동산·해외개발 대외무역·노무송출·직업학교

자 본	창업자본금	5천만 위안	주식 출자 상황		· 1999년 (정부주식) · 2005년 (민영주식)
			총주식수	주주수	대주주
	자산총액	2억 5천만 위안	5천만주 (1위안→1주)	·	70% (전규상 회장) 30% (이사진)

종업원수	조선족	250명	· 지주회사 : 7개
	한족	3,097명	
	기타	10명	· 계열회사 : 7개
	합계	3,347명	· 자 회 사 : 3개

창 업	1999 년 10 월 9일			
연간매출액	2003년	2004년	2005년	2006년 판매목표
	2억 위안 (순이익 : 8%~10%)	2억 위안	2억 위안 (부동산 불포함)	3억 위안
사 훈	· 개척	· 탁월 추구	· 창신	

① 회사 개요

가) 회사 소개

길림천우그룹은 많은 법인 조직으로 이루어진 글로벌 기업그룹이다. 그 핵심 기업인 길림천우건설그룹주식유한회사의 전신은 1952년에 설립된 연변건축본사로서, 반세기 동안의 성장과정을 거쳐서 현재는 주로 건물들의 건축시공, 기초공사, 대형공업시설설치, 도로와 교량, 부동산 개발, 인테리어, 국제공사, 국제경제기술합작 청부 등의 업무를 포괄하여 경영하는 종합 기업으로 발전하였다. 길림천우그룹은 국가건설부가 비준한 건축공사청부 일급 기업으로, 현재 중국건축업협회이사기관, 중국국제상업연합회회원기관과 중국대외청부상업연합회회원기관직을 맡고 있으며, 또한 ISO9001, 2000국제품질시스템인증, ISO14001환경관리시스템인증과 직업건강안전관리시스템인증을 획득하였다.

길림천우그룹은 현재 7개의 지주회사와 7개의 계열회사, 3개의 자회사로 구성되어 있으며 직원 수는 3,347명에 달한다. 여러 분야의 기술을 가진 전문기술자 수는 585명이고, 그중 중·고급의 직무를 가진 직원은 205명이며 등기된 자본금은 5,000만 위안, 자산 총액은 2억 5천만 위안이다.

창업 이래로 전국에서 가장 우수한 대우호텔, 국무원이 지정한 우수 시공인 연길방직공장, 훈춘발전소, 길림성에서 지정한 우수 시공인 길림시 공상은행 영업빌딩, 주(州)검찰원, 연변대학, 주(州)인방백화점, 자치주가 지정한 우수 시공인 연변백산빌딩 등 수백개의 대표적인 중·대형 공업, 민간 건축물 건설을 연이어 맡았었다.

길림천우그룹은 50년대 초부터 북한원조, 몽고 원조와 북경십대건축의 건설에 참여하였으며, 60년대부터 90년대까지는 아프가니스탄, 쿠웨이트, 에디오피아, 러시아 등 저개발국가의 여러 토목건축공사 시공을 맡아 실적을 쌓았다.

〈그림 Ⅲ-5〉 길림천우그룹 사옥 전경

90년대에는 일본, 한국, 미국, 이스라엘 등의 국가의 기업들과 경제기술 및 노무협력관계를 맺었다. 98년에 회사는 북한에서 홍콩영황그룹이 투자한 오성급 호텔인 영황카지노호텔의 시공 청부를 맡았으며 또한 북한 나진에 첫 번째 봉쇄식 무역시장을 투자·건축하였다.

길림천우그룹은 대우호텔공사 건축으로 98년도 중국건축업최고영예인 '魯班獎(노반상)'을 수상했으며 전국소수민족자치주 중 첫 번째로 이 특별한 영예를 차지한 건축시공기업이 되었다.

90년대에 들어서 길림천우그룹은 여러 해 동안 계속 "重合同, 守信用(계약을 중시여기고, 신용을 지키는)" 기업으로 평가받았으며, 1995년 국무원발전연구센터 등의 부서에서 선정한 중국 500대 최대경영규모시공기업 중에서 324위를 차지했고, 최대경제효율건축기업 중에서는 188위를 차지했다. 1996년에는 또한 국가건설총행이 선정한 100대 핵심건축기업 중의 하나로 선정되기도 했었다. 1993년 이래로, 연변최적기업관리상, 경제효율 은상, 길림인기기업, 주(州) 시공관리우수기업, 주(州) "三好" 기업(모범기업), 주(州) "제8차5개년계획"기간, "제9차5개년계획"기간 모범기업, 주(州) "선진하부당조직본보기", 성(省) "사상정치업무우수기업", 성(省) "선진하부당조직", 성(省) "건설계통정신문명선진기관", 성(省) "안전생산우수기업", 성(省) "우수건축업기업" 등의 명예로운 칭호를 얻었다.

21세기에 들어서 천우그룹은 기업을 발전시킬 수 있는 기회를 잡았으며, "건설·설치 발전, 해외 개척, 부동산업 진출, 우수신산업 착수 등"의 기업 경영 발전 전략을 실시하였다. 향후 천우그룹은 그룹 브랜드의 우수함을 알리고, 우량 제품으로 시장을 개척하며, 신용과 명예의 금자탑을 쌓고, 끊임없는 국내외 각계와의 군건한 협력을 통해 중국건설업의 희망찬 내일을 창조할 것이다.

나) 대표이사 약력 및 사회활동

(가) 인적사항

〈그림 Ⅲ-6〉 길림천우그룹 전규상 회장

성명	전규상	성별	남	민족	조선족	생년월일	1953.11.27
제1학력	길림성건축공정학원						
제2학력	상해동제대학경영관리학원						
직명	고급기사			정치상황	공산당원		
직무	길림천우건설그룹주식유한회사 이사장						

(나) 약력 및 사회활동

기 간	약 력	기간	사회활동
1971~1973	길림성건축공정학원 재학	1996	중국조선족과학기술노동자협회
1973~1987	연변건축본사설치회사		경제고문 역임
	기술자, 공장장, 대장, 사장	1996	길림성건축공정학원 부교수 역임
1987~1989	상해동제대학	1997	연길시 제14차
	경제관리학원 재학		인민대표대회 대표 역임
1989~1992	연변설치회사 사장	1999	중국건축업협회 제3차 이사 역임
1992~1993	연변건축본사 부사장	1999~현재	연변조선족자치주인민대표대회 대표
1993~1999	연변건축본사 사장,	2000~현재	중국국제상업연합회
	법인대표		연변상업연합회 부회장
1999~현재	길림천우건설그룹	2001~현재	연변연길기업가연합회
	주식유한회사 이사장		부회장, 회장
		2002~현재	길림성건축업협회 상무이사
		2003~현재	연변건축업협회 상무이사, 부회장
		2004~현재	연변대외노무합작협회 부회장

다) 회사 연혁

일시	발전과정
1952. 12. 25	연변조선족자치구공정회사 설립
1955	연변공정회사로 개명
1962. 6. 5	길림 제7건축회사로 개명
1968	연변건축회사로 개명
1988. 5. 10	연변건축본사로 개명
1999. 10. 9	길림천우건설주식유한회사로 회사제도 바꿈
2002. 5. 22	길림천우그룹 조직. 길림천우건설그룹주식유한회사로 개명

라) 회사 조직도

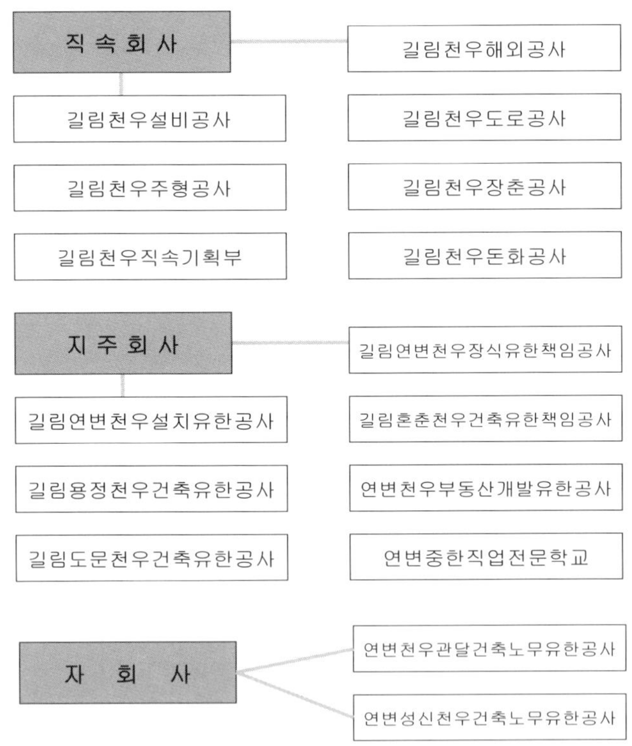

〈그림 Ⅲ-7〉 길림천우그룹 조직도

마) 주요사업분야 및 내용

(가) 건축공사 : 연변대학종합관, 연변대학과학기술학원, 연변이동통신영업빌
      딩, 연변전신국영업빌딩

〈그림 Ⅲ-8〉 연변대학종합관

(나) 공업시설설치 : 훈춘발전소

〈그림 Ⅲ-9〉 훈춘발전소

(다) 도로와 교량

회사는 주요 사업에 중점을 둠과 동시에, 다양한 사업으로의 발전을
위해, 1999년 직속 도로공사회사를 설립해 몇 년 동안 통매고속도로,
왕천도로, 광조도로, 혼권도로 등의 건설에 참여했으며 그중 통매도로
와 왕천도로의 시공은 성 지정 우수 시공상의 영예를 얻었다.

(라) 부동산개발
• 천우빌딩 : 천우빌딩은 연변천우부동산개발유한공사가 2001년부

터 2002년까지 개발, 건설한 종합 건물로서 16층 구조이며 총 건축면적은 13,480㎡에 달한다.

- 천우생태가원 : 천우생태가원은 연길시 도심지역 내에 위치하고 있으며, 동쪽으로는 연집강이 흐르며, 서쪽으로는 나무들이 우거진 인민공원이 있다. 차지하는 면적은 90,567.52㎡이며, 총 건축면적은 119,923.37㎡에 달한다. 2003년에 공사에 착수해서 2005년에 준공되었으며 현재 활용하고 있다. 이 공원은 천우그룹이 계획하고 건설한 연길시에서 유일무이한 고품격, 고급의 현대지능화지구이다.

(마) 골프장 건설 : 종합관, 게스트하우스, 연습장, 연길해란강골프장

〈그림 Ⅲ-10〉 연길해란강골프장　　　〈그림 Ⅲ-11〉 조선나진영황카지노호텔

(바) 해외합작 : 연변대우호텔, 장백산장, 조선나진영황카지노호텔, 조선나진국제통신센터빌딩

(사) 노무 수출

No	국가	수출형식	인원수	관련직종
1	한국	연수생	1,750	식품가공, 피혁제품, 의료기구
2	북한	노무	1,460	건축노동자, 공사노동자, 공사관리인, 설비수리, 창고관리 등
3	일본	연수생	434	목재가공, 목제 문·창문, 건축노동자 등
4	리비아	노무	120	공사기술자, 관리원
5	이스라엘	노무	103	벽돌공, 미장이, 철근공 등 건축노동자 및 관리원
기타				· 싱가포르, 사이판, 엘살바도르 등 기타국가와 지역에 연수생을 파견함. · 관련직종 : 건설현장, 차 수리, 기계가공, 석유, 화학공업, 고무제품, 종업원, 요리사, 전기기술자, 재봉사 등.

(아) 연변중한직업전문학교

연변중한직업전문학교는, 길림천우그룹이 건설시장의 수요에 따라, "현대화, 세계화, 미래화"의 교육철학을 기초로 하여 세웠으며 정확한 세계관과 기술을 가진 전문인재를 육성하는 학교이다.

연변중한직업전문학교는 1997년 9월 12일에 설립되었다. 전체 면적은 10,000㎡이며 교사 면적은 5,000㎡로써, 수용 학생인원은 1000명에 달한다. 학교 안에는 교실, 설계실, 실험실, 컴퓨터실, 열람실, 연구실, 학생 기숙사, 식당 등의 시설이 있다. 교직원 수는 18명이고 외부에서 초청해온 10명의 한국어, 중국어 교사가 있으며 교직원들은 전부 대졸 이상의 교육 수준과 중급 이상의 직무 자격을 갖추고 있다.

학교교육제도의 구성을 보면 전문 분야반은 2년이고, 단기기능교육반은 6개월로써, 실제 수요에 따라 학기는 조정될 수 있다. 학교는 설립 이래로, 건축목공, 토건, 전기용접, 납땜, 전기배선, 요리, 의상 등의 전문분야를 설치했다. 그동안 중국내 기업과 사회, 그리고 해외에 2,000여명의 고급 기술공들을 배출하여 파견시킴으로써, 사회 각계의 호평을 받고 있다.

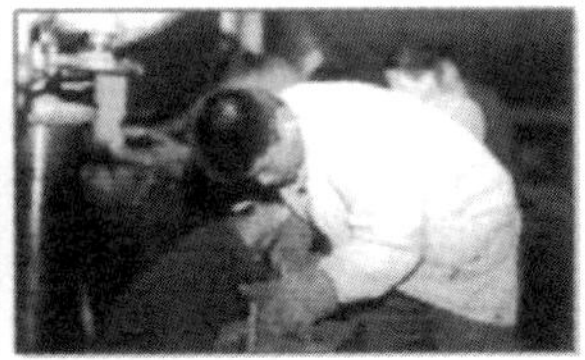

〈그림 Ⅲ-12〉 연변중한직업전문학교

② 경영자와의 인터뷰

가) 경영자의 개인적 · 사회적 배경

전규상 회장의 고향은 연변이며 53년생이다. 아버지의 고향은 경상북도 울진이며 어머니의 고향은 충청남도 공주군 계룡면이다. 전회장은 길림성 건축공정학원을 졸업하였으며 그 후 연변 건축본사설치회사에 입사하여 기술자, 공장장, 대장, 사장을 역임하였다. 전 회장은 나이 30세가 넘은 해에 공부를 다시 해야겠다는 생각에 1987년도에 상해동제대학 경제관리학원에 입학하였다. 상해동제대학은 건축관련 대학으로서는 중국에서 제일가는 학교이다.

나) 사업동기 및 회사의 발전과정

전 회장은 상해동제대학을 졸업한 후 연변설치회사 사장으로 근무하였으며 1993년도에는 연변자치주 공산당 상무위원회의 추천으로 법인대표인 연변건축본사 사장으로 임명을 받아서 10년 동안 근무하였다. 이 회사는 원래 국영업체인데 국영업체 사장으로 있으면서 천우그룹을 설립하였다. 창업은 1999년도에 했으며 창업연도인 1999년도에 주식회사제도로 바뀌었다. 천우그룹은 원래 주식회사 형태로 설립이 되었지만 국영업체이고 국가가 대주주여서 2005년도에 전회장이 정부의 주식을 전부 인수하여 민영화가 된 것이다. 천우그룹이 국영기업에서 민영기업으로의 변화된 과정을 보면 2005년 2월 24일에 연변자치주 정부 27차 상무회의에서 정부가 정부주식을 내놓기로 결정하였으며 2005년 11월에야 실제 법적으로 최후에 확인을 받아 성정부의 정식문서를 받음으로써 민영화로 확정된 것이다.

즉, 천우그룹 같은 회사의 비준권은 성정부가 가지고 있는데 국영기업의 재산을 민영기업에 넘길 때 국영기업소유 주식의 가격 부합 여부나 천우그룹에 넘기는 것이 이치에 맞는지 여부를 심사를 통해 판결이 나는데 2005년 11월에야 이러한 법적인 절차가 끝나서 정식으로 문서를 받음으로써 전 회장이 실질적인 천우그룹의 대주주로서 대표이사가 된 것이다. 즉 2005년 11월을 기점으로 국영기업에서 민영기업으로 바뀐 것이다.

천우그룹은 창업자본금이 5,000만 위안이며 주식수는 5,000만 주로서 1주는 1위안이다. 5,000만 주 중 70%는 전 회장 지분이며 나머지 30%는 이사진의 몫인데 현재 이사진과 경영진이 구조조정을 하고 난

후 1천7백 명 가량이 남아 있다. 1천7백 명의 종업원 가운데 8백 여 명의 개인신분보상금 즉 퇴직금을 정부와 전 회장이 반반씩 부담하여 조만간에 구조조정을 한다는 것이다. 향후 구조조정이 된 후에는 900여명의 종업원이 남게 되는데 천우그룹 모기업에 5백 여 명 그리고 나머지 4백 여 명은 천우그룹 계열사에 배치하여 각 기업마다 독립채산제를 시행할 계획을 세우고 있다. 현재 전체 종업원 중에서 절반 정도가 조선족이며 나머지는 한족으로 구성되어 있다.

천우그룹은 건설, 부동산, 무역의 세 가지 업종의 사업을 하는데 주력업종이 건설업이기 때문에 건설업만을 대상으로 연간매출액을 계산해 보면 2억 위안 정도이며 2006년도의 매출목표는 3억 위안 정도이고, 향후 5년 내에 5억 위안 정도의 매출목표를 계획하고 있다고 한다. 천우그룹의 매출액에 대한 순이익 비율은 8~10% 정도이다.

천우그룹은 자회사가 17개인데 17개 기업이 3분야로 나뉘어 있다. 즉 건설, 부동산, 해외개발로 구분되어 있는데 해외개발은 다시 대외무역과 노무송출, 직업학교로 나뉘어 있다. 직업학교는 이름이 중한기술전문학교인데 이 학교는 한국산업인력공단의 협조 하에 설립된 것이며, 학생수는 100~250명 사이인데 목표는 한국에 근로자로 취업하려는 젊은이들을 대상으로 훈련을 시킨다. 근래 들어서 한국 여천공업단지에 인력이 많이 부족하여 중한기술전문학교에서 약 2천 여 명 정도 교육시켜서 여천공업단지에 투입하기로 한국업체와 계약을 체결하였다. 교육방법은 한국산업인력공단의 협조를 받아서 교재와 교사를 지원받아 여천공단에 투입할 인력을 양성시켜서 내보내자는 계획을 세우고 있다고 한다.

전 회장은 천우그룹이 국영업체에서 민영업체로의 전환 과정을 다음과 같이 설명하였다.

"중국에서는 국영업체를 민영업체로 전환하여 경영하는 과정이 무척 힘이 든다. 즉 수많은 국영업체들이 민영업체로 변화되는 과정에서 회사의 종업원들이 데모를 하고 정부에 충격을 주는 등 한바탕 홍역을 치루는데 천우그룹은 2년 동안 민영기업으로 바꾸는 과정에서 큰 소란 없이 조용히 마무리가 잘 되었다.”

다) 경영자의 가치관과 기업문화

전규상 회장의 가치관은 천우그룹이 만든 최고의 제품을 사회에 바쳐서 최고의 봉사를 하자는 것이다. 지금까지의 천우그룹은 국영기업이었는데 이제 막 민영화가 끝났으니 앞으로 당장 해야 할 일은 직원들에게 교육을 시키는 것이다. 즉, 직원들이 국영기업체 시절의 안일한 사고방식 속에서 십수 년간 교육을 받고 회사생활을 해온 사람들이기 때문에 하루아침에 바꾸지 못한다. 따라서 가장 먼저 해야 할 급선무는 직원들이 국영기업체 시절의 마인드를 버리고 사영기업체의 마인드로 바뀔 수 있는 교육을 시키는 것이다. 이러한 교육은 향후 계획을 세워서 중국의 유명한 교육전문가를 초빙하여 당장 시행할 것이라는 게 전규상 회장의 계획이다.

천우그룹의 직원들은 지금 내적으로 많이 불안해하고 있다. 왜냐하면 전규상 회장이 국영기업체 사장에서 하루아침에 사영기업체의 최대주주가 되어버렸기 때문이다. 따라서 직원들은 혹시 자기들이 쫓겨나지 않을까 하는 걱정과 사영기업으로 바뀐 천우그룹에서 무엇을 하며 어떻게 버텨나갈지를 내심 불안해한다는 것이다.

전 회장은 이러한 직원들의 마음을 간파하고 직원들에 대한 교육을 통하여 천우그룹을 이끌어갈 경영자인 전규상 회장의 경영방침을 전달한다는 것이다. 즉 천우그룹이 사영화가 돼서 실질적인 최대주주가 전규상 회장이지만 직원들에게 천우그룹의 주인의식을 심어주자는 것이다. 즉, 직원들에게 애사심과 주인의식을 심어줌으로써 회사의 이익이 직원 각자에게 골고루 배분될 수 있도록 하고 또한 그로 인하여 직원 각자의 삶이 윤택해질 수 있도록 하겠다는 것이 전규상 회장의 생각이다.

라) 회사의 강점과 약점

전규상 회장은 천우그룹의 강점과 약점을 다음과 같이 설명하였다.

"연변지역에 있는 건설업체 중에서 천우그룹만의 강점은 첫째, 다른 기업들은 따라오기 힘든 건설업종에서 오랫동안 종사하면서 쌓아올린 축적된 노하우가 있다. 둘째, 회사경영능력이 다른 기업에 비해 한 단계 앞서 있으며 셋째, 회사 구성원인 직원들의 능력이 다른 기업에 비하여 전문화되어 있다."

"약점은 첫째, 국영업체에서 근무하면서 이어져온 나태함이 남아 있다. 즉 기업환경에 발 빠르게 대처하는 능력이 부족하다. 따라서 이런 습관들은 교육을 통해서 올바른 마인드를 길러주어야 될 것 같다. 둘째, 회사 내에서 직급에 대한 평등주의 사상이 만연해 있다. 즉 사회주의 국가에서는 평등이라는 이름 아래 똑같이 일하고 똑같이 나누어야 된다는 생각이 수십 년간 머릿속에 잠재해 있기 때문에 그러한 사고방식을 하루아침에 바꾸기가 어렵다. 그래서 내가 작년부터 시험적으로 경영진의 급여를 많이 올려놓았다. 왜냐하면 경영진의 급여가 일반직원과 차이가 있어야 능력을 발휘할 것이기 때문이다. 그러나 아직까지 회사에 근무하는 직원들이 급여에 차이를 두는 이유를 이해하지 못하고 잘 받아들여지지 않는데 이러한 사고방식을 돌리는 데 시간이 필요할 것 같다."

마) 기술, 시장확대, 무역 등 기업의 성장전략

전규상 회장은 천우그룹을 성장시키기 위한 경영전략을 다음과 같이 계획하고 있다. 즉 향후에 건축설비 및 기술을 발전시키고 부동산 개발을 연변 외의 지역까지 확장하며 한국 등 해외지역으로의 진출을 꾀하고 첨단산업에 투자한다는 것이다. 그러나 이와 같이 진취적이고 발전적인 계획에도 불구하고 연변지역이 경제적으로 낙후되어 있고 산업기반시설이 잘 조성이 안 된 지역이기 때문에 천우그룹이 성장해 나가기에는 한계를 느낀다는 것이 전 회장의 생각이다.

바) 주력제품 서비스

천우그룹이 건설한 연길의 "천우생태가원"에 대한 전 회장의 설명이다.

"지금까지 천우그룹이 건설한 것 중에서 제일 큰 작품은 '천우생태가원'으로서 연길에서 제일 큰 아파트 단지를 만들고 있다. 이 아파트 단지에는 모두 1,500여 세대의 아파트가 건설이 될 예정인데 현재 800여 세대의 아파트가 완공이 됐으며 나머지 700세대는 현재 공사가 진행 중이다. 아파트 공사는 2007년도에 완공을 목표로 하고 있으며 현재 연길에서는 최고로 인기 있는 아파트라고 평가 받고 있다. 아파트 단지의 면적은 8만 7천 평이며 장내건축평수는 중국평으로 14만 7천 평방미터이다. 또한 아파트 평수는 한국평형으로 10가지 종류가 있고 동의 종류도 다층과 고층으로 나뉘어 있다. 현재는 완성된 800세대 중에서 600세대가 입주가 완료된 상태이다."

연길의 '천우생태가원'에 짓고 있는 아파트의 내부 인테리어에 대해서 전 회장은 다음과 같이 설명하였다.

"아파트를 지을 때 두 가지 모델로 지었다. 즉 첫째는 중국의 전통적인 방식인데 이 방식은 단지 아파트만을 지어주면 내부 인테리어는 본인의 능력과 취향에 맞추어서 하는 것이며 둘째, 고층아파트는 한국처럼 내부 인테리어까지 완공해서 분양하는 방식이다. 그러나 연길에서는 아직까지도 본인들이 입주하여 인테리어를 해서 사는 방식을 선호하며 아파트 업체에서 인테리어까지 해주는 아파트를 선호하지 않는다. 왜냐하면 연길사람들은 지역적으로 규모가 적어서 그런지 본인들이 입주해서 인테리어를 하면 비용이 절약되고 인테리어를 더 잘할 수 있으리라는 생각 때문이다. 그러나 실제적으로 본인들이 인테리어를 하려면 더 많은 비용이 든다."

천우그룹이 짓고 있는 아파트 중 인기가 있는 아파트는 한국식 아파트의 설계라는 것이다. 즉 전규상 회장은 한국 서울 강남에 소재하고 있는 유일설계사무소의 설계사들이 와서 설계를 하였으며 또한 한국식 모델하우스도 도입하였다는 것이다. 연길에서는 천우그룹이 아파트를 짓는데 처음으로 한국식 모델하우스를 짓고 평형에 따른 내부설계와 인테리어를 하여 수요자들에게 공개함으로 인해서 점차 인기가 올라가고 있다고 한다. 아파트 분양도 처음 한 1년 동안은 한국회사가 들어와서 분양을 했으나 지금은 대만회사가 들어와서 분양을 하고 있다고 한다. 연길의 아파트 가격은 원래 평균가격은 다층은 1,300위안에서 1,700위안 사이인데 천우그룹의 아파트는 2,000위안 이상이며 고층아파트도 평당 최고가격으로 3,000위안 정도라는 것이다.

사) 한국에 진출 계획

Q : 천우그룹은 앞으로 한국에 진출할 계획이 있는가요?

A : "한국으로의 본격적인 진출은 되지 않은 상태이고 현재는 서울에 사무소만 있다. 지금은 한국산업인력공단과 연변의 중한직업전문학교와의 교류관계로 필요한 인력을 한국으로 송출하고 있고 그 외에는 구체적으로 진출된 게 없다. 실제적으로 천우그룹이 한국에 진출은 하지 않았으나 지난 10여 년간 건설업을 하면서 한국의 건설업체로부터 회사의 관리형태나 건설공법 등 한국의 기법을 많이 배웠으므로 한국에 진출한거나 다름없다고 생각한다. 실례로 연길에 대우호텔을 지어서 중국건설분야의 최고상인 노반상을 받았다. 중국 전역에서 이런 지방성지에서 노반상을 받은 사람은 아마 나뿐일 것이다."

③ 경영활동 및 네트워크 현황

가) 화상네트워크에 대한 의견

"아직은 화상기업들과의 교류는 없지만 많은 자료들을 통해서 화상에 대해서 알고 있고 또한 화상 쪽에서 나에게 참여하라고 많은 자료가 온다. 그런 자료들을 검토해 보면 화상네트워크가 잘 되어 있음을 느낀다. 중국 내에서나 국제적으로 화상의 힘이 크고 또한 인터넷을 통하여 세계에 뻗어 있는 화상들과의 교류가 가능하기 때문에 천우그룹이 국제적인 기업이 되려면 화상네트워크를 많이 활용해야 할 것 같다.”

나) 중국내 「조선족기업」과의 교류

“중국 내에서는 조선족기업과의 교류가 거의 없다. 왜냐하면 건설업 분야에서 조선족기업을 찾아보면 없기 때문이다. 건설업 분야에서 국가 1급의 사장은 아마 중국 전역에 나뿐일 것이다. 따라서 서로 교류를 하려고 해도 조선족기업이 없기 때문에 중국기업과 서로 협조할 수밖에 없다.”

천우그룹이 경영활동상 가장 많이 활용하고 있는 네트워크는 ‘지연’이며 다음으로는 ‘업연(동일업종)’으로 응답되었다. 조선족기업 상호간 협력이나 교류를 활성화하기 위한 방안으로서는 첫째, 동일업종이어야 하고 둘째로는 상호간에 자발적인 정보제공과 협조체제가 구축되어야 한다고 강조하였다.

다) 중국 내에 있는 ‘한국투자기업’과의 상호협력이나 교류

천우그룹은 중국 내에 있는 한국투자기업과 ‘건설’이나 ‘기술제휴’분야에 상호협력이나 교류를 하고 있으며 교류의 비중은 매우 많고 성과는 매우 만족하고 있는 것으로 조사되었다. 그러나 한편 중국에 진출한 한국투자기업과의 상호협력이나 교류의 장애요인을 든다면 첫째는 상호간의 원활한 정보네트워크 부족과 다음으로는 한국기업에 대한 심리적 요인이라고 응답하였다. 천우그룹의 전규상 회장은 두 번이나 한국기업에게 사기를 당하여 많은 재산상의 손실을 본 경험이 있다고 한다. 다음으로 조선족기업과 한국투자기업 상호간 협력이나 교류를 활성화하기 위한 방안으로는 첫째, 상호간정보제공과 적극협조이며 다음으로는 정기적인 교류를 통한 활성화라고 응답하였다.

라) ‘한국에 있는 기업’과의 상호협력이나 교류관계

천우그룹은 ‘한국에 있는 기업’과 사업상 상호협력이나 교류를 하고 있으며 주로 건설업 또는 아파트에 대한 기술제휴 또는 한국식 관리나 선진 경영기법을 배우기 위한 직원 견습을 하고 있는 것으로 나타났다. 그러나 상호협력이나 교류비중은 작으며 성과는 만족하고 있는 것으로 응답하였다. 다음으로 ‘한국에 있는 기업’과 상호협력이나 교류의 지배요인으로서는 한국업체의 마인드가 부담스럽고 또한 천우그룹의 자금 압박에 기인하는 것으로 나타났다. 협력이나 교류를 활성화하기 위한 방안으로서는 첫째, 한국정부의 중국 조선족기업을 위한 우대정책이고 다음으로는 한국상회 등을 통한 한국기업의 정보제공 및 홍보라고 응답하였다.

한국기업과의 관계에 대한 인터뷰를 하면서 전규상 회장은 한국기업에 사기당한 사례 2건을 다음과 같이 자세히 밝히고 있다.

사례 1

산동성 제남 부근에 중국에서 제일 큰 방직그룹이 있는데 이 그룹의 연매출은 70억 위안 정도이다. 2002년도에 이 방직그룹이 한국의 삼진그룹과 합자해서 거대한 방직공장으로 확장할 계획을 가지고 있었다. 그런데 한국기업 측 사람이 전 회장을 찾아와서 자기가 방직그룹에 수천만 달러를 투자했고 작년에만도 20억 위안을 투자했으니 전 회장에게 와서 경영을 맡아달라고 하면서 전 회장에게 계약금조로 수백만 위안을 받아갔다. 그 사람은 방직공장의 중국인 사장에게 찾아가서 자기가 천우그룹같은 큰 건설업체와 합자를 하기로 했고 또한 천우그룹의 주식도 가지고 있다고 하였다. 즉 방직공장 사장과 천우그룹 회장을 동시에 속이고서 방직회사가 그 사람에게 보낸 신용장을 가지고 한국에 있는 은행에 신용장을 제시하고 대출을 받아서 잠적해 버렸다. 그 후 전 회장은 돈만 수백만 위안을 날리고 석 달만에 방직공장에서 물러나고 말았다.

사례 2

　전규상 회장이 연길에서 처음으로 레미콘 회사를 할 때이다. 한국 레미콘 회사로부터 장비 16대를 92년산으로 도입하기로 하고 1994년도에 계약을 하였다. 그 후 레미콘 장비 16대를 들여와 가동을 하였는데 장비가 자주 고장이 났다. 전 회장은 레미콘 장비에 대한 전문가가 아니라서 자주 고장 나는 이유를 알지 못했다. 레미콘 장비에 새로 페인트를 칠하여 겉으로 보기에는 새로 생산한 장비 같은데 들여온 지 한 달이 지난 뒤부터는 고장이 끝없이 이어졌다. 전 회장은 기사를 시켜서 레미콘 장비 한 대를 완전히 분해하도록 했다. 기계를 분해하고 보니 발동기의 제일 깊은 곳에 1970년산이라고 하는 라벨이 붙어 있었다. 또한 발동기에 제품에 대한 고유번호가 찍혀 있어서 대우중장비 본사에다가 이 레미콘 장비들이 몇 년도에 생산된 제품들인지를 물어보니까 70년산, 72년산, 74년산, 82년산이라고 알려주었다. 레미콘 장비 16대에 대한 돈은 이미 지불한 상태라 어쩔 수 없이 당할 수밖에 없었다. 그 후 2년 동안 노후된 레미콘 장비로 레미콘을 생산하느라 애를 먹었지만 어찌할 방법이 없었다.

　전규상 회장의 자조섞인 말 한마디 "한국사람들은 사실 좋은 사람이 대부분이고 나에게 사기를 친 나쁜 사람들은 소수일텐데 소수한테 당한 내가 멍청한 거다. 정말 서로가 협조하여 사업을 할 때는 진실성이 중요한 거다. 그래도 한국사람 절대다수는 훌륭한 분이 아니겠느냐."

　마) '중국이나 기타 외국에 있는 기업'과의 상호협력이나 교류

　천우그룹은 '중국기업'이나 '일본기업'과는 원재료나 제품의 조달, 투자 및 자본조달, 기술제휴, 사업정보교환, 판로개척, 합자·합작 등에서 상호협력이나 교류를 하고 있는 것으로 조사되었으며 한국투자기업을 제외한 '중국내 외국기업'이나 '화상기업'과는 상호협력이나 교류가 거의 없는 것으로 응답하였다.

Q : 일본에 거주하는 ‘일본조선족기업인’과의 교류관계는?

A : “교류가 빈번한 것은 아니고 단지 일본 조선족기업인들이 저희 회사를 방문도 했고 그리고 연변에 올 때마다 제가 초대하였지만 구체적인 사업에 관한 협력은 아직까지 없다. 4월에 재일조선인상공회에서 몇 주년 성립식을 하는데 초청받았다. 일본에 와서 연변 기업들도 소개하고 특별히 천우그룹이 이북에 진출해서 여러 가지 일들을 하고 있기 때문에 이북의 일들을 많이 좀 소개해 달라는 요구이다.”

Q :「중국내 외국기업」이나 「해외외국기업」과의 관계에 대해서는?

A : “연계가 있는 업계는 사실상 적지 않게 있는데 아직 본격적인 사업에 관한 협력관계를 아직 이루어지지 않았다. 조금이라도 협력관계가 있는 국가는 일본, 이스라엘, 한국이다.”

바) 대학(연구소), 정부기관, 금융기관, 단체와의 「네트워크」

천우그룹은 대학(연구소)과의 산학협력관계가 체결되어 있으며 주로 인력개발이나 기술개발 부문을 상호협력하고 있는 것으로 나타났다. 천우그룹은 향후 인력개발이나 교육서비스, 기타 해외개척을 위한 인력개발 즉 외국어 교육에 대한 산학협력체계를 원하는 것으로 나타났다.

대학과의 산학협력체계에 대하여 천 회장은 다음과 같이 피력하였다.

“천우그룹은 중국 길림건축학원과 인재양성 면에서 연계가 있다. 제가 대학에 얼마씩 투자하고 인재들을 매년 몇 명씩 보내달라는 식이다. 지금도 경영에 필요한 인재를 연변대학으로부터 조달받을 계획을 세우고 있다. 우리 회사는 건설업종의 단일한 회사이기 때문에 인재가 다양하지 못한 아쉬움이 있다. 천우그룹이 앞으로 발전하려면 다양한 인재들이 필요한데 복지나 경영, 기타 유능한 인재가 있으면 보내 달라. 한국 등 해외 학생은 아직까지 받아본 적은 없으나 기본적으로 본인의 전공과 천우그룹이 원하는 분야가 일치한다면 중국이든 한국이든 관계없이 유능한 인재를 초빙하고 싶다.”

전 회장은 '민족금융기관'의 설립 필요성에 대해서 적극적인 찬성을 표했으나 막상 설립이 되려고 하면 중국정부 차원의 허가를 받아야 하기 때문에 쉽지는 않을 것이라고 하였다.

전규상 회장은 현재 '연변기업가협회'와 '연변조선족과학기술자협회'에도 가입하고 있는 것으로 밝혀졌다.

전규상 회장의 말, "2003년도부터 지금까지 약 2년 동안 연변기업가협회 회장직을 맡고 있다. 그전까진 부회장이었다. 연변기업가협회에는 조선족과 한족기업 통틀어서 80명 정도 회원이 있는데 그중에 약 절반인 40명 정도가 조선족기업인이다. 업종도 다양하다."

천우그룹은 기업활동에 '온라인 화상네트워크'를 활용하지는 않고 있으나 활용하기를 원하고 있으며 향후 온라인상 '한상네트워크'를 구축한다면 얻고 싶은 정보로는 해외한상기업의 수출입 정보와 인력채용 정보, 해외한상기업의 기술 및 상품정보인 것으로 응답하였다.

사) '중국내 기업' 및 '해외(한국포함)기업'과의 수출(기술이전), 수입(기술도입), 투자

천우그룹은 자사제품 제조에 필요한 원재료 즉 건설자재(알루미늄, 창틀)를 한국으로부터 수입하고 있으며 2003년도부터 2005년도까지 최근 3년간의 수입실적은 연간 30만 달러 정도인 것으로 조사되었다. 또한 한국기업으로부터 기술을 도입하고 있는데 도입하는 기술의 형태는 '기술공정'인데 온돌(난방) 기술을 도입하는 것으로 나타났다. 천우그룹은 주로 한국기업과 이북, 일본에 투자를 하고 있는데 1997년도에 북한 나진 특구에 100만 달러를 투자한 실적이 있다.

Q : 북한에 진출한 경험이나 계획은?

A : "천우그룹이 북한에 진출하면서 가장 기대를 걸고 있는 곳이 나진 특구다. 이곳이 연변과 인접지역이라 천우그룹으로서는 지역적인 이점이 있다. 천우그룹은 1997년도부터 북한에 진출해서

홍콩이 투자한 호텔카지노를 건설하였다. 그런데 2005년도에 중국 돈이 너무 빠져나간다는 구실로 중국 공안부의 압력에 의해 폐업할 수밖에 없었다. 또 태국의 록센리그룹이 투자한 국제통신센터의 건물과 발사탑도 천우그룹이 건설하였다.

평양 쪽으로는 아직 진출하지 못했다. 2004년도에 연변과학기술대학의 김진경 총장이 평양에 평양과학기술대학을 건설한다는 계획을 가지고 있었다. 그 후 김진경 총장과 같이 평양을 4번 왕래하면서 평양과학기술대학을 천우그룹이 건설하기로 평양 측과 계약을 하고 계약금 500만 위안까지 받았는데 북한 측에서 막판에 계약을 파기하는 바람에 건설이 무산돼버렸다. 즉 한국동북아교육재단이 투자하고 김진경 총장이 직접 가서 운영하는 평양과학기술대학을 건설하는 것이었는데 마지막에 북한에서 저를 거부하는 바람에 건설계획이 백지화돼 버렸다. 그러나 학교를 설립하는 계획은 계속 추진되고 있는 것으로 안다.”

천우그룹은 향후 한국에의 투자를 고려하고 있으며 투자시 한국정부에 요구하고 싶은 점은 첫째, 내국민대우와 둘째, 송금을 위한 경제인프라 구축이며, 중국정부에 대해 요구하고 싶은 점은 달러의 유출과 유입의 제한을 완화해주었으면 하는 바람이었다.

④ 길림천우그룹의 네트워크 구축 분석 및 시사점

가) 중국내 및 해외조직과의 네트워크(면담 및 설문)

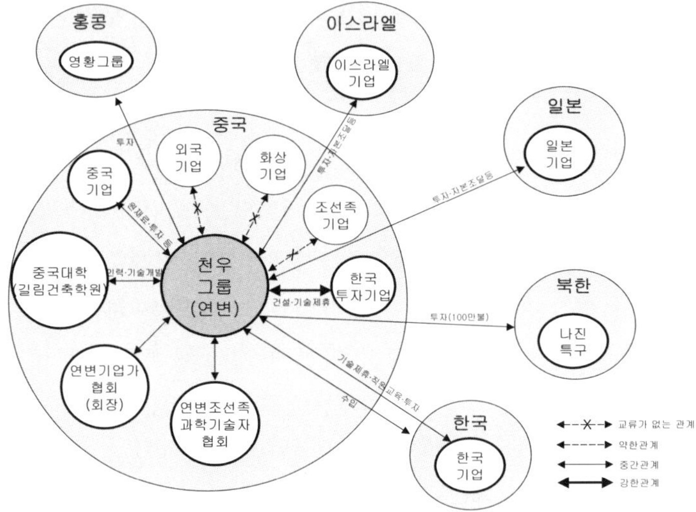

〈그림 Ⅲ-13〉 길림천우그룹의 중국내 및 해외조직과의 네트워크

나) 길림천우그룹의 사업부문 네트워크

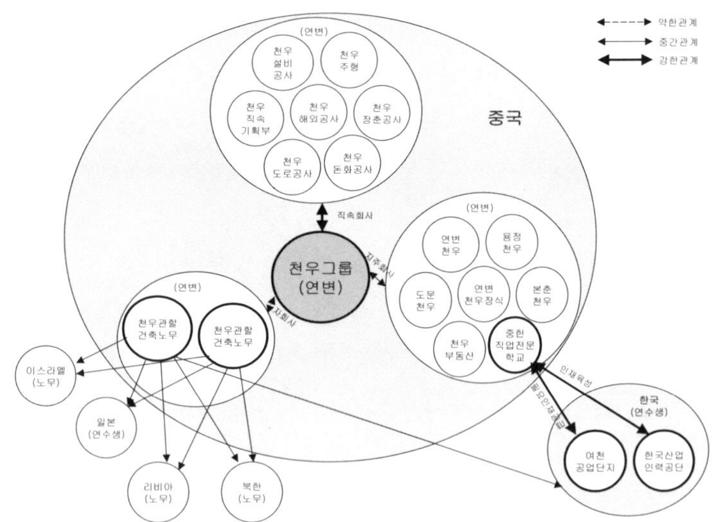

〈그림 Ⅲ-14〉 길림천우그룹의 사업부문 네트워크

다) 네트워크 구축분석 및 시사점

길림천우그룹의 네트워크 구축 분석 및 시사점을 보면

첫째, 중국내 및 해외조직과의 네트워크 구축에 관한 면담 및 설문결과를 보면 천우그룹은 '중국내에 있는 한국투자기업'과 건설 및 기술제휴로 인하여 '강한 네트워크 관계를 구축'하고 있는 것으로 조사되었으며 '한국에 있는 기업'과는 기술제휴나 직원교육·투자 등을 통하여 '중간 네트워크 관계를 구축'하고 있는 것으로 나타났다. 또한 해외에 있는 일본기업, 이스라엘 기업, 홍콩의 영황그룹, 북한의 나진특구에는 투자나 자본조달 등을 통하여 '중간 네트워크 관계'를 구축하고 있는 것으로 나타났다. 그리고 '중국내에 있는 중국기업'과는 원재료나 투자 등으로, '중국대학(길림건축학원)'과는 인력이나 기술개발로 '연변기업가협회'나 '연변조선족과학기술자협회'와는 인적네트워크 구축 등으로 '중간 네트워크 관계'를 구축하고 있는 것으로 조사되었다.

둘째, 길림천우그룹주식유한회사의 사업부문 네트워크를 보면 천우그룹의 직속회사인 7개 회사는 '강한 네트워크 관계로 구축'되어 있으며 지주회사인 7개의 회사는 '중간 네트워크 관계'로 구축이 되어 있는데 7개 회사 중 중한직업전문학교는 한국산업인력공단으로부터 교재와 교사를 지원받아서 한국의 여천공단에 투입할 인력을 교육시켜서 공급을 함으로써 천우그룹과는 '강한 네트워크 관계가 구축'이 되어 있다. 천우그룹의 자회사인 2개의 회사는 천우그룹과는 직속회사나 지주회사에 비해서는 '약한 네트워크 관계'에 있지만 연변천우관달건축노무유한공사나 연변성신천우건축노무유한공사는 북한이나 리비아, 이스라엘에 노무수출을 하며 일본에는 연수생을 보내는 것으로 조사됨으로써 천우그룹의 자회사인 2개의 기업은 이스라엘, 일본, 북한, 리비아 등의 국가와 '중간 네트워크 관계 구축'이 되어 있는 것으로 나타났다.

결과적으로 길림천우그룹은 중국에 진출해 있는 한국투자기업과 '강한 네트워크가 구축'되어 있으며 또한 천우그룹의 지주회사인 중한직업전문학교와 한국의 산업인력공단이나 여천공업단지와는 '강한 네트워크 관계가 구축'되어 있는 것으로 나타났다. 따라서 향후 한국공단에 필요한 인력을 천우그룹을 통하여 공급받을 수 있고 천우그룹은 한국의 선진적인 건축기술 등을 이전함으로써 상생할 수 있는 방안이 될 수 있을 것으로 기대된다.

2) 심양 조선족기업 – 심양영성실업유한공사

(1) 심양의 경제환경과 조선족기업

① 심양의 경제성장

중국의 개혁·개방 이래 심양의 거시경제지표를 살펴보면 〈표 Ⅲ-1〉에 나타난 바와 같이 국내총생산은 1978년 43.6억 위안에서 2002년의 1,400억 위안으로 24년간 약 32배 성장하였다. 공업총생산은 1978년의 83.8억 위안에서 2002년의 2,001.7억 위안으로 24배 성장, 고정자산투자는 동기간 3.5억 위안에서 402.5억 위안으로 115배 성장하였다. 소비는 15.5억 위안에서 45배 성장, 인구는 540.5만 명에서 688.9만 명으로 27% 성장하였다. 수출입은 1985년의 65.8백만 달러에서 2002년의 2,856백만 달러로 15년간 약 43배 성장하였다. 수출은 동기간 23.1백만 달러에서 1,400.7백만 달러로 약 60배로 성장하였으며, 수입은 42.7백만 달러에서 1,455.3백만 달러로 34배 성장하였다. 특히 90년대 초까지는 무역수지가 흑자였으나 90년대 중반부터 무역적자가 지속되고 있어 수출제고가 시급한 실정이다. 외자도입은 1985년의 겨우 2백만 달러에서 2002년에는 1,650백만 달러로 급성장하였으며, 심양의 경제발전 가능성을 고려할 경우 이러한 추세는 더욱 가속될 것으로 판단된다.

<표 Ⅲ-1> 심양의 거시경제지표

구　분	단위	1978	1980	1985	1990	1995	2000	2001	2002
국내총생산	억 위안	43.6	56.7	109.8	234.5	682.6	1,119.1	1,236.5	1,400.0
공업총생산	〃	83.8	98.8	181.9	359.8	874.7	1,808.5	1,847.1	2,001.7
고정자산투자	〃	3.5	9.3	21.1	42.5	136.9	262.2	302.8	402.5
총소비	〃	15.5	24.0	47.3	108.8	295.4	566.0	623.5	695.2
인구	만 명	540.5	566.8	606.3	646.1	666.8	685.1	689.3	688.9
수출입	백만 달러			65.8	443.0	1,610.2	2,683.4	2,791.8	2,856.0
수출	〃			23.1	330.7	912.8	1,297.0	1,250.9	1,400.7
수입	〃			42.7	112.3	697.4	1,386.4	1,540.9	1,455.3
근로자 수	만 명	142.0	186.4	218.7	230.5	225.5	175.8	162.5	162.2
근로자 연평균 수입	위안	660.0	802.0	1,178.0	2,309.0	4,900.0	6,995.0	8,249.0	9,811.0
농민 연평균 수입	〃		284.0	551.0	896.0	1,812.0	3,135.0	3,230.0	3,500.0

출처 : 심양시통계국(2002), 『심양통계수책』, PP.4~5 재인용.

　심양의 경제성장을 산업별로 보면 1차 산업보다는 2차와 3차 산업이 더 크게 성장하였음을 알 수 있다. 일반적으로 경제가 발전하면서 1차 산업보다는 2차 산업이, 2차 산업보다는 3차 산업의 발전이 활발히 이루어지게 되는데 이러한 현상이 심양의 경우에도 나타나고 있다. 특히 심양은 전통적인 중공업도시였기 때문에 공업을 중심으로 한 2차 산업의 환경이 매우 견고하나, 중국의 개혁개방 추세에 따라 전통적인 산업에서 어떻게 고부가가치 산업 또는 3차 산업으로의 원활한 이행을 달성할 수 있을 것인가가 심양이 안고 있는 또 하나의 과제라 할 것이다(한국산업은행, 2003:37~39).

② 심양의 조선족기업

　1980년대 초만 하더라도 심양 지역 조선족의 다수가 농촌에 집거하면서 벼농사 위주로 생활하였다. 1980년대를 맞으며 점차 향진기업이 나타나기 시작하였으며, 개혁·개방 속에서 산업화 물결을 탄 도시진출 붐은 3차 산업을 진흥시켜 민족경제 부흥에 새로운 활력소를 주입하였다. 1980년대 말에는, 요녕성 조선족 향진기업이 2,000여 개소로 발전하였다. 1990년대 초 한·중수교로 인하여 일어난 '출국 붐'과 한국상공인들의 '중국 붐'은 민족경제부흥에 새로운 기회를 제공하였다. 조선족이 밀집한 서탑에 서탑신축거리가 형성되면서부터 호텔이 들어서고 상품가게가 전례 없이 번창하였으며 음식점, 가라오케, 술집 등 3차 산업이 번성하였다(김현동·주인영, 1999:299~300).

심양 중심가에 위치한 서탑지구가 현대적으로 변모하기 시작한 것은 21세기 초부터이다. 과거의 서탑지구는 지난 1990년대에 발전한 것이다. 처음 서탑지구로 들어온 한국인의 주류는 본국에서 중·하층 인사들이었다. 따라서 서탑에서 그들은 일부 사우나방, 식당, 오락시설 등을 개업했는데 모두가 수준이 낮은 업종들뿐이었다. 그리하여 과거의 서탑지구를 일컬어 사람들은 말하기를 이곳엔 '목욕탕', '식당', '노래방' 뿐이라고 하였다.

2003년 현재 서탑지구에 상주하는 한국인은 약 5,000명 정도로 추정된다. 이곳에 매일 약 1만 명의 조선족 및 한국손님이 머물며 명절 때는 3만 명에 달한다. 서탑지구에는 한국투자기업이 168개이며 이중 '백제원', '경회루' 등 20여 개의 서비스기업의 사업이 특히 잘 되고 있다. 따라서 서탑가는 호텔, 식당, 오락, 장사 등으로 일체를 이루는 조선족 특색거리가 이미 형성되어서, 일일소비인구가 1만 8천 명에 달하고 야간 소비인구도 8천 명에 달한다(요녕문보, 2003. 5).

심양 전체의 조선족인구를 보면 2000년 현재 약 8만 3천 명으로 이들은 서탑가를 중심으로 코리아타운을 형성하여 살고 있는데 예전에는 심양시 변두리에서 조선족향을 중심으로 농업을 주업종으로 하여 살아왔다. 오래 전부터 심양은 기계공업을 위주로, 제반공업을 고르게 갖춘 상공업도시이며 또한 군사공업도시이기도 하다. 심양의 조선족기업은 화신집단(56개 계열사) 같은 전기, 전자, 기계 등 다양한 업종을 망라한 기업그룹도 있고 영성실업(17개 계열사) 같은 투자회사도 있으며 인쇄

업(민족인쇄), 건축재료(건호건축), 기계공업(한보기계), 신발제조업(북
광상무) 등 다양한 업종에 종사하고 있다(이장섭·임채완·최웅용 외,
2006:122~151).

심양의 주력산업은 기계, 건축, 신발, 인쇄 등의 제조업인데 자영업종
에 종사하는 조선족들은 식품·잡화, 식당, 옷가게, 소매업, 미용실 등
을 경영함으로써 다른 지역의 조선족 자영업자와 같이 주로 서비스업
종에 종사하고 있는 것으로 조사되었다(최웅용·임채완·이장섭 외,
2005:136~137).

③ 심양진출 한국기업

심양에의 외자기업 진출은 환황해 주변의 주요 도시 가운데 북경, 천
진, 대련과 청도 다음이다. 1990년부터 2000년까지의 계약 건수를 보면
북경과 천진의 반 이하, 대련, 청도의 70~75%의 수준이다. 계약 외자
액은 대련의 반에 미치지 못한다. 요녕성 성도라 하더라도 내륙에 들어
선 심양은 외자기업에게 지리적 조건은 미흡하다 할 수 있다. 그렇지만
1998~2000년까지 3년 사이의 합계를 보면 북경, 청도가 2,400건 전후
로 천진, 대련의 85% 수준이다. 근년 한국기업의 심양 진출이 현저해짐
을 볼 수 있는데 이는 상황의 변화를 재촉하고 있다. 한국기업의 심양
진출은 조선족의 존재, 북한에 대한 관심이 기초가 되어 조선반도를 둘
러싼 환경의 변화가 중요한 요인이 되었다.

최근 4년간에 심양에 진출하려는 외자기업의 진출형태를 보면 종래
중국 측은 외자 100%의 독자적 스타일에는 난색을 나타내는 경우가 많
아서 진출형태의 대부분은 합자나 합작 형태였다. 그러나 근년에는 중
국도 외자기업을 받아들이는 데 익숙해졌을 뿐만 아니라 또한 외자유
치경쟁이 각지에서 경쟁적으로 전개되어 외자기업 측이 바라는 독자기
업 스타일을 중국 측이 적극적으로 받아들임으로써 독자기업의 비중이
높아졌다. 심양의 최근의 사정을 나타내는 건수에서 1997년은 합자경

영 57.3%, 독자경영 36.6%였는데 사태는 크게 바뀌어 2000년에는 합자경영이 36.4%, 독자경영이 55.6%로 역전되었다.

진출건수 면에서 꽤 높은 비중을 차지하는 한국 중소기업의 경우는 장래에 중국 내수시장 진출을 계획하면서도, 우선은 일본과 미국 등의 수출을 위한 생산거점으로서 또는 일본, 미국 등으로부터의 위탁가공의 경우가 많아 독자기업의 형태를 희망하는 경우가 적지 않다.

앞에서 본 바와 같이 90년대에 들어서 한국기업의 중국진출이 활발해졌는데 그 대부분은 청도를 중심으로 한 산동성과 천진시, 심양시였다. 특히 심양에 관해서는 80년대 말부터 90년대 초에 걸쳐 일본기업의 진출이 눈에 띄었지만, 90년대 중반부터는 급속히 한국기업의 진출이 두드러졌다. 심양에는 조선족도 많아 한국인이 거주하기에 언어상의 문제가 적고, 생활환경 등 인프라가 상당 정도 갖추어져 있다. 이러한 사정으로 한국의 대기업부터 중소기업에 이르기까지 폭넓은 진출을 보여주고 있는 것이다.

1997년의 외환위기 이전 심양에 진출해 있는 한국기업은 약 680개 회사였는데 중국 심양 한국상회에 의하면 2000년 10월 말 현재 281개 회사가 가동되고 있었고 이중 제조업은 80%라고 하였다. 외환위기로 많은 수의 기업이 한국으로 철수했지만 유력한 기업이 남았다고 평가되었다.

한국기업의 중국진출은 확실히 1992년 한중 국교수립 이후부터 활발해졌으며 지역별로는 청도와 천진이 특히 주목받았다. 그 후 조선족이 많이 거주하고 있는 심양과 단동 근처도 주목을 받았는데 특히 중소기업은 최근 심양과 단동 근처로 상당한 진출의욕을 보이고 있다(한국산업은행, 2003:140~142).

이상에서는 심양의 경제성장과 외국인의 투자환경 그리고 심양의 조선족기업과 심양진출 한국기업에 대해서 개관하였다. 다음에서는 중국에 진출한 한국기업 및 한국에 있는 기업과의 네트워크 구축을 통하여 투자회사로 성공한 심양 조선족기업인 심양영성실업유한공사의 사례를 보고자 한다.

(2) 심양영성실업(한국기업과의 네트워크 성공사례)

회사명	심양영성실업유한공사	대표자명	민영근 회장 (43 세)
소재지	심양시 화평구 북사마로 24호 (81극장원내)	전화번호	(Tel) 6225-9855 (HP) 139-4001-5555
Homepage	www.ycic.com.cn	E-mail	Minyinggen@ycic.com.cn
회사형태	주식회사	업태 및 업종	투자회사 (단독투자, 대지분참여, 주식참여)

자본	창업자 본금	3,000만 위안	주식 출자 상황		
			단독투자회사 (7개)	대지분참여회사 (5개)	주식참여회사 (5개)
	총자본	6천7백만위안 (지분 약 1억5천만위안)	100% 출자	51%이상 투자	30% 정도 투자 (20%, 30%, 49%)

종업원수	조선족	17	명	· 전체직원 : 약 3천명
	한족	60	명	· 지주회사(영성실업) : 87명
	기타	10	명	

창 업	1993 년　7 월			
연간 매출액	2003년	2004년	2005년	2006년 판매목표
	4천만 위안	6천만 위안	8천만 위안 (영성실업 : 4천만 위안)	1억 위안 (연간평균성장율 20~30%)
사훈	· 인(仁) : 사업적 도덕　· 지(智) : 창의적인 지혜 · 신(信) : 절대적인 신용　· 근(勤) : 남을 앞지르는 부지런함			

① 회사 개요

가) 대표이사 소개

- 요녕성 정치협상위원회 위원(요녕성 의원)
- 심양시 조선족 청년기업가 협회 회장
- 요녕성 조선족 경제문화 교류협회 부회장
- 심양영성실업유한공사 대표이사(민영근)

〈그림 Ⅲ-15〉 심양영성실업유한공사 민영근 회장

나) 회사 연혁

2005년 3월	중국 심양 大衛營(David Camp) 투자 및 경영권 인수
2003년 4월	중국 원천미용 유한공사 설립
2003년 1월	중국 대련 홍보석사우나 유한공사 설립
2002년 11월	중국 심양 보석 상무호텔·사우나 유한공사 설립
2002년 10월	중국 영구 금수가원사우나 유한공사 설립
2002년 6월	중국 요녕 해동건설개발 유한공사 설립
2002년 1월	중국 요녕성방송국 쿠쿠한류프로덕션 설립
2001년 8월	중국 심양 고려원광고 유한공사 설립
2001년 6월	중국 신세계광고 유한공사 설립
2000년 4월	중국 영한무역 유한공사 설립
1999년 6월	중국 심양 인화IT 설립
1998년 8월	중국 심양 경회루 찬음오락 유한공사 설립
1997년 3월	중국 천진 니카국제무역 유한공사 설립
1996년 5월	중국 심양 세영토방건축 유한공사 설립
1995년 10월	한국 (주)영한해운 설립
1994년 4월	한국 (주)성영실업 설립
1993년 7월	중국 심양 영성실업 유한공사 설립

다) 회사의 비전

심양 영성실업유한공사는 투자회사이다. 즉 영성실업유한공사가 100% 출자하여 직접 경영에 참여하는 단독투자회사와 기존 회사에 51% 이상 투자하여 지분에 참여하는 대지분 참여회사, 그리고 20%에서 49% 사이(20%, 30%, 49%)의 주식을 확보하여 참여하는 주식참여회사의 3종류로 나뉘어 있다.

영성실업유한공사의 비전으로서 최종목표는 한중 경제 및 문화교류 중심지로서의 최고의 위상을 확보하는 것이다. 이를 위해서는 사업제휴 성립단계, 사업성장기반 구축단계, 사업활성화단계, 성공사업단계의 4가지 단계를 거쳐야 한다는 계획을 설정하고 있다.

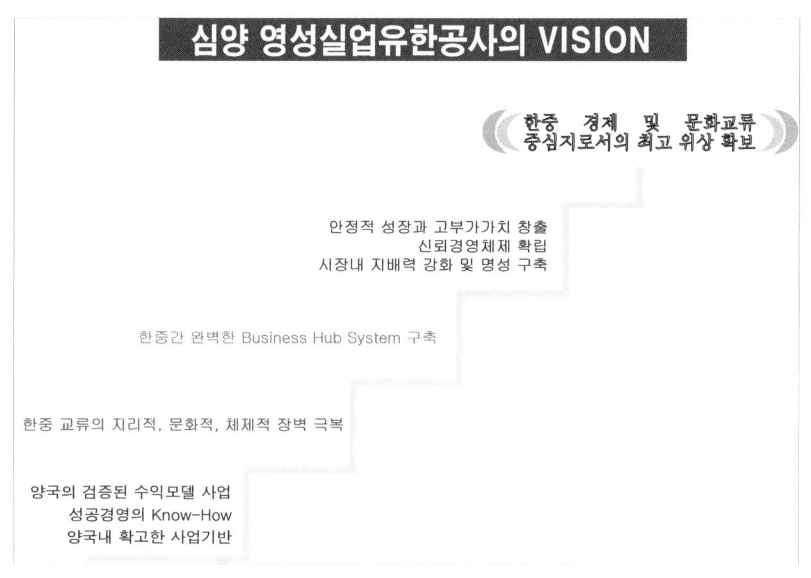

〈그림 Ⅲ-16〉 심양영성실업유한공사의 비전

첫째, 사업제휴 성립단계에서는 한국과 중국 양국의 검증된 수익모델 사업을 개발하고 기존의 성공적인 경영의 노하우 토대 위에 양국내 확고한 사업기반을 다지는 일이다.

둘째, 사업성장기반 구축단계에서는 한국기업과 중국기업 상호교류시 걸림돌이 되는 지리적, 문화적, 언어적, 체제적 장벽을 극복하는 일이다.

셋째, 사업활성화 단계에서는 한국기업과 중국기업 간 완벽한 비즈니스 허브 시스템을 구축하는 일인데 비즈니스 허브의 역할을 영성실업이 맡겠다는 것이다.

마지막 성공사업단계에서는 전의 3단계 기반에 의하여 구축된 네트워크에 의하여 한국기업과 중국기업 상호간에 안정적인 성장과 고부가가치를 창출하고 신뢰경영체제를 확립하여 시장내 지배력을 강화하고 명성을 구축한다는 비전을 가지고 있다.

라) 사업부문 구조도

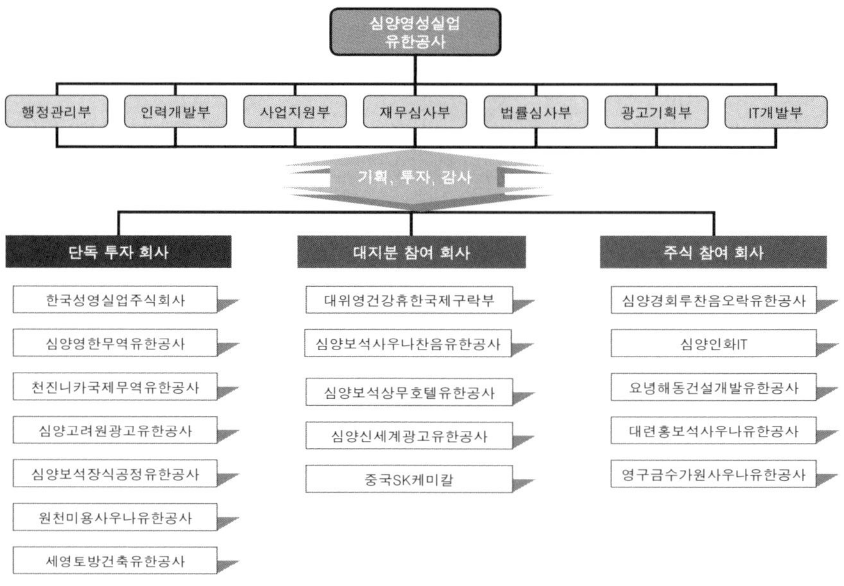

〈그림 Ⅲ-17〉 심양영성실업유한공사 사업부문 구조도

영성실업유한공사의 사업부문 구조도를 보면 지주회사인 심양 영성실업유한공사가 있으며 지주회사에서 100% 투자한 7개의 단독투자회사와 51% 이상 투자한 5개의 대지분 참여회사가 있다. 또한 20%에서 49% 정도(20%, 30%, 49%) 투자한 5개의 주식참여회사로 연결되어 있다. 구체적인 사업부문 구조도는 위와 같다.

② 주요사업내용

가) 사업분야

영성실업유한공사의 주요 사업분야를 세분해보면 7개 분야로 나뉘어 있는데 그 구체적인 내용은 다음과 같다.

(가) 고급사우나 및 복합문화센터 사업 : 최신시설의 사우나, 불가마, 건강 마사지, 휴게실, 식당을 겸비한 토탈 휴식 서비스를 제공하는 고급, 대형 사우나 사업과 수영장, 스포츠시설 등 복합 위락시설 운영 사업이다.

(나) 호텔 및 외식사업 : 한국식 관광호텔 및 부대시설(음식점 등) 투자와 경영관리에 참여한다.

(다) 부동산 개발 및 투자 사업 : 건축 리모델링이나 중국은행 부실채권 경매, 합작 개발 사업 등에 참여한다.

(라) 광고 홍보 및 잡지 발행 사업 : 동북 3성 지역을 위주로 발행하고 있는 한글 광고 잡지(고려원)와 요녕 방송국 채널확보(쿠쿠한류 프로덕션)를 통한 매체광고 및 옥외광고(신세계 광고) 등을 통해 종합광고를 대행한다.

(마) 한국상품 총판 사업 : 한국의 유망 제품에 대한 중국내 독점적인 판매권을 획득하여 기존의 전국적인 유통망을 통해 판매를 활성화한다.

(바) IT사업 : 중국 PC방 프랜차이즈 구축과 한국 IT회사의 중국 진출 사업 컨설팅 및 컨소시엄 구축 및 사업을 지원한다.

(사) 무역 및 운송 대행 사업 : 갑류 무역 허가증, 포워딩 1급 사업

허가증, 천진 보세창고, 한국내 지사설립 등의 기반을 통해 안정적인 물류 시스템 및 무역 체제를 구축한다.

나) 사업분야별 핵심전략

사업분야를 다각화하는 주요목적은 성장과 경기순환에서 오는 위험을 분산시키는 것이다. 영성실업유한공사는 사업분야를 6개 분야로 다각화시킴으로써 성장을 추구하고 위험을 분산시키려는 전략을 가지고 있다. 영성실업유한공사의 내부자료를 통한 사업분야별 핵심전략을 보면 다음과 같다.

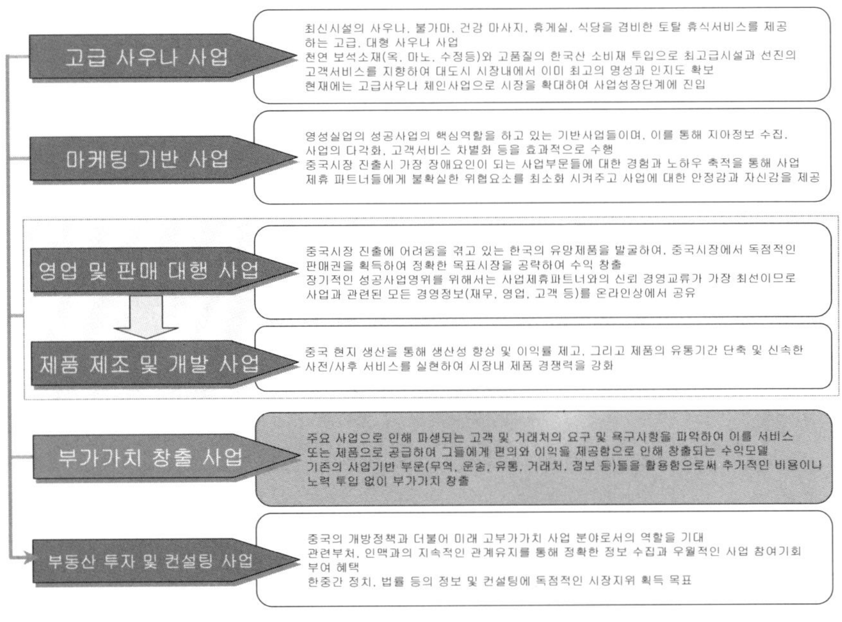

〈그림 Ⅲ-18〉 영성실업유한공사의 사업분야별 핵심전략

다) 사업분야별 인력조직도

영성실업유한공사는 다양한 업종만큼이나 회사에서 필요한 인적자원도 조선족, 중국인, 한국인, 전문경영인 등으로 다양하게 인적자원관리를 함으로써 세계로 뻗어가는 글로벌한 기업으로 발전하고 있다.

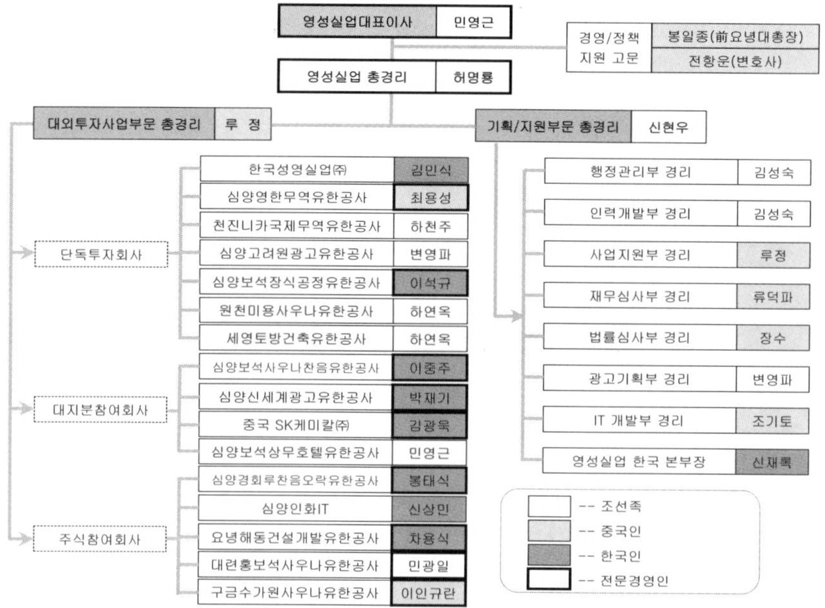

〈그림 Ⅲ-19〉 영성실업유한공사의 사업분야별 인력조직도

라) 사업전략의 핵심역량

(가) 대중국 비즈니스 성공요인 분석

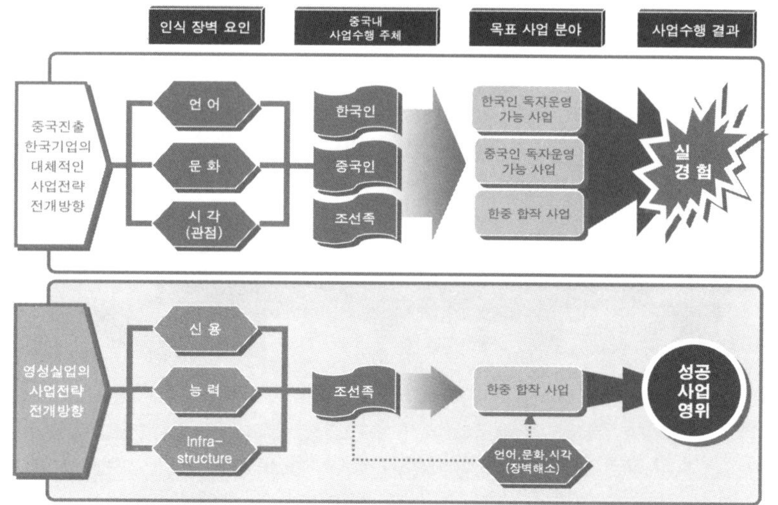

〈그림 Ⅲ-20〉 영성실업유한공사 대중국 비즈니스 성공요인 분석도

(나) 영성의 윈-윈(Win-Win) 사업전략

한중간의 사업영역을 공동으로 개척하고 발전시키기 위해 양사간의 우호적인 합작과 상호 협력을 원칙으로 각사의 경쟁우위 요소를 투자하여 성공사업을 영위

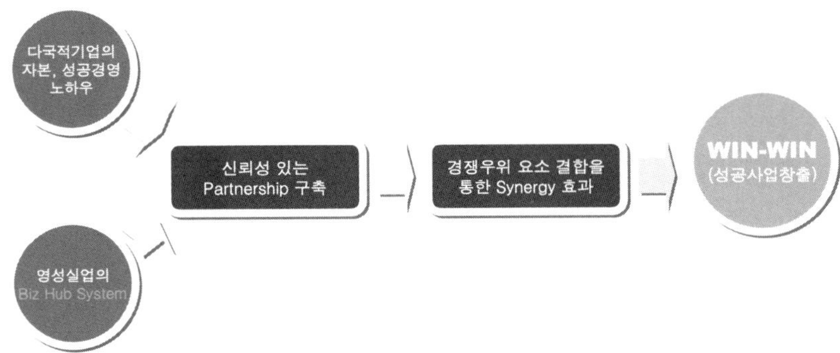

〈그림 Ⅲ-21〉 영성실업유한공사의 윈-윈(Win-Win) 사업전략

(다) 비즈니스 허브 시스템

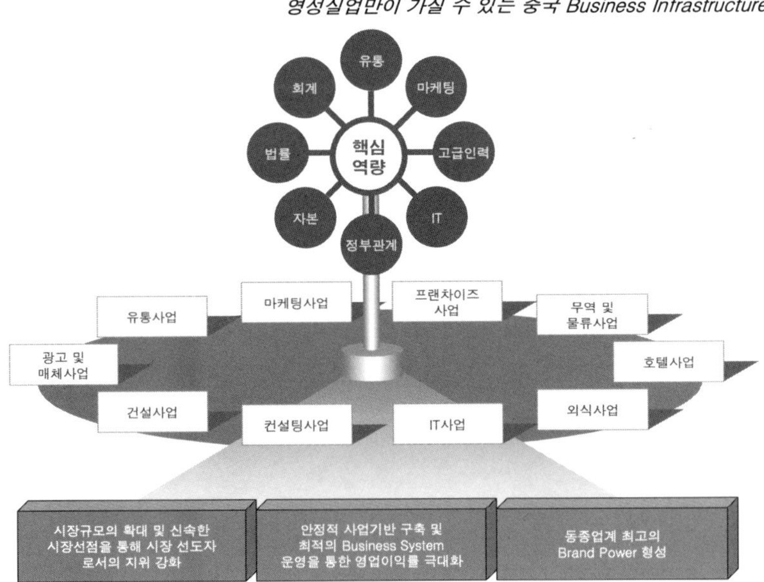

〈그림 Ⅲ-22〉 영성실업유한공사 비즈니스 허브 시스템

(라) 비즈 프로젝트 수행방법

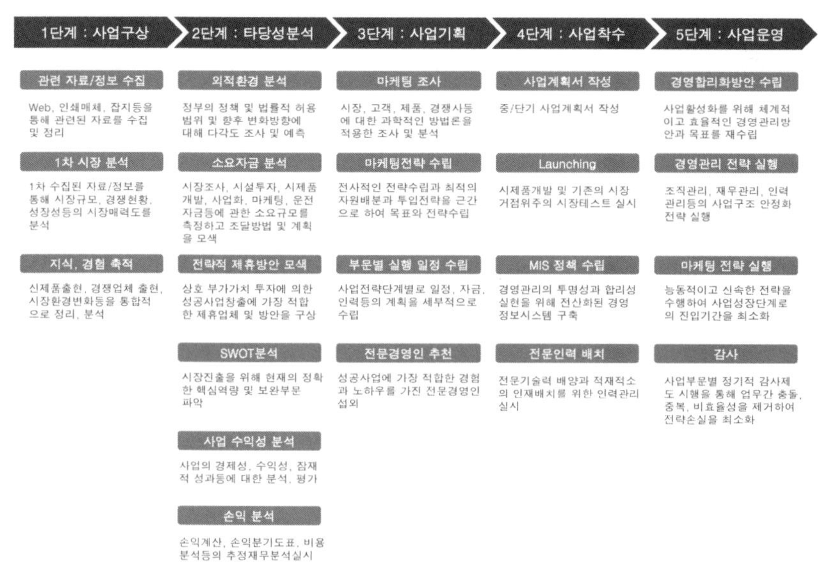

〈그림 Ⅲ-23〉 영성실업유한공사 비즈 프로젝트 수행방법

(마) 대외협력 네트워크

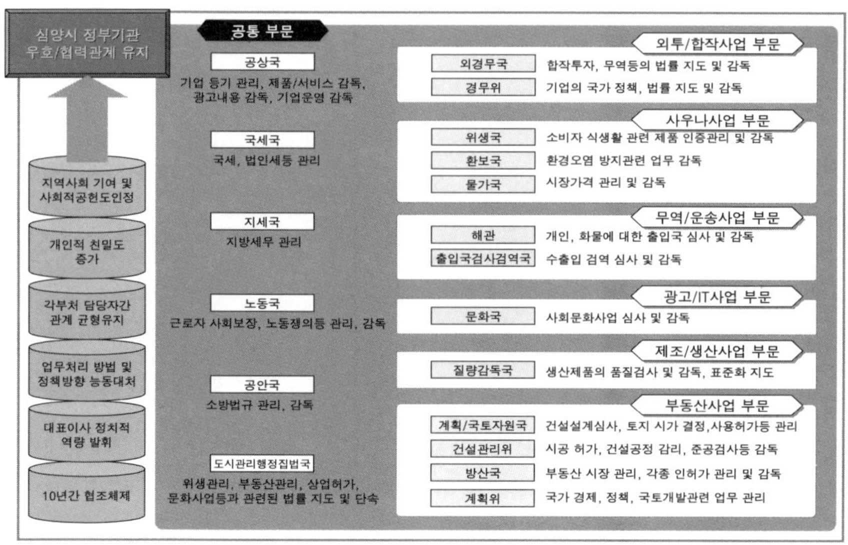

〈그림 Ⅲ-24〉 영성실업유한공사의 우호 · 협력관계 네트워크

③ 경영자와의 인터뷰

가) 경영자의 개인적·사회적 배경

민영근 회장의 고향은 심양이며 64년생이다. 한국에서 중국으로의 이주는 할아버지 때에 왔는데 할아버지와 할머니의 고향은 한국의 어디인지 잘 모르며 부모님의 고향 또한 잘 모르겠다고 한다. 그러나 분명한 것은 아버님 대에는 심양에 계셨다는 것이다.

민 회장은 심양에서 출생하여 심양에서 어린 시절을 보냈다. 어렸을 적 기억으로는 할머니가 엄청 봉건적이셨다는 것이다. 원래 남자는 부엌에 들어가서는 안 된다는 생각 때문에 팔십이 넘으신 할머니께서 어머님이 외출하시고 안 계실 때는 민 회장에게 꼭 밥을 차려주셨다고 한다.

민 회장은 서탑 조선족 소학교와 심양시 조선족 제1중학교를 다녔는데 학창시절 그는 성적이 우수해 줄곧 학생간부로 활약했으며 1983년에는 수석으로 심양공업대학에 입학하였다.

나) 사업동기와 만족도

민 회장은 심양공업대학 2학년 때인 1984년도에 기업을 창업하기에 이르렀다. 심양공업대학이 개교한 이래 대학생 신분으로 기업을 창업하여 경영했던 사람으로 민 회장이 처음이었으며 또한 학점제로 공부했던 사람도 그가 처음이었다고 지인들은 기억하고 있다.

민 회장이 대학을 다니면서 창업했던 첫 사업은 철서구 조선족 부식물 가공공장이었다. 가공공장은 우홍구에 있었는데 가공공장에서 조선족 김치와 각종 짠지들을 가공해서 팔았으며 또한 한국과 건채무역도 하였다. 그동안 경영하던 가공공장이 번창하자 1987년에는 종업원을 20여 명 정도 모집하고 공장의 생산규모도 늘렸다. 당시 민 회장 공장에서 가공된 짠지는 심양시내 여러 부식품 상점들에 안 들어간 데가 없을 만큼 많이 팔렸었는데 대학이나 공장들을 망라해서 거래처가 370곳이나 될 만큼 번창했다.

민 회장은 대학생활과 사업을 겸해서 하면서도 사업이 번창하여 그

때까지 벌어들인 돈이 20여만 위안이나 되었으며 이를 계기로 대학생 신분으로서는 처음으로 철서구 사영기업가협회 이사로 선임되었다. 심양공업대학은 1987년도에 졸업하였는데 그때까지도 사업을 계속하였다. 1987년도에 대학을 졸업한 후 군대생활을 하기 위해 배정받은 곳이 중국에서는 유명한 중공업기지인 심양중형기계공장이었는데 민 회장은 이 공장에 가지 않고 본인의 회사를 경영하였다. 이즈음 회사의 직원은 200명 가까이 됐으며 민 회장의 자산은 40만 위안으로 늘어났다. 이때만 해도 가구당 만위안이 있으면 부자란 소리를 듣는 때였으므로 민 회장은 이미 부자가 되어 있었다. 1987년 졸업시에는 회사가 3개였는데 업종별로는 복장과 부식, 플라스틱 회사였다.

1989년도에 민 회장은 한국신근주식회사 동남아 상무이사로 2년여간 근무하면서 탁월한 경영수완을 발휘하였다.

1991년도에는 200만 위안을 투자하여 한국에서 쌍영실업주식회사(현재의 회사명은 '성영')를 창업하였다. 이 회사는 중국 조선족기업인이 한국에서 창업한 최초의 독자회사로서 주요업무는 자동차부품, 복장, 전자, 석재 등의 수출입무역과 국제화물운송대리 등의 업무를 취급하였다. 이 회사는 1999년도에는 외화획득 100만 달러를 실현해서 대한무역진흥공사(KOTRA)로부터 수출외화창출 우수기업상을 받기도 했다.

다) 회사의 발전과정

심양 영성실업유한공사는 1993년도에 창업되었다. 영성실업이 창업된 배경은 이렇다. 즉 중국에서는 '실업'이라는 이름이 한국으로 말하면 '그룹'이라는 뜻인데 '실업'이라는 이름을 기업에 붙이려면 최소한 5개 이상의 자회사를 거느려야 가능하다. 영성실업의 민 회장은 심양공과대학을 졸업할 당시인 1987년도에는 복장, 부식, 플라스틱 등 3개 회사를 소유하고 있었다. 그 후 1993년까지 6년 동안 주물공장과 무역회사를 창업하여 1993년도에 영성실업유한공사를 창업하게 된 것이다. 그 후 영성실업유한공사는 발전하고 영성실업의 자회사는 다 없어져서 모회사만 남게 되었는데 그것이 현존하는 영성실업유한공사이다.

영성실업유한공사 민영근 회장은 1994년도에 처음으로 한국의 자수회사인 신진회사와 합작을 하여 사업을 하였으나 그 후 각자 독립하였다. 그 후 1999년도에 민회장이 창업한 심양영한무역공사는 독자적으로 중국 내에 몇 안 되는 수출입권과 1급국제선박수송대리권을 소유하고 있었는데 단동, 대련, 천진 등의 중국회사와 한국의 부산, 인천 등지의 한국선박회사와의 기업 간 네트워크를 구축하고 있다.

2002년에는 심양 서탑 지역에 보석사우나와 3성급 보석호텔을 겸한 심양보석상무호텔유한공사를 세웠다. 지금까지 민 회장이 창업했거나 투자한 기업을 보면 독자회사 8개, 투자자금이 50% 이상을 차지하는 지배주회사 4개와 지분참여회사 5개를 소유하고 있다. 민 회장은 개인적으로 기업재산을 따지면 수천만 위안에 달하는 재산을 가지고 있지만 그는 지금까지 은행융자 한 푼 받지 않고 건실하게 기업을 경영하고 있다.

라) 타회사와의 차별화 전략

민 회장이 사업을 성공할 수 있었던 노하우는 10여 년간 회사를 경영하면서 쌓아온 대내외 상업적 신용과 창의적으로 부단히 연구 노력하는 자세, 광범위한 업무영역 및 국내 외의 합작파트너, 그리고 한국어, 중국어, 일어, 영어 등 4개 국어를 자유롭게 구사할 수 있는 어학 실력이다. 또한 경영이념으로 내세우고 있는 인, 신, 지, 근과 '관심, 준법, 정직, 존경' 등을 상업도덕기준으로 내세우고 있음으로써 영성실업의 전반적인 시스템의 운영을 뒷받침해주고 있다.

마) 경영자의 가치관과 기업문화

민영근 회장은 경영자의 가치관과 기업문화에 대해서 다음과 같이 자신의 생각을 솔직하게 털어놓았다.

"자기의 인생을 가치있게 살면 자신의 인생이 가치가 높아진다. 자신의 가치는 사회의 것이지 개인의 것이 아니다. 그래서 사회에 재산을 환원하는 사람들을 많이 이해하는 편이다. 영성실업의 모든 직원은 한 가족이다. 따라서 향후에 내가 가지고 있는 영성실업의 100% 주식 중 20% 주식은 직원들에게 나누어줄 생각이다.”

바) 회사의 강점

Q : 회사의 강점은 무엇인가?

A : “영성실업은 중국에서 허브 역할을 한다. 즉 한국기업들이 중국에 진출하면서 지사를 설립하고 중국 내에서 사업을 같이할 합작파트너를 많이 찾는다. 이때 영성실업은 중국진출 한국기업의 지사역할 즉 중국내수시장에 판매할 총판 역할을 한다. 그렇다고 우리가 한국기업의 물건을 직접 판매하는 총판 역할을 하는 것이 아니고 우리는 단지 총판을 관리할 뿐이다. 즉 총판을 할 때 합작파트너가 관건인데 우리가 한국기업으로부터 총판을 받으면 우리가 전문적으로 파는 게 아니고 상품을 팔 파트너를 찾아서 우리가 파트너를 관리한다. 왜냐하면 중국진출 한국기업이나 한국에 있는 기업이 중국내수시장에 상품을 판매할 때는 언어와 문화, 생각 등이 다르기 때문에 어려움이 많은데 이런 애로사항을 우리가 보완해줄 수 있다.”

민영근 회장은 자기 기업뿐 아니라 한국투자회사의 안정과 발전 및 외자유치에도 힘을 아끼지 않았다. 이를테면 심양에서 PC방을 운영하는 한국인 신모 사장이 경영과정에서 어려움을 겪어 한때 투자를 철회할 위기까지 있었다. 이를 안 민 회장은 80만 위안을 투자해 당 회사의 40% 지분을 매입함으로써 신모 사장은 회사운영에 용기를 얻어 마침내 100만 위안을 추가 투자해서 사업을 확장하고 경영에 성공했다. 또한 한국보광그룹의 차모 회장은 중국진출을 계획하고 시장조사를 하던 중 청도에 투자하기로 마음을 정한 상태였다. 그러던 중 영성실업의 민 회장과 만나게 되었는데 민 회장은 여러모로 요녕의 투자우세를 설명하며 자신도 함께 투자할 뜻을 밝혔다. 민 회장의 설득으로 차모 회장은 마침내 요녕을 투자적지로 최종선정하고 3천만 위안을 투자해 해동건설개발유한회사를 설립하기에 이르렀다. 물론 민영근 회장이 당 회사 주식의 일부를 매입한 것은 두말할 나위도 없다.

사) 성장전략

"중국에서 조선족들이 중국인과 어깨를 나란히 할 만한 수준으로 기업을 발전시킨 경우가 거의 없다. 따라서 앞으로 영성실업을 비약적으로 성장시켜서 중국의 대기업 못지 않은 큰 기업으로 만들 비전을 가지고 있다. 중국에서 사업을 하면서 조선족이 중국의 소수민족 중 우수한 민족이라는 자부심도 있고 해서 앞으로 노력해 봐야겠다."

아) 한국기업과의 관계

"SK케미칼의 동북 3성 총판권을 가지고 있으며 또한 LG전자의 장춘 총판권을 가지고 있다. 이러한 제품들은 중국에 진출해 있는 기업의 제품들이다. 한국에 있는 기업으로는 GNI개나리벽지와 TIZ Soft, UNIPASS의 중국총판권을 가지고 있다."

자) 한상네트워크에 대한 생각

"한국과의 관계와 중국시장을 볼 때 중국에서 조선족으로 태어난 것이 큰 기회인 것 같다. 중국에서 조선족들이 한국과의 합작을 할 수 있는 세 가지 조건을 직원들과 이야기 했다. 즉 자본이 있어야 하고, 신용이 엄청 중요하고 다음으로 성공모델이 있어야 한다. 즉 선례가 있어야 한다. 우리가 20개 정도의 합자성공모델을 가지고 있다."

차) 해외 조선족기업 또는 외국기업과의 관계

"일본 조선족은 잘 모르겠고 일본기업과는 관계가 있다. 사업이라고 보기는 그렇고 음식 쪽은 조금 교류가 있다. 영성실업은 강점이 한국이기 때문에 다른 외국과의 관계는 별로 없다."

현재 한국의 5개 회사 제품 중국 총판을 맡고 있는 영성실업은 앞으로도 지속적으로 한중간 교류의 중간 역할을 가일층 발휘해 나감으로써 양국간 경제교류의 일익을 담당할 한상네트워크를 구축해 나간다는 구상을 가지고 있다.

카) 향후 계획

"한국과 중국 즉 한국기업과 중국기업 또는 중국 조선족기업과의 교량 역할을 함으로써 한국제품의 중국내수시장 영업의 영역을 넓히는 데 일익을 담당하겠다."

④ 한국상품의 중국총판사업

〈그림 Ⅲ-25〉 한국상품 중국 총판사업 브랜드네임

⑤ 전략적 제휴사들

〈그림 Ⅲ-26〉 영성실업유한공사의 전략적 제휴사들

⑥ 경영활동 및 네트워크 현황

영성실업유한공사의 경영활동 및 네트워크 현황을 설문조사를 통해 알아본 결과는 다음과 같다.

가) 중국내 기업 및 해외(한국포함)기업 또는 대학(연구소) 등과의 네트워크

(가) 중국내에 있는 '조선족기업'과의 네트워크

- 영성실업은 경영활동상 동일업종(업연) 네트워크나 학연 네트워크를 가장 많이 활용하며 그 이외에 민영근 회장 개인의 친구 네트워크를 활용하는 것으로 나타났다.
- 심양이나 다른 지역에 있는 조선족기업과는 상호협력이나 교류관계는 있으나 사업상의 관계형성이 사실상 약한 것으로 응답되었다. 왜냐하면 대부분 영성실업 쪽에서 자금을 지원하거나 경영상의 애로사항을 해결해주기 때문에 사실상 조선족기업을 도와주는 입장이라 하겠다. 따라서 조선족기업과의 상호협력이나 교류비중은 작은 편이며 성과 또한 보통인 것으로 조사되었다.

- 영성실업이 심양이나 다른 지역 조선족기업과의 상호협력이나 교류가 원활하지 못한 이유는 상당수의 조선족기업들이 자영업 수준을 벗어나지 못하기 때문인 것으로 나타났다.

(나) 중국내에 있는 '한국투자기업'과의 네트워크

- 영성실업은 중국내에 있는 한국투자기업과 상호협력이나 교류를 이전부터 해왔으며 현재도 한국투자기업과의 상호협력이나 교류비중이 매우 많은 것으로 조사되었다. 또한 일부 이견은 있지만 성과에 대해서 매우 만족한 것으로 나타났다.
- 영성실업이 한국투자기업과의 상호협력이나 교류분야로는 원재료 및 제품조달, 투자 및 자본조달, 기술제휴, 사업정보교환, 판로개척, 합자·합작 등인 것으로 나타났다.
- 영성실업은 한국투자기업과 상호협력이나 교류시 한국과 중국에 대한 문화적인 차이 때문에 애로사항이 있는 것으로 나타났다.

(다) 한국에 있는 '한국기업'과의 네트워크

- 영성실업은 중국에 있는 한국투자기업 뿐만 아니라 한국에 있는 한국기업과도 예전부터 상호협력이나 교류를 해왔으며 현재도 한국에 있는 한국기업과의 상호협력이나 교류비중이 매우 많으며 그 성과는 매우 만족한 것으로 응답되었다.
- 영성실업이 한국에 있는 한국기업과의 상호협력이나 교류분야로는 중국 내에 있는 한국투자기업과 같은 분야인 원재료나 제품조달, 투자 및 자본조달, 기술제휴, 사업정보교환, 판로개척, 합자 및 합작이며 상호협력이나 교류의 장애요인은 역시 한국과 중국 간의 문화적 차이인 것으로 나타났다.

(라) '중국이나 기타 외국에 있는 기업'과의 네트워크

- 영성실업은 '중국기업'과는 원재료나 제품조달, 투자 및 자본조달, 기술제휴, 사업정보교환, 판로개척, 합자·합작 등의 분

야에서 상호협력이나 교류가 있는 것으로 나타났다.

- 영성실업은 또한 '중국에 진출해있는 일본투자기업'과 기술제휴나 사업정보교환에 상호협력이나 교류를 하고 있으며 '해외에 있는 외국기업(한국기업 제외)'과는 상호협력이나 교류가 없는 것으로 조사되었다.
- 영성실업은 '홍콩에 있는 화상기업'과의 네트워크를 통하여 원재료나 제품조달, 투자 및 자본조달, 기술제휴, 사업정보교환, 판로개척, 합자·합작 등을 하고 있는 것으로 응답되었다.

(마) 대학(연구소), 정부기관, 금융기관, 단체와의 네트워크

- 영성실업은 중국 및 한국대학(연구소)과의 산학협력관계가 체결되어 있으며 주로 교육서비스와 인력개발 부문에 상호협력을 하고 있는 것으로 나타났다. 예를 들면 한국대학에 중국 최고경영자 과정을 개설하기로 계약만 하고 추진은 아직 하지 않은 것으로 조사되었다. 영성실업은 향후에도 대학(연구소)에서 교육서비스와 인력개발을 원하는 것으로 응답하였다.
- 영성실업은 또한 '민족금융기관'의 설립이 필요하다고 역설하였는데 이는 중국 내에서 사업을 하는 조선족기업인들의 염원일 것이다. 본 연구팀이 조사한 바에 의하면 중국 내에서 조선족기업인들이 중국은행에서 사업자금을 대출받기가 어려우며 또한 대출받는 데 애로사항이 많은 것으로 나타났다. 그럼에도 불구하고 건실하게 기업을 키워 나가는 조선족기업인들은 사업자금이 필요할 때 가족이나 친척 또는 친구나 사업상의 파트너로부터 조달하며 그럼에도 불구하고 조선족기업인들은 빚이 없는 것으로 조사되었다.
- 영성실업의 민영근 회장은 사업상 조선족기업협회, 즉 심양청년실업협회에 참여하고 있으며 단체나 조직을 통하여 사업정보교환이나 인적네트워크 구축에 도움이 되는 것으로 나타났다.

- 영성실업의 대지분참여회사인 "대위영건강휴한 국제구락부"에 있는 사무실을 '심양한인회'에 무료 대여함으로써 심양한인회와의 관계를 돈독히 하고 있다. 이는 영성실업의 특성상 한국기업과의 관련이 많기 때문인 것으로 조사되었다.
- 영성실업은 기업활동에 '온라인 화상네트워크'를 전혀 활용하지 않고 있으며 온라인상 한상네트워크(한인기업의 포탈사이트)를 구축한다면 해외한상기업의 수출입정보나 자본유치 및 투자정보, 인력채용정보, 중국 및 해외시장 개척, 해외한상기업의 기술 및 상품정보 등을 얻고 싶은 것으로 나타났다.

나) 중국내 기업 및 해외(한국포함)기업과의 수출(기술이전), 수입(기술도입), 투자에 관한 네트워크

(가) 중국내 기업 및 해외(한국포함)기업과의 수출 및 기술이전

- 영성실업은 주로 한국에 수출을 하고 있으며 주요수출품은 섬유 및 의류와 완구, 건축자재인 것으로 나타났다. 또한 해외로 수출할 때 가장 큰 경쟁자는 한국기업이며 최근 3년간 (2003~2005년) 수출실적은 1,000만 달러 정도인 것으로 조사되었다. 한편, 영성실업은 중국내 기업 및 해외(한국포함)기업에 기술을 이전한 적이 없는 것으로 응답하였다.

(나) 중국내 기업 및 해외(한국포함)기업과의 수입 및 기술도입

- 영성실업은 회사에 필요한 수입품을 주로 한국으로부터 수입하며 주요 수입품의 성격은 일반판매를 위한 원재료와 완제품 및 부분품인 것으로 조사되었다. 영성실업의 최근 3년간의 수입실적은 2003년도에 200만 달러, 2004년도에 300만 달러, 2005년도에 400만 달러를 수입한 것으로 나타났다.
- 영성실업은 한국기업과 일본기업으로부터 기술을 도입하고 있는데 주로 한국기업으로부터 도입하며 일본기업은 기술도입의 정도가 적은 것으로 조사되었다. 영성실업이 도입한 기

술의 형태는 기술공정 또는 기술을 포함한 제품을 도입하는 것으로 응답하였다.

(다) 중국내 기업 및 해외(한국포함)기업과의 투자

- 영성실업은 현재 중국기업과 중국진출 한국기업, 한국에 있는 기업 그리고 홍콩화상기업과 투자를 하고 있으며 투자실적은 2004년도에 5,000만 위안, 2005년도에 2,000만 위안인 것으로 나타났다.

- 영성실업은 향후 한국에 투자를 고려하고 있으며 투자시 한국 정부에 요구하고 싶은 사항은 첫째, 조선족과 자녀의 한국취업 및 진학시 우대와 둘째, 내국민대우인 것으로 조사되었다.

⑦ 영성실업유한공사의 네크워크 구축 분석 및 시사점

가) 중국내 및 해외조직과의 네트워크(면담 및 설문)

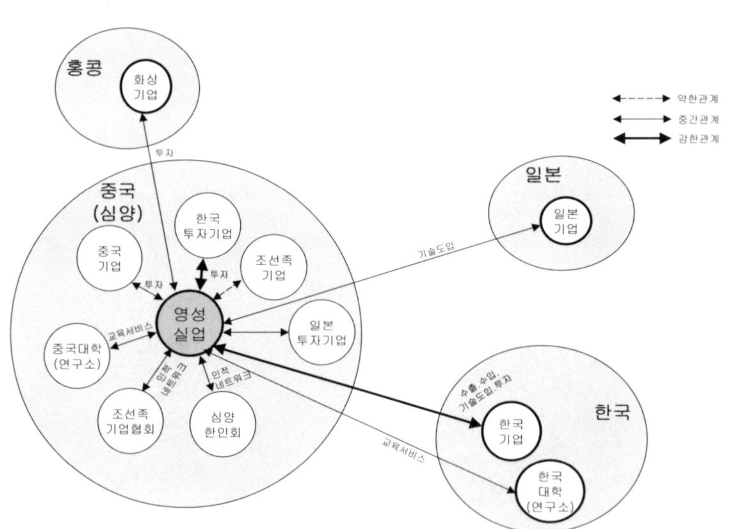

〈그림 Ⅲ-27〉 영성실업유한공사의 중국내 및 해외조직과의 네트워크

나) 영성실업유한공사의 사업부문 네트워크

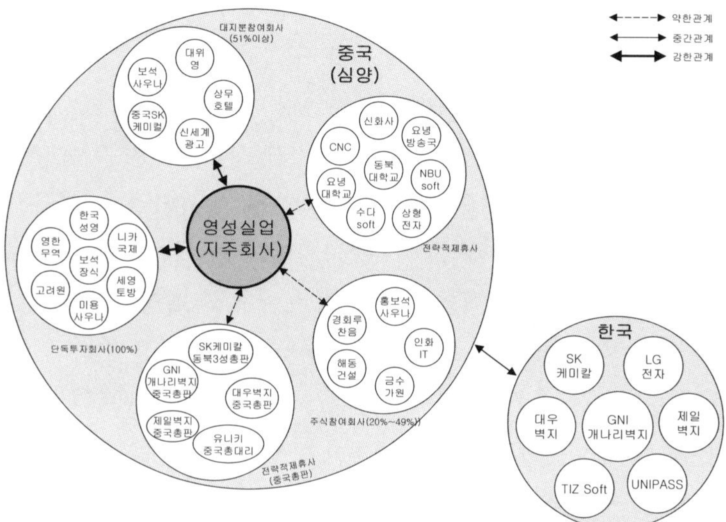

〈그림 Ⅲ-28〉 영성실업유한공사의 사업부문 네트워크

다) 영성실업유한공사의 대외협력 네트워크

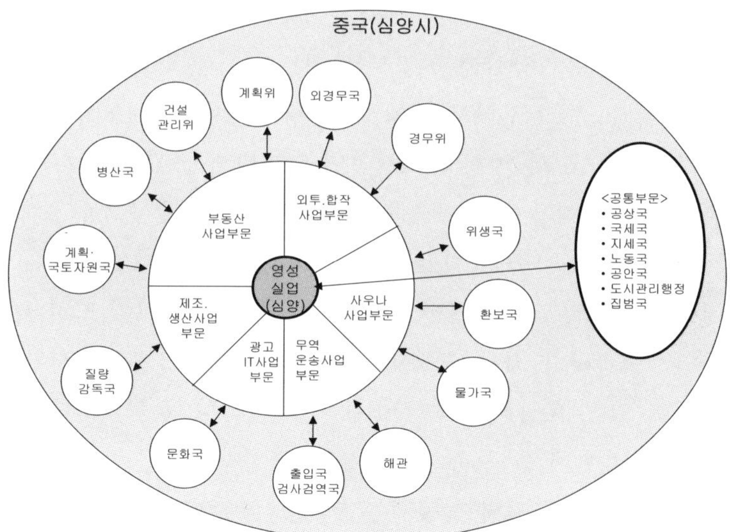

〈그림 Ⅲ-29〉 영성실업유한공사의 대외협력 네트워크

라) 네트워크 구축 분석 및 시사점

첫째, 본 연구팀이 영성실업유한공사 경영자와의 면담 및 설문조사에 의한 중국내 및 해외조직과의 네트워크 구축을 분석해 본 결과는 다음과 같다. 영성실업은 '한국투자기업'과는 투자 부문에서 그리고 '한국에 있는 기업'과는 수출과 수입 그리고 기술도입과 투자부문에서 가장 '강한 네트워크 관계를 구축'하고 있는 것으로 조사되었다. 다음으로는 '중국내에 있는 일본투자기업이나 중국기업'과의 투자부문 그리고 '중국이나 한국대학(연구소)'과의 교육서비스, '홍콩 화상기업'과의 투자, '일본에 있는 기업'과의 기술도입에 '중간 네트워크 관계'를 구축하고 있으며 또한 '조선족기업협회'나 '한국상회'와의 인적네트워크를 구축하는데 '중간 네트워크 관계'를 구축하고 있는 것으로 나타났다. 한편 같은 민족인 '조선족기업'과는 가장 '약한 네트워크 관계'를 구축하는 것으로 나타났다. 즉 이는 아직 서로간에 네트워크를 구축하여 상부상조할 수 있는 규모의 조선족기업이 없다는 것과 또한 아직은 영세한 조선족기업이 많다는 것이 영성실업 경영자와의 인터뷰 결과 밝혀진 내용이다.

둘째, 영성실업유한공사의 사업부문 네트워크 구축 결과를 분석해보면 다음과 같다. 즉 지주회사인 영성실업유한공사에서 100% 투자한 7개의 '단독투자회사'와 가장 '강한 네트워크 관계를 구축'하고 있는 것으로 조사되었다. 다음으로는 영성실업에서 51% 이상 투자한 5개의 대지분 참여회사와는 '중간 네트워크 관계'를 구축하고 있으며, 또한 '20%에서 40% 정도'를 투자한 5개의 주식참여회사와는 '약한 네트워크 관계'를 구축하고 있는 것으로 나타났다. 그리고 중국에서 전략적 제휴를 맺고 있는 요녕성 방송국이나 중국 신화사, 동북대학교 등과는 '약한 네트워크 관계'를 구축하고 있고 한국기업제품의 중국총판인 SK케미칼, LG전자, 개나리벽지 등과는 '약한 네트워크 관계'를 구축하고 있는 것으로 조사되었다.

셋째, 영성실업유한공사의 대외협력 네트워크를 보면 다음과 같다. 즉 공통부문으로 공상국, 국세국, 노동국 등과의 네트워크 구축과 각 부문별 즉 제조·생산, 무역·운송, 사우나, 부동산 사업부문 등은 각 부문을 담당하고 있는 심양시 정부기관과 우호·협력관계의 네트워크 구축을 통해서 사업을 활성화하는 것으로 나타났다.

이상과 같은 결과를 종합해 보면 심양영성실업유한공사는 '한국투자기업'이나 '한국에 있는 기업'과 가장 강한 네트워크 관계가 구축되어 있으며 또한 한국기업이 생산한 제품의 중국 내수시장 확대를 위한 첨병 역할과 이의 성공적인 수행을 위해서 정부(심양) 당국과 우호적인 네트워크 관계를 구축하고 있는 것으로 조사되었다.

3) 북경 조선족기업 – 북경세종지능유한책임공사

(1) 북경의 정보화와 조선족 과학기술자

① 정보와 기술의 메카 '북경'

북경시는 첨단기술 산업의 발전에 강한 성장세를 보이면서 2000년대를 열었다. 중관촌의 과학기술단지를 시작으로 새로운 창업의 붐이 일어나기 시작하여 시(市) 전체 공업구조를 업그레이드 하였으며 첨단기술 산업발전의 새로운 국면을 개척하였다.

21세기를 시작하였던 2000년 1∼10월까지 첨단기술 산업의 공업증가액은 동기대비 23.8% 성장한 172억 1천만 위안($100=827위안)을 기록하였고 공업증가액 중에서 차지하는 비중이 30.6%에 달하였다. 또한 공업성장에 대한 공헌율은 60.2%를 차지하였다. 이러한 첨단기술 산업의 수출은 시(市) 전체 수출총액의 40%에 달하는 기록을 나타냈다.

첨단기술 분야는 전자정보산업이 지속적인 주도적 위치를 차지하였다. 2000년 1∼10월까지의 전자정보산업은 32억 5천만 위안의 이윤을 창출하여 첨단기술산업 총이윤액의 80.6%를 점하였으며 공업이윤의

49%를 차지할 정도의 비중이 높은 산업이 되었다. 그리고 같은 해 1~11월까지 북경시의 모니터 생산은 167만 대였고 1,177만 부의 이동전화와 1억 9천만 개의 대규모 통합회로를 구축하였고 206만 부의 미형 컴퓨터를 생산할 단계에 접어들었다. 약 10여 가지 전자제품이 동기 대비 100% 이상 성장하여 전자통신업은 이미 북경시 공업의 제1기간산업으로 부상하였다.

첨단기술산업에 대한 북경시의 노력은 2001년에 191억 위안으로 전년대비 36% 성장을 보여 사상 최고기록을 돌파한 것으로 짐작해볼 수 있다. 그중 첨단 기술기업은 기술시장의 주력이 되었고 첨단기술거래는 북경시의 기술시장이 주류를 이루었다. 2001년 전자정보, 생물공정과 신의약 개발, 광·기계·전기 일체화, 신소재, 환경보호와 자원의 종합 이용 등 5대 첨단기술 분야의 기술계약 체결금액은 전년대비 32% 성장한 108.39억 위안에 달하였다.

이러한 기술적 발전에 힘입어 북경시의 정보화는 이미 중진국 수준에 도달하였으며 북경 시민의 주요 정보지표는 전국 1위로서 전국 최고의 정보화 수준에 와 있음이 북경시 정부정보사무실(政府信息辦)의 통계에 의해 나타났다. 2001년 12월 말 현재 북경시는 중국의 WTO 가입 후 가전 등 중소기업은 더욱 치열한 시장경쟁환경에 직면하게 된다. 시장경쟁력에서 이겨내려면 기업의 정보 인프라를 한층 더 강화함으로써 정보기술이 기업생산, 경영, 관리를 인도하여 앞으로 발전하는 강대한 동력이 되도록 해야 하기 때문이다(박정동·김경희, 2003:175~177).

중국 유수의 교육기관과 연구기관이 밀집한 북경 하이디엔(海淀區) 지역을 중심으로 형성된 중관촌(中關村)은 개혁·개방 이후 중국의 첨단산업의 중심으로 빠르게 성장해 왔다. 1980년대까지 소규모 전자상가에 불과했던 중관촌은 중국 경제의 빠른 성장과 1990년대 후반 세계적인 IT산업 투자열기를 계기로 중국의 실리콘밸리라고까지 불리며 전 세계의 주목을 받았다.

② 중관촌의 형성과 성장

2001년 중관촌(중관촌과학기술단지)에는 9,000개가 넘는 기업이 입주하여서 2,151억 위안(약 260억 달러)의 매출과 30.5억 달러의 수출을 기록하였다. 매출과 수출은 전년 대비 각각 28.1%, 67.6% 성장한 것이다. 또한 기술 면에서도 2000년 중국 전체 53개 첨단기술개발지구 기술 매출의 절반이 중관촌에서 이루어지는 등 명실상부한 중국 제일의 첨단기술단지로 성장했다.

가) 중관촌의 형성

중관촌은 1980년대 이전에 이 지역에 밀집되어 있던 베이징대학, 칭화대학 등 고급 교육기관과 중국 과학원 등 연구기관들을 기초로 하여 형성되었다. 그러나 1988년 국무원의 정식 인가가 있기 전까지는 그 발전은 매우 제한적이었다. 1980년 첫 번째 기업이 중관촌에 문을 연 이후 1987년까지 중관촌에는 고작 148개 정도의 기업이 들어서 중관촌 전자거리가 형성되었을 뿐이었다. 이 시기는 중국 개혁·개방의 진도에 맞추어 과학기술분야를 어떻게 산업화할 것인가를 고민하던 중국 정부가 중관촌을 이용해 여러 가지 실험적 시도를 하던 시기였다고 볼 수 있다.

<표 Ⅲ-2> 1980~87년 중관촌의 기업 수

연도	1980	1981	1982	1983	1984	1985	1986	1987
기업 수	1		5	11	40	90	100	148

출처 : 楊榮蘭(2000), p.9. 재인용

그러나 첨단기술단지라는 중관촌의 지향은 이미 초기부터 매우 분명했다. 즉 <표 Ⅲ-3>에 분류된 바와 같이 1987년 148개 중관촌 지역 기업 중에서 2/3는 컴퓨터기술 관련기업이었을 뿐아니라, 리엔샹(聯想), 스통(四通), 커하이(科海), 팡정(方正) 등 후에 대기업으로 성장하는 중관촌의 대표적 기업들 역시 컴퓨터 소프트웨어 및 하드웨어 개발과 생산에 종사하는 기업이었다.

〈표 Ⅲ-3〉 148개 기업의 산업 분류(1987년)

	컴퓨터 관련	신소재	바이오	계측기, 기타
기업 수(%)	97(65.5)	12(82.1)	7(4.7)	32(21.6)

출처 : 楊榮蘭(2000), p.9. 재인용

즉 중관촌은 1988년 정부가 첨단산업단지로 육성하겠다는 방침을 공식적으로 정하기 이전에 이미 자생적으로 첨단산업단지로서의 성격을 분명히 하고 있었다(대외경제정책연구원, 2003:456~458).

나) 고속성장

중관촌은 1988년 국무원이 정식으로 국가급 첨단기술산업개발구로 지정하면서 도약의 계기를 맞게 된다. 당시의 '베이징시 신기술 산업개발시험구 임시 조계'는 겨우 18개 조항으로 이루어져 있어서 이른바 '18개 조항'이라고도 불리는데, 최소한의 내용만을 규정함으로써 민간의 자생성을 해치지 않으면서도 중관촌 지역의 기업설립에 따르는 정책적 불안을 해소해주었다고 평가된다.

당시 중관촌 지역에 밀집한 교육 및 연구기관들은 사실상 모두 국가기관에 속해 있었기 때문에 이러한 중앙정부의 공식 인정은 각 기관이 경쟁적으로 기업을 설립하고 자신들이 가진 과학기술의 산업화에 나설 수 있는 결정적인 계기가 되었다.

이에 따라 우선 기업 수가 급증하였다. 1987년에 148개에 지나지 않던 중관촌 지역의 기업 수는 1988년 바로 500개를 돌파하였고 1991년에 벌써 1,300개를 넘어섰다. 공업 생산액도 1988년 4.8억 위안에 불과하였으나, 1995년 100억 위안을 돌파하였고, 2001년 현재 1,287억 위안에 달하고 있다. 1988년부터 생산이 268배 증가한 것이다. 수출 역시 1995년 2.3억 달러에 불과하였으나, 2001년에는 30억 달러를 넘어섰다.

빠른 성장 속에서도 중관촌의 첨단기술기업 위주의 구성은 변함없이 유지되고 있다. 1998년 중관촌 지역의 기업 구성을 보면 전자정보산업의 비중이 63.3%, 광(光)기술 기업이 12.2%, 신소재·환경분야 기업이 10.6%, 바이오·의약 기업이 10.7%를 점하고 있었다.

<표 Ⅲ-4> 중관촌 기업의 성장(1988~2001년)

	기업 수	공업생산량(억 위안)	수출액(억 달러)
1988	527	4.8	0.1
1989	850	5.5	0.3
1990	974	8.7	0.4
1991	1,343	12.0	0.5
1992	2,442	21.0	0.7
1993	3,769	33.3	1.1
1994	4,229	60.2	1.3
1995	4,438	113.5	2.3
1996	4,506	145.8	2.5
1997	5,657	199.4	3.0
1998	6,057	349.1	5.6
1999	6,690	451.5	9.6
2000	n.a	913.0	18.2
2001	9,773	1,287.1	30.5

출처 : 中關村科技園區管理委員會, 「中關村科技園發展報告 2000」 재인용.

이처럼 중관촌 지역이 단기간 안에 빠르게 성장할 수 있었던 원인으로는 교육 및 연구개발 인프라의 뒷받침, 제도 및 정책 환경, 그리고 중국 특유의 지역 간 발전경쟁 등을 꼽을 수 있다(대외경제정책연구원, 2003:459~460).

③ 중국의 중심 북경시의 조선족 과학기술자

중화인민공화국의 수도 북경은 중국의 정치, 경제, 문화의 중심지로서 조선족 인재가 운집된 곳이기도 하다. 따라서 북경은 재중 조선족

중 최고의 엘리트들이 집중된 곳이라 해도 과언이 아니다.

1990년, 제13차 중국 인구조사에 의하면, 북경시에 거주하고 있는 조선족 인구는 7,689명이었다. 이들은 대부분 지방에서 뽑혀 올라왔거나 대학을 졸업하고 각 분야에 배치된 사람들로서 당과 정부조직 간부가 400여 명, 과학기술자가 200여 명이었다. 보도, 출판, 문화, 예술분야에서는 전문인 1,000여 명이 있었다. 이들은 본토박이 북경 조선족이며, 개혁·개방 이후 북경에 진출한 6만 여 명의 조선족들과는 근본적으로 다르다.

개혁·개방 이후 북경에 진출한 조선족들은 대부분 농촌출신 이거나 자영업자나 공직생활에서 중도 퇴직한 사람들이었다. 그들은 북경 사람들처럼 혈연이나 지연도 없고, 대출 등의 우대정책도 받을 수 없기에 규모가 작은 오락업이나 요식업을 경영하고 있었는데 그 수가 1,000여 업소에 달했다. 이밖에 경제적 능력이 있는 사람들이 경영하는 기업, 공사(사무소), 여행사 등이 450여 개 있었다.

북경시 조선족 과학자들은 주로 중국 과학원 소속 응용연구소, 자동화연구소, 물리연구소, 생물연구소와 중국 항천부연구소 및 북경지진국 지질연구소에 집중해 있었다. 이밖에 북경대학, 칭화대학, 북경화공대학, 국방분야의 대학과 연구단지 등 그 분포가 광범위하여 집계가 어려웠다. 북경 지역의 중국 조선족과학기술자협회에 가입한 회원 수만 해도 100여 명이 되며, 부교수급 이상 과학분야의 과학기술자만 해도 200여 명이 웃돌 것으로 짐작하고 있다.

북경의 조선족 과학기술 산업인들 가운데 성과를 올렸거나 현재 성과를 올리고 있는 사람들은 거개가 35세 이상의 고위 직함을 가진 사람들이다.

제1군체(群體)라고 하면 55세 이상으로 그들은 중국 조선족의 제1세대 과학기술사업인으로 해방 후 대학을 갔거나 유학하고 돌아온 신중국의 첫 과학기술군인들이다. 예를 들면 다음과 같다.

- 안태상(安太庠)은 저명한 고생물학자, 지질학자, 북경대학 교수, 중국 치아형석(齒牙形石) 연구분야의 창시자이다.
- 김일광(金日光)은 북경화공대학 고분자재료과학 및 국가중점공정학과 수석(首席) 박사생도사(박사지도교수)이다.
- 강경산(姜景山)은 중국과학원 공간과학 및 응용연구 중심의 연구원으로서 중국 조선족 중 유일한 양원(兩院 : 과학원, 공정원) 원사이다.

다음으로 제2군체는 35세 이상 55세 이하 사람들이다. 예를 들면 다음과 같다.

- 김홍광(金紅光, 46세)은 공학박사, 박사생도사, 중국과학원 공정열(熱) 물리연구소 연구원, 에너지 환경부 주임이다.
- 우일성(禹日成)은 박사학위를 취득한 후 현재 중국 과학원 물리연구소에서 일하고 있다.
- 이광범(李光范)은 중국 전력학 과학원 고압연구소 소장이요, 고급기사이다. 주로 고전압 기술연구, 전기설비 절연연구, 고전압 실험연구, 신형 절연재료의 응용연구 등에 종사하고 있다.
- 이찬동(李贊東)은 중국 농업대학 교수로 박사생도이다. 가금류 배태공정 및 멸종 위기 조류 보호연구가이며, 세계에서 처음으로 오리 난외부화에 성공한 여박사이다(설용수, 2004:270~279).

이상에서는 북경의 정보화와 조선족 과학기술자에 대해서 살펴봤다. 즉, 정보와 기술의 메카인 북경과 또한 중국의 실리콘밸리라고 하는 중관촌의 형성과 성장을 개관하였으며 이어서 북경에서 활발하게 활동을 하고 있는 조선족 과학기술자들을 기존자료를 통해서 알아보았다. 아래에서는 조선족 과학기술자이면서 기업인인 북경세종지능유한책임공사 천걸 회장의 소방경보기술을 통한 성공사례를 보도록 하겠다.

(2) 북경세종지능유한책임공사(소방경보기술 성공사례)

회사명	북경세종지능유한책임공사	대표자명	천 걸 회장(56 세)
소재지	북경시 조양구 안정로 39호 장신대하 5층	전화번호	(010) 64449560~64449564 (HP) 139-2107-5771
		E-mail	sz@shizong.com
회사형태	주식회사	Homepage	www.shizong.com
		업태 및 업종	제조업(소방전자)

자 본	창업자본금	100만 위안	주식 출자 상황		
			총주식수	주주수	대주주
	자산총액	·	·	2인	70% (천걸 회장) 30% (부인)

종업원수	조선족	15명	합계(150명)
	한족	125명	
	기타	10명	

창 업	1994 년(연길 : 1987년)
사 훈	우수한 소방경보제품의 생산, 사회에 보답, 고객에 보답

① 회사 개요

가) 회사 소개

〈그림 Ⅲ-30〉 북경세종지능유한책임공사 생산공장 전경

　　북경세종지능유한책임공사는 국가급 신기술 기업이다. 회사의 위치는 북경 창평 고과기 지역에 있으며 6만 여 평방미터의 공장 등 생산시설을 보유하고 있다. 업종은 제조업이며 세부업종으로는 감지기, 수신기, 화재경보기 등 소방전자업이다. 회사는 제품에 대한 연구에서부터 제품개발과 생산, 기술육성, 판매 애프터서비스까지를 담당하는 토탈 소방전기제품 전문기업이라고 할 수 있다. 그동안 세종이 생산한 제품은 엄격한 국가기준에 따라서 국가소방전자 상품질량점검센터의 질량감측을 통과하였으며 또한 연속 3번이나 CFPA 소방산업의 30대 기업에 뽑히게 되었다. 세종은 건축계통의 전문가인 A급 공사 설계사를 채용하여 직무를 맡고 있으며 이들은 지능화 빌딩 시스템이나 지능화 주거지역 시스템의 공정을 담당하고 있다. 세종은 또한 풍부한 기술력을 바탕으로 소방전자제품의 개발과 연구를 담당할 고급인력을 보유하고 있으며 이러한 석·박사급의 고급인력들은 소방전자 시장에 맞추어서 부단히 기술개발에 힘을 쏟고 있다. 세종이 개발하고 생산한 지능화 화재 자동경보 시스템은 중국 내외적으로 최고의 첨단제품으로 인정받고 있다. 이어서 1991년에 개발된 '이모선 모의량 탐측기'는 국가특허를 획득하였으며 국가중정 신제품 항목으로 채택되었다. 또한 세종이 개발한 ZN900계열 화재자동경보 및 소방연동 공제계열 상품은 중국소방전기 제품질량 검사센터의 질량검측을 통과하였고, 또한 96년도에는 ISO9001 국제질량체계 인증을 통과하여서 국제적으로 인정받고 진출할 수 있는 계기를 마련하였다. 세종은 또한 2000년과 2001년도에도 연속적으로 공안부의 표창을 받았다. 세종의 성장의 근본은 선진적인 최신 기술과 우수한 품질, 양질의 서비스이므로 이러한 기본이념을 토대로 국가와 인류발전에 공헌할 수 있도록 하는 것이 세종의 정신이다.

나) 대표이사 약력 및 창업과정

〈그림 Ⅲ-31〉 북경세종지능유한책임공사 천걸 회장(우)

- 1951년 3월 21일(음력), 연변 왕청에서 출생
  왕청에서 초, 중 2년 다님.
  문예혁명 때 농촌에서 10년간 생활함. 길림성 정협위원 역임.
- 1971년, 길림공업대학 입학
- 1975년, 길림공업대학원 입학(기계전공)
  대학원 졸업 후, 국영기업에서 3년 근무
- 1987년, 연변에서 사업 시작
- 1992년, 북경 중관촌에 입주
- 1994년, 북경세종지능유한책임공사 창업

다) 회사 연혁

〈그림 Ⅲ-32〉 북경세종지능유한책임공사 생산공장 내부

· 1995년　- 창평 고과기원구에 입주, 점유면적 6만㎡. 토지 사용증 취득
　　　　　- 북경시 과학기술 위원회가 수여한 「신기술 기업증서」 획득

· 1996년　- ISO9001 질량체계인증 통과

· 1997년　- 북경소방국으로부터 '소방선진집단'이라는 평가 받음
　　　　　- 항주 세종전자유한공사 설립. 후허호트(내몽고자치구)시 세종전
　　　　　　자설비유한책임공사 설립

· 1998년　- 신상품 JB-TG-6000-ZN975 출시
　　　　　- 산서세종지능설비공정유한공사 설립. 무한세종지능전자공정유한공사 설립
　　　　　　하남세종지능전자공장설립. 상해세종전자유한공사 설립. 천진시
　　　　　　세종빌딩지능공장유한공사 설립
　　　　　- 경제전문가 평가위원회 평가 결과, ZN900 화재자동경보와 소방연동시스템이
　　　　　　건설부 성시주택지구 시범 추천상품으로 선택

· 1999년　- 심사비준을 통하여 ZN900 계열 화재자동경보와 소방연동시스템이 주택건설
　　　　　　추천상품으로 채택

· 2000년　- 한국 삼성 SDS유한책임공사와 전면적인 기술협의 체결
　　　　　- 자국의 IBS산업에 새로운 합작모델 제공
　　　　　- 공안부 심양소방과학연구소와 「기술서비스 합동」 체결
　　　　　- 북경시 공상행정관리국으로부터 합동 신용기업으로 선정
　　　　　- 북경세종지능유한책임공사 상해지점 설립
　　　　　　북경세종지능유한책임공사 시스템 집성사업부 설립
　　　　　- 신제품 JB-QB-200-VII 출시

· 2001년　- 공안부 질량재검표창 획득. 신제품 JB-QB-ZN32 출시
　　　　　- 신건물로 이전 확장하여 사무면적 200㎡으로 확대
　　　　　- 북경세종지능유한공사 개발 2부로서
　　　　　　북경 세종창업전자기술서비스유한공사 설립

· 2002년　- 신제품 TG-3000-S2175 지능형 화재경보 통제기 출시

· 2003년　- ISO-9001-2000 질량체계인증 통과
　　　　　- 중국 소방협회로부터 30대 소방기업으로 선정
　　　　　- 신상품 JB-QB-1200-ZN-968 출시
　　　　　- S2100 계열제품은 지능형 소방경보 통제 및 연동 시스템으로 중국 우수제품으로
　　　　　　선정

· 2004년　- '중국지명기업'으로 선정. 중점기업으로서 「5년거변 신창평」착수. 신상품
　　　　　　S2165A-500 출시

라) 회사조직 구조

〈그림 Ⅲ-33〉 북경세종지능유한책임공사 사무실 전경

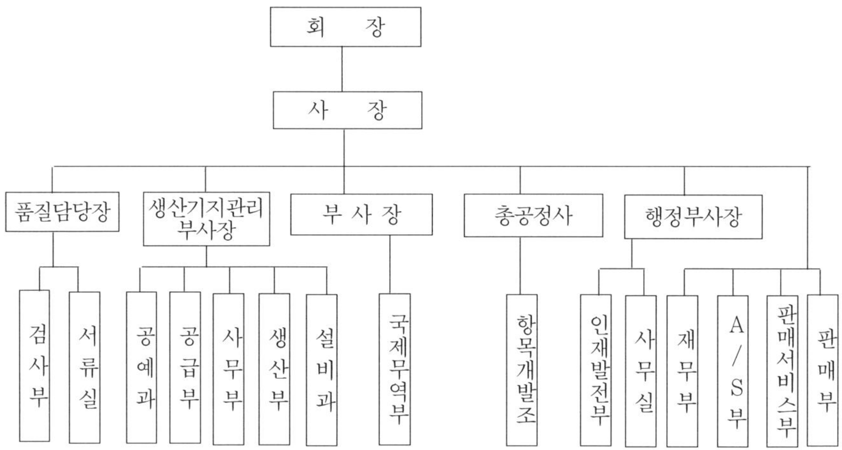

〈그림 Ⅲ-34〉 북경세종지능유한책임공사 조직도

마) 연구개발 및 생산제품(화재경보기)

(가) 탐측기 계열

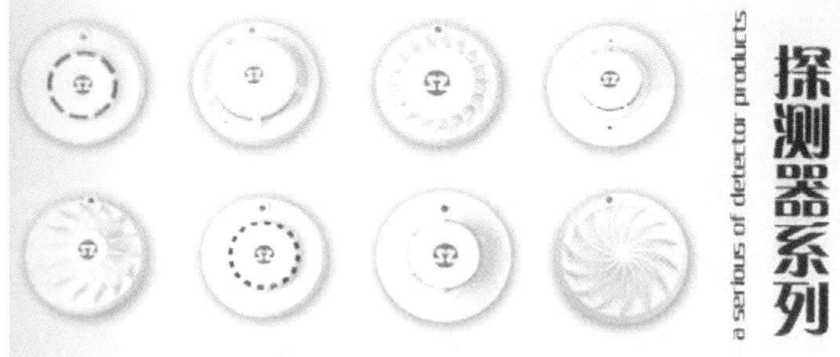

〈그림 Ⅲ-35〉 북경세종지능유한책임공사 생산제품(탐측기)

(나) 조립제품계열

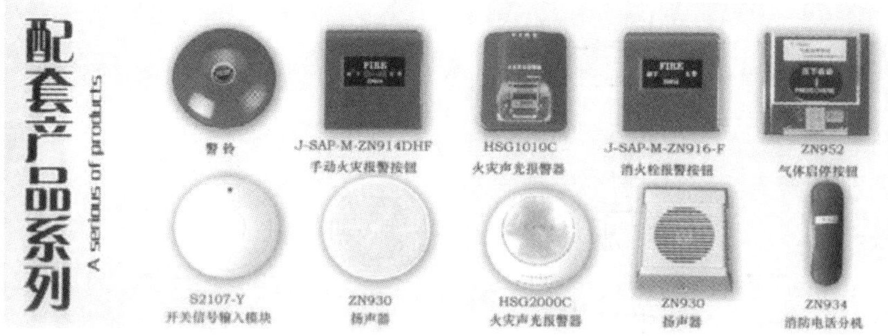

〈그림 Ⅲ-36〉 북경세종지능유한책임공사 생산제품(조립제품)

바) 중국 각지역 세종제품 판매 자회사 및 대리점

판매 자회사	대리점	
· 천진 세종건물지능공정유한공사 · 무한 세종지능공정유한공사 · 하남 세종지능전자유한공사 · 산서 세종지능설비공정유한공사 · 중경 세종전자 · 설비공정유한공사 · 성도 세종과기유한책임공사 · 석가정 세종전자유한공사 · 제남 세종전자설비유한공사 · 섬서 지능설비유한공사	· 서안 상무대표점 · 연대 대리점 · 하남 상무대리점 · 성도 상무대리점 · 위해 상무대리점 · 감숙 상무대리점 · 세종 상해지점 · 광주 대리회사 · 삼문협 상무대리점 · 하얼빈 대리회사	· 심수 대리회사 · 무한 상무대리점 · 대련 상무대리점 · 하북 상무대리점 · 귀주 상무대리점 · 주해 상무대리점 · 신강 대리회사 · 곤명 대리회사 · 심양 상무대리점 · 연길 지능설비 공장

② 경영자와의 인터뷰

가) 경영자의 개인적 · 사회적 배경

천걸 회장의 고향은 연변 왕청이며 출생은 1951년 3월 21일(음력)에 했으므로 올해로 56세이다. 할아버지의 고향은 함경남도인데 천 회장 아버지를 데리고 중국에 왔다. 천 회장은 대학에 갈 때까지 왕청에서 살았다. 초 · 중은 2년밖에 다니지 못했는데 왜냐하면 문화대혁명이 일어났기 때문이다. 그 후 농촌에서 10년간 생활을 했으며 20세가 되던

해에 길림공업대학에 입학을 하였다. 대학을 졸업하고 대학원 과정까지 마쳤는데 전공은 기계였다.

천 회장은 어릴 때부터 기계 만지는 것을 좋아했는데 11살 때인 소학교 3학년에 무선조립하는 것에 취미를 붙여서 농촌에서 수동으로 작동하던 양수기를 자동식 양수기로 만든 적이 있으며 이 발명으로 인하여 화국봉 주석을 만날 기회도 있었다.

농촌에 있을 때 정협이라는 길림성 대표위원을 했었는데 정치에는 별다른 흥미가 없어서 그 후 그만두고 말았다.

나) 사업동기 및 회사의 발전과정

천 회장은 대학원을 졸업하고 연변에서 국유기업에 3년간 근무하였으며 1987년도에 연변에서 사업을 시작하였다. 그러나 연변에서는 지역이 좁은지라 사업을 하는데 한계를 느껴서 1992년도에 북경 중관촌에 입주하였으며 1994년도에 북경세종지능유한책임공사를 설립하였다.

세종 설립 이후 천 회장은 밤낮을 가리지 않고 오로지 발명을 하는데 최선을 다하였다. 그 결과 현재는 화재경보기 분야에서 독일의 보스와 버금가는 제품을 생산하고 있으며 기술적인 측면에서는 한국을 추월하여 미국의 젠켄트와 거의 동등한 기술을 보유하고 있다고 자부한다. 세종이 발명한 화재경보기의 뛰어난 성능으로 인해 현재 중동의 사우디아라비아, 러시아, 동유럽국가와의 수출을 협의 중이다.

천 회장은 세종의 주력업종에 대해서 다음과 같이 설명하였다.

"주력업종은 소방전자 쪽이다. 즉 화재경보기를 생산하는 제조업이다. 제품개발에서부터 설계, 제조, 생산, 판매, A/S까지 전부 다 하고 있다. 예를 들면 감지기, 수신기, 수동식 발신기, 연동장치를 다 생산한다. 제품이 수십 가지이다. 제품의 종류 중에는 같은 종류도 여러 가지 버전으로 나와서 100가지도 넘을 것이다. 지금 우리 기술도 상당한 상태다. 완전성이나 속도 면에서 중국 내에서는 최고 수준이다. 한국의 다른 제품들은 우리보다 월등히 발달했는데 화재경보기만은 우리가 훨씬 앞섰다."

● 신제품 개발에 대해서

"옛날에는 혼자서 신제품 개발을 했으나 요즘은 회사일이 많아져서 신제품 개발에 집중하지 못하고 있다. 그러나 요즘도 감지기나 높은 기술력을 요하는 것은 내가 직접 한다. 연구개발은 기본적으로 밤에 한다. 밤에 자다가도 아이디어가 떠오르면 일어나서 계산기를 키고 연구를 한다."

다) 경영실태 및 애로점

세종의 회사형태는 순수한 독자기업으로서 주식회사 형태이다. 소유형태를 보면 70%는 천걸 회장의 소유이고 나머지 30%는 부인 소유이다. 창업자본금은 1백만 위안이나 초창기 한때 회사경영에 위기가 있었다. 천걸 회장의 말,

"제일 큰 위기는 마이너스 백만 위안까지 빚을 졌을 때였다. 그땐 회사 걱정 때문에 밤에 잠을 잘 수가 없었다. 회사를 경영하다가 진 빚을 계산해보니 먹지도 입지도 않고 공부하지 못해도 4대 후손까지 가야 다 갚을 수 있는 빚이었다. 빚을 갚기 위해서 은행에서는 대출을 받지 못하고 주위의 친척이나 친구들에게 빌려 겨우 해결할 수 있었다. 백만 위안 중에는 원자재를 외상으로 가져온 것까지 포함된다."

Q : 세종에서 현재 근무하는 종업원 가운데 조선족은 몇 명 정도인가?

A : "140명의 종업원 중 조선족은 열댓 정도 된다. 예전엔 많았는데 한국에 많이 가버렸다. 계속 부르면 가고 부르면 가고 하니까 이제 조선족 애들 안 써버린다."

Q : 세종의 강점은?

A : "세종의 강점은 회장인 내가 제품을 직접 개발하여 생산, 판매한다는 것이고 다음으로는 빚이 없다는 것이다."

Q : 주력제품에 대한 서비스는?

A : "불량에는 두 가지 의미가 있다. 한 가지는 제품이 문제가 없는데

그 사람이 잘못 쓴 것이다. 그것은 그 사람들이 어떻게 할 수 없기 때문에 우리가 가서 해결해준다. 한 가지는 전압을 잘못 사용한 경우다. 이때도 마찬가지다. 또 한 가지 우리 제품에 문제가 있을 경우는 교환을 해준다. 이게 제일 빠르다. 수리를 하다보면 시간도 길어진다."

Q : 회사를 경영하면서 느끼는 어려움과 애로점은?

A : "종종 어려움도 있다. 그런데 중국의 민족정책이 좋다. 소수민족이라고 불리한 적도 없고 어쩐 것도 없다. 생활하면서도 내가 조선족이라고 못 느낄 정도다. 은행대출에 있어서도 뭐 기업이란게 다 그렇다. 돈이 넘칠 때도 있고 쪼들릴 때도 있는데 그것은 어느 기업이나 다 마찬가지일 것이다. 지금까지 대출은 받은 적이 없다. 안정성은 있는데 기업이 크게 커나가지는 못한다. 그래도 한국의 외환위기 같은 것이 와도 우리는 끄떡없다. 경영하면서 느끼는 애로점으로는 어쨌든 판로가 문제다. 상대적으로 친구도 적고. 친구도 돈하고 시간으로 만들어야 하는데 시간이 부족하니까. 사무실과 집에도 실험실을 갖추고 있다."

Q : 세종이 다른 기업과 합자나 합작을 한 적이 있는가?

A : "있는데 그게 잘 안 된다. 서로 입장차가 너무 크다. 한국기업과도 합작을 하려고 협상을 했었는데 입장차가 너무 커서 합자는 하되 합작은 없다고 마음을 먹었다. 다들 너무 자기 욕심만 부리니까 입장차가 좁혀지지 않는다."

Q : 한국 등 해외로의 시장개척 상황이나 계획은?

A : "해외 진출로는 중동의 사우디아라비아, 동유럽, 남아시아와 진행 중이고 앞으로 한국진출도 고려해 볼 생각이다. 한국에는 이전에는 수지가 안 맞아 수출하지 않았었다. 이전에는 한국의 화재경보기 제품이 중국 제품보다 훨씬 저렴했는데 이제는 우리쪽 가격도 많이 다운이 돼서 고려 중에 있다. 한국 청계천 상가에

가서 시장조사를 해보니까 한국제품과 우리 제품의 가격은 비슷한데 우리 제품의 품질이 월등하더라.”

Q : 조선족기업과의 교류는?

A : “별 관계가 없다. 참여하고 있는 것이 없다. 거의 모두가 서비스업종이라 나와 연계된 것이 없다.”

Q : 대학과의 협력관계는?

A : “작년에 한번 기술협력을 해봤는데 재미를 못 봤다. 학교에서 만드는 것이 거의 실효성이 없는 것들이라 그런 것 같다.”

③ 경영활동 및 네트워크 현황

가) 중국내 기업 및 해외(한국포함)기업과의 경영활동에 관한 네트워크

- 세종은 사업상 상호협력이나 교류관계에 있는 ‘조선족기업’이 있으며 주로 판로개척에 상호협력이나 교류를 하고 있는 것으로 나타났다. 또한 상호협력이나 교류의 비중은 매우 작은 편이며 성과는 보통인 것으로 조사되었다. 상호협력이나 교류가 적은 이유는 제조업 중에서도 화재경보기 개발 및 생산이라는 독특한 부류의 업종이기 때문에 같은 업종의 조선족기업을 거의 만나기가 어렵다는 것이다.

- ‘중국 내의 한국투자기업’과는 주로 기술제휴에 상호협력이나 교류를 하고 있으며 교류의 비중은 작지만 성과에는 만족하는 것으로 나타났다. 또한 ‘한국에 있는 기업’과는 상호협력이나 교류관계가 없는데 주된 이유는 서로간의 입장 차이 때문인 것으로 조사되었는데 결과적으로 서로간의 욕심 때문에 교류와 상호협력이 되지 않는 것으로 나타났다. 따라서 향후 세종의 입장은 한국기업과 합자는 하되 합작은 하지 않는다는 내부방침을 세운 것으로 응답하였다.

- ‘중국기업’과는 원재료 및 제품조달, 사업정보교환, 판로개척에 상

호협력이나 교류를 하고 있으며 '한국기업을 제외한 해외외국기업'과는 사업상의 정보교환 때문에 상호협력이나 교류를 하고 있으며 '중국내 외국기업이나 화상기업'과는 상호협력이나 교류가 없는 것으로 나타났다.

- 세종의 천 회장은 중국 내에 조선족만을 위한 '민족금융기관'의 설립이 필요하다고 생각하고 있으며 천 회장이 사업상 참여하고 있는 조직이나 단체는 기업가협회, 중국표준화협회, 소방협회 등이 있는데 소방협회에서는 소방분회(20~30명)의 위원으로 활동하고 있는 것으로 응답하였다.

- 천 회장은 기업활동에 '온라인 화상네트워크'를 전혀 활용하지 않고 있으며, 향후 온라인상 '한상네트워크'가 구축이 된다면 얻고 싶은 정보로는 중국 및 해외시장 개척에 관한 정보와 해외한상기업의 기술 및 상품에 관한 정보인 것으로 나타났다.

나) 중국내 기업 및 해외(한국포함)기업과의 수출이나 기술이전 및 수입이나 기술도입, 투자에 관한 네트워크

- 세종은 중동의 사우디아라비아, 동유럽, 남아시아, 우크라이나, 러시아 등과 수출을 하고 있거나 조인 중인 것으로 조사되었으며 주요 수출품은 전기·전자·기계기구의 제조인 것으로 나타났다. 또한 해외로 수출을 할 때 가장 큰 경쟁자는 미국기업인 것으로 조사되었다.

- 세종은 '중국내 기업 및 해외(한국포함)기업'에 기술을 이전한 적이 없으며 수입이나 기술도입도 하고 있지 않는 것으로 응답하였다.

- '중국내 기업 및 해외(한국포함)기업'과의 투자를 하고 있지 않는 것으로 조사되었으며 향후 한국에의 투자를 고려하고 있는 것으로 나타났다. 또한 한국에의 투자시 한국정부에 요구하고 싶은 점은 내국민 대우인 것으로 응답하였다.

④ 세종지능유한책임공사의 네트워크 구축 분석 및 시사점

가) 중국내 및 해외조직과의 네트워크(면담 및 설문)

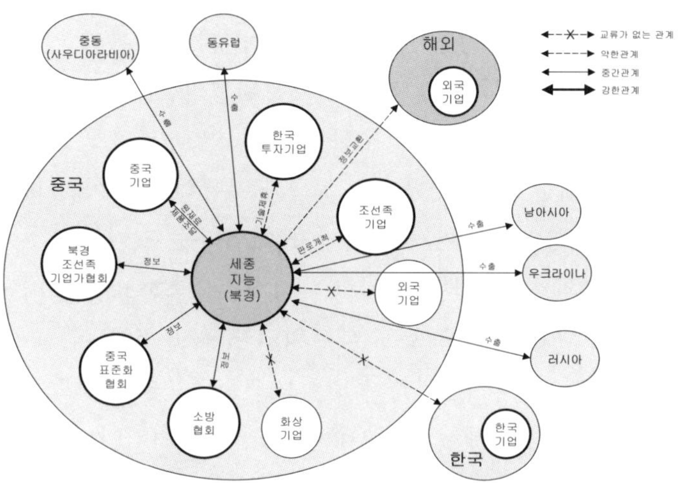

〈그림 Ⅲ-37〉 중국내 및 해외조직과의 네트워크

나) 세종지능유한책임공사의 사업부문 네트워크

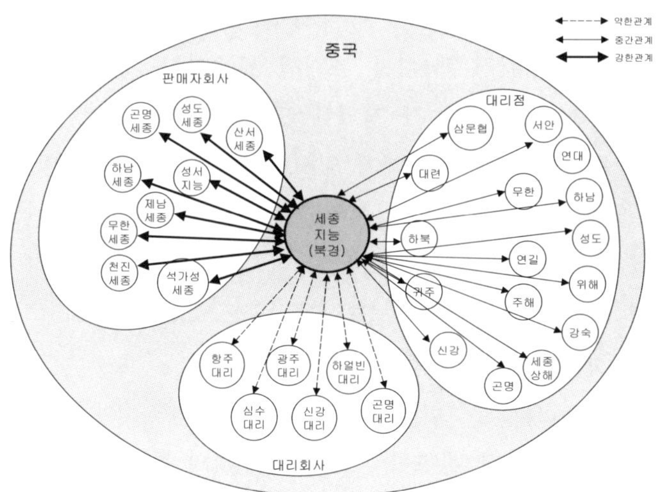

〈그림 Ⅲ-38〉 세종지능유한책임공사의 사업부문 네트워크

다) 네트워크 구축 분석 및 시시점

면담 및 설문조사를 통해서 파악된 세종지능유한책임공사의 중국내 및 해외조직과의 네트워크 실태를 보면

첫째, 세종지능유한책임공사는 '조선족기업'과의 교류가 있는데 주로 판로개척 관계로 교류를 하고 있으며 네트워크의 정도는 '약한 네트워크 관계'인 것으로 조사되었다. 조선족기업과의 네트워크가 약한 이유는 화재경보기 개발 및 생산이라는 독특한 부류의 업종이기 때문에 같은 업종의 조선족기업을 거의 만나기가 어렵다는 것이다.

한국투자기업과도 '약한 네트워크 관계'를 구축하고 있으며 한국에 있는 기업과는 교류가 없으므로 '네트워크 구축이 전혀 안 되어 있는 것'으로 나타났다. 중국기업과는 사업정보교환 등 '중간 네트워크 관계'를 구축하고 있는데 반해서 중국 내에 있는 외국기업이나 화상기업과는 '네트워크 구축이 전혀 안되어 있는 것'으로 조사되었다. 세종지능유한책임공사는 중동의 사우디아라비아, 동유럽, 남아시아, 우크라이나, 러시아 등의 국가들과 '중간의 네트워크 관계'를 구축하고 있는데 이러한 네트워크를 통해서 수출을 하고 있는 것으로 나타났다.

둘째, 세종지능유한책임공사의 사업부문 네트워크를 보면 판매자회사와는 '강한 네트워크 관계'를 통해서 세종지능유한책임공사가 개발하고 생산한 제품을 중국 각 지역에 판매하고 있는 것으로 나타났다. 판매자회사는 중국 전역에 9개가 있으며 또한 '중간 네트워크 관계'를 구축하고 있는 대리회사나 대리점이 있다. 대리회사는 6개가 있으며 대리점은 17개가 있음으로서 세종기능유한책임공사에서 개발하여 생산한 제품을 중국 전역으로 판매할 수 있는 유통구조와 네트워크 구축이 잘 되어 있는 것으로 나타나 있다.

결과적으로 세종지능유한책임공사는 회사 자체적으로 개발한 화재경보기를 생산하여 '강한 네트워크 관계'인 9개의 판매자회사와 '중간 네트워크 관계'인 6개의 대리회사와 17개의 대리점을 통하여 중국내수시

장에 유통시키고 있으며 또한 중동, 동유럽, 남아시아, 러시아 등 해외
지역과의 '중간 네트워크 관계'를 통하여 제품을 수출하고 있다.

4) 청도 조선족기업 – 청도아위사상포유한공사

(1) 청도의 주요 경제동향과 조선족기업

① 주요 경제동향

청도시 GDP는 1999년에 993억 위안, 2000년에 1,151.2억 위안으로
1999년 대비 15.2% 증가하였다. 이는 국민생활수준의 향상을 의미하는
것으로서 기업개혁 및 기업의 생산효율성 향상에도 영향을 주어 공업
총생산액(2차 산업)은 1999년 472억 위안에서 2000년 560.32억 위안으
로 전년 동기 대비 17.1%의 증가세를 보였다.

외자유치 면에서 보면 실제 외자유치액이 1999년 9.2억 달러에서
2000년도는 12.82억 달러로, 99년 대비 34.5% 증가하였다. 수출액과
수입액은 각각 1999년 63.1억 달러, 37.9억 달러, 2000년은 142.33억
달러와 109.71억 달러로 33.7%, 73.3%의 증가율을 기록하고 있다. 이
것은 청도시의 대외교역이 많은 발전을 하고 있음을 보여주는 것이다
(박정동·김경희, 2003:252~253).

<표 Ⅲ-5> 청도시 주요 경제지표

구 분	단 위	1999년		2000년	
		1999년 실적	증감률	2000년 실적	증감률
GDP	억 위안	992.83	13.8%	1,151.20	15.2%
1인당 GDP	위안	13,394	11.2%	15,410	13.08%
외자유치액(실행)	억 달러	9.2	26%	12.82	34.5%
수출액	억 달러	63.1	22.6%	142.33	33.7%
수입액	억 달러	37.9	12.7%	109.71	73.3%

출처 : 산동통계연감 2000/2001, KOTRA 해외무역관보고 2001.12 인용.

② 교역 규모

청도시의 대외교역액은 1999년 101억 달러였고 2000년은 135.32억 달러로 1999년대비 38.9% 증가하였다. 이중 수출이 1999년 63.1억 달러이고 2000년은 82.69억 달러로 전년대비 31.0% 증가하였으며, 수입은 1999년 37.9억 달러, 2000년은 52.63억 달러로 전년대비 38.9% 증가하였다.

주요 수출입품목을 살펴보면 5,000만 달러 이상의 수출액을 기록하고 있는 주요 제품은 냉동생선, 피혁 혹은 재생피혁의류, 면 니트, T셔츠, 면방직의류, 가죽의류, 털 제품, 건강회복기, 완구, 컨테이너 등 17품목이 있다. 주요 수입품으로 5,000만 달러 이상은 미소결인 철광사 및 정광, 디지털 프로그램 제어 전화 혹은 전보교환기의 부품, 휴대용 무선전화기, 칼라음극사선 TV모니터 등 13개 품목이 있다.

주요 교역대상국으로는 한국, 일본, 미국, 홍콩 및 독일 등이 있다. 이중 가장 많이 수출을 하는 국가는 일본으로 1999년 123,616만 달러에서 2000년에 157,576만 달러로 27.5%의 증가율을 보였다.

대한(對韓) 수출입규모를 표로 나타내면 〈표 Ⅲ-6〉, 〈표 Ⅲ-7〉과 같다.

〈표 Ⅲ-6〉 청도시 주요 교역대상국

(단위 : 만 달러, %)

국별	1999년				2000년			
	수출	비중	수입	비중	수출	비중	수입	비중
한국	56,523	12.66	156,856	47.63	80,837	13.2	202,538	42.9
일본	123,616	27	55,740	16.93	157,576	25.8	89,374	18.9
미국	122,582	27.5	31,374	9.53	155,614	25.5	43,559	9.2
홍콩	17,202	3.85	6,909	2.1	30,187	4.9	9,038	1.9
독일	19,024	4.26	3,919	1.2	28,016	4.6	10,984	2.3

주 : 비중은 수출, 수입총액 중 해당국가가 차지하는 비중임.
출처 : 중국대외경제무역연감 2000/2001

〈표 Ⅲ-7〉 청도시 대한(對韓) 수출입규모

(단위 : 만 달러)

구 분	1995년	1996년	1997년	1998년	1999년	2000년
수출액	51,592	102,186	123,450	113,527	56,523	80,837
수입액	34,425	104,023	107,545	129,127	156,856	202,538

출처 : 중국대외경제무역연감 2000/2001

한국과의 주요 수출품으로는 냉동생선, 육가공품, 면방직의류, 가죽의류, 컴퓨터 주변기기 등이 있으며 수입품은 전자부품, 인조섬유장사, PC, 화섬직물, 전자기자재, 플라스틱 제품 등이 주류를 이룬다(박정동 · 김경희, 2003:254~256).

③ 피혁공업

중국의 피혁공업은 1980년대 전 세계의 피혁 제조업들이 선진국에서 중국과 같은 인건비가 저렴한 개발도상국으로 이전하면서 급격하게 발전하기 시작하였다. 선진국들의 이러한 이전으로 이들 국가들의 전 세계시장 점유율은 가격우위를 바탕으로 하여 큰 폭으로 증가하였다. 이와 더불어 현재 중국의 피혁공업이 차지하는 비중도 늘어나기 시작하여 연 생산량 10.6억 개로 세계 제1위를 차지하고 있으며 판매수입도 465억 위안에 달하고 있다. 현재 일부 피혁 제조기업들이 서부로 계속 이전하고 있는데 이러한 움직임의 주요 원인은 서부지역의 저렴한 원자재와 노동력으로 인한 원가절감이 큰 몫을 차지하고 있기 때문이다.

이러한 피혁공업의 서부이전은 관련기업의 원가절감, 품질제고 및 서부시장 개척을 목적으로 하고 있다. 서부지역은 중국 전체 1/2 이상의 소, 양, 돼지가죽 등 피혁원료를 공급하고 있다. 피혁원료는 동부 연해지역으로 운송되며 가공 · 처리 과정을 거쳐 피혁중간제품으로 중국내 피혁공장에 공급되고 있다.

결국 원 · 부자재 산지와 가공공장의 분리는 운송비용을 높여 결국

가격경쟁력을 떨어뜨리고 있는 상황이다. 그러나 향후 동부지역 피혁가공공장의 서부지역 이전은 제품의 경쟁력을 강화시킬 수 있을 것으로 전망된다. 서부지역은 많은 중소형 피혁관련 기업이 분포하고 있으며, 많은 민영기업들은 풍부한 현지 경험을 바탕으로 동부지역 기업과 협력하면 많은 시너지 효과를 거둘 수 있을 것이다. 또한 서부지역 개발 등으로 인하여 이들 지역의 소득은 증가하고 시장성이 매우 높아지고 있어 많은 기업들이 서부지역 이전을 고려하고 있다. 그러나 피혁기업의 서부이전이 동부지역의 피혁산업의 전체이전을 의미하는 것은 아니며 분업화된 산업구조로 바뀔 것으로 예상된다. 즉 동부지역은 중ㆍ고급 피혁가공기지로 특화하고 중ㆍ저가의 피혁가공은 서부지역으로 이전하여 비교우위를 가지는 구조로 전환될 것으로 보인다. 서부지역의 피혁산업은 동부지역의 선진기술을 습득하여 향후 지속적으로 발전할 것으로 예상된다(박정동ㆍ김경희, 2003:169~171).

④ 청도의 조선족기업

조선족들이 청도 지역을 본격적으로 이주하기 시작한 것은 92년 한중수교가 이루어지고 연해지역으로 한국 기업들이 활발히 진출하기 시작하면서부터 한국기업에 취업하기 위해서 조선족들이 동북 지역에서 대거 이주하기 시작하였다. 이와 함께 1997년 겨울 한국의 외환위기로 80년대 말부터 90년대 초 건설인력과 생산인력으로 한국에서 종사하다 중국으로 들어왔던 조선족들이 원래의 거주지인 동북지역으로 돌아가지 않고 연해 지역으로 이주해 들어오면서 또 한 차례 조선족의 집중이 이루어졌다. 이러한 두 번의 대거집중과 함께 현재에도 지속적으로 일자리를 찾아 고등학교 또는 대학을 졸업한 조선족들이 청도 지역으로 이주하고 있다.

청도 지역으로 이주한 조선족들은 크게 네 부류로 나누어 살펴볼 수 있다. 첫째 전문직, 고위관리직, 기업가 등으로서 이들은 학력이 다른 사람에 비해서 높고 초기에 청도 지역으로 이주해 왔다. 또한 초기 이주를 통한 적응을 통하여 동북 지역에 두고 온 가족들과 재결합한 형태가 많이 보인다. 둘째, 사무, 행정직, 기술직 종사자들이다. 첫 번째의 부류와는 차이가 나지만 이들 역시 청도 지역에서 어느 정도의 경제적 기반을 마련하고 있으며 비교적 안정된 생활을 하는 사람들이다. 셋째, 자영업자들로서 이들의 특성은 그들이 종사하는 직종이나 여건에 따라서 이주시기와 학력 수입수준에서 집단 내에서도 많은 차이를 보이고 있는 집단이다. 예를 들어 영세한 식당을 운영하는 사람이 있는가 하면 기업형 식당을 운영하는 사람도 있다. 넷째, 서비스직이나 판매직, 생산직, 단순 육체노동자들로서 이들은 임금의 수준도 지극히 낮으며 임금이나 조건에 따라서 언제든지 다른 지역으로 이주할 가능성이 큰 사람들이다. 주로 20대의 젊은 층이나 하층 노동력으로 구성된 사람들이다. 특히 마지막 집단들이 유동성이 큰 이유는 그들의 고용이 매우 불안정하기 때문이다. 조선족 젊은이들의 경우 힘든 일은 기피하면서 한족에 비해서 보다 나은 임금 조건을 원한다. 상황이 그렇다 보니 한국기업의 경우에서는 통역원이나 관리직에 몇 명의 조선족만을 고용하고 나머지 근로자들은 대부분 한족을 고용하고 있다(이종학, 2003).

통계에 의하면 2000년도 말 현재 산동성 내에 등록된 조선족기업은 모두 500여 개였다. 총 등록자금은 1.5억 위안이고 총 투자액은 1.8억 위안이며 연간 경영금액은 42,800여만 위안이다. 연간 수출로 외화를 벌어들인 총액은 3,800여만 달러이고 연간 실제이윤과 세금액은 8,300여만 위안이며 기업의 총 직원 수는 12,000여 명에 달한다.

소위 조선족기업이라 함은 산동성 내에 등록되어 조선족기업가가 전액을 투자하거나 혹은 합자나 합작을 하며 일정한 주식을 소유함으로써 해당 기업체를 지배하는 지위에 있는 민족기업이다. 산동성에 있는 한국기업들은 가공수출형 기업을 중심으로 하고 있다. 산동성 조선족기업 역시 가공기업의 수가 많은 비중을 차지하고 있으며 대부분 기업들이 한국투자기업의 주문을 받아 청부 가공을 하는 것을 위주로 하고 있어 한국투자기업의 생존과 밀접한 관계를 맺고 있으며 함께 공존하고 발전한다. 그 산업 구조상에서 본다면 대부분의 기업들이 장난감, 상자, 공예품, 의복, 식품 가공에 종사하는 제2, 제3의 산업 형태이다. 이런 기업이 전체기업의 1/3을 차지하며 150여 개에 달한다.

한국의 음식, 여가문화를 중심으로 한 서비스형 기업도 많다. 예를 들어 수창궁의 사우나 시설, 조선족 입맛에 맞는 미국과 한국요리점, 호텔, 노래연습장이 대표적인 서비스형 기업들로 산동성에 모인 타지 상인들과 외국에서 온 상인들의 생활도 여가문화 생활을 위해 질 좋은 서비스를 제공한다. 이러한 종류의 서비스형 기업은 160여 개 정도 된다.

고급 신기술 산업은 산동성에 계속 유입되고 있다. 현재까지 용접기, 방화판, 신동아 화공 등 신기술 산업이 청도시에 잇따라 정착하고 있다. 이것은 산동성 조선족 산업구조가 격상되고 있음을 뚜렷이 보여주는 현상이다. 이러한 고급 신기술 산업을 통해 생산한 상품은 국제적인 선진수준에 이르고 있다. 이러한 기술, 자본 밀집형의 고급 신기술 산업은 계속 발전하고 있다.

통계에 따르면 산동성의 한국투자기업 중의 25%에 해당하는 기업이 조선족과 관련을 맺어서 들어온 기업이다. 그리고 산동성의 3,000여 개에 달하는 한국투자기업 중 경영에 종사하고 기술을 담당하며 업무에서 중요 역할을 하는 조선족은 6,000여 명이다. 그들은 전국의 각 전문대학교를 졸업한 학생 혹은 중국내 중형기업의 관리 간부나 기술 간부를 지냈던 사람들이다(설용수, 2004:291~292).

이상에서는 청도의 주요 경제동향과 조선족기업에 대하여 살펴보았다. 즉 청도의 주요 경제동향 및 교역규모 그리고 중국의 피혁공업현황에 대해서 살펴보았다. 또한 청도 지역으로의 조선족들의 이주와 조선족기업의 현황 및 청도 지역에 진출한 한국기업과 조선족기업과의 관

계도 언급하였다. 아래에서는 청도에 진출한 조선족으로서 청도진출 한
국기업과의 네트워크를 통하여 가방을 생산·수출로 크게 성공한 청도
아위사상포유한공사의 임계환 사장에 대한 성공사례를 소개한다.

(2) 청도아위사상포유한공사(가방수출 성공사례)

회사명	· 청도 아위사상포유한공사(컴퓨터 가방) · 청도 세호피혁유한공사(배낭, 자전거백) · 청도 탁아피근유한공사(핸드백)	대표자명	임계환 사장 (50 세)
소재지	교남 민영월대동오로 1호	전화번호	(Tel) 532-6172901 (HP) 13705421767
		E-mail	lgh578@hotmail.com
회사형태	사영기업(독자)	업태 및 업종	제조업 (가방)

자 본	창업자본금	10만 3백 위안		지분현황
	자산총액	4천만 위안	임계환 사장	· 아위사상포유한공사(100%) · 세호피혁유한공사(100%) · 탁아피근유한공사(100%)

종업원수	조선족	0명	합계 (1,600 명)
	한족	1,600명	

창 업	1994 년 5 월 1 일			
연간매출액	2003년	2004년	2005년	2006년 판매목표
	1,600만불	1,600만불	1,600만불	2,000만불
사 훈	단결, 근면, 품질, 고(효)율			

① 회사 개요

가) 회사 소개

청도아위사상포유한공사는 1994년 5월 1일에 설립되었으며 교남시 민
영원 내에 위치하고 있다. 부지 총면적은 19,980㎡이고 건축면적은

13,699㎡이다. 현재 총자산은 4천만 위안이며 직원은 1,600명이고 설비는 720대를 보유하고 있다. 업종은 제조업으로서 주력 생산제품은 가방이다.

이 회사의 임계환 사장은 1957년생으로서 올해 나이 50세인데 여러 해 동안 한국의 태을주식회사, 선희상사, 성창주식회사 등과 합작을 하여 노트북 가방이나 등산용 가방, 자전거 가방 및 각종 남녀 가방을 생산했다. 생산된 제품은 주로 미국, 유럽, 일본 등 선진국으로 수출되며 연수출액은 1,600만 달러 정도이다. 임계환 사장은 3개의 회사를 소유하고 있는데 모기업격인 청도아위사상포유한공사는 컴퓨터 백을 위주로 생산하고 있으며 청도 세호피혁유한공사는 배낭과 자전거백을 주로 생산하여 유럽과 미주 쪽으로 수출한다. 또한 탁아피근유한공사는 핸드백류를 생산하여 일본 쪽으로 수출한다. 청도아위사상포유한공사의 사훈은 단결, 근면, 품질, 고효율의 아홉 글자로 이루어져 있다.

〈그림 Ⅲ-39〉 청도아위사상포유한공사 외부 전경

나) 대표이사 약력

〈그림 Ⅲ-40〉 청도아위사상포유한공사 임계환 사장

- 인적사항

성 명	임계환	성 별	여
생년월일	1958년 9월 29일	민 족	조선족
학 력	전문대학	본 적	흑룡강
업체명	청도아위사상포유한공사	창업일	1994년 5월 1일
업체주소	청도 교남시 민영원 대동 5로 2호	직 무	동사장

- 약력

- 1975   흑룡강성 밀산시 흑해진 고중 졸업
- 1973~1987   흑룡강성 가목사시 학강교육학원(전문대학, 음악전공)
- 1987~1989   흑룡강성 요하현 교육국 교사 재직
- 1989~1992   청도 교남시 은주진 중심 소학교 교사 재직
- 1992~1993   청도 교남시 교육국 교사 재직
- 1993~1999   청도 아위사 가방유한공사 총경리
- 1999~현재   청도 세호피혁유한공사 동사장

② 경영자와의 인터뷰

가) 경영자의 개인적·사회적 배경

임계환 사장의 고향은 흑룡강성 밀산시 흑해진이며 58년생이다. 아버지의 고향은 한국 충청남도이며 임사장은 1남 4녀 중 제일 막내로 태어났다. 고향인 흑해진에서 19세까지 학교를 다녀 고중을 졸업하였다. 10년 동안이나 진행되었던 문화대혁명 때문에 학교를 2년 정도 더 다녀야 했다. 대학은 가목사시로 갔는데 2년제 전문대학교 체제인 학강교육학원에서 음악을 전공하였다. 원래의 꿈은 가수로의 진출이었는데 작은 키 때문에 좌절되었고 그 후 교육자의 길로 접어들었다. 학교에서 음악교사 생활을 1979년도부터 1994년도까지 15년 정도 하였는데 주로 흑룡강성과 청도시에서 하였다.

나) 청도 진출 계기

임 사장은 1985년까지 흑룡강성에서 교사로 재직하다가 한중수교 전인 1986년, 고향이 청도인 남편을 따라 청도에 오게 되었다. 남편의 전공은 체육인데 중국에서는 체육과 음악이 한조로 되어 있어 한 사무실을 쓰며 이런 인연으로 결혼도 하게 되었다. 청도 진출 후 임사장은 교남시 은주진중심소학교, 교남시 교육국 등에서 8년간 인민교사로 근무하였고 남편은 중학교에서 체육교사로 근무하였으며 지금은 교남시 체육학교 교장이자 교남시 체육관 관장으로 재직하고 있다.

다) 가방사업의 동기 및 발전과정

한중수교 전인 1986년에 청도에 진출하였을 당시만 하여도 청도 교남시에는 한국사람을 거의 찾아볼 수 없었다. 그러나 교남시에 온 지 3년째 되던 해인 1989년부터는 한국 사람의 왕래가 잦았다. 당시 임 사장이 재직하고 있던 학교인 교남시 은주진중심소학교 가까이에 태발그룹이라는 규모가 큰 중국 국영기업이 있었다. 임 사장은 그 당시에 학교에서 음악만 가르친 것이 아니고 중국 공산당의 소선대 보도원이었다. 소선대 보도원은 중국 정부로부터 정치에 관한 교육도 많이 받고 주변의 기업체에 파견되어 봉사활동 등 기업이 필요로 하는 일들을 많이 돕는다. 이런 연유로 임 사장은 태발그룹을 자주 드나들게 되었으며 이 때 중국기업의 환경과 경영활동에 대한 흐름을 알 수 있는 계기가 되었다.

어느 날 태발그룹으로부터 임 사장에게 통역 의뢰가 왔다. 즉 태발그룹에 한국기업인이 왔는데 한국어를 통역할 수 있는 사람을 물색하던 중 학교교사이며 교남시의 유일한 조선족인 임 사장이 통역을 담당하게 되었으며 통역 또한 상대방이 흡족하게 하였으므로 태발그룹으로부터 많은 신뢰감이 쌓이게 되었다. 그 후 태발그룹에서 청도에 있는 수출회사이며 국영기업인 산동기계에 한국기업인 방문시 통역담당으로 임 사장을 파견하였다. 산동기계에 가서도 통역을 해주고 나니 잘한다고 칭찬하며 선물과 돈을 주었는데 그 후로는 한국에서 기업인들만 오면 임 사장이 단골 통역인으로 봉사하였다. 그 후 통역업무를 성실히 수행하였으며 그로 인해 교남시의 시장을 비롯한 정부공무원들과 또한 교남시에 시장조사차 방문하는 한국기업인들과도 돈독한 관계를 맺게 되었다.

1994년 어느 날, 한국에서 가방을 생산해서 수출하는 회사의 사장이 교남시를 방문하였는데 통역이 필요하다고 산동기계회사로부터 연락이 왔다. '산동기계'는 산동성에서 경영하는 무역회사로서 중국에 진출하려는 한국업체들에게 규모가 작은 회사나 공장을 소개해주고 나중에 그 공장이나 회사에서 생산한 제품을 수출할 때 '산동기계' 이름으로 수출을 해주는 것으로 실적을 올리는 회사이다. 중국에 진출하려는 한국 가방생산업체의 사장은 이태형 씨라고 한국 서울대를 졸업한 엘리트 사장이었는데 자기 회사에서 생산하던 가방에 대한 오더를 중국에 있는 회사에 줄 생각으로 산동성 교남시를 방문하였던 것이다. 이태형 사장은 그 후 3년 동안 전 산동성을 돌아다니면서 합당한 합작파트너를 찾으려고 노력하였으나 찾지 못하였다. 이태형 사장이 중국 진출을 포기하려는 순간에 산동기계수출입무역회사 측에서 산동기계와 이태형 사장 간에 서로 자본을 투자하여 교남시에 가방을 생산하는 합자회사를 설립하자는 제의를 하였다. 산동기계로부터 합자제의를 받은 이태형 사장은 쾌히 승낙을 하였다. 그 후 산동기계와 한국 가방업체인 이태형 사장과 합자가 이루어져 교남시에 가방을 생산하는 공장을 설립하였는데 산동기계 측으로부터 이태형 사장에게 공장장의 임명을 제의받아 이태형 사장은 자기의 통역을 담당했던 임계환 씨를 공장장으로 임명하였으며 회사이름은 청도 아위사상포유한공사로 하였다.

〈그림 Ⅲ-41〉 청도아위사상포유한공사 생산현장

임 사장은 그 후 학교를 퇴직하고 기업인으로서 제2의 인생을 시작하였다. 창업당시를 회상하면서 임 사장은 말을 이어갔다.

"산동기계수출입무역회사 내에서 '청도 아위사상포유한공사'는 처음으로 회사경영을 시작하였다. 당시 한국 이태형 사장의 주문량이 많지 않아서 10만 위안 정도 투자하여 공장시설을 준비하면 생산을 할 수 있을 것 같았다. 나는 공장 시설을 꾸리기 위한 계획서를 작성하여 산동기계 사장을 찾아갔다. 사장님은 계획서를 보시고 흡족해하시면서 10만 3백 위안을 주셨는데 그때 내가 학교에서 받은 봉급이 300위안이었다. 그러니까 산동기계 사장님으로부터 받은 돈은 아주 큰 돈이었다. 이 돈으로 목공소 같은 허름한 공장 300평방미터를 임대하고 미싱 10대와 프레스 1대, 직원 18명을 채용하여 가방생산을 시작하였다. 그러나 이태형 사장의 주문량이 얼마 되지 않은 탓에 1주일 생산하고 3주일을 휴업하고 하다 보니 돈은 벌리지 않고 지출만 늘어갔다. 이렇게 1년 동안 공장을 운영하고 보니 13만 위안의 적자가 누적이 되었다. 그 후 합작을 했던 한국의 이태형 사장마저 합작회사를 청산하고 한국으로 철수해 버렸다. 내가 1년간 회사를 경영한 실적을 계산해보니 빌린 돈 10만 위안과 누적된 적자 13만 위안을 합하여 23만 위안의 거금을 부채로 떠안게 되었다.”

당시 23만 위안은 거금이며 또한 공장은 계속 생산을 할 수 없는 상황에서 빚은 계속적으로 누적될 것 같은 위기의식 때문에 임 사장은 산동기계의 사장님을 찾아가서 한국에 보내줄 것을 간곡히 부탁하면서 마지막이라는 심정으로 이렇게 말하였다.

“지금처럼 공장을 운영하면 내년에는 얼마만큼의 적자가 누적될지 모른다. 앞으로 공장을 가동하여 계속 생산하기를 원하면 나를 한국에 한 번만 내보내 달라. 내 부탁을 들어주지 않으면 나는 그냥 학교로 복직하겠다.”

그러나 그때는 학교에 돌아갈 지라도 누적된 빚 23만 위안은 꼭 갚고 돌아가야 된다는 생각이 들었다. 그 후 얼마 안 되어 산동기계의 사장님은 임 사장을 한국으로 보내주었다.

1995년도에 임 사장은 한국을 방문하였다. 7일의 체류기간 중 3일은 이태형 사장 집에서 지냈으며 나머지 4일간은 여관에서 지냈다. 여관에서 4일을 지내는 동안 전화번호부에서 서울시내 가방업체의 전화번호를 수집한 다음 무작위로 가방업체에 전화를 하였다. 그러던 중 서울

양재동에 있는 가방업체인 '선희상사'의 사장님과 통화를 하게 되었는데 사장님께서 자기 회사를 한번 방문해줄 것을 요청하였다. 임 사장은 서울에 머무르는 동안 선희상사를 방문하였으며 선희상사의 사장님 역시 조만간에 청도 교남시에 있는 '청도아위사상포유한공사'를 방문하겠다고 약속하였다.

임 사장이 한국의 '선희상사'를 방문하고 중국에 돌아온 후 일주일만에 '선희상사'의 사장님이 교남시에 있는 '청도아위사상포유한공사'를 방문하였다. '선희상사'의 사장님은 임 사장과 상담하고 회사를 둘러본 뒤 열심히 생산을 하고 있는 모습을 보고 감동하여 230개 정도의 자전거백 오더를 주었다. 임 사장은 오랜만에 받은 오더라서 꼼꼼하게 최선을 다해서 만들어 보냈다. 그 후 임 사장 회사에서 만든 제품을 '선희상사'가 독일로 수출하였는데 독일 바이어가 제품을 극찬하면서 앞으로는 '선희상사'의 모든 주문량을 임 사장 회사에서 생산할 수 있도록 배려했다고 한다. 따라서 '선희상사'의 오더의 전부를 맡아서 생산하게 된 '청도 아위사상포유한공사'는 공장 규모도 점점 커지고 회사도 성장을 거듭할 수 있었다. 이렇게 회사가 어느 정도 성장을 하고 있을 즈음인 1995년도에 교남시 임 사장 회사 가까이에 중국진출 한국업체인 '타이월드'라는 회사가 입주하였다.

이 회사는 노트북을 만드는 한국의 큰 회사이다. 임 사장은 이 회사를 찾아가서 노트북을 담을 수 있는 가방을 만드는 오더를 달라고 부탁하였다. '타이월드'의 사장님은 임 사장의 부탁을 받고 처음에는 노트북백의 칸막이에 대한 납품을 주었다. 칸막이를 최선을 다해서 생산하여 납품을 하니 '타이월드' 사장님은 맘에 든다고 하시면서 그 후에는 멜빵, 중간판, 밑판, 앞판까지 순차적으로 물량을 주었다. 임 사장이 최선을 다하여 제품을 잘 만들어서 납품하니까 그 후에는 '타이월드'에서 노트북 컴퓨터를 넣을 수 있는 완제품에 대한 오더를 전부 맡게 되었다.

임 사장은 지난 날의 어려웠던 기억을 회상하면서 오늘날이 있기까

지 도움을 주었던 분들에 대한 은혜를 잊지 않겠다고 하면서 다음과 같
은 말들로서 회사의 발자취를 마무리 하였다.

“우리 회사는 남들처럼 총명해서 잘된 것이 아니고 열심히 최선을 다
한 결과이다. 1996년도에 이 자리에 공장을 지어서 1997년도에 입주하
였다. 이 공장을 지을 때도 ‘산동기계수출입집단공사’에서 400만 위안
을 빌려주었다. 그래서 지금은 우리 회사 자체적으로 수출을 할 수 있
는데도 불구하고 ‘산동기계’에 은혜를 갚기 위해서 ‘산동기계’를 통해
서 수출을 해주고 있다. 빌린 돈 400만 위안은 이미 다 갚아주었다. 이
의리는 이 세상 끝나는 날까지 지킬 생각이다. 이윤이 생기면 그 사람
들에게 많이 나눠주고 있다. 나는 무일푼에서 시작했는데 그 사람들 덕
에 이렇게 기업을 세울 수 있었고 번창하게 된 것이니까 그 사람들에게
감사한다.”

임 사장은 ‘청도아위사상포유한공사’의 오늘이 있기까지 많은 도움
을 준 산동성기계수출입집단공사 사장을 비롯한 관계자 여러분들에게
거듭 감사함을 나타내었다.

〈그림 Ⅲ-42〉 청도아위사상포유한공사 제품 전시실

1997년도부터 회사가 주식회사로 전환되면서 임사장은 실질적인 기업의 주인이 되었다. 현재 청도 아위사상포유한공사는 한국 태을주식회사, 선희상사, 한국의 (주)영창실업의 계열사인 성창주식회사 등의 업체들과 합작관계를 맺고 있으며 주로 생산하는 제품은 노트북 가방, 등산용 가방, 자전거 가방 등 남녀가방을 생산하여 외국으로 수출하고 있다. 주로 가방만을 생산하여 수출하는 아위사상포유한공사의 연수출액은 1천 6백만 달러에 달해 청도 교남시의 최대 가방생산업체로 부상했다.

라) 경영자의 가치관과 기업문화

임계환 사장은 자신의 창업과정을 돌이켜 보면서 "기업의 사장이 되려는 마음은 애당초 없었으나 기업경영과정에서 피할 수 없는 난관이 가로 막았던 만큼 물러설 길이 없었다. 삶을 유지하기 위한 방법으로서 가로막힌 난관을 헤쳐 나가는 길 밖에 없었다."고 하는 말 속에서 부드러움 속의 강인함이 느껴졌다.

임 사장은 직원들 간에 단합이 잘 되어야 생산성이 높아지며 회사의 발전을 가져온다는 생각에 철마다 야유회를 간다든가 체육대회 행사를 한다. 또한 1천6백 여 명이나 되는 직원들의 취미가 다양하기 때문에 기업내에 동호회를 만들어 취미가 같은 사람들끼리의 모임을 통해 인적네트워크 형성이 잘 되도록 한다.

임 사장의 말,

"직원복지로서 가장 심혈을 기울이는 부분은 기숙사이다. 직원들이 거주하는 기숙사는 최신시설로 꾸며져 있으며 복지시설도 잘 되어 있다. 기숙사 생활은 1천 6백 여 명의 직원 중 6백 명 정도만 기숙사 생활을 하고 나머지는 출퇴근 한다. 향후 기숙사를 더 늘려서 원하는 직원은 다 생활할 수 있도록 할 계획이다. 또한 회사 뒤편에 아파트를 지어서 기혼자들에게 저렴한 가격에 분양을 해줌으로써 회사에서 주택문제를 해결해 준다. 어울러 전 직원에게 보험을 넣어주며 명절 때는 전 직원에게 푸짐한 선물도 마련해 준다."

마) 회사의 강점과 약점은

Q : 회사의 강점과 약점은?

A : "강점이라면 타 가방생산업체와 비교하여 생산시설이 잘 되어 있
    다는 것과 전직원이 생산 등 회사 생활에 임하는 자세가 성실하
    며 애사심이 강하다는 것이다. 또한 우리 회사만의 자체적인 브
    랜드를 개발하고 싶다. 지금까지는 선희상사나 타이월드로부터
    오더를 받아서 생산하여 선희상사나 타이월드의 상표를 부착하
    여 외국으로 수출을 하였는데 향후 이런 회사들이 중국에서 사업
    을 할 수 없을 때 우리 회사만의 자체 브랜드를 개발하여 외국으
    로 수출하고 싶다."

바) 기술개발 및 시장확대 계획

"가방업체는 교남시에서 우리가 처음이며 또한 기술도 최고라고 생
각한다."고 자부하고 있다. 시장 소비자 기호의 변화에 대한 대처방안
으로서는 디자인을 한국에서 개발해서 들여오는데, 즉 한국의 성창주식
회사나 선희상사와는 합작관계이기 때문에 디자인을 개발해서 샘플을
보내준다고 한다.

중국진출 한국기업인 타이월드나 성창과의 합작관계를 형성하고 있
으며 가방을 만드는 데 필요한 원자재의 20% 정도는 한국에서 들여오
고 80%는 중국에서 구매하고 있다. 한국에서는 (주)영창실업의 자회사
인 성창핸드백을 통해서 아위사상포유한공사가 생산한 핸드백이 롯데
백화점이나 삼성프라자 등에서도 판매가 되고 있다.

현재도 외부업체의 오더가 너무 많아서 고민을 해야 될 지경이며, 회
사에서 생산된 제품이 미주나 유럽, 일본까지 수출되니까 중국내수 확
대나 그 외 해외로의 진출은 아직 계획이 없다고 한다.

〈그림 Ⅲ-43〉 청도아위사상포유한공사 원단 가공실

〈그림 Ⅲ-44〉 청도아위사상포유한공사 가방 제조과정

③ 경영활동 및 네트워크 현황

- 청도아위사상포유한공사가 경영활동상 가장 많이 활용하고 있는 네트워크로서는 업연(동일업종)과 물연(동일상품)인 것으로 나타났다. 또한 청도 교남지역이나 다른 지역의 조선족기업 중 사업상 상호협력이나 교류관계에 있는 조선족기업은 없다고 응답되었는데 이유는 수출 제조업에 종사하기 때문에 조선족기업과의 상호협력이나 교류의 필요성을 느끼지 못하기 때문인 것으로 조사되었다.

- 이 회사는 '중국 내에 있는 한국투자기업'과 원재료나 제품조달, 판로개척, 납품에 대해서 상호협력이나 교류를 한 적이 있는데 상호협력이나 교류의 비중은 매우 많은 것으로 응답되었으며 그 성과에 대해서는 매우 만족하는 것으로 나타났다. '한국에 있는 기업'과는 원재료나 제품조달, 판로개척 등에 대해서 상호협력이나 교류를 하였는데 상호협력이나 교류의 비중은 매우 많은 편이며 그 성과는 매우 만족하는 것으로 조사되었다.

- '중국기업'과는 원재료나 제품조달 품목에서 상호협력이나 교류를 하고 있으며 '한국기업을 제외한 해외의 외국기업'과는 원재료·제품조달, 판로개척에서 상호협력이나 교류를 하고 있는 것으로 나타났다.

- 이 회사는 '중국 및 한국대학(연구소)'과의 산학협력관계가 없으며 그 이유는 현재는 필요성을 느끼지 못하기 때문인 것으로 나타났다. 또한 이 회사는 향후 교육서비스나 기술개발, 경영자문, 인력개발 부문의 산학협력체계를 원하고 학교에 기부를 현재 하고 있으며 향후에도 기회가 있으면 기꺼이 하겠다는 생각이다.

- 임계환 사장은 중국에 '민족금융기관'의 설립이 필요하다고 생각하고 있으며, 주로 참여하는 조직이나 단체는 조선족기업협회이며 이 조직이나 단체에 참여함으로써 사업활동상 사업정보교환이나 인적 네트워크 구축에 도움이 되는 것으로 응답하였다.

- 이 회사는 수출을 하고 있는데 주요 수출대상국은 한국, 미국, 일본, 유럽이며 2003년부터 2005년까지 매년 1,600만 달러씩 수출을 하였다. 또한 이 회사의 주요 수출품은 가방제품이며 해외로 수출할 때 경쟁자를 못 느끼는 편인데 왜냐하면 고정된 바이어가 존재하기 때문이다.

- 이 회사는 중국내 기업 및 해외(한국 포함)기업과의 수입 및 기술도입을 하고 있는데 주요 수입대상국은 베트남, 태국, 말레이시아, 인도인 것으로 조사되었다. 주요 수입품의 성격은 자사제품 제조에 필요한 원재료인 것으로 응답하였다. 또한 기술을 한국기업으로부터 도입하고 있는데 도입한 기술의 형태는 기술공정과 경영관리인 것으로 나타났다.

- 이 회사는 중국내 기업 및 해외(한국 포함)기업과의 투자는 하고 있지 않으며 향후 한국에의 투자도 고려하지 않는 것으로 나타났다.

④ 아위사상포유한공사의 네트워크 구축 분석 및 시사점

가) 중국내 및 해외조직과의 네트워크(면담 및 설문)

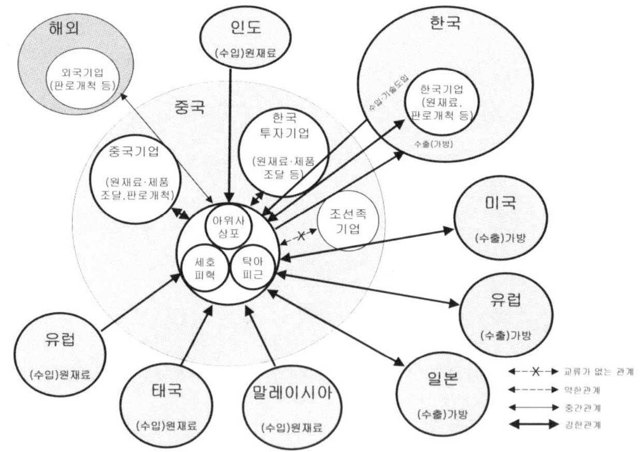

〈그림 Ⅲ-45〉 청도아위사상포유한공사의 중국내 및 해외조직과의 네트워크

나) 네트워크 구축 분석 및 시사점

청도아위사상포유한공사는 3개의 회사로 구성되어 있는데, 즉 모기업격인 청도아위사상포유한공사는 컴퓨터 가방을 주로 생산하며, 청도세호피혁유한공사는 배낭과 자전거백을 생산한다. 그리고 청도탁아피근유한공사는 핸드백을 주로 생산한다. 이 회사는 주로 중국에 진출한 '한국투자기업'과 '한국에 있는 기업' 그리고 '중국에 있는 중국기업'과 '강한 네트워크 관계'가 구축되어 있다. '한국투자기업'으로부터는 원재료나 제품조달, 납품에 대해 상호협력을 하며 '한국에 있는 기업'으로부터는 원재료나 판로개척, 기술제휴 등에 관해서 상호협력이나 교류를 한다. 또한 '중국기업'의 경우도 마찬가지이다.

이 회사는 생산된 제품의 대부분을 미국, 유럽, 일본, 한국에 수출을 하며 주요수입국으로는 한국(한국으로부터는 기술도입이나 원재료 수입), 베트남이나 태국, 말레이시아 등이며 이들 나라로부터는 원재료를 수입함으로써 '강한 연대의 네트워크'를 구축하고 있는 것으로 나타났다.

5) 상해 조선족기업 – 김금자기업관리컨설팅유한회사

(1) 중국 컨설팅 시장의 현황과 특징

① 중국 컨설팅 시장의 현황

중국 컨설팅 업계 전체 시장규모는 약 5억 달러 정도이며 이중 경영컨설팅 시장이 약 1억 5천만 달러에 이르는 것으로 추정된다. 경영컨설팅의 경우 2010년까지 매년 20% 이상의 성장률을 유지할 것으로 전망되며, 컨설팅 업계 전체로는 20년 후에 200억 달러로 확대, 세계 5대 컨설팅 시장으로 부상할 전망이다. 중국 컨설팅 서비스산업의 이러한 급성장은 경제발전과 불가분의 관계에 있다. 시장경제체제로의 전환과 국유기업 개혁, WTO 가입 등에 힘입어 정부와 기업, 사업단위별로 각종 정책자문, 시장자문, 기술자문, 투자자문 등 수요가 폭증하고 있다.

　현재 중국 내에서 활동하고 있는 컨설팅회사는 다음과 같이 크게 3부류로 나뉜다. 1급은 맥킨지를 대표로 하는 다국적기업으로 이들은 풍부한 경험과 우수한 인력자원 등을 앞세워 중국시장에서 주도적 지위를 차지하고 있다. 맥킨지, 앤더슨, Roland berger 등 외국 컨설팅사가 중국시장의 50%를 점유하고 있다. 그 다음으로는 중국시장에서 이미 5년 이상 컨설팅업무에 종사하였고, 안정적인 성장세를 보이고 있는 중국 대형기업들이다. Sinotrust, PILOT 등이 그들이다. 이러한 회사들이 중국시장의 20%를 차지하고 있다. 마지막 3급은 설립기간이 3년 미만인 컨설팅 회사로 대부분의 업체들이 동 부류에 속한다. 그 수도 매우 많으며 분야도 극히 세분화되어 있다. 이 회사들은 벤처기업을 전문적으로 관리하거나 IT관련 기술자문, 인력자원, 마케팅업무, 인재양성 등 영역별로 활동을 한다. 이들 회사들이 중국시장의 약 30%를 차지하고 있다.

　3개 부류 중 1급 외국계 컨설팅회사가 중국 최고급 컨설팅 시장의 90% 이상을 점유하고 있는데, 대형그룹 간의 인수 합병, 대형그룹 법인 관리구조와 해외 글로벌경영에 관한 자문서비스 등은 거의 이들이 차지하고 있다. 외국계 컨설팅사가 선진적인 관리기법 등을 갖추고 그 역량을 발휘하는 반면, 중국회사는 오랜 기간 동안 축적된 경험 및 기본적인 데이터 부족으로 엄청난 열세를 보이고 있다. 외국계 컨설팅사의 1개 프로젝트가 수십만 내지 수백만 달러에 달하는 반면 중국컨설팅사는 전체를 다 합해도 이 수치에 이르지 못하는 이유가 바로 여기에 있다(LI LONG · 고상영, 2004).

　한편 경영컨설팅의 주요 고객군으로는 부동산, 전자제조, 교통운수, 의약, 정보기술 및 식품음료 등의 6대 분야가 전체의 34%를 차지하고 있으며, 석유화학, 금속, 비철금속 및 기계설비 제조업이 33%, 기타 분야가 나머지를 차지해 전체적으로 제조업이 경영컨설팅을 주도하고 있는 것으로 나타났다(유인경, 2005:362).

　요컨대, 중국 자국내 경제구조 조정에 의한 수요, 외국인 투자 러시로 인한 수요, 이 모두를 감안한다면 컨설팅 서비스 산업의 시장 잠재력은 앞으로도 더욱 확대될 것이다. 특히 투자기업 수가 1만 개를 넘어서고 수출액이 연 350억 달러가 넘는 한국과의 교역규모를 생각하면, 한국기업만을 대상으로 하는 컨설팅서비스 규모도 상당할 것으로 추정된다.

② 중국 컨설팅 시장의 주요 기법

중국 내에서 시행되고 있는 주요 컨설팅 영역은 〈표 Ⅲ-8〉과 같이 일반적으로 크게 7개의 영역으로 구분되고 있다.[9]

중국에서는 지난 20여 년에 걸친 지속적인 국유기업 개혁 및 민영화 조치 그리고 90년대 이후 급속한 발전을 하고 있는 사영기업의 활성화 등과 기업의 국제화 추세 및 WTO 가입 등으로 기업의 구체적 발전목표를 수립하는 전략관리 컨설팅이 가장 각광을 받고 있다. 또한 시장경제 상황에서 소비자들에게 해당 기업의 이미지를 제고하기 위한 새로운 기업문화 수립 분야 역시 매우 중요한 분야가 되고 있다. 최근 들어서는 업무 영역이 지나치게 중복되어 있거나 산업분포상 독과점 상태에서 운영되던 전통적인 중국기업의 체질 개선을 위한 조기관리 및 인사관리 그리고 재무관리 및 마케팅 분야가 강조되고 있다.

경영컨설팅을 수용하고 있는 기업으로는 일찍부터 컨설팅의 효용성을 인지하고 있는 다국적기업의 수요가 꾸준하고, 지속적인 개혁을 추진 중인 국유기업의 컨설팅 수요와 민영화하고 있는 대기업이나 하이테크 기업 등의 수요가 계속 증가하고 있다. 또 사영 중소기업의 컨설팅 수요도 계속 확대되고 있는 추세이다.

---

9) 王璞 主編, 『在中國做管理咨詢』, 北京 : 機械工業出版社, 2003, pp.2-7.

<표 Ⅲ-8> 중국에서의 컨설팅 영역

분 류	내 용	주요 서비스
戰略咨詢 (전략 컨설팅)	기업의 미래 발전 방향을 명확히 하도록 돕는 것, 즉 기업의 투자 방향설정을 돕는 것으로 어떻게 투자조합관리를 진행할 것인지,그리고 어떻게 다원화, 전문화된 투자 방향을 선택하여 경쟁력을 향상시킬 것인지를 제시	▷ 투자관리 ▷ 전략분석 ▷ 전략제정 및 선택 ▷ 전략계획, 실시지도
組織設計咨詢 (조직설계 컨설팅)	조직(구조)의 운용과 효율을 증대시켜 자원 분배의 효율성을 극대화 할 수 있도록 돕는 것	▷ 부문 설치 ▷ 직급 및 직능 설치 ▷ 종적 관리과정 설계 ▷ 횡적 업무흐름과정 설계
企業文化咨詢 (기업문화 컨설팅)	기업의 각종 제도, 행위 방식, 표시 등을 통하여 표출되는 유무형의 기업문화를 결합하여 기업의 가치관을 수립하는 것을 돕는 것	▷ 기업 제도, 행위규범, 기업의 로고(상징) 등의 수립
財務管理咨詢 (재무관리 컨설팅)	기업의 기본적인 재무시스템 수립을 돕는 것	▷ 예산관리 ▷ 자금관리 ▷ 재무분석
市場營銷咨詢 (마케팅 컨설팅)	제품의 선별, 목표시장의 정립, 가격, 판매경로, 마케팅 관리 정책 등의 문제를 해결	▷ 시장조사 ▷ 광고기획
人力資源管理咨詢 (인력자원관리 컨설팅)	기업의 완전한 직능 시스템의 수립을 돕는 것	▷ 직원교육 ▷ 채용(헤드헌팅) 서비스 ▷ 보수 및 업적심사 시스템 수립 ▷ 직업생활계획
信息化咨詢 (정보화 컨설팅)	기업 전략에 맞추어 기업의 정보화 목적 및 내용을 수립 실시하는 것	▷ 기업이 요구하는 관리 목적에 적합한 소프트웨어의 선택 ▷ 현재 시행하고 있는 관리 소프트웨어의 효율성을 향상시킬 수 있도록 관리구조 및 과정의 개선과 프로그램의 수정, 개발

출처 : 王璞 主編, 『在中國做管理咨詢』, 北京 : 機械工業出版社, 2003에 나타나있는 컨설팅 영역 인용

특히 중국계 기업의 컨설팅 수요 확대가 급속하게 이루어지고 있다. 이는 국유기업의 경우 시장경제 체제의 확산과 WTO 가입으로 인한 지속적 구조조정 압박을 받고 있으며, 주식제의 실행 및 투자 주체의 다원화 등이 적극적으로 추진되고 있기 때문이다. 중국 정부는 중대형 국유기업에 대한 규범적 회사제 개혁을 적극적으로 추진하고 있으며, 법인 관리 구조개선도 실행에 옮기고 있다. 국유기업은 그동안 정부의 비호 아래 독과점 상태에 있는 경우가 많았기 때문에, 업종 개혁의 추진 및 경쟁 메커니즘 도입에 박차를 가하고 있다. 중국 정부는 이러한 과정을 통해 국제 경쟁력을 지닌 대형 기업집단을 육성하고 국유 중소기업들의 민영화를 추진하려는 계획을 가지고 있다. 그러나 온실 속에서 성장한 중국의 국유기업은 스스로 국제경쟁력을 갖출 내부적 인재와 관리시스템을 구비하지 못하고 있다. 따라서 시장경제 속에서의 생존을 위한 다양한 컨설팅 기법을 매우 필요로 하고 있는 것이다(유인경, 2005:264~366).

③ 중국 컨설팅 시장의 특징과 문제점

현재 중국 컨설팅 시장에서 나타나고 있는 특징과 문제점은 다음의 몇 가지로 요약해 살펴볼 수 있다.

첫째, 중국 컨설팅 시장에서 나타나는 가장 큰 특징은 세계에서 유일하게 컨설팅 수요가 증가하는 시장이라는 점이다. Rolandberger의 보고서에 의하면 중국은 전 세계적인 컨설팅 경기의 저조 속에서도 최근 수년간 연평균 30% 이상의 종합 성장률을 기록하고 있는 유일한 시장이라고 강조한 바 있다. 특히 매년 새로운 컨설팅 수용기업의 증가율이 80%에 달하고 있기 때문에, 중국의 경제 잠재력을 감안할 때 무한한 시장 가능성을 가지고 있는 것으로 판단된다.

둘째, 중국 컨설팅 시장은 일부 중국계 컨설팅 업체들의 약진에도 불구하고 여전히 외국계 유명 컨설팅 회사가 컨설팅 기법의 우수성과 경험에 바탕을 둔 지명도를 이용하여 활발하게 영업 활동을 하고 있다는 점이다.

셋째, 정비되지 않은 과도한 컨설팅 업체가 난립하고 있다는 점이다. 정밀한 진단과 처방이 필요한 컨설팅업의 특성상 과도한 업체의 난립은 컨설팅의 품질과 수준을 저하시킬 수밖에 없다.

넷째, 전문 컨설턴트의 부족을 들 수 있다. 중국의 전문 컨설턴트들은 대부분 해외에서 MBA를 마치고 귀국한 중국인들과 해외 대형업체의 전문 컨설턴트들이 주류를 이룬다. 그러나 컨설팅 수요의 폭발적인 증가로 말미암아 근본적으로 전문 인력이 부족하며, 중국 내 경영대학들의 규범적이지 못한 교육을 통해 제대로 훈련받지 못한 컨설턴트들이 양산되는 악순환의 고리에 빠져 있다고 할 수 있다.

다섯째, 컨설팅에 대한 인식이 아직 전 산업계로 확산되어 있지 않다는 점이다. 선진국과 비교하면 중국 업체의 컨설팅 서비스 이용률은 아직 낮은 편이다.[10] 특히 대형 다국적기업과 대형 국유기업 및 일부 민영 기업만이 컨설팅 수용 의지가 있는 것으로 나타났다.

여섯째, 경영 컨설팅 분야가 점차 세분화되고 적어도 일반적인 전략 관리 단계를 지나 이제는 본격적인 운영 관리 컨설팅 수요가 증대되는 추세도 큰 특징 중의 하나이다.

마지막으로 역시 중국적 문화에 대한 이해의 어려움을 들 수 있다. 중국 사회가 소위 '꽌시(關係)' 문화로 이루어져 있음은 주지의 사실이다. 따라서 컨설팅 수주 등이 여전히 인맥에 의해 결정되는 분위기가 많으므로 외국계 기업들에게는 상당한 부담이 되고 있다(유인경, 2005:367~369).

---

10) 하지만 중국의 시장경쟁이 날로 치열해짐에 따라 경쟁력 강화를 위해 많은 업체에서 각종 컨설팅 서비스를 이용한 경영관리 시스템 보완과 원가 감소 노력을 하고 있으며, 서비스 이용 빈도는 계속 상승세를 지속하고 있다. 특히 경영 컨설팅 서비스의 주요 수요처가 평균이윤이 1억 위안을 초과하는 대기업인 것으로 알려지고 있다.

이상에서는 중국 컨설팅 시장의 현황과 특징에 대해서 살펴보았다. 즉 중국 컨설팅 시장의 현황과 주요기법 및 특징과 문제점에 대해서 알아보았다. 아래에서는 조선족으로서 상해에서 상해지역 한국투자기업을 대상으로 컨설팅업을 하고 있는 상해김금자기업관리컨설팅유한회사의 성공사례를 보고자 한다.

(2) 상해김금자기업관리컨설팅유한회사(컨설팅업 성공사례)

회사명	상해김금자기업관리 컨설팅유한회사	대표자명	김금자 사장(32세)
소재지	상해시 민행구 호중로 889호 2호루 3C	전화번호	(Tel) 021-6446-7186 (HP) 131-2256-1407
		E-mail	maria@jinjinzi.com
회사형태	독자기업(유한공사)	Homepage	www.jinjinzi.com
		업태 및 업종	서비스업(컨설팅)

자 본	창업자본금	50만 위안	지분현황
	자산총액	50만 위안	· 90% (김금자 사장) · 10% (이길분 : 시어머니)

종업원수	조선족	14 명	합계 (　　20　　명)
	한 족	6 명	

창 업		2004 년　3 월　9일		
연간매출액	2003년	2004년	2005년	2006년 판매목표
	-	100만 위안	300만 위안	600만 위안
사 훈	그 어떤 이유든 맡은 바 업무를 그르쳐서는 안된다.			

① 회사 개요

가) 회사 소개

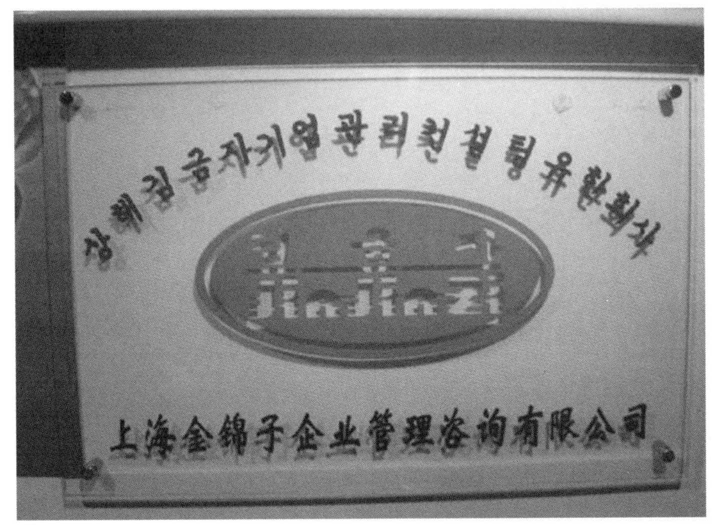

〈그림 Ⅲ-46〉 김금자기업관리컨설팅유한회사

상해 김금자기업관리컨설팅유한회사는 상해시 민행구 호중로에 위치하고 있으며 회사대표인 김금자 사장은 길림성 영길현 출신의 조선족이다. 이 회사는 2004년 3월 9일에 창업하였으며 현재 20여명의 직원이 근무하고 있다. 업무 범위는 회사설립, 기장대리, 세무신고, 회계감사, 세무컨설팅, 자산평가, 특허, 상표, 비자, 거류증 대행 등이다.

회사의 조직은 투자부와 회계부로 나뉘어 있으며 투자부에는 전문적인 법률과 경제지식을 소유한 전문가들이 중국 정부의 투자산업정책에 근거하여 외자기업이나 내자기업 설립에 대해 신속하고 자세하며 정확한 정보와 서비스를 제공한다.

또한 회계부에서는 3~15년의 경험을 갖고 있는 회계분야의 전문가들이 재무회계 소프트웨어를 이용하여 각 회사의 특징에 따라 자산관리와 합리적인 절세 등 최선의 방법을 선택하여 컨설팅 업체에게 양질의 회계·세무 서비스를 제공한다. 이 회사의 특징은 상해를 비롯한 중국진출 한국기업의 경영애로사항을 최선을 다해 해결해준다. 이 회사의 주된 컨설팅 내용은 아래와 같다.

회사설립, 변경, 말소	재무대행	기타 컨설팅
· 외자기업 설립 · 내자기업 설립 · 대표처 설립 · 상표, 특허 신청 · 수출입 경영권 신청 · 각종 서류작성 및 검토(정관, 사업타당성 보고서, 계약서 등) · 투자컨설팅	· 매월 기장대리 · 매월 세무신고 · 매월 수출환급 신고 · 일반과세자 자격 신청, 기업소득세 정산, 연합연검 · 재무제표 회계감사 · 자본금 혐자 · 자산평가 · 회사(투자환경)조사 · 재무, 세무 컨설팅(토요일 강좌 포함) · 회계자격증, 초급회계사에 대한 교육	· 비자신청, 연장 · 거류허가, 취업증 신청, 연장 · 토지, 공장매매 · 토지, 공장, 오피스텔 임대 · 공장, 오피스텔 인테리어 · 회계, 출납 추천 · 서류번역(한, 중, 일, 영) · 인사컨설팅

나) 대표이사 약력 및 사회활동

(가) 인적사항

〈그림 Ⅲ-47〉 김금자기업관리컨설팅유한회사 김금자 사장

(나) 약력

1974	길림성 영길현에서 출생
1990~1994	길림연합대학 길림시 회계학교 졸업
1995~1996	길림시 농기공사 근무(국영기업)
1996~1999	아성집단(조선족기업)
1999~2003	한국 3개 기업 근무(완구회사, 소프트웨어, 무역회사)
2004	상해 김금자기업관리컨설팅유한회사 창업

다) 회사 조직도

〈그림 Ⅲ-48〉 김금자기업관리컨설팅유한회사 직원 일동

(가) 회계부문 조직기구

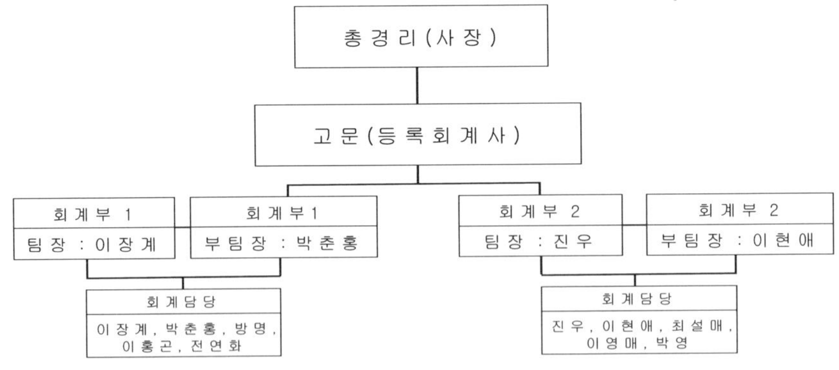

〈그림 Ⅲ-49〉 김금자기업관리컨설팅유한회사 회계부문 조직도

㉮ 회계업무 대행 및 재무컨설팅

회계업무 대행	재무 컨설팅
• 증빙서류 정리 • 계정과목 분개 • 장부 기입(총장부, 분개장부) • 재무제표(자산부채표, 손익계산서, 현금흐름표, 통계표 등) 작성 및 설명 • 세무제표(영업세, 부가가치세, 법인세, 개인소득세 등) 작성 및 신고 • 출납, 재고관리 업무에 소요되는 회계능력 인도 • 매달 당좌예금, 자산, 세무신고 등 실제와 확인하여 다음달로 즉시 재무조정	• 회계관리방법(현금, 원부자재, 반성품, 완제품, 원가계산, 거래처관리 등) • 세무처리방법(증치세, 영업세, 소비세, 관세, 수출퇴세, 개인소득세 등) • 합리적인 절세 방침(업무성질을 파악하여 적절하고 합리한 경영방법 도모) • 매주 토요일 회계강좌(내용은 매주 수요일까지 발표) • 인사관리방법(노동계약, 임금표, 채용, 해재 작성 및 관리 등) • 효율적인 경영관리방법 • 최신투자정책

㉯ 재무관련 견적서

〈표 Ⅲ-9〉 김금자기업관리컨설팅유한회사 재무관련 견적서

(단위 : 위안)

자산	50만~100만	100만~500만	500만~1,000만	1,000만 이상
법인 회계 대행/월	1,500~3,000	2,000~4,000	3,000~5,000	5,000이상
연합연검/년	1,500	2,000	2,000	3,000
법인세 정산/년	1,500	2,000	2,000	2,000
개인소득세 정산/년	무료	무료	무료	무료
일반과세자 연검/년	무료	무료	무료	무료
법인폐쇄정산	8,000	15,000	25,000	40,000
대표처폐쇄정산		10,000~20,000		
자산	50만~100만	100만~500만	500만~1,000만	1,000만~2,000만
회계감사/년	6,000	8,000	10,000	15,000
자산평가/번	0.6%	0.25%	0.25%	0.25%
자본금험자/번 (등록자본에 근거)	5,000	7,000	9,000	12,000
비용	10만 위안 미만	11만~20만	21만~30만	30만 이상
대표처 회계대행/월	1,000~1,500	1,500~2,000	2,000~3,000	3,000~5,000

수출액/월	100만위안 미만	101만~150만	151만~300만	301만 이상
수출환급 신고/월	1,000~1,500	1,500~2,000	2,000~3,000	3,000~5,000
서비스 기준	전화, 메일, 팩스 1년에 24번 초과하지 않음, 토요일 회계강좌 참가할 수 있음	첫 번째 기준 포함함과 동시에 1년에 방문수가 3번 초과하지 않음	첫 번째 기준 포함함과 동시에 1년에 방문수가 6번 초과하지 않음	첫 번째 기준 포함함과 동시에 1년에 방문수가 13번 초과하지 않음
기업관리컨설팅/년	4,000~8,000	8,000~16,000	16,000~24,000	24,000~46,000
보세구 영수증 발행 (50장 미만/월)	500원/월, 매 월 증가 20장에 100위안 추가			

(나) 투자부문 조직기구

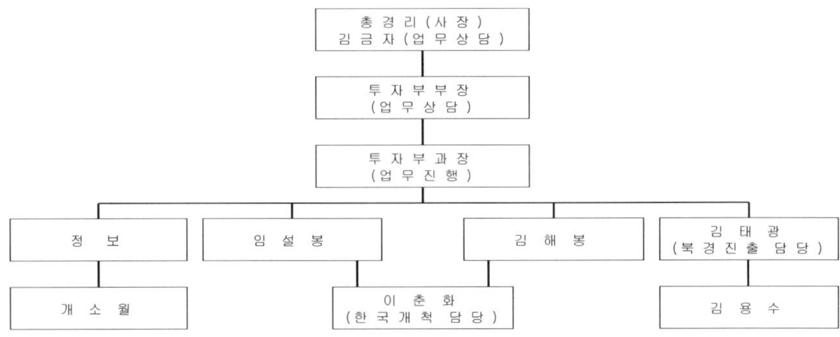

〈그림 Ⅲ-50〉 김금자기업관리컨설팅유한회사 투자부문 조직기구

라) 영업허가증 및 회원증서

〈그림 Ⅲ-51〉 김금자기업관리컨설팅유한회사 영업허가증 및 회원증서

② 경영자와의 인터뷰

가) 경영자의 개인적·사회적 배경

김 사장의 고향은 길림성 영길현이다. 김 사장의 할머니는 남한출신 (어느 지역인지 모름)이며 할아버지는 이북에서 오셨다는 것 이외에는 모른다. 학교는 영길현에서 다녔는데 즉 조선족학교인 초중을 졸업하고 중등전문학교인 4년제 길림연합대학 길림시 회계학교를 입학하였다. 그 당시에는 회계학교를 입학하는 것이 대학교에 입학하기보다 어려웠 다. 1990년도에 입학하여 1994년도에 졸업하였다.

길림시 회계학교를 졸업한 뒤 길림시 농기공사라는 국영기업에 배치 되었다. 농기공사에서는 1년 정도 근무하였으며 그 후 조선족기업체인 아성집단에 입사하여 심천, 해구, 연길, 무한 등에서 근무를 하였다. 아 성집단에서는 1996년도에 입사하여 4년 정도 근무한 뒤 1999년도 여름 에 퇴사하였는데 이유는 아성집단이 부도가 나서 더 이상 회사를 다닐 수 없었기 때문이다.

그 후에는 상해로 진출하여 한국기업의 회계, 인사관리 분야로 취직 했다. 상해에서는 3개 업체에서 근무를 했었는데 처음엔 한국투자기업 인 완구회사에서 근무하였으며 두 번째 기업은 소프트웨어 회사에서 그리고 마지막으로 상해진출 한국기업인 무역회사에서 근무를 하였다. 즉 1999년도에 상해에 진출하여 2003년도까지 상해에 진출한 한국투자기업에 근무한 셈이다.

나) 사업동기 및 회사의 발전과정

김 사장은 그동안 근무하던 회사를 퇴사한 후 2004년 1월에 컨설팅 회사를 창업하였는데 창업 동기는 평범한 일상을 탈피하기 위해서라고 한다. 즉 김 사장은 대학시절 학교성적이 최우등생이었던 관계로 자부심도 있으며 대학을 졸업 후 여러 기업체에서 다년간 많은 경험을 쌓았고 또한 기업컨설팅에 대한 나름대로의 자신감이 있었기 때문이다. 정식으로 창업하게 된 날짜는 2004년 3월 9일이다.

처음 창업할 당시에는 직원 2명으로 시작하였는데 현재는 20명이고 사무실 이전만도 한해 평균 3~4번 했다. 이사를 자주한 이유는 직원들이 계속 늘어나니까 사무실 공간이 협소해서이고 또한 컨설팅 고객들에게 좀 더 나은 서비스를 위한 이미지 개선 차원이다. 아울러 이사를 자주하는 것은 계속된 확장과 발전의 의미로 볼 수도 있다고 한다.

거래처의 확장은 신문이나 잡지 또는 인터넷 사이트를 통한 매체들의 활용에 의해 많은 효과를 보았으며 또한 고객들의 구전을 통한 홍보 효과도 괜찮았던 것 같다고 한다. 지금은 회사경영상태가 비교적 안정됐다고 생각한다. 하지만 컨설팅 분야에서는 회계나 세무 등 법이나 제도가 워낙 자주 바뀌고 업무내용도 많기 때문에 한순간도 마음을 놓을 수 없다고 한다.

Q : 컨설팅의 주된 서비스 대상기업체는 어디인가요?

A : "컨설팅의 주된 대상기업체는 상해나 주변에 진출한 한국기업체가 주요고객이고, 그 다음이 일본기업체이다. 현재 한국기업체는 약 200업체 정도를 컨설팅했고 지금도 하고 있으며 일본기업체는 아직 10개도 안 된다. 또한 중국기업체, 즉 한족이나 조선족기업체는 거의 없다. 단지 조선족 친구회사 1~2개 정도 컨설팅을

할 뿐이다. 한국업체를 주된 대상으로 하는 이유는 한국기업이 여기서는 외국기업이라 본인들도 법률 쪽으로 알고 싶어하고 중국 당국에서도 관리를 강하게 하기 때문이다. 중국에 다른 중국 컨설팅업체가 많지만 한국기업들이 굳이 나를 찾는 이유는 일단 언어가 통하고 단기적으로 법인 설립만이 목적이 아니며 장기적으로 세법이나 기업관리 분야로 컨설팅을 해주기 때문이다."

다) 경영자의 가치관과 기업문화

김금자 사장은 향후 회사가 지속적으로 성장하면 회사직원들과 거래처에 최상의 서비스를 제공할 것을 다짐한다. 그러나 현재는 창업한 지 얼마 되지 않아서 회사직원들이나 거래처에 실질적인 많은 도움은 주지 못한다. 또한 기업문화도 향후 어떻게 하겠다는 계획만 있을 뿐 아직까지 구체적인 계획은 없다고 한다.

김금자 사장의 말, "직원들에게 잘 해주고 싶고 직원들의 생활 수준이 중류층에 빨리 들어가도록 도와주고 싶다. 또 어렵고 곤란한 상황에 있는 회원업체들을 돕고 싶다. 그리하여 회원업체들이 자기 분야의 최고 업체가 되도록 노력할 것이다. 직원들의 기업문화 쪽으로는 향후 회식이나 독서회, 운동회 등을 주기적으로 할 생각이며 앞으로 전체회의도 자주 가질 생각이다."

라) 회사의 강점과 약점은

Q : 회사의 강점과 약점은?

A : "우리 회사만의 강점이라면 맡은 업무를 책임성 있게 깐깐하게 해주는 것이다. 우리 회사는 직원 한 사람이 담당하는 기업이 10개를 못 넘게 한다. 10개가 넘어가게 되면 문제가 생긴다. 현재는 직원 1인당 8개 정도의 기업을 맡고 있는데 이 수를 초과하게 되면 직원을 더 채용해야 한다. 저희 회사의 거래처 기업들은 국세청에서 날마다 세무조사가 나와도 걱정이 없을 정도로 투명하게 관리를 해준다.

저희 회사만의 약점 또는 보완점이라면 창업연도가 길지 않고 회사 규모가 적다는 것이다. 그렇기 때문에 앞으로 계속적으로 내부의 인적 관리와 외부의 고객관리에 많은 관심을 가지고 보완해 나갈 생각이다."

마) 거래업체에 대한 고객만족 서비스

김금자 사장은 거래업체에 대한 서비스를 거래처를 직접 방문하여 서비스해주는 것을 원칙으로 삼고 있다. 또한 전화로 문의가 들어오면 이메일이나 팩스로 서비스를 해주며 항상 법률에 근거한 양질의 서비스를 해주는데 최선을 다한다. 또 회사 자체적으로 매월 발행하는 월보를 통하여 생활서비스를 하고 있으며 회사에서 필요한 때 수시로 회원사를 대상으로만 세미나를 함으로써 고객서비스에 최선을 다하고 있다고 한다.

〈그림 Ⅲ-52〉 김금자기업관리컨설팅유한회사 월간

바) 기업의 성장전략

Q : 회사의 향후 성장전략은?

A : "상해에 일본기업체가 많이 진출해 있기 때문에 향후 일본기업체를 거래처로 확보하는 데 중점을 둘 것이다. 과거에 일본업체를 거래처로 확보하기 위해서 6개월 동안이나 잡지 등 언론매체에 홍보를 했었는데 효과가 없었다. 따라서 향후에는 지속적인 광고 홍보와 아울러 그동안의 컨설팅 업적으로 시장을 확대해 나갈 계획이다. 일본기업체를 거래처로 확보하기 위한 방안으로서는 첫째 언어문제를 해결하기 위해서 일본어 통역을 잘하는 직원 2명을 채용했으며 둘째로 가격차별화 전략이다. 즉 상해지역에서 일본기업을 컨설팅 해주는 일본에서 진출한 컨설팅업체들은 컨설팅 수임료가 한국업체에 비하여 더 비싸다. 따라서 일본업체에게도 가격은 한국업체와 동등하게 해주며 서비스는 양질의 컨설팅 서비스를 해줄 계획이다. 그러기 위해서 조만간에 직원을 더 채용하고 넓은 사무실 공간을 확보할 계획이다."

③ 김금자기업관리컨설팅유한회사 네트워크 구축 분석 및 시사점

가) 중국내외 기업 및 단체와의 네트워크 구축 현황

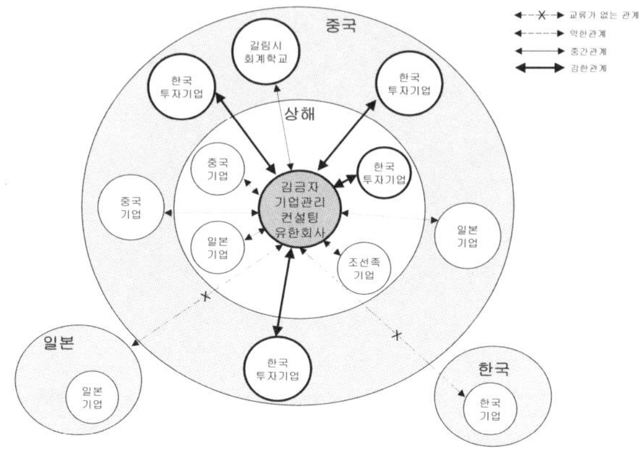

〈그림 Ⅲ-53〉 중국내외 기업 및 단체와의 네트워크 구축 현황

나) 네트워크 구축 분석 및 시사점

상해 조선족기업인 김금자기업관리컨설팅유한회사는 창업한 지 햇수로 3년밖에 되지 않지만 의욕적으로 성장하고 있는 컨설팅전문기업이다. 특히 김금자 사장은 상해 조선족기업인 중에서도 젊고 꿈과 비전을 가지고 있는 기업인이다. 김금자 사장은 원래 길림시 회계학교를 졸업한 회계학 전공자로서 다년간 중국기업과 조선족기업 그리고 중국진출 한국기업에서 회계와 경리 업무로 많은 경험을 쌓았다.

이 회사의 주 고객은 상해나 주변에 진출한 한국업체이며 이들 업체와는 '강한 네트워크 관계'를 구축하고 있으며 지금까지 약 200여개 업체를 컨설팅한 경험이 있다. 다음으로는 상해에 진출한 일본 기업체이다. 이들과는 '중간 네트워크 관계'를 구축하고 있다. 조선족기업체는 단지 1~2개 정도의 회사만이 컨설팅을 함으로써 비교적 '약한 네트워크 관계'를 구축하고 있다. 현재 이 회사는 한국에 있는 한국기업체나 일본에 있는 일본기업체와는 아무런 네트워크 관계를 구축하고 있지 않으나 향후 진출할 계획을 하고 있다.

지금까지 중국 5개 지역 즉 연변, 심양, 북경, 청도, 상해 지역에서 비교적 성공한 5개의 조선족 기업의 사례를 통하여 성공요인과 기업네트워크 그리고 시사점을 살펴보았다. 아래에서는 조선족 기업과 한국기업 및 중국 기업과의 합자를 통하여 기업경영에 실패한 사례를 살펴보고 실패로부터 교훈을 얻고자 한다.

2. 조선족기업의 네트워크 실패사례

1) 기업 실패의 의미

흔히 기업 실패를 도산이라고 한다. 도대체 도산이란 무엇인가? 도산이란 글자 그대로 회사가 쓰러지는 것이다. 기업이 재산을 잃고 망하는 것이다. 한편 기업이 경제계에서 퇴출되는 현상이기도 하다. 도산은 그야말로 기업의 비극적 종말인데 개별 기업의 문제뿐만 아닌 국민경제가 파탄에 이르는 사회적 문제이기도 하기에 실로 심각한 것이다.

미국의 신용조사기관인 던 앤 브랫스트릿(Dun&Bradstreet : D&B)은 해마다 실패율을 발표하는데, 1982년엔 매 45분에 하나 꼴로 기업실패가 일어났을 정도로 도산이 흔하였다고 한다. 한국 역시 심할 때는 하루 50여 개 업체가 도산하리만치 도산은 흔히 겪는 경제현상으로 알려졌다. 한 예로 95년 1/4분기에는 신설법인이 3,000개에 부도는 662개로 20%가 부도였다.

실패한 기업 중에서 가장 많은 비중을 차지하는 중소기업의 실패는 크게, 자본 부족과 재무 통제나 회계 정보의 부족, 그리고 경영기술과 경험 부족, 변화에 대응하는 능력 부족이다. 보다 구체적으로는 무리한 과잉 투자와 승부를 건 신제품 개발의 실패 및 관련 거래업체의 부도, 정치 참여와 같은 경영자의 외도, 가정불화와 경영자의 발병, 자동화 설비의 과잉 투자, 주먹구구식 자금관리 등이다.

D&B는 회사가 파산하거나, 회사의 자산을 처분해 채권자에게 분배하거나, 회사의 갱생, 채권자의 모든 청구권에 대처하지 못해 영업을 종료할 때를 실패로 규정한다. 기업실패 하면 으레 부도만 연상하지만 폐업, 전업 및 경영권 위양도 모두 포함된다. 보통 은행 거래가 정지되거나 회사정리법에 의해 법정관리에 들어간 기업 또는 다른 회사에 흡수 합병되거나 경영권의 교체도 도산으로 볼 수 있다.

어쨌거나 기업실패는 불가피한 현상이 아니며 약간의 통찰력과 어느 정도의 상식만 있으면 그 방지가 가능하다. 성공을 다룬 수많은 경영서적엔 실패를 피하려는 데는 관심이 없다. 한결같이 성공한 자, 축배를 드는 자만의 이야기일 뿐 지피지기와 같이 성공의 반대편인 실패를 알아 이를 예방하려는 지혜를 찾아보기가 어렵다. 마치 예방의학이 의학에서 절대적이듯이 경영도 예방경영이라 할까, 실패경영이라 할 분야를 심도 있게 연구할 필요가 있는 것이다(정헌석, 2000:13~16).

아래에서는 중국 조선족기업을 대상으로 한 네트워크 형태에 따른 기업실패를 5가지 유형별로 분석하여 시사점을 도출하고자 한다.

2) 네트워크 형태에 따른 기업실패의 유형

(1) 조선족기업과 한국기업

사례 1 **D재생자원유한공사(중외합자기업의 지분양도 실패)**

창업일	2003년 11월	소재지	요녕성 심양시
업종(품목)	제조업 (폐지수집)	투자형태	조선족기업과 한국기업(합자)
투자금액	자본금(1백5십만 위안) · 조선족기업(1백만 위안) · 한국기업(5십만 위안)	종업원수 20명	· 조선족 9명 · 한국인 1명 · 한 족 10명
실패원인	· 합자계약에 따른 법률규정의 준비 소홀 · 합자계약 당시 합자상대 투자자의 사업파트너로서의 적합성 여부 판단 부족		

① 중국의 자원 재활용 산업

'9·5' 기간 중국의 공업 폐기물 재활용액이 150억 달러로 연평균 16.4% 증가됐다. 현재 공업폐기물의 연간 생산량은 약 7억 8천만 톤으로 누계량은 70억 톤 이상이다. 매년 버려지는 고체 폐기물 가치는 36억 3,500만 달러에 달하고 있다. 폐지의 경우 2001년 수입액이 전년대비 72.9% 증가된 642만 톤(6억 5,900만 달러)에 달했다.

중국은 정부 차원에서 재생자원 회수이용 '10·5' 발전 계획을 발표해 폐기물 처리 산업화와 폐기물의 재활용을 추진하고 있다. 이 계획에 따르면 폐기물 회수량은 고철(3,000~3,700만 톤), 유색금속(200만 톤), 폐지(1,700만 톤), 폐차량(80만 대), 선박은(100만 톤), 폐기 컴퓨터의 회수량은 총 회수량의 80% 이상에 달할 것이라고 전망된다. 이를 위해 중국은 자원 재활용을 위해 재생자원가공 시설과 기지의 건설을 추진하고 재생자원 회수기지와 규범화된 재생자원 교역시장을 세우며, 선진 관리수준의 폐기 가전, 컴퓨터, 차량 회수센터 설립을 계획하고 있다.

상해시는 재생자원 재활용에 대한 조치로 오염수, 대기, 고체폐기물, 녹화사업과 주요 공업구 등 5개 영역에서 환경보호사업을 활발히 추진하고 있다. 상해시는 2000년 6월부터 1,294개 아파트 구역(小區)과 95만 5,000호 주민에 대해 생활쓰레기를 유해물질, 유기물, 마른 쓰레기로 분리해 수거하도록 하고 있다.

현재 상해에서 '폐기물을 보물로 만들고 쓰레기를 천금으로 가공'하는 환경 및 자원 재활용산업은 정보통신(IT)산업 이후의 '제5산업'으로 부상되고 있다. 2005년이면 상해시 환경보호 산업총액은 48억 3,300만 달러에 달할 것이고 2015년이면 120억 8,000만 달러를 기록할 것으로 전망된다. 상해시의 경우 폐지회수 이용종합 가공공장을 설립했다(동북아정보문화센타 2003:912).

아래에서는 조선족기업과 한국기업이 합자하여 폐지를 재생하는 폐지사업을 하다가 실패한 사례를 보기로 한다.

② 심양 D재생자원유한공사의 지분양도 실패

가) 사업 동기

한국인 이 사장은 제지기계 부품 제조업을 30여 년간 경영한 경험을 바탕으로 중국에 진출하여 제지공장을 창업하고자 계획하였으며 이를 실행하기 위하여 시장조사차 중국을 자주 왕래하였고 사업 또한 하나하나 진행하고 있었다. 이 과정에서 이 사장은 조선족인 김씨를 만나게 되었으며 김씨는 이 사장이 중국에 진출하는 데 도움이 되는 통역 및 제반업무 등을 최선을 다해 도왔다.

한국인 이 사장과 조선족 통역인 김씨는 이런 인연으로 만나서 서로 협조함으로써 한국제지업의 중국진출을 진행하였으며 이 과정에서 김씨 또한 한국을 여러 번 방문하였다. 김씨가 한국을 방문할 때마다 이사장은 김씨에게 자기를 헌신적으로 도와줘서 고맙다는 말과 함께 그에 대한 보답으로 중국에 투자하는 제지공장이 가동되면 제지공장에 소요되는 폐지사업이 아주 전망이 있는 사업이니 자기와 같이 합자를 하여 사업을 해보면 어떻겠느냐고 권유하면서 의사를 타진하였다.

중국에서 폐지사업을 같이 합자하자는 이 사장의 권유에 조선족 김씨는 감격했으며 그 길로 중국에서의 폐지사업이 과연 전망이 있는 사업인지 시장조사를 해본 결과 전망이 매우 밝음을 확신하고 조선족 김씨는 이사장과의 합자를 하기로 결심하고 사업을 하는데 필요한 자금 마련에 들어갔다. 폐지사업 합자에 필요한 자본금을 어떤 식으로 분담할 것인지에 대하여 이사장과 의논한 결과 합의를 보았다. 즉 이사장은 합자회사가 설립이 되면 운영자금을 50만 위안을 투자하기로 하고 조선족 김씨는 회사설립 및 장소임차 등의 비용으로 먼저 50만 위안을 투자하기로 합의하였다.

조선족 김씨는 주위의 친인척과 친구 등으로부터 50만 위안의 자금을 모아 건물 및 공장을 임차하고 직원 등 생산에 투입할 근로자들을 모집하여 드디어 2003년 11월에 D재생자원유한공사를 설립하기에 이르렀다. 회사의 동사장은 한국 측 이사장이 맡고 총경리는 조선족 김씨가 맡아서 회사로서의 체계를 잡아갔다.

나) 경영자의 개인적·사회적 배경

이사장은 제지기계 부품제조업을 30여 년간이나 경영해본 경험이 있는 제지기계 부품제조업계의 배테랑으로서 70세의 고령이다. 현재는 한국 서울특별시에 제지공장을 설립하여 운영 중이었고 이 사장과 같이 합자한 조선족 김씨는 그동안 중국 정부의 공무원으로 근무하다가 퇴직하여 주로 한국기업인을 상대로 통역 등을 맡았던 전직 퇴직 공무원 출신으로서 비교적 순수한 사람이었다.

다) 회사의 사업연혁 및 경영활동 과정

조선족 김씨는 50만 위안의 자금을 투자하여 2003년 11월에 D재생자원유한공사를 설립하고 사무실을 임차하고 거래처를 확보하였으며 직원까지 모집을 완료하는 등 회사운영을 위한 제반 준비를 다 마친 상태였으나 정작 합자를 제의하고 회사운영에 필요한 자금 50만 위안을 투자하기로 약속한 이사장은 조선족 김씨가 회사운영을 위한 만반의 준비를 다 갖춘 상황에서도 운영자금 투자는커녕 아무런 반응도 보이지를 않았다.

라) 기업경영상의 애로사항 및 회사의 약점과 강점

회사의 경영활동이 시작되면 확보된 거래처에서 폐지를 수집하여 이사장이 중국에 설립한 제지공장에 납품하면 된다는 생각에 회사경영에 대한 생각은 별다른 어려움을 느끼지 않은 상태였으나 단지 한국측 이사장이 투자하기로 한 운영자금 50만 위안이 투자가 되지 않은 상태라 경제적으로 애로점이 있었다. 그러나 제지공장에의 투자로 인해 자금사정이 좋지 않아서 그럴 것이라고 이해하고 있는 상태였다.

D재생자원유한공사의 강점을 굳이 든다면 회사운영을 위한 인적구성과 폐지수집 거래처 확보 및 폐지납품업체가 확정되어 있다는 것이었고 약점은 합자 파트너인 이 사장의 자금사정이 좋지 않아서 투자하기로 한 운영자금의 유인이 불투명한 상태에 있다는 것이다.

마) 기업의 경영전략

D재생자원유한공사의 경영전략은 확보된 거래처에서 폐지를 수집하고 전량을 이 사장이 설립한 제지공장에 납품한다는 계획이기 때문에 회사경영에 대한 특별한 전략을 세우거나 생각하지 않았다.

바) 경영자의 실패의 원인 및 철수과정

(가) 경영실패의 원인

그동안 중국에 투자를 진행 중이던 이 사장의 제지공장은 중방 측과 설비투자 문제로 시비가 일어나 더 이상 진행이 안 된 상태였고 이로 인해 이사장이 은행대출을 통해 자금을 조달하겠다던 약속도 차질이 생겼다. 설상가상으로 제지공장이 가동되면 납품을 약속했던 폐지도 이 사장이 운영자금 50만 위안 투자에 대한 약속을 이행하지 않고 날짜만 차일피일 미뤘을 뿐만 아니라 나중에 밝혀진 사실에 의하면 제지공장에 납품을 약속했던 폐지도 이 사장의 아들이 직접 납품하기 시작했다는 것을 알게 되었다.

조선족 김씨는 이 사장과의 그동안의 정황을 냉철하게 판단해본 결과 한국인 이 사장이 더 이상 사업파트너로서 적합하지 못하다는 판단 하에 그동안 투자했던 자금의 회수와 철수를 결심하게 되었다. 사실상 조선족 김씨는 이 사장의 말만을 믿고 친인척으로부터 50만 위안의 자금을 동원하여 D재생자원유한공사라는 회사까지 설립한 상태였으나 이 사장의 제지공장에 단 1톤의 폐지도 납품해보지 못한 상태에서 철수를 결심하게 된 것이다.

(나) 철수과정 및 결과

먼저 한국 측 이사장과 조선족 김씨 간의 중외합자 D재생자원유한공사에 대한 계약 규정을 보면 다음과 같다.

중외합자 D재생자원유한공사 계약규정에 의하면 합자기업의 납입자본은 100만 위안이며 이 사장과 김씨 쌍방은 각각 50%씩 출자하기로 하였다. 합자기업의 설립 이후 투자자 쌍방은 기한에 맞추어 투자를 완료하기로 하였으며 합자기업의 경영과정 중 기업의 모든 경영권은 총경리를 맡기로 한 조선족 김씨가 가지기로 쌍방이 약속하였고 한국인 이 사장은 동사장으로서 사실상 D재생자원유한공사의 경영을 돕는 후견인 역할을 하기로 했던 것이다.

그러나 한국 측 이 사장은 운영자금 50만 위안을 투자하기로 한 합자계약의 이행요건을 지키지 않았을 뿐만 아니라 이 사장이 설립한 제지공장의 폐지납품마저도 조선족 김씨가 아닌 이 사장 아들에게 줌으로써 김씨의 입장에서는 더 이상 D재생자원유한공사의 경영을 이행해 나갈 수 없을 것이라는 판단 하에 회사의 청산을 결심하게 된 것이다.

그 후 조선족 김씨와 이 사장 간에 여러 차례의 협상을 거쳐 결국 조선족 김씨가 가진 합자기업의 모든 지분을 한국 측 이 사장이 양수하기로 합의하기에 이르렀다. 그러나 한국 측 이 사장은 조선족 김씨에게 지불하기로 약속한 지분양수금액을 차일피일 시간을 미루며 지불하지 않자 조선족 김씨는 법원에 중재요청을 하였다.

즉 조선족 김씨는 한국 측 이 사장이 지분양수금액 전체를 자신에게 지불하고 또한 그동안 회사를 설립하고 경영을 하는 과정에서 이사장이 약속을 이행하지 않음으로써 자신에게 입힌 손실을 배상할 것을 정식으로 법원에 소송을 제기하였다.

중재법정에서는 조선족 김씨의 소송 건에 대하여 '조선족 김씨와 한국 측 이 사장 간의 지분 양수도가 합자기업의 원 비준기관의 승인을 얻어야 하는 규정을 위반한 것'으로 동계약을 무효로 판결하고 조선족 김씨의 중재요구를 기각하였다.

사) 분석과 교훈

(가) 분석

이 사건의 주요 법률문제는 중외합자경영기업의 지분양수도와 관련하여 어떠한 법률적 조건을 충족시켜야 하는가에 대한 것이다. 아래에서는 '중외합자기업'의 정의와 합자기업을 경영할 때 또는 지분을 양수도할 때 투자자 쌍방이 반드시 알아두어야 할 법률규정을 보도록 하겠다.

- '중외합자기업'은 중국 정부의 비준에 의하여 중국의 주권 영토 내에 설립된 기업으로 외국의 개인, 기업 혹은 기타 경제주체와 중국의 개인, 기업 혹은 기타 경제주체가 공동으로 투자하여 공동관리, 공동분배 그리고 공동책임을 지는 주식형 기업이다.
- 합자기업의 형식은 유한책임회사로 중국 법인이며 합자기업의 각 투자자는 자신의 요청에 의하여 합자기업의 지분전체 혹은 일부

를 양도할 수 있으며 이 지분은 합자기업의 다른 투자자 혹은 제3
자에게 양도될 수 있다.

- 투자자의 지분양도는 반드시 법률에 부합하여야 하는 강제규정으
로 그렇지 않을 경우 무효가 된다.

〈참　　고〉

〔중화인민공화국 중외합자 경영기업법 실시 조례〕 제 20조 규정을 보면 합영 일방은 제3자에게
지분의 전체 혹은 일부를 양도할 수 있으며 반드시 다른 투자자의 동의를 얻어 원비준기구에
승인을 받아야 한다. 또한 동기관리기구에 등기수속 신청을 하여야 한다.
합영 일방이 지분의 전체 또는 일부를 양도할 경우 다른 일방이 우선구매권을 갖는다. 합영
일방이 제3자에게 제공하는 지분양도조건이 합영 타일방의 양도조건보다 더 나을 수는 없다.
이 규정을 어기게 될 경우 그 지분양도는 무효가 된다.

위의 규정에 따르면 중외합자기업의 지분양도는 다음과 같은 순서에
의하여 몇 가지 조건을 충족시켜야 한다.

우선적으로 이사회의 결의와 파트너의 동의를 거쳐야 한다. 즉 우선
적으로 파트너가 지분을 양수하고 만약, 파트너가 인수를 포기할 시 제
3자에게 지분을 인도한다. 추후 인가기관의 인가를 얻은 후 지분을 철
수하게 된다. 법률적인 조건으로 우선 지분양도는 파트너의 동의, 원 투
자준비기관의 허가, 파트너 우선인수권이 지분양수도의 기본조건이 된
다. 이러한 3가지 조건을 충족하지 못할 경우 법률적으로 무효가 된다.

이 사례의 경우 조선족 김씨는 한국 측 이 사장의 동의를 얻었지만
인가기관의 승인과 등기수속을 하지 않아서 법률적으로 무효가 된다.

중국의 경우 합자회사의 지분양도과정에서 가장 문제가 되는 것이 양
수도 쌍방이 계약을 체결하였으나 아직 비준을 받지 못하였을 경우에
양도계약의 효력이 어떠하며 어떻게 양도계약을 이행시킬 것인가이다.

지분양도 시 중국 법률이 규정한 지분양도 절차를 준수하고 지분양
도 계약을 체결하면서 양도금의 대부분을 먼저 받아 놓아야 한다. 이러

한 조건이 충족되기 전에는 회사의 지분을 미리 넘겨주어서는 안 되며 지분양도 전에 법률적으로 규정한 절차를 준수하기 위한 서류를 완벽히 준비하는 것이 필요하다.

통상적으로 원 비준기관의 승인은 최소한 1개월에서 1년 이상까지 장기간이 소요되는 점을 감안하여 양수도계약 무효주장의 경우에 대하여 사전준비가 필수적이다.

(나) 교훈

이 사례에서 보았던 바와 같이 합자계약을 통하여 기업을 경영하고자 할 때에는 사전에 관련되는 법규정을 철저하게 숙지한 후 만일의 사태에 대비하는 지혜가 필요하다. 특히 조선족 김씨와 합자를 하는 상대방은 한국인 이 사장이므로 외국인과 합자를 할 경우 중국의 법률에 어떤 규정이 있는가와 만약 철수나 청산을 통하여 회사의 지분이나 재산을 양수도할 경우 어떠한 법적 절차를 거쳐야 하는지 철저하게 알아보고 준비를 했어야 옳다.

위 사례의 실패원인을 보면 한국기업의 외형만 보고 인정에 끌려 속단하고 한국 측과 합자계약만 했을 뿐 한국 측의 지분에 대한 투자 없이 조선족 김씨가 먼저 성급히 투자를 한 점도 실패의 한 원인이었다.

사례 2　A전기장판유한공사(판매관리 부실로 인한 실패)

창업일	2000년 7월	소재지	요녕성 영구시	
업종(품목)	판매업 (전기장판)	투자형태	조선족기업과 한국기업(합자)	
투자금액	자본금(30만 달러) · 조선족기업(15만 달러) · 한국기업(15만 달러)	종업원수	310명	· 조선족 30명 · 한국인 8명 · 한　족 272명
실패원인	· 매출을 신장시키기 위한 방법으로 대리상에 과도한 외상매출금을 발생시키고 결국 회수하지 못함으로써 자금사정 악화로 도산			

① 중국 내수시장에서의 매출채권의 회수

중국 내수시장 판매에 있어서 매출액 확대 못지 않게 중요한 것이 매출채권의 회수이다. 아무리 판매를 많이 한다 할지라도 외상매출금을 제때 회수하지 못하면, 현금흐름이 악화될 수 있기 때문이다. 실제로 일본, 한국 등 외자기업들은 대부분 매출채권 회수문제 때문에 골치를 앓고 있으며, 일부 중소기업은 외상판매대금 때문에 도산한 경우도 있다.

중국에서 외상매출이 불량채권화되는 데는 여러 가지 원인이 있다. 첫째, 상도의가 부족하다는 점이다. 중국의 거래선들은 돈이 없어서 결제를 못하는 경우도 있지만, '돈이 생길 때까지는 외상대금을 갚지 않아도 된다.' 혹은 '돈이 있더라도 최대한 결제대금납입을 미루는 것이 이익이다.'라는 생각을 갖고 있는 경우가 많다. 둘째, 일부기업은 유행상품의 변화, 경쟁자의 등장 등 시장경쟁 환경의 빠른 변화에 잘 적응하지 못해서, 재고상품 누적이나 자금 압박 등으로 인해 현금흐름이 나빠져 외상매출금을 못 갚는 경우도 있다. 셋째, 국유기업 개혁이나 기업그룹 계열사의 재편성 또는 합병, 분사화 등에 따라 채권이 이전·소멸되는 경우도 있다.

마지막으로, 중국의 신용정보·평가시스템, 은행 결제시스템, 어음·수표제도, 관련 법규, 지역별 상관습에 대한 이해가 부족하여 외자기업이 매출채권 회수시 시행착오를 범하는 경우도 있다. 정보 부족의 상황하에서 상대방의 명함과 말만 믿고 거래처의 재무·신용상태를 제대로 파악하지 못한 채 계약을 맺는 경우이다.

그러면, 채권 회수를 담당하는 부서에는 어떤 사람을 임명해야 하는가? 중국 현지 채용인의 경우, 아주 믿을 만한 사람으로 임명하고 가급적 복수로 임명하여 서로 감시·견제하게 하는 것이 좋다. 채권회수 담당자가 대금회수 과정에서 부패·비리에 연루되거나 회수대금을 착복·유용·횡령하는 경우가 너무 많기 때문이다. 또 자칫 잘못하면 기업 이익을 위해 일하는 것이 아니라 대리상이나 납품업체의 대변인·

하수인 역할을 하는 경우가 있고, 사적인 이익을 위해 이들과 밀실담합을 하거나 회사출장비와 시간을 낭비하거나 가짜 영수증을 써서 출장비를 과대계상하는 경우도 많다. 그렇다고 부패나 비리가 무서워 계속 본사 직원에만 의존할 경우에는, 채권 회수비용이 증가하고 장기적으로 판매관리의 현지화에도 장애가 될 수 있다.

이 같은 상황 하에서 중장기적으로 지속가능한 대안은 신원이 확실하고 도덕적인 중국인 직원을 여러 명 뽑아 철저히 교육·훈련시킨 다음, 채권회수업무를 담당하게 하는 것이다. 상하이 제일백화점의 소유자인 '이바이'(一百) 그룹과 합자하고 외자업체로서는 최초로 중국내 도매업 허가를 받은 일본 마루베니(丸紅)상사도 다양한 채권회수 시스템을 시도해봤지만, 결국은 믿을 만한 중국인에 맡기는 방법이 가장 효율적인 것으로 판명하였다. 따라서 현지 직원들을 채용·훈련시켜 채권회수를 담당케 하되 2명 이상을 임명하여, 상호 감시·견제하고 적절한 인센티브와 징벌기제를 주어 사리를 도모하지 않도록 유도하는 것이 좋을 것이다(김익수, 2004:698~699).

아래에서는 조선족기업과 한국기업 합자회사인 영구 A전기장판유한공사의 판매관리 실패과정을 보기로 한다.

② 영구 A전기장판 유한공사의 판매관리 실패과정

가) 사업 동기

김씨는 한국에서 소위 잘나간다는 대기업체에서 차장까지 지낸 후 IMF 경제위기 때 '위기는 기회'라는 확신을 갖고 회사를 퇴사한 뒤 중국에 진출하여 사업을 해보기로 결심을 하고 우리 동포인 조선족이 많이 거주하고 있는 동북 지역에 진출하여 전기장판 보따리상을 시작했다. 판매를 시작한 이후 열심히 노력하고 성실하게 고객관리를 한 결과 전기장판의 매출액은 점점 늘어갔다. 이렇게 중국 동북 지역에서 전기장판 판매상을 하면서 조선족인 서 사장을 알게 되었다. 김씨는 조선족인 서 사장과 친밀하게 지냈는데 서 사장은 동북 지역이 고향이고 어렸을 적부터 자란 지역인데다가 성격이 활달하여 주위 사람들과의 친화력이 뛰어났으며 특히 지방 정부의 고위관리들과 특별한 교분관계가 있었다.

그 후 김씨와 조선족인 서 사장은 의기투합하여 그동안의 경험을 살려서 회사를 설립하자는 약속을 하기에 이르렀다. 초기자본금을 30만 달러로 책정했으며 김씨와 서 사장이 각각 15만 달러씩 투자하여 2000년 7월에 A전기장판 유한공사를 설립하고 김씨는 동사장을 맡고, 서 사장은 총경리를 맡아서 회사를 경영하기에 이르렀다.

나) 경영자의 개인적·사회적 배경

한국인 김씨는 영업에 대한 경험이 전무한 한국 대기업의 봉급생활자였던 평범한 기획담당 차장 출신이었고, 조선족인 서씨는 비록 고졸 학력으로 도매시장에서 전기장판 등 전기제품을 도소매하는 소상인이었지만 통이 크고 지방정부 고위층과 많은 교분이 있었다.

다) 회사의 사업연혁 및 경영활동 과정

2000년 7월에 창업한 A전기장판유한공사는 조선족인 서씨가 총경리를 맡음으로써 서 총경리 위주로 회사를 경영하였다. 서 총경리는 중국에서 오랫동안 동업계에서 판매업에 종사하여 시장구조를 잘 알기 때문에 철저한 판매전략 하에 영업활동에 임하였다. 즉 서 총경리는 중국의 상거래 관습을 잘 알기 때문에 가격을 싸게 하여 전액 현금거래 위주로 판매활동을 하였다.

라) 기업경영상의 애로사항

영업활동에서 현금위주로 싼 가격에 판매를 하다 보니 판매대손율은 제로(0)였으나 외상판매를 하는 타 경쟁업체와의 조건에서 불리하여 매출신장에는 한계가 있었다.

마) 회사의 약점과 강점

다른 합자회사와는 달리 A전기장판유한공사는 한국인 동사장과 조선족 총경리 간의 갈등은 전연 없었고 또한 직원들도 단합이 잘되고 회사의 분위기도 좋았다. 더구나 현금판매정책을 쓰다 보니 현금흐름도 좋았다. 그러나 외상판매를 배제하고 현금판매 위주로 영업을 하다 보니 매출액 신장이 원만치 못하여 매출이 한계점에 달하는 애로점이 있었다.

바) 기업경영전략

A전기장판유한공사는 창업 초기부터 외상판매에 따른 위험을 줄이기 위하여 철저하게 현금 위주로 저가판매정책을 쓰다 보니 동종 경쟁업체와의 경쟁에서 불리해질 수밖에 없었고 매출의 신장에도 한계가 있음을 느꼈다.

그래서 김 동사장과 조선족 서 총경리는 판매전략에 대한 상호협의 결과 매출을 신장시키는 방법으로 거래실적이 좋은 업체에 대해서는 현금판매와 외상판매를 병행해서 매출액을 늘리기로 합의하고 초기의 현금위주 판매전략을 다소 수정하였다.

사) 경영실패 원인 및 과정

어느 날 B지역의 몇몇 대리상이 인민폐로 총 7만 위안에 상당하는 상품의 외상을 요구하였다. B지역의 대리상들은 지난 3년간 거래하는 동안 단 한 번도 속을 썩히는 일이 없이 상품을 받은 즉시 전액 현금으로 결재를 해주던 양호한 거래처들이다. 물론 거래하는 동안 현금을 먼저 받고 상품을 우송했기 때문에 크레임이 발생할 이유가 없었기도 했다는 생각이 들었다.

B지역 대리상들의 외상판매 요구에 조선족 서 총경리는 외상을 주어야 되는지 고민스럽고 선뜻 의사결정하기가 쉽지 않았다. 그러나 이제껏 현금거래 위주의 판매정책만 쓰다 보니 매출신장에 한계가 있었고 또한 우수거래처의 경우 외상판매를 해서라도 매출을 신장시키자는 회사방침도 있고 하여 외상을 주는 쪽으로 마음을 굳혔다.

더군다나 B지역 대리상들의 외상요구를 거절하기 어려운 이유는 그동안의 거래실적도 좋았을 뿐만 아니라 몇 개 대리상들이 한꺼번에 요구를 하는 통에 거절하기가 난감하여 결국은 외상을 주기로 결정하고 말았다.

그 후 B지역 대리상들의 외상판매에 대한 한 번의 요구조건을 들어준 이래 계속적인 외상판매 요구로 첫 외상판매대금 7만 위안이 150만 위안의 외상매출금으로 불어나고 말았다. 회사방침대로 외상판매에 의해서 매출은 획기적으로 늘어났지만 문제는 외상매출금을 회수하기가 어렵다는 것이었다.

A전기장판유한공사의 김 동사장과 서 총경리는 머리를 맞대고 외상매출금 회수방안을 강구하였으나 뚜렷한 대책이 나오지 않았다. 외상매출금이 과도한 대리상에 외상매출금의 결재를 요청하면 자금에 문제가 생겼다고 차일피일 미루고 있는 실정이었다. 이렇듯 과도한 외상매출금이 회수되지 않음으로 인해서 회사의 자금사정은 어려워져가고 그렇다고 외상매출금이 많은 대리상에 상품을 공급하지 않으면 이전에 발생한 외상매출금 150만 위안은 받을 수 없는 상황이 될 것이고, 그렇다고 과도한 외상매출금이 발생한 대리상에 외상매출금을 회수하지도 못한 상황에서 다시 외상으로 거래를 하자니 외상매출금이 눈덩이처럼 불어날 것이 뻔한 결과를 가져올 것이기 때문에 회사로서는 최대의 위기가 아닐 수 없었다.

일이 이렇게 되자 김 동사장은 지방정부 고위층의 힘을 빌려서라도 외상매출금 회수에 대한 해결책을 찾자고 서 총경리에게 부탁을 했으나 모두 헛일이었다. 서 총경리가 그렇게 절친하다고 자랑했던 고위관리들에게 부탁을 했으나 고위관리들은 서 총경리의 부탁을 모두 외면했고 외상매출금의 회수는 실현 가능성이 점점 희박해져감에 따라 회사의 자금사정은 극도로 악화되었다.

결과적으로 A전기장판유한공사는 누적된 외상매출금의 회수불능으로 인하여 도산하게 되었다. 그러나 회사의 도산에 대한 책임은 어느 누구에게도 물을 수 없는 상황이었다. 처음 영업정책은 현금판매 위주였으나 부진한 매출실적을 만회해보기 위해서 회사방침으로 외상판매를 하게 된 것이 발목을 잡히는 결과를 가져왔기 때문이다.

아) 분석 및 교훈

중국에서 사업을 하면서 욕심이 생기기 시작하면 바로 자신을 경계해야 한다. 왜냐하면 그 욕심을 아주 잘 이용하는 사람들이 중국에 너무 많기 때문이다. A전기장판유한공사의 예처럼 매출을 신장시키기 위해서 외상매출을 허용했다가 결국은 외상매출금을 회수하지 못하고 회사가 도산하고 만 것은 단적인 사례라 할 수 있다.

사업을 진행하고 일을 해결해 나가는 데 있어서 가장 중요한 것은 어느 지역이든지 그 지역에서 오래 살았고 사업도 오래해서 덕망 있는 전문가나 한국사람을 찾아서 그 사람을 통해서 일을 진행시키는 것이 확실한 방법이라고 할 수 있다.

중국에서 대리상 혹은 파트너를 선택할 때 그 지역의 권력자와 관계가 있다고 하는 사람들과의 관계를 조심해야 한다. 권력이 있어서 힘이 있는 사람보다는 오히려 돈 있는 사람들과의 관계가 향후를 생각할 때 훨씬 위기에서 벗어날 확률이 높다. 거래를 할 때는 보통의 기업인들과 보통으로 천천히 거래를 하면 된다.

또한 지역 고려를 잘 해야 한다. 아무리 성도(성정부 소재지)라 하더라도 아직은 수준이 낮은 지역이 너무 많다. 좋은 사람을 잃고 향후에 진출을 할 때 문제가 생기니 미래를 생각해서라도 신중하게 지역을 선택해야 한다.

결과적으로 A전기장판유한공사의 실패사례에서 교훈으로 얻을 수 있는 것은 '중국에서 대리상이나 회사에 외상거래를 절대로 하지 않아야 한다.'는 것이다. 후에 외상매출금을 받으려고 소송을 제기해도 집행이 힘들기 때문에 대부분은 중도에 소송을 취하하고 만다. 이런 일들을 당하지 않으려면 애초에 처음부터 외상거래를 하지 않으면 된다.

사례 3 S피혁유한공사(세무전략수립 실패)

창업일	2000년 2월	소재지	요녕성 영구시		
업종(품목)	제조업 (피혁 제조)	투자형태	조선족기업과 한국기업(합자)		
투자금액	자본금(100만 달러) · 조선족기업(5만 달러) · 한국기업(95만 달러)	종업원수	310명	· 조선족 30명 · 한국인 8명 · 한 족 272명	
실패원인	· 총경리의 방만한 회사경영 · 총경리와 부총경리간의 불화와 직원관리의 소홀 · 중국 세법에 대한 무지로 세무전략 수립실패(내부직원에 의하여 세무당국에 세무 정보 고발)				

S피혁유한공사의 세무전략 수립 실패에 따른 기업도산 과정을 보기 전에 먼저 이 분야에 관한 중국의 세무제도를 살펴보는 것이 우선일 것이다.

① 이전가격제도

가) 이전가격

이전가격이란 '현지법인이 특수한 관계를 갖고 있는 중국 국외 관련 기업(예를 들면 외국의 모회사)과의 사이에 거래가격을 조작하여 중국에서의 과세소득을 감소시키는 것'이다. 이에 대해 세무당국은 이 조작된 거래가격을 독립된 기업 간의 거래가격(제3자 가격)으로 고쳐서 과세소득을 재계산하여, 세금을 확보하는 제도가 있는데, 이것을 '이전가격세제도'라고 한다.

나) 이전가격의 예

이전가격제도는 이전가격을 이용한 세금의 회피를 방지하는 것이다.

즉, 거래가격을 조작함으로써 외상투자기업의 이익(과세소득)을 국외의 관련기업으로 이전하는 것을 대상으로 하고 있다.

구체적으로는 외상투자기업은 원자재 부품을 고가격으로 수입하고, 제품을 저가격으로 수출함으로서 이익을 국외의 관련기업으로 옮길 수가 있다. 또 지불거래에서는 국외 관련회사로부터의 수입설비 가격을 높게 하고, 모회사로부터 받고 있는 용역계약의 금액을 높게 책정한다. 그 밖에 모회사에게 지불하는 특허권 사용료의 가격을 올리거나 대여금의 이자를 높게 책정하는 등 외상투자기업의 이윤을 줄이고, 그만큼 소득을 국외의 관련기업으로 이전하는 일도 있다(곤도 요시오, 2004:240~241).

아래에서는 조선족기업과 한국기업 합자회사인 S피혁유한공사의 세무전략수립으로 인한 실패과정을 보기로 한다.

② S피혁유한공사의 세무전략수립 실패과정

가) 사업 동기

한국의 중소 피혁제조업체인 S사의 서 사장은 90년대 말에 들어서면서 공해업종인 피혁제조업이 한국에서 한계가 있다고 생각하고 중국으로의 진출을 결심하게 되었다. 따라서 진출지역을 어디로 정할까 고심하다가 언어문제도 있고 하여 조선족들이 많이 거주하고 있는 요녕성이 적합하다고 판단하고 요녕성으로의 진출을 결심하게 되었다.

그 후 중국을 자주 드나들면서 절친해진 동업계의 조선족 박 사장을 만나서 서로 자본을 투자하여 합자기업을 설립하기로 약속하였다. 드디어 2000년 2월에 한국의 서 사장은 설비 및 현금 등 95만 달러를 투자하였으며 조선족인 박 사장은 5만 달러를 투자하여 합자회사인 S피혁유한공사를 영구시에 설립하였다. 한국 측의 서 사장이 투자한 95만 달러의 자본금 속에는 S사의 하청업체였던 M사의 투자금액이 일부 들어 있으며 이러한 서로간의 자본금에 대한 지분관계로 인하여 중국 현지 S피혁유한공사의 총경리는 M사의 강 사장이 맡기로 결정했으며 향후 S피혁유한공사에서 생산된 반제품을 한국에 전량 공급하기로 결정하였다. 따라서 실제적으로 중국 요녕성 영구시의 S피혁유한공사는 M사의 강 사장과 조선족인 박 사장이 맡아서 경영을 하는 상황이었다.

나) 경영자의 개인적·사회적 배경

한국 M사의 강 사장은 한국에서 소규모로 피혁제품을 만들어 S사에 납품하던 하청업자로서 중국이 인건비도 싸고 기업환경이 한국보다는 좋은 중국에서 피혁가공을 하는 것이 좋겠다고 생각하여 중국에 진출한 경우이고, 조선족 박 사장은 다음과 같은 생각으로 비록 적은 자본금이지만 투자를 하여 합자를 하게 되었다. 즉 한국기업인들이 중국에 진출하면 언어와 문화 또는 기업환경에 익숙하지 못하므로 조선족인 박 사장이 나름대로 큰 역할을 할 수 있을 것이라는 생각이었다.

다) 경영자의 이력사항

S피혁유한공사의 총경리를 맡기로 한 M사의 강 사장은 원래 한국 충남 논산군 농촌에서 무허가에 가까운 소규모 피혁공장을 통하여 생산한 제품을 S사에 하청하는 하청업자로 알려지고 있으며, 조선족 박 사장 역시 요녕성 영구시의 변두리 농촌지역에서 영세한 개체기업 즉 자영업을 운영하던 분이었다.

라) 기업경영상의 애로사항

총경리를 맡고 있는 M사의 강 사장의 경영방침은 중국에서 생산하여 중국 내수시장에 판매하는 것보다는 생산된 반제품을 한국의 S사에 전량 수출함으로써 한국에 저렴하게 공급하여 한국에서 차익을 얻는 것이 유리하다고 판단하여 전량 한국 수출에만 전력했고 소위 꽌시에 의한 변칙 경영을 했으므로 영업상의 어려움은 전혀 없었으나 소액주주이며 부총경리인 조선족 박 사장과의 분쟁이 애로사항이었다.

마) 회사의 강점과 약점

총경리인 강 사장은 사교적인 분으로 많은 중국 정부관리들과 소위 꽌시가 좋아서 회사에 관계되는 왠만한 일들은 모두 꽌시로 처리하는 탁월한 활동가인 반면 회사의 정상적인 업무처리와 직원관리가 소홀한 약점이 있었다.

한편 부총경리를 맡고 있는 조선족 박 사장은 투자비율이 워낙 적다 보니 회사 내에서 제대로 발언권을 행사하지 못하고 총경리의 결정에 끌려가는 형편으로 항상 총경리인 강 사장과 회사경영에 대해서 불만이 많았다. 참고로 현실적으로 법치와 인치가 공존하고 성행하는 중국에서 대다수의 기업인들은 세무직원들에게 약간의 돈을 주는 경우가 있는데 이는 세무공무원들로 하여금 회사에 대해서 무엇을 해달라기보다는 회사에서의 탈세 등 무엇인가 눈감아 달라는 뜻으로 통한다.

바) 경영실패의 원인 및 과정

중국 세무기관은 중국에 투자한 외국기업들이 이전가격 방식을 이용하여 이익을 중국 국경 외의 관련회사(예를 들면 한국의 본사 또는 홍콩 등 3국에 있는 자회사 및 해외 고객 등)에 빼돌리는 행위에 대해 집중조사하고 있다. 세무조사 대상으로 찍히게 되면 납부하게 될 세금이 높게 조정될 가능성이 많으므로 경리장부를 상당한 이익이 남는 수준으로 기록하는 것이 바람직하며 또한 국경외 관련회사의 주주 지분을 따로 분리시켜 자신과 연관이 없도록 비관련 기업으로 만들어 놓아야 한다.

이전가격 방식으로 상품을 국경외의 관련회사로 수출하여 부가가치세를 피해가는 편법을 많이 쓰고 있는데 현재 중국 세무기관은 이를 집중 조사하여 부당한 이전가격에 대해 일방적으로 조정한다. 즉, 중국에 투자한 기업은 세무조사 대상이 될 정도로 손해를 보면서, 국경외의 관련회사는 많은 이익을 보고 있는 것이 밝혀질 경우, 중국 내 투자 기업에 대한 과세액이 상향 조정될 가능성이 높다는 것이다. 따라서 중국에 투자한 외국기업들은 장부를 기록할 때 상당 수준의 이익을 보는 동시에 이익이 매년 안정적으로 성장하도록 장부를 유지함으로써 세무기관의 조사대상에 찍히지 않도록 피해가는 것이 바람직하다.

중국에 투자한 기업이 중국 국경 외에 있는 본사 또는 자회사 등 관련 기업에 수출하고 있는 경우로서 중국 세무기관의 조사 대상에 오르면 우선 국경외 관련 회사의 판매 자료를 요청 받게 된다. 이때 국경 외 관련회사(본사 또는 자회사)가 상당한 이익을 보는 것이 밝혀지면 세금을 높게 조정당할 가능성이 아주 높다. 따라서 회사의 조직을 바꾸는 것이 바람직하다. 즉, 무역의 흐름에서 볼 때 국경 외의 비관련 기업을 관련기업 앞에 끼워 넣어 그 비관련기업이 국경 외의 관련기업(해외의 본사 또는 자회사)에 판매하는 구조로 만들어서 관련기업의 이익을 낮추어야 한다.

그런데 S피혁유한공사는 총경리인 강 사장의 소위 꽌시를 너무 과신한 나머지 이러한 세무처리 관계를 무시했고 강 사장 자신은 한국의 S사에 전량을 납품함으로써 많은 혜택을 보았던 것이다. 반면에 소액주주인 부총경리 박 사장은 항상 업무처리에서 뒤쳐지고 총경리인 강 사장의 지나친 독선과 소비지출에 불만을 품게 되고, 국내에서의 이익이 거의 없어 배분이익이 지나치게 적자 이의를 제기했으나 그때마다 한국수출이란 이유로 무시당하곤 했다.

내부경영 상태가 이렇다 보니 직원들 사기도 엉망이고 부총경리를 따르고 동정하는 직원들은 한국 측 총경리에 대해서 분노를 느끼기까지 했던 것이다. 이에 앙심을 품은 부총경리 수하의 한 직원이 세무부정 사실을 세무당국에 밀고하게 되었다. 그 후 세무당국은 그 동안의 장부를 실사하고 한국본사(특수관계자)와의 거래에서 그 거래가격을 정상가격보다 낮게 적용함으로써 과세소득이 많이 감소되어 있는 것을 적발하고 과세당국이 5년간의 거래에 대하여 정상가격을 기준으로 과세소득금액을 다시 계산하여 5백5십만 위안의 추징금 및 벌과금을 부과하기에 이르렀다. 그들은 사무실의 상세한 위치 도면을 가지고 들어와 재무자료들을 샅샅이 수색해서 몰수해 갔다.

중국 세무기관들의 관심의 대상이 되는 것들은 각 기업들의 재무제표이다. 즉 동종 업체들의 재무제표들을 모아 해당 산업의 평균 이익률을 찾아내어 세금 징수를 위한 기초자료를 만들어서 세금을 부과하려고 하기 때문이다. 따라서 비정상적인 세무전략수립의 실패로 이 회사는 야반도주하다시피 한국으로 귀국했고 결국 도산하고 말았다.

사) 분석과 교훈

중국 국가세무총국은 2004년 9월 3일 국세발[2004]118호로 국제간 거래 중 국외 특수관계자와의 거래에 있어, 그 거래가격을 정상가격보다 높거나 낮게 책정하여 기업소득을 당해 관련기업에 이전하여 세금을 회피하는 관행인 이전가격과 관련하여, 이의 상호 협력적인 해결방식인 APA(정상가격 산출방법 사전승인제) 즉 특수관계기업 간 이전가격 사전협의제도를 실시하고 있다.

중국의 세무조사가 갈수록 엄격해지고 조사 수단도 갈수록 고도화되고 있다. 따라서 세무전문가들은 중국에서 사업을 하는 기업인들이 가까운 주변 사람들을 조심해야 한다고 각별한 주의를 주고 있다.

조심해야 할 인물들은 바로 운전기사, 재무담당, 통관담당이라고 한다. 중국의 세무기관들의 조사가 강화되고 있는데, 그들은 많은 조사인원들을 데리고 회사에 들이닥쳐 진을 치고 앉은 다음, 회계장부들을 가지고 와서 보고하라고 지시를 하거나 또는 중앙의 국가세무총국과 지방세무국이 함께 나타나서 대규모 세무조사를 벌이기도 한다. 특히, 중국의 세무기관들은 내부고발과 투서를 장려하고 투서 내용에 따라서 포상금을 지불하고 있다. 그래서 주변 가까운 사람들이 회사의 재무자료를 몰래 가지고 나가 세무기관에 신고해 버리는 일들이 자주 발생한다. 심한 경우는 내부직원이 세무기관과 짜고 고발을 해서 일정부분 추징을 해서 무마비를 받아서 나누어 쓴 사례도 있다.

　중국에서 사업을 잘 하려면 특히 세무분야를 공부해야 한다. 현재 중국은 국세와 지방세로 나뉘어져 있다. 그러나 국세에서 담당하는 부문과 지방세무국에서 담당하는 내용조차 모르는 중국기업가들과 담당 주재원들이 너무 많다. 그러다 보니 회사의 회계담당 직원들이 언제 어디를 가고 언제까지 무엇을 해야 하는지 파악조차 하지 못하고 관심 밖의 일로 삼는 경우가 허다하다. 기본을 모르는데 원칙이 지켜지고 있다고 자신할 수 있겠는가? 원칙 중에서도 중국에서 주재원들이 가장 조심해야 할 부분이 세무와 세관 관련문제이다.

　또 가짜 영수증도 조심해야 한다. 가짜 영수증을 처리했다가 자신도 벌금을 물게 되고 세무처리도 복잡해진다. 세금을 매입자 부담으로 하는 것이 상관행이기 때문에 특히 부가가치세 영수증은 항상 조심할 부분이며 의심이 가면 상대방이 부가가치세 영수증 발행가능한 업체인지 꼭 확인을 거쳐야 한다. '설마'하는 생각으로 원칙을 넘기게 되면 점점 죄어오는 중국정부의 원리원칙에 입각한 세무처리 문제로 언젠가는 그 대가를 지불해야 할 것이기 때문이다.

(2) 조선족기업과 한국기업 · 한족기업

사례　　**P인쇄유한공사(중국기업의 지분양수도 잘못으로 인한 실패)**

창업일	2004년 5월	소재지	심양시 동릉구
업종(품목)	제조업 (인쇄)	투자형태	조선족기업과 한국기업 · 한족기업(합자)
투자금액	자본금(150만 위안) · 조선족기업(50만 위안) · 한국기업(100만 위안)	종업원수	45명　· 조선족 5명 · 한국인 1명 · 한　족 39명
실패원인	· 중국기업의 지분양수도시 중국법에 대한 무지로 철저한 대책을 세우지 못함 · 중국측의 회사 탈취 작전에 넘어감 · 상대방에게 지분 양수도시 빈틈없는 서류준비 부족		

① 중국의 인쇄산업

WTO 가입과 2008년 하계올림픽 유치에 의해 중국내 비즈니스 활동과 해외자본투자가 크게 고무되어 인쇄산업도 가파른 성장이 기대된다. 현재 중국의 인쇄산업은 약 16만 개 업체, 3백만 종사자, 총 매출액 2천억 위안 규모로 평가된다. 평균 연간 15만 여 종 이상의 책, 9천 여 종 이상의 잡지, 2,100여 유형 이상의 신문이 발간된다.

2001년의 책 출판량은 460만 장, 잡지와 신문은 각각 101만 장, 939만 장에 달해 전체 사용된 종이는 무려 335만 톤에 이른다. 제책업계도 약 2만계 업체, 1백만 종사자, 연간 매출액 6백 억 규모로 평가된다. 중국 인쇄업계의 빠른 성장과 함께 인쇄장비 분야도 급성장 분야로 분류되고 있다.

중국제 장비들이 좋은 품질이란 평판을 얻으며 시장에서 유통되고 있으며, 2001년 매출액도 57억 위안에 이르렀다. 몇몇 첨단 기술 인쇄장비는 수입에 크게 의존하고 있지만 일반적인 중·고급 장비는 업계 요구수준을 만족시키고 있고 그중 일부는 해외로도 수출된다.

중국의 관세관련 통계에 따르면 2001년 인쇄장비 총 수입액은 13억 1천만 달러로 1999년과 비교해 22%가 증가했다. 이 수치는 중국내 인쇄장비 매출액의 두배에 상응한다.

아래에서는 조선족기업과 한국기업·한족기업 간의 합자회사인 심양 P인쇄유한공사의 중국기업 지분양수도 잘못으로 인한 실패사례를 보도록 한다.

② 심양 P인쇄유한공사의 지분양수도 실패과정

가) 합자투자 동기

문 사장은 한국의 중소인쇄업체에서 생산부장으로 근무하다가 IMF 외환위기로 근무회사가 부도가 나자 인쇄기술이 낙후한 중국에 진출해서 사업을 해보고자 중국을 10여 차례 방문하였다. 그러던 중에 S시에서 인쇄관련 업체에 종사하는 조선족인 정씨를 만나서 인쇄관련업체 관련 대화를 나누면서 진출을 모색했다. 그러나 한국의 문 사장은 오랜 중소기업 샐러리맨 생활에서 축적한 재산이 없어서 신규로 인쇄공장을 창업하는 것은 아무리 계획을 세워도 어려워 보였다. 이 때 조선족인 정씨가 마침 중국인 합자기업체 T인쇄유한공사가 운영이 어려워 팔려고 하니 싼 값에 인수하자고 제안을 하였다. 조선족 정씨는 소규모 인쇄업계에 종사는 했으나 기술자는 아니고 영업을 주로 담당했던 사람이었다.

대금은 설비를 포함해서 한화 140만 위안 정도였다. 생각을 거듭하던 문 사장은 한국에서 집을 담보하여 대출을 받아 1백만 위안을 2004년 3월에 마련하고 조선족 정씨가 5십만 위안을 마련해서 인수하기로 하고 2004년 3월에 계약을 체결하였다.

한국인이 중국유한공사의 지분인수가 안 된다는 주변의 조언에 따라 문 사장은 다른 조선족 박씨의 명의를 빌려서 P인쇄유한공사의 대주주인 중국 측 지분을 모두 인수했다. 조선족 박씨는 별 직업이 없이 떠도는 사람이었다.

나) 회사의 사업연혁과 경영활동 과정

2004년 5월에 정식으로 창업하였다. 문 사장이 실질적인 동사장이자 기술자로서 모든 일을 맡아 실질적인 경영권을 행사했고, 조선족 정씨가 법적인 동사장을 맡고, 문 사장이 내세운 박씨가 총경리를 맡아서 회사경영을 시작하였으며 두 사람이 열심히 영업활동을 하여 어느 정도 현상 유지는 할 수 있었다.

다) 회사의 약점과 강점

문 사장이 실질적인 동사장 겸 기술자로서 모든 일을 맡아 실질적인 경영권을 행사하였으며, 조선족 정씨가 법적인 동사장으로서, 문 사장이 내세운 박씨가 총경리로서 두 사람이 열심히 영업활동을 하여 어느 정도 현상유지를 하면서 기업이 성장하면서 S지역부터 저변확대를 하였다. 회사경영에 대해서 문외한이다 보니 노무관리나 세무문제에서 많은 어려움이 있었으나 주변의 도움으로 그럭저럭 해결해 갈 수 있었다. 그러나 가장 큰 문제는 생산직 근로자들이 환경이 열악하다 보니 이동이 심해서 애로를 겪었다.

라) 경영실패의 원인 및 과정

사업은 예상보다 잘되는데 문제는 이때 발생했다. 즉 양도했던 중국 측에서 150만 위안을 도로 가지고 와서 계약서 내용 중 동사회 결의서에 무자격자가 동의를 했다면서 계약이 무효라고 억지로 트집 잡으면서 변호사를 통해서 공장을 비워 달라는 것이었다.

조선족 정씨의 생각으로는 지분이전 수속이 복잡하니 우선 공장을 운영하면서 돈을 벌면 정식으로 변호사를 선임해서 수속을 하려고 했던 것이다. 그런데 사업이 잘 되는 것을 보고 중국 측이 계약상의 동사회 결의서를 문제 삼아 시비를 건 것이었다.

한국 측 문 사장은 황당하고 어이가 없어서 역시 변호사를 찾아가 상담을 하였다. 변호사가 경제무역위원회에 가서 제출된 동사회 명단을 확인해보니 역시 동사 중 2명이 다른 사람이었다. 내용을 알아보니 중국 측에서도 이미 동사를 2명 변경은 했으나 경제무역위원회에는 변경등기를 하지 않은 상태였다. 중국 측은 사업이 잘되고 전망이 보이자 이 점을 이용하여 매매계약의 무효를 주장하고 회사를 도로 뺏으려 한 것이다.

한국 측의 변호사는 다음의 이유로 소송포기를 권유했다. 중국의 [중외합자경영기업법] 제4조 4항, 제33조 및 [중외합자경영기업법 실시조례] 제20조는 합영자 출자금의 양도는 반드시 합영 각측의 동의를 거쳐야 한다고 규정하고 있다. 즉 합자 파트너의 정당한 동의가 없이는 지분을 양도할 수 없다는 의미이다. 따라서 지분 양도에 대한 합자 파트너의 합법적인 서면동의가 필요하다.

회사가 이렇게 되자 문 사장은 돌변한 조선족 동사장 정씨와 총경리로부터 엉뚱한 협박과 요구를 받았다. 정씨와 박씨는 회사를 운영하고 준비를 하면서 많은 돈이 들어갔다면서 엉터리 영수증을 제시하고 30만 위안을 요구하면서 영업 중 불법행위를 고발하고 출국금지를 시키겠다는 것이었다. 그리고 깡패들을 동원하여 30만 위안 지불을 강요하기도 했다. 문 사장은 결국 30만 위안을 울며 겨자 먹기로 도둑맞고 쓸쓸히 한국으로 되돌아갔다.

〈참   고〉

〔중외합자경영기업법〕
제4조   1. 합자기업의 형식은 유한책임회사로 한다.
         2. 합자기업의 등록자본 중 외국합자자의 투자비율은 일반적으로 25% 이상이어야 한다.
         3. 합자 쌍방은 등록자본비율에 따라 이윤을 분배하고, 위험 및 손해를 분담한다.
         4. 합자자의 등록자본을 양도할 경우 반드시 합자기업 쌍방의 동의를 얻어야 한다.

제33조 아래 사항은 이사회에 출석한 이사의 전원일치에 의하여만 의결할 수 있다.
         1. 합영기업 정관의 수정
         2. 합영기업의 중도해산과 청산
         3. 합영기업 등록자본금의 증액 및 양도
         4. 합영기업과 기타 경제조직과의 합병
            기타 사항은 합영기업 정관에 명기된 의사규칙에 의하여 의결할 수 있다.

〔중외합자경영기업법 실시조례〕
제20조 일방의 당사자가 출자액의 전부 또는 일부를 제3자에게 양도할 경우에는 상대방 당사자의 동의를 받고, 심사비준기관의 승인을 받아야 하며, 등록관리기관에 변경등록수속을 해야 한다. 일방이 출자액의 전부 또는 일부를 양도할 때 상대방은 우선매입권을 가진다.

마) 분석과 교훈

(가) 지분양수자로서 주의할 점

지분양수자로서 합자회사의 지분을 인수할 때, 상대방 회사에 대한 가능한 서류상 실사를 해서 합법성을 조사하는 것이 필요하다. 기존 채무 및 담보 등으로 인하여 지분인수자가 그러한 책임을 지는 경우가 종종 발생한다. 따라서 회사의 자산뿐만 아니라 회사 부채에 대한 철저한 실사가 필요하며, 인수 후 2년 내 담보까지 요청함이 안전하다.

(나) 중외합자경영기업 지분양도 소요서류
- 투자인 지분변경 신청서
- 원 합자경영기업계약서, 정관 및 계약서와 정관 수정협의서
- 외상투자기업비준증서 및 영업허가증 사본
- 투자인 지분변경 관련 이사회 결의 및 투자인 지분변경 후 이사회 성원 명단
- 양도인과 양수인이 체결 및 기타 투자인 싸인 혹은 기타 서면 방식으로 인정한 지분양도계약서
- 심사비준기관이 요구하는 기타 서류

(3) 조선족기업과 중국(홍콩)기업

사례   무한 K볼링오락유한회사(경영실패)

창업일	1998년 1월	소재지	무한시	
업종(품목)	서비스업(볼링장 경영)	투자형태	조선족기업과 중국홍콩기업(합자)	
투자금액	등록자본금(1천6백만 위안) · 60%의 지분(홍콩측) · 40%의 지분(이사장)	종업원수	200명	· 관리 20명 · 엔지니어 20명 · 기타 160명
실패 원인	· 재무·세무관리 불투명 · 노무관리 미비 · 매출액관리 부실			

① 중국 스포츠 산업의 현황

1949년 중화인민공화국 건국으로부터 70년대 말까지 스포츠는 주로 정치·군사집단 간 비인간적 경쟁의 수단에 많이 이용되었다. 그 외 소수 부유층의 사람들에게는 건강·휘트니스·놀이의 수단으로 활용되었다. 80년대에 들어서 살기가 좀 편안해짐에 따라 스포츠에 대한 연구와

관심이 증가되어 중국 정부는 개인의 신체적 복지와 관련된 신체활동의 중요성을 점차 깊이 인식하였다. 이로 인해 중국에서 스포츠는 여가·신체활동으로 이용되기 시작하였다.

스포츠 시설 시장을 보면 80년대 초부터 스포츠 센터(建身娛樂) 시장이 출현하기 시작하였다. 90년대 초에 들어서서 개혁·개방 정책과 대외개방이 확대됨에 따라 외국 상인들이 자주 출입하고 국민들의 생활수준이 날로 좋아지기 시작하고 있다. 이에 중국 국민들이 건신(建身), 오락(娛樂), 건미(建美) 즉 스포츠 센터에 대한 서비스를 더욱 원함에 따라 1994년부터 1997년까지 이러한 시설투자가 최고조에 이르렀다.

현재 스포츠 센터에서 실시하고 있는 종목은 골프, 볼링, 테니스, 무술, 수영, 탁구, 스케이트, 스키 등이 있다. 스포츠 센터 시장이 제일 먼저 활성화된 것은 심천시였다. 골프·테니스·탁구·수영 등 오락 경영 장소를 운영하는 곳은 160개로 나타났으며, 인민폐 60억 위안(한화 약 8천500억 원)이 넘는 자금을 투자한 것으로 나타났다. 이 업종에 종사하는 인원이 1만 명이 넘고, 연 수입이 인민폐 5억 위안(한화 약 7,100억원)이 넘는 것으로 나타났다. 안미성 체육운동위원회에서 안미성에 대해 조사한 결과에 의하면, 스포츠 시설 운영 허가서를 받은 업소가 1998년도까지 2,100개 업소이며, 총 인민폐 약 15억 위안(한화 약 2조 1,300억원)을 투자하였고, 이 업종에 종사하는 인원이 4만 명에 달하였다고 한다.

중국에서 18개 성, 시, 직할시에서 설문 조사한 결과에 의하면, 대부분이 개인 업소로서 스포츠 시설업을 운영하고 있는 상태였다. 혹, 국영이 있더라도 개인에게 월세로 준 상태였다. 경영규모를 보면 인민폐 10만 위안(한화 약 1,400만원)을 투자한 업소부터 인민폐 1,000만 위안(한화 약 14억원)을 투자한 업소까지 다양하게 있었다. 실내 사용 면적의 경우에는 500㎡(한국의 ⅓)로부터 2,000㎡가 있는 것으로 나타났다. 대다수 건신·오락 장소의 경영 내용을 보면 육체미 활동, 무도장, 사우나, 찻집, 음식점 등 포괄적인 경영을 하고 있다. 상해 및 북경 등 중국의 보링 및 볼링장 현황을 보면 상해시 인구가 약 800만 명이고, 1997년 이전에 볼링 레인이 1,000여 개에서 1997년에는 2,000여 개로 늘어났다. 북경시의 경우 1995년 볼링 레인이 500여 개에서 현재 2,000여 개로 늘어났다. 사천성의 경우 볼링장 100여 개소가 있다. 중국의 볼링 이용료는 한 레인에 인민폐 20~25위안(한화 약 2천800원~3천500원)이고, 배드민턴은 시간당 인민폐 20~40위안(한화 약 2천800원~5천 600원)이며, 테니스는 시간당 40~60위안(한화 5천600원~8천500원)이었다.

아래에서는 조선족기업과 중국 홍콩기업 간의 합자회사인 무한 K볼링오락유한회사의 볼링장 경영 실패사례를 보기로 한다.

② 무한 K볼링오락유한회사의 경영실패 과정

가) 회사의 창업

위에서 살펴본 바와 같이 지난 90년대 중반 중국정부의 지원정책에 의하여 중국 각 지역의 스포츠 산업이 발전을 거듭하였다.

무한시 또한 지속적인 경제성장과 함께 스포츠 산업도 급속하게 성장하였다. 따라서 무한 시민들의 생활에 대한 질이 높아짐에 따라 다양한 스포츠 활동 등 여가를 즐길 수 있는 시설의 필요성이 증가하였다. 이때 조선족인 이 사장은 이 기회를 활용하기 위하여 무한시에 볼링오락유한회사를 창업하여 경영을 시도하였다.

이 사장은 중국 조선족 집거지인 연변 태생이다. 어릴 적부터 아버지로부터 조선족의 전통교육을 받았으며 또한 사람 사장은 고등학교를 졸업하자마자 17세 어린 나이에 남방에 가서 열심히 노력하여 자신의 길을 개척한 사람이다. 그때도 지금과 마찬가지로 남방의 경제가 북방보다 훨씬 발달하였고 대부분 북방의 청년들이 남방에 가서 자기의 꿈을 펼치던 때였다.

이 사장은 남방에서 밑바닥부터 시작하여 자신의 지혜와 노력으로 여러 사람들의 인정을 받았으며 몇 년간 열심히 노력한 결과 많은 사업가들과 교류하고 접촉하는 기회가 생겼다. 또한 어릴 적부터 전통 조선족교육을 받았기 때문에 한국 사람들과 아주 쉽게 인적네트워크를 구축할 수 있었다. 이러던 차에 사업 기회가 생겼는데, 즉 한국의 볼링장 설치기술과 자재로 중국 각 곳에 볼링장 기계를 설치하는 일을 맡게 되었다. 그 후 이 사장은 연변에서 많은 직원들을 모집하여 중국 전역에 다니면서 볼링장 기계를 설치하는 일을 하였는데, 그는 볼링장 기계 설치팀을 데리고 심천, 해남, 사천, 무한 등 10여 개 도시에 볼링장을 설치하였다. 이 사업을 하면서부터 이 사장은 부를 축적하게 되었고, 또한 명성도 날리고 더욱이는 스포츠 사업에 대하여 조금씩 관심을 갖게 되는 계기가 되었다.

중국 스포츠 산업의 전망을 희망적으로 본 이 사장은 스스로 볼링장을 경영할 계획을 세웠다. 그러나 볼링장 경영이라는 게 결코 쉬운 일이 아니었다. 그 중에서 투자할 자금조달이 가장 큰 애로점이었다. 지금은 중국 조선족기업인의 재무상태가 훨씬 나아졌지만 90년대까지만 하여도 주류사회에 들어가서 많은 돈을 벌기는 아주 힘든 일이었다. 이 사장도 마찬가지였다. 볼링장 기계 설치 사업에서 많은 돈을 벌었지만 그래도 볼링장을 경영할 만한 경제적 능력은 안 되었다. 이 사장은 투자자금을 해결할 목적으로 볼링장 사업에 관심이 있는 홍콩 사람과 합작하기로 결심하였다.

이리하여 1997년 하반기에 무한에 볼링장 기계를 설치하였고 1998년 초에 정식으로 영업을 시작하였다. 회사 이름은 무한 K볼링오락유한회사로 하였으며 회사 총 등록자본금 1,600만 위안 중에서 총 지분의 60%는 홍콩 측에서 투자하고, 나머지 40%는 이 사장이 투자하기로 합의를 봤다. 그 후 회사를 이끌어갈 총경리는 무한의 현지인을 채용하여 위임하였으며 이 사장은 볼링기계를 설치해본 경험을 총경리에게 조언함으로써 무한 K볼링오락유한회사는 순조로운 시작을 보였다.

나) 회사의 발전과 쇠퇴과정

중국 전역의 도시가 다 그런 것은 아니었지만 대부분 큰 도시에서는 95년부터 볼링업이 조금씩 성장세를 보였다. 이 때 볼링장 기계장치 설치에서 돈을 번 이사장이 스포츠 산업에 진출할 기회라고 생각하고 1997년도에 직접 운영할 볼링장을 설치하기 시작하였고, 1998년에 창업을 하여 회사를 직접 경영하는 모험을 하였다.

회사 규모는 무한에서도 꽤 큰 편이었다. 종업원이 총 200여 명이었는데 그 중에서 관리인원이 20여 명, 엔지니어가 20여 명이었다. 종업원은 두 팀으로 안배하여 하루에 두 번씩 교대하면서 볼링장 경영을 하였다.

무한시는 중국 중부지역에서 가장 큰 도시이고 시민들의 생활수준도 상대적으로 높았으며 따라서 시민들의 오락에 대한 소비수준도 비교적 높았다. 회사가 설립될 당시 볼링이 무한에서는 새로운 오락문화로 각광을 받게 되었다.

회사를 창업하여 처음에는 회사경영이 꽤 잘 되었다. 이 사장도 회사에 대하여 굉장히 심혈을 기울였다. 회사설립 초기라 회사 경영자로부터 종업원들까지 모두가 열심히 노력하였으며 회사영업액 또한 꾸준히 성장하였다. 회사를 설립하여 1년도 채 안 된 98년 가을에는 회사의 매출액이 기하급수적으로 불어났다. 창업한 지 얼마 안 된 회사의 급속한 성장에 이 사장뿐만 아니라 홍콩의 투자자도 아주 흡족해 하였다.

그러나 회사의 이런 호황은 오래가지 못하였다. 99년 구정을 지나면서부터 벌써 회사 경영자 사이에 불화가 싹트기 시작하였고 매출액마저도 급락하였다. 따라서 여러 가지 종합적인 원인으로 인하여 99년 중반 쯤에 회사는 끝내 파산의 지경에 이르게 되었고, 직원들의 급여도 지급하지 못한 상태에서 법적인 파산절차를 밟게 되었다. 이렇듯 무한 K볼링오락유한회사는 2년도 채 넘기지 못한 채 파산하고 말았다.

다) 회사의 경영방침과 장점 분석

무한 K볼링오락유한회사의 경영방침은 샐러리맨을 대상으로 볼링을 보급시키고 볼링이라는 스포츠를 대중화하는 것으로 회사의 매출액을 높이는 것이었다. 또한 한국의 스포츠 오락 방식을 그대로 이 K볼링오락유한회사에 적용함으로써 무한시 시민들에게 전에 접했던 방식과 다른 새로운 선진적인 스포츠 오락을 보급시키려 했던 것이었다.

이러한 경영방침 하에서 다양한 수단으로 홍보도 하고 활동도 진행하였다. 즉 많은 돈을 들여서 언론매체에 홍보를 지속적으로 하였다. 또한 타 볼링장 경영업체와의 경쟁에서도 앞서나가기 위하여 많은 활동을 하였다. 즉 일요일에는 볼링경기 이벤트를 조직하기도 하고 단골 고객에 대하여서는 다양한 서비스를 제공하기도 하였다.

이렇게 홍보도 많이 하고 활동도 많이 한 결과 고객들의 수도 많이 늘어났으며 따라서 영업이 가장 성황일 때는 월 매출액이 20만 위안까지 되기도 하였다.

이 사장이 볼링장 기계설치 분야에서 위낙 성공한 터라 볼링장 관리와 기술은 굉장히 선진적이었다. 따라서 이 볼링장은 무한시에서도 손꼽히는 훌륭한 기계장비와 기술을 갖고 있었다. 이것이 바로 무한 K볼링오락유한회사의 가장 큰 장점이라고 할 수 있다.

라) 회사의 경영실패 분석

어떤 회사든지 한 가지 원인으로 파산되지는 않는다. 실패한 회사의 투자방식이나 경영방침, 경영관리 등 이모저모를 따져보면 언제나 이런저런 크고 작은 문제점이 많았고, 그런 문제점들의 신속한 해결방안과 실행조치가 따르지 못한 종합적인 원인으로 회사가 파산되고 만다.

무한 K볼링오락유한회사도 역시 한 가지 원인만이 아닌 노무관리문제, 매출액관리문제, 재무·세무관리문제 등 여러 가지 문제점이 많았다. 아래에서는 이러한 문제점들을 하나하나 언급해보고자 한다.

(가) 장기적인 노무관리의 실패

직접적으로 현장을 관리하고 손님에게 서비스를 제공하는 접하는 일을 하는 직원들이 회사경영에서는 아주 중요한 자리를 차지한다. 무한 K볼링유한회사의 경우 직원관리 문제는 회사설립 초기부터 파산될 때까지 장기적으로 해결하지 못한 문제였다.

관리를 맡은 직원들은 이 사장이 전에 볼링장 기계 설치할 때 채용했던 직원 대부분을 볼링오락회사에도 그대로 채용하였다. 또한 연변에 가서 직접 데리고 온 조선족 직원이 몇 명이 있었고, 무한 현지에서 선발한 직원, 홍콩투자 측에서 파견한 직원 등이 같이 근무했다. 또한 회사 설립시 채용된 총경리는 이토록 방대한 스포츠 볼링회사를 직접적으로 경영해 보기는 처음이었으며 또한 능숙치 못하였다. 따라서 관리 경험이 부족하였고 또한 각 투자 측에서 파견된 사람들로 이루어진 관리자들은 빠른 시일 내에 투자자금을 회수하자는 짧은 생각 하에서 직원들에 대한 대우를 충분하게 만족시켜 주지 못하였다. 이에 불만이 쌓였던 직원들도 있었고, 경영관리에 불만족 등 여러 원인 때문에 직원들의 이직이 심하였다. 회사가 설립되면서부터 파산되기까지 1년 반 사이에 무려 몇십 명의 직원들이 바뀌었으며, 처음부터 마지막까지 꾸준히 근무한 직원은 불과 몇 명밖에 되지 않았다.

(나) 불투명한 재무관리

회사 재무를 투명하고 명확히 하는 것은 회사를 경영하는 사람들의 기본이다. 무한 K볼링오락유한회사의 불투명한 재무관리는 회사가 파산 지경에 이르게 된 가장 큰 직접적인 원인이다. 즉 회계는 홍콩 투자자 측에서 파견한 직원이 맡았는데 이 회계가 볼링장의 재무관리를 홍콩 투자자의 회사와 연관시켜 놓아 아주 복잡하게 되었을 뿐만 아니라 양 투자자 간의 화합을 제대로 이루지 못한 가장 큰 원인으로 되었다. 게다가 회계처리가 제대로 되지 못하여 회사 장부가 엉망이었으며 또한 국가에 납부해야 할 세금마저도 제대로 처리가 되지 않았다. 따라서

99년도에 세무당국에서 세무조사 나왔을 때 탈세혐의를 받아 회사가 아주 어려운 지경에 처하게 되었다.

이 뿐만 아니라 홍콩 투자자 측 동사장이 파견한 주주들이 좀 더 많았고 직접적으로 회사 일을 맡은 관리자로 있다 보니 홍콩 투자자 측 재산과 볼링회사 재산이 혼동된 적도 있었다. 예를 든다면 홍콩 동사장이 볼링회사를 설립한 지 얼마 안 되어 볼링장 바로 위층을 임대하여 사우나방까지 운영하였다. 그때 홍콩 측 동사장의 생각은 아주 좋았었다. 즉 고객들이 볼링을 하고 위층에 가서 시원하게 사우나도 하고 편안히 휴식할 수 있는 공간을 마련하려고 했던 것이다. 그런데 사우나와 볼링장 운영을 겸해서 하려니까 자금이 부족하였던 것이다. 그리하여 홍콩 측 사람들이 사우나 운영이 힘들어지면 볼링회사에서 돈을 꺼내어 사우나 운영에 보태기도 하고 볼링회사가 힘들어지면 개인돈 넣기도 하고 사우나 운영에서 벌어들인 돈들을 볼링장 경영에 넣기도 하였다. 이렇게 되니 K볼링오락유한회사의 재무는 엉망이 된 셈이다. 창업 이후 이 사장은 직접적으로 이 볼링회사 경영에는 참여하지 않았다.

다만 창업 초기에는 아주 열정적으로 회사관리에 전력투구하였으나 그 후 회사경영이 순조롭게 진행되니까 회사에 대한 관심이 줄어들었다. 이렇게 이 사장의 회사경영에 대한 무관심과 홍콩 측의 중구난방식 재무·세무관리가 큰 문제로 대두되었던 것이다.

회사를 경영하면서 가장 기본이 되고 중요한 재무·세무관리를 투명하게 처리하지 못했던 것이 무한 K볼링유한회사가 경영에 실패하게 된 가장 큰 요인이 되었다.

(다) 합자투자 당사간의 화합 부족

투자자끼리의 갈등은 서로가 자본을 투자하여 합자방식으로 경영하는 회사의 고질병인 것 같다. 합자회사를 시작하기 전부터 완벽한 계약을 체결하고 경영이 시작되면 엄격히 계약서에 따라서 경영을 하는 것이 원칙인데 처음 회사경영을 시작할 때부터 완벽한 계약을 체결하지 못한 것이 문제가 되었다.

무한 K볼링오락유한회사의 경우도 마찬가지이다. 홍콩 측과 이 사장이 합자하여 설립된 이 회사는 처음에는 이 사장이 많은 관심을 갖고 경영을 하였지만 나중에는 홍콩 측에서 파견한 사람과 이 사장이 채용한 직원들의 경영방식대로 운영이 되었다. 98년 말과 99년 초 사이에 회사 매출액이 떨어지기 시작하고 관리자들의 문제가 생기기 시작하자 홍콩 투자자 측에서 이 볼링회사에 불필요한 간섭은 많이 하고 두 투자자 간의 경영방식에 대하여도 서로 간에 의견 차이가 많이 생겼는데 이런 의견 차이들이 직접적으로 회사의 경영관리에 많은 영향을 주었다.

또한 홍콩 측이 위층에서 사우나 경영을 하고 이 사장은 99년부터 또 다른 사업을 시작하다 보니까 볼링장 경영에는 소홀하게 되었다. 또한 투자지분이 적은 이 사장이 빠른 시일 내에 자기가 투자한 금액을 회수하는 데 급급한 경향을 보이는 면도 있었다. 이렇게 두 투자자 간의 회사경영에 대한 갈등은 점점 증폭되어 갔다.

따라서 두 투자자 사이의 화합이 잘 되지 않은 것도 무한 K볼링유한회사가 실패의 길로 들어서게 된 원인 중의 하나이다.

(라) 사회적으로 볼링 스포츠운동의 사양화

95년부터 성장세를 이어온 볼링 스포츠 산업이 점차적으로 붐이 일어나는 추세를 보이다가 99년 말에 와서는 점차 식어들었다.

무한시의 볼링업도 마찬가지였다. K볼링오락유한회사의 영업은 98년 하반기까지만 하여도 매출액이 획기적으로 증가되었는데 99년에 들어와서는 매출액이 현저히 감소되었다. 사회적인 수요가 떨어지면 가격을 많이 낮춘다 하여도 매출액을 증가시키기에는 좀 어려운 일이 아닌가 싶다.

결론적으로 이 볼링오락회사는 볼링이 사회적으로 붐이 일어나던 시기로부터 식어드는 과정을 겪은 것이다. 이런 상황에서는 경영관리에 잠시만 소홀하여도 실패하는 경우가 많다는 것을 단적으로 보여주는 사례이다.

③ 경영실패로부터 얻은 교훈

가) 재무 및 세무관리의 철저

전술한 바와 같이 기업을 경영하는 사람들에게 있어서 가장 중요한 것은 확실한 재무 및 세무관리이다. 따라서 아래에서는 집중적으로 재무 및 세무에 대한 대처방안을 알아보도록 하겠다. 왜냐하면 재무관리는 회사 매출액의 향상과 직원들의 실질적인 생활수준 향상에 직접적으로 영향을 주는 한편 세무관리는 기업경영에 있어서 이익에 대한 정당한 납세를 통하여 국가재정 기여와 기업의 사회적 책임을 달성하게 하는 것이다.

재무 및 세무관리는 복잡하고 번잡스럽지만 처음부터 투명하고 명쾌하게 해놓아야 한다. 그리고 재무 및 세무업무는 회계 한 명과 출납 한 명 이렇게 두 명을 채용하여 서로 보조적으로 일처리를 하게 하는 것이 좋다. 이는 재무에 대하여 서로 감독할 수도 있고 서로의 잘못을 바로 잡을 수도 있기 때문이다 무한 K볼링오락유한회사도 세무 및 재무관리가 투명하고 명쾌하게 처리되었더라면 양 투자자 사이의 문제도 원만히 해결할 수 있었을 것이고 세무 당국에서 세무조사를 나왔을 적에도 아무런 문제가 발생하지 않았을 것이다.

나) 회사경영에 대한 책임감과 노력하는 자세 견지

합자회사를 설립한 이후 투자자끼리 서로간의 역할 분담을 통해 지속적인 회사의 발전을 가져올 수 있도록 선진적인 경영 마인드와 미래 발전적인 투자전략을 세웠어야 했다.

무한 K볼링오락유한회사의 경영과정을 살펴보면 회사설립을 제안한 이 사장도 회사설립 후에는 또 다른 자기의 사업을 시작하였고, 홍콩 투자자 역시 사우나 영업을 시작하였다. 이렇게 양 투자자끼리의 경영 마인드가 분산되면 서로 간에 합자한 볼링오락유한회사의 경영이 실패할 수밖에 없다.

회사를 경영함에 있어서는 책임감을 갖고, 전력투구하여 회사성장에 최선을 다하며 단기적인 이윤추구보다는 보다 장기적인 안목에서 회사의 발전과 성장을 가져올 수 있도록 경영전략을 세우고 실행하여야 할 것이다.

아래에서는 중국 5개 지역 즉 연변, 심양, 북경, 청도, 상해지역에서 사업에 성공한 조선족기업 성공사례와 세 부류의 실패사례에 대한 성공요인 분석과 실패요인을 분석하고 그에 대한 시사점을 제시하고자 한다.

3. 성공·실패사례를 통해서 본 시사점

1) 성공요인 분석

(1) 길림천우그룹

- 일찍부터 글로벌화된 마인드로 해외공사를 많이 하였다. 즉 50년대에 북한원조, 몽고원조와 북경 십대건축의 건설에 참여하였고 60년대부터 90년대까지는 아프가니스탄, 쿠웨이트, 에티오피아, 러시아 등에 참여하여 토목건축공사 시공을 맡았다. 90년대에는 일본, 한국, 미국, 이스라엘 등의 국가의 기업들과 경제기술협업 및 노무협력 관계를 맺었다.
- 90년대에 '계약을 중시여기고 신용을 지키는' 기업으로 평가받았으며, 또한 중국 건축업계 최고영예인 '노반상'을 수상하였다.
- 1996년에는 국가건설총행이 선정한 100대 핵심건축기업 중의 하나로 선정되었으며 그외 소비자만족상과 성지정 우수시공상 및 소비자만족 시공기업상, 전국 우수시공기업상을 수상하였다.
- 경영자의 가치관은 최고의 제품을 생산하여 사회에 최고의 봉사

를 하자는 것이다.

- 천우그룹만이 가지고 있는 축적된 노하우와 선진화된 경영기법 그리고 회사구성원인 직원들의 능력이 한 단계 앞섰으며, 향후 건축설비 및 기술의 선진화 계획과 중국 전역을 대상으로 한 부동산 개발 및 한국 등 해외로의 진출과 첨단산업에 투자할 계획을 세우고 있다.
- 아파트를 지을 때 한국의 설계사를 통해 설계하고 한국식 모델하우스와 내부설계와 인테리어도 한국식을 도입하였다.
- 대학과의 산학연계교육서비스를 도입하고 있는데, 즉 중국길림건축학원과 인재양성 면에서 도움을 받고 있다.

결과적으로 천우그룹은 건설업에 오랫동안 종사하고 또한 해외에 진출하여 쌓은 많은 노하우로 인하여 최고 품질의 제품을 생산하는 것으로 소비자로부터 신뢰와 만족을 가져다 주었으며 또한 선진적 경영기법과 기술, 직원 교육 등을 통하여 기업의 내실을 다지고 한국으로부터 선진공법과 아파트 인테리어, 모델하우스 등을 도입하여 소비자들에게 만족을 가져다 주었다. 그리고 가장 중요한 것은 경영자인 전규상 회장의 진취성과 최고를 추구하는 정신 그리고 정직과 성실성에 있다. 한 가지 빠뜨릴 수 없는 사실은 최고경영자인 전규상 회장이 건축관련 대학원을 졸업할 만큼 학구열이 높다는 사실이다.

(2) 심양영성실업

- 영성실업유한공사의 비전은 구축된 네트워크에 의하여 한국기업과 중국기업 상호간에 안정적인 성장과 고부가가치를 창출하고 신뢰경영 체제를 확립하여 시장내 지배력을 강화하고 명성을 구축한다는 비전을 가지고 있다.

- 영성실업은 지주회사로서 100% 투자한 7개의 단독투자회사와 51% 이상 투자한 5개의 대지분 참여회사 그리고 20%에서 49%까지 투자한 5개의 주식참여회사로 되어 있다.

- 영성실업은 6개 사업분야별 핵심전략을 설계하여 계획대로 진행하고 있으며 또한 사업분야별 인력조직도 조선족, 중국인, 한국인, 전문경영인 등으로 적재적소하게 배치하였다.

- 영성실업의 장점은 중국에 진출한 한국기업들의 성공률을 높일 수 있는 허브 역할을 자청하여 실행하고 있으며 한국제품의 중국 내수시장 침투를 위한 제품독점판매대행시스템을 구축하고 있다. 그리고 기업내부인재의 적절한 배치와 재무정보 시스템의 체계완비 및 영성실업의 6개 사업부문과 관련이 있는 정부기관 등 대외 협력 네트워크가 완비되어 있다.

- 영성실업의 최고경영자인 민영근 동사장은 심양공대를 수석으로 입학한 수재이며 대학재학 기간 동안 학생신분으로 3개의 기업을 거느린 타고난 기업인이다. 또한 영어, 일어, 중국어, 한국어 등 4개 국어를 자유자재로 구사함으로써 향후 영성실업을 글로벌 기업으로 성장시킬 수 있는 역량이 있는 기업인이다. 그리고 한국성영실업주식회사를 한국에 창업함으로써 중국 조선족기업인으로서는 독자투자로 한국에 회사를 창업한 최초의 동포기업인이다.

- 영성실업의 경영이념은 인(仁), 신(信), 지(智), 근(勤)과 '관심, 준법, 정직, 존경' 등을 상업도덕 기준으로 내세우고 있다.

- 중국에서 조선족들이 한국과 합작하여 성공할 수 있는 세 가지 조건은 '자본'과 '신용' 그리고 '합작성공모델'이다.

- 영성실업의 가장 중요한 목표는 한국과 중국 즉 한국기업과 중국기업 또는 중국 조선족기업과의 교량 역할을 함으로써 한국제품의 중국내수시장 영업의 영역을 넓히는 데 일익을 담당하는 것이다.

결과적으로 심양영성실업유한공사의 최고경영자인 민영근 회장의 탁월한 능력과 글로벌 경영 마인드 그리고 기업내부의 인사, 재무 등의 조직체계와 탄탄한 자본구조, 그리고 기업을 둘러싸고 있는 심양이나 중국 정부 당국과의 우호적인 인적네트워크가 잘 구축되어 있으며 또한 한국투자기업이나 한국에 있는 기업과의 강한 네트워크 구축이 성공 요인이라 할 수 있다. 또한 최고경영자인 민 회장이 대학을 수석 입학할 만큼 학구열이 높고 지적으로 뛰어나다는 사실이다.

(3) 북경세종지능유한책임공사

- 북경세종지능유한책임공사는 국가급 신기술 기업이다. 업종은 제조업이며 세부업종은 소방전자업이다. 즉 이 회사는 연구에서부터 제품개발과 생산, 기술배양, 판매, 애프터서비스까지 담당하는 토탈 소방전기제품 전문기업이다.
- 이 회사는 연속 3번이나 CFDA 소방산업의 30대 기업에 뽑히게 되었으며 또한 세종지능은 A급 공사설계사 등 유능한 고급인력을 다수 보유하고 있으며 세종이 연구개발한 제품은 ZN900계열 화재자동경보 및 소방연동공제계열 상품 등 수많은 개발제품들은 중국뿐만 아니라 선진국에서도 최고의 성능을 자랑하는 제품들이다.
- 세종의 성장의 근본은 선진적인 최신기술과 우수한 품질, 양질의 서비스이므로 이러한 기본이념을 토대로 국가와 인류발전에 공헌하는 것이 세종의 정신이다.
- 세종의 가장 큰 장점은 최고경영자인 천걸 회장이 직접 제품을 연구개발, 설계, 제조, 생산, 판매, A/S까지를 도맡아하는 토탈서비스 제도이며 또한 개발된 제품들이 중국 최고의 제품이라는 것이다. 그리고 세종은 자체적인 부채(빚)가 없다는 것도 장점 중의 하나이며 개발된 제품들은 사우디아라비아, 동유럽, 남아시아, 우크

라이나, 러시아 등으로 수출하며 중국 전역에 판매회사 및 대리점을 통하여 판매를 하고 있다.

결과적으로 세종유한책임공사의 성공요인은 세종의 최고경영자인 천걸 회장이 대학원 석사학위를 가진 고급인력이며 화재경보기에 대한 해박한 지식과 끊임없는 연구개발 노력으로 최신 최고의 제품을 개발·생산·판매함으로써 성장에 성장을 거듭하는 것이다. 또한 기업에 부채(빚)가 없으며 생산된 제품들은 전량 해외로 수출되거나 중국내에 있는 9개의 판매자회사와 6개의 대리회사 및 17개의 대리점을 통하여 판매되고 있다는 사실이다. 한 가지 중요한 사실은 성공한 기업들의 대부분은 최고경영자가 최소한 대학 이상을 졸업한 고급인력이라는 것이다.

(4) 청도아위사상포유한공사

- 청도아위사상포유한공사는 제조회사로서 생산제품은 가방이다. 현재 총자산은 4천만 위안이며 직원은 1,600명이고 설비는 720대를 보유하고 있다. 회사는 3개를 소유하고 있으며 생산된 제품은 미국, 유럽, 일본 등 선진국으로 전량 수출되고 있다. 이 회사의 사훈은 단결, 근면, 품질, 고효율이다.

- 공사의 임계환 사장은 음악 교사로 15년 동안이나 근무한 경력이 있는 교사 출신 여성 경영자이다. 임사장이 사업을 하게 된 계기는 중국을 방문한 한국기업인의 통역을 맡게 된 것이다. 사업을 시작하면서 우여곡절도 많았지만 목숨을 건 끈기와 성실성으로 결국은 오늘날과 같은 성공을 거두게 된 것이다. 또한 빠뜨릴 수 없는 것은 회사가 어려울 때마다 도와준 기업과 기업인들에 대한 의리이다. 즉 그동안 회사가 성장하기까지 받은 은혜를 잊지 않고 물심양면으로 갚아나가는 임계환 사장의 마음씨와 의리, 성실성

이 오늘의 청도아위사상포유한공사가 존재하게 된 바탕이다.

- 청도아위사에서 생산된 제품들은 주로 노트북 가방, 등산용 가방, 자전거용 가방들로써 전량 외국으로 수출하며 연 수출액은 1,600만 달러에 달해 청도 교남시 최대의 가방생산업체로 부상하게 되었다

- 임 사장은 창업과정에서 "사장이 되려는 마음은 애당초 없었으나 기업경영과정에서 삶을 유지하기 위한 방법으로 가로막힌 난관을 헤쳐 나가는 길 밖에 없었다."고 회고한다.

- 청도아위사의 강점은 동종가방생산업체와 비교하여 생산시설이 월등하다는 것과 전직원이 성실하며 애사심이 강하다는 것이다.

결과적으로 청도아위사상포유한공사의 성공요인은 기업경영과정에서 난관에 부딪혔을 때 최고경영자가 흔들리지 않고 강하고 담대하게 밀고 나아갈 수 있는 용기와 힘이고 또한 최고의 생산시설과 최고의 품질 그리고 가족같은 직장분위기, 직원들의 애사심이 성공요인이다. 빠뜨릴 수 없는 한 가지는 청도아위사상포유한공사가 어려웠을 때마다 도와주었던 기업과 기업인들에 대한 임계환 사장의 변치 않는 '의리'는 이 회사의 미래에 더 큰 성장을 예고한다.

(5) 상해김금자기업관리컨설팅유한회사

- 김금자 사장은 길림연합대학 길림시 회계학교를 졸업하였으며 대학시절 내내 학교성적이 최우등생이었다. 졸업 후 길림시의 국영기업에서 근무하였으며 그 후 조선족기업체인 아성집단에서 근무하였고 심천, 해구, 연길, 무한 등에서 근무하면서 실전을 익혔다. 상해로 진출하여 상해에 진출한 한국업체에서 회계, 인사관리를 담당하다가 퇴사한 후 컨설팅 회사를 창업하게 되었다. 창업의 연

류이 짧아서 아직은 회사규모가 작지만 컨설팅 시장의 규모가 크고 또한 상해에 진출한 한국기업이나 일본기업들 대상의 컨설팅 사업이 유망하고 성장가능성이 있다고 생각하며 따라서 가까운 미래에 김 사장은 성공을 확신하고 있다.

- 회사의 강점은 맡은 업무를 최선을 다해서 성실하게 해주는 것이다. 회사직원 1인당 거래처가 10개를 넘지 않게 함으로써 맡은 거래처에 대해 최상의 서비스를 해주는 것이 성공비결이다. 즉 중국 정부의 세무관리들이 날마다 세무조사를 나와도 걱정이 없을 정도로 투명하게 관리해주는 것이 이 회사의 장점이다. 최상의 서비스는 거래처를 직접 방문하여 거래처의 애로사항을 해결해 주는 것을 원칙으로 한다. 또한 전화로 문의가 들어오면 이메일이나 팩스로 서비스를 해주며 항상 고객 서비스 만족에 최선을 다한다.

상해김금자컨설팅유한회사의 성공요인을 정리하면 다음과 같다.

첫째, 경영자인 김금자 사장이 대학생활 동안 장학생이었으며 졸업 후 중국기업이나 조선족기업 그리고 한국투자기업에서 회계나 재무·인사 분야에서 많은 경험을 쌓은 전문가란 점이다.

둘째, 컨설팅 고객에게는 최선을 다해서 양질의 컨설팅 서비스를 한다는 것이다. 이를 위해서 직원 1인당 10개 업체 이상을 맡기지 않는 철저한 질적 위주의 서비스 공급체계를 들 수 있다.

셋째, 직원들이 가족같은 분위기로 성실하게 업무에 임하며 또한 김 사장의 미래에 대한 진취성을 들 수 있다. 현재의 주고객은 상해와 인근에 진출한 한국기업체이지만 앞으로는 상해에 진출한 많은 일본기업체를 대상으로 컨설팅 고객을 확보할 계획을 세움으로써 미래의 비약적 성장을 예견하고 있다.

2) 실패요인 분석

(1) 조선족기업과 한국기업

사례 1 D재생자원유한공사(중외합자기업의 지분양도 실패)

실패 원인은 한국기업의 외형만 보고 인정에 끌려 속단하고 한국 측과 합자계약만 했을 뿐 한국 측의 지분에 대한 투자 없이 조선족 김 사장이 먼저 성급히 투자를 한 점이다.

사례 2 A전기장판유한공사(판매관리 부실로 인한 실패)

절대로 중국에서 해서는 안 되는 것이 대리상이나 회사에 외상거래를 하는 것이다. 나중에 외상매출금을 받으려고 소송을 제기해도 집행이 힘들기 때문에 대부분은 중도에 소송을 취하하기 때문에 이런 일을 당하지 않으려면 애초에 처음부터 외상거래를 하면 안 된다.

사례 3 S피혁유한공사(세무전략 수립실패)

중국의 세무조사가 갈수록 엄격해지고 조사수단도 갈수록 고도화되고 있기 때문에 세무전문가들은 중국에서 사업을 하는 기업인들이 가까운 주변 사람들을 조심해야 한다고 하는데 조심해야 할 인물로는 운전기사, 재무담당, 통관담당이라고 한다.

(2) 조선족기업과 한국기업·한족기업

사례 P인쇄유한공사(중국기업의 지분양수도 잘못으로 인한 실패)

지분양수자로서 합자회사의 지분을 인수할 때, 상대방 회사에 대한 가능한 서류상 실사를 통해서 합법성을 조사하는 것이 필요하다. 왜냐하면 기존 채무 및 담보 등으로 인하여 지분인수자가 그러한 책임을 지는 경우가 종종 발생하기 때문이다.

(3) 조선족기업과 중국(홍콩)기업

사례　　**무한 K볼링오락유한회사(경영실패)**

이 회사는 한 가지 원인만으로 실패한 것이 아니다. 주로 실패한 원인들을 보면 장기적인 노무관리의 실패와 불투명한 재무관리, 합자투자 당사자 간의 화합 부족, 사회적으로 볼링스포츠 운동의 사양화이다. 결론적으로 이 볼링오락회사는 볼링이 사회적으로 붐이 일어나던 시기로부터 식어드는 과정을 겪은 것이다. 이런 상황에서는 경영관리에 잠시만 소홀하여도 실패하는 경우가 많다는 것을 단적으로 보여주는 사례이다.

3) 시사점

(1) 성공 사례를 통해서 본 시사점

첫째, 어떤 업종에서 성공하기 위해서는 종사하는 업종에서 소비자들이 신뢰할 수 있는 최고의 전문가가 되어야 하며 소비자에게 최고품질의 제품을 공급해야 한다. 또한 선진국으로부터 발전된 기법이나 기술을 도입하여 소비자의 만족도를 극대화시켜야 하고 경영자가 기업을 이끌어가는 데 있어서 진취성과 정직, 성실성, 그리고 경영자의 학구적인 태도가 기업의 성공을 결정짓는다. 〈길림천우그룹주식유한회사〉

둘째, 경영자의 탁월한 능력과 글로벌 경영 마인드 그리고 기업내부의 인사, 재무 등의 조직체계와 탄탄한 자본구조, 당국과의 우호적인 네트워크 형성, 또한 한국 등 해외기업과의 강한 네트워크 구축과 최고경영자의 학구열이 성공을 가져온다. 〈심양영성실업유한공사〉

셋째, 최고경영자의 정직과 성실성 그리고 끊임없는 연구개발에 대한 열정과 자사 생산제품에 대한 해박한 지식과 최고의 제품을 만들겠다는 의지력이 기업의 성장력을 증가시키고 또한 부채를 줄임으로써 재

무구조를 튼튼하게 한다. 〈북경세종지능유한책임공사〉

넷째, 기업경영과정에서 난관에 부딪혔을 때 좌절하지 않고 담대하게 밀고 나아갈 수 있는 용기와 참신한 아이디어 그리고 최고의 생산시설과 가족 같은 기업환경이 회사의 성장과 성공률을 높인다. 또한 어려움에 처했을 때 도움을 받았던 기업가들에게 의리를 지키는 것도 성공의 비결의 일부분이다. 〈청도아위사상포유한공사〉

다섯째, 경영자가 끊임없는 노력으로 자기회사 업종의 최고의 전문가가 되어야 하고 고객만족을 위해서 최선을 다해야 하며 철저한 질적 위주의 서비스를 하도록 노력해야 하고 직원들의 애사심과 가족 같은 기업환경이 생산성을 높인다. 또한 경영자의 미래의 비전과 진취성이 회사의 성장과 발전을 가져온다. 〈상해김금자컨설팅유한공사〉

(2) 실패 사례를 통해서 본 시사점

첫째, 상대기업의 외형만 보고 인정에 끌려 속단하고 상대 회사 측과 합자계약만 하고 상대회사 측 지분의 투자 없이 먼저 성급하게 투자함으로 인하여 경영에 실패했다.

둘째, 판매관리 부실로 인한 실패, 즉 중국에서는 외상거래를 해서는 안 된다는 것을 알면서도 매출을 늘리려는 욕심으로 외상거래를 했다가 외상매출금의 누적으로 매출채권을 회수하지 못하고 망해버리면서 경영에 실패했다.

셋째, 세무전략수립실패, 즉 경영에는 성공했어도 세무관리를 철저히 하지 못함으로 인하여 경영에 실패한 사례이다. 따라서 중국에서 사업을 하는 기업인들은 가까운 주변 사람들을 조심하지 않으면 경영에 실패할 가능성이 있다.

넷째, 기업인으로서 양심을 저버리고 상대 기업인을 속임으로써 결국은 본인이 경영에 실패하여 망해버린 사례이다. 즉 중국기업인을 무시하여 속였으며 조선족마저 이용만 해먹고 등을 돌리게 했으며 지나친 허욕으로 인하여 실패한 경우이다.

다섯째, 경영실패 즉 노무관리와 불투명한 재무관리, 합자투자 당사자 간의 화합부족, 사회적으로 사양산업에 투자함으로 인하여 경영에 실패한 경우이다.

Ⅳ
조선족기업의 네트워크 실태

1. 설문조사 개요

1) 조사의 목적

본 설문의 목적은 조선족기업의 네트워크를 파악하고 분석하여 최종적으로는 한상네트워크를 구축하는 데 그 목적이 있다. 이는 화상네트워크 같은 한상네트워크를 구축함으로써 중국진출 한국기업과 중국 조선족기업, 나아가서는 해외한인기업과의 네트워크를 통하여 경제적으로 서로 상생할 수 있는 방안을 마련하는 데 있다. 본 조사는 조선족기업 네트워크에 대한 최초의 조사연구로서 한상네트워크 구축의 토대 마련 자료로써 큰 의의를 갖는다.

2) 조사의 내용

조사대상 지역으로는 중국 내에 조선족이 밀집해 있는 연변, 심양, 북경, 청도, 상해로 5개 지역을 선정하였고, 조사대상은 본 연구의 목적을 실행하기 위해 조사지역 내 조선족기업으로 한정하였다. 조사항목은 크게 기업의 일반현황, 중국 내 기업 및 해외기업과의 네트워크, 수출 및 수입과 투자활동, 대표자 인적사항 등 4가지 분석단위로 구성하였다. 조사기업의 설문항목에 관한 구체적인 내용은 다음과 같다.

<표 Ⅳ-1> 중국 내 조선족기업 설문항목

분석단위	조사내용
Ⅰ 일반현황	1. 회사명　2. 설립연도　3. 회사형태　4. 주력업종　5. 종업원 수
Ⅱ 네트워크	1. 중국내 조선족기업 　1) 경영활동상 가장 많이 활용하고 있는 네트워크 　2) 상호협력이나 교류관계에 있는 조선족기업 　3) 상호협력·교류의 장애요인 　4) 협력이나 교류를 활성화하기 위한 방안 2. 중국내 한국투자기업 　1) 상호협력이나 교류 여부 　2) 상호협력이나 교류의 장애요인 　3) 상호협력이나 교류 활성화 방안 3. 한국에 있는 기업 　1) 상호협력이나 교류 여부 　2) 상호협력이나 교류의 장애요인 　3) 상호협력이나 교류를 활성화하기 위한 방안 4. 중국이나 기타 외국기업 　1) 중국기업과의 교류내용 　2) 중국내 외국기업(한국투자기업 제외)과의 교류내용 　3) 해외 외국기업(한국기업 제외)과의 교류 내용 　4) 화상기업과의 교류내용 5. 대학(연구소), 정부기관, 금융기관, 단체 　1) 중국 및 한국대학(연구소)과의 산학협력 관계 체결 여부 　2) 「민족금융기관」 설립의 필요 여부 　3) 사업상 참여하는 단체나 조직 　4) 한국상회나 코트라 등 기업관련 단체와 상호교류 여부 　5) 기업활동에 「온라인 화상네트워크」 활용 정도 　6) 온라인 「한상네트워크」구축시 원하는 정보
Ⅲ 수출 및 수입, 투자활동	1. 수출 및 기술이전 　1) 수출 여부　　　2) 주요 수출대상국　3) 최근 3년간 수출실적 　4) 주요수출품　　5) 해외수출시 경쟁자　6) 기술이전 여부 　7) 기술이전시 형태　8) 기술이전 대상기업 2. 수입 및 기술도입 　1) 수입 여부　　　2) 주요 수입대상국　3) 최근 3년간 수입실적 　4) 주요수입품의 품목　5) 기술도입 여부　　6) 기술도입 대상기업 　7) 도입한 기술형태 3. 투자 　1) 투자 여부　　　2) 투자대상기업　　3) 최근 3년간 투자실적 　4) 투자목적　　　5) 한국에의 투자 고려 여부 　6) 한국에 투자시 한국정부에 요구사항
Ⅳ 대표자 인적사항	1.성명　2.연령　3.성별　4.고향　5.주소　6.전화번호　7.팩스 8. 이메일　9. 홈페이지

3) 조사의 설계

설문조사는 개별적 접촉을 통해 이루어졌으며, 구체적인 과정은 다음과 같다. 첫째, 설문조사는 중국 5개 지역 즉 연변, 심양, 북경, 청도, 상해의 현지 공동연구원의 협조를 얻어서 조선족기업을 방문하였으며 일대일 개별 접촉을 통하여 직접 작성되었다.

둘째, 현지 방문면담조사는 중국 5개 지역의 현지 공동연구원과 조선족기업가협회의 협조를 얻어 본 연구팀이 조선족기업을 직접 방문하여 최고경영자와의 일대일 개별 면담을 통해 기업의 네트워크실태를 파악하였다.

셋째, 현지를 방문한 본 연구팀에 의해 사전 설문조사 교육을 받은 중국 5개 지역 현지 공동연구원과 연구대상지역의 대학생들이 사전표본을 기준으로 조사를 진행하였다.

4) 표본의 설정

(1) 모집단

① 연구대상 : 중국 조선족기업
② 표본단위 : 서비스업, 제조업, 도·소매업에 종사하는 조선족기업
③ 범위 : 중국 5개(연변, 심양, 북경, 청도, 상해) 지역
④ 시간 : 2006년 1월 1일~4월 30일

(2) 표본추출

① 표본추출 방법
본 연구에서는 '비확률 표본추출 방법' 중에서 '할당표본추출 방법'을 적용하였다. 왜냐하면 모집단인 연변, 심양, 북경, 청도, 상해 지역의 조선족기업에 대한 정확한 통계숫자를 알 수 없으며 또한 이러한 지역

의 기업에 대한 업종별 통계자료도 알 수 없기 때문이다. 따라서 본 연구에서 연구대상 지역에 대한 표본추출 시 각 지역 조선족 밀집지역 인구비례에 따라 구분하여 각 업종별로 임의로 표본을 할당하였다.

② 표본의 크기

연구대상 지역의 표본의 크기는 총 360부인데 5개 지역 그리고 22개 업종을 표본으로 선정하였다.

③ 표본의 틀

연구대상 지역인 연변, 심양, 북경, 청도, 상해 지역 조선족기업 대상 표본 360부는 다음과 같은 방법에 의해서 임의로 할당하였다.

첫째, 각 지역의 표본 수(연변 140부, 심양 60부, 북경 60부, 청도 60부, 상해 40부)는 그 지역 조선족 밀집지역 인구비례에 따라 할당하였다. 즉 연변(연변 지역은 조선족기업이 주로 연길에 집중해 있으므로 연길 조선족 23만 명을 대상으로 하였다) 23만 명, 심양 10만 명, 북경 10만 명, 청도 10만 명, 상해 7만 명을 인구비례에 따라 할당하였다.

둘째, 업종 구분에서 서비스업은 50%, 제조업은 35%, 도·소매업은 15%로 임의 할당하였다. 왜냐하면 지역적으로 조금 차이는 있지만 중국 조선족기업은 주로 서비스업이 많으며 다음으로 제조업과 도·소매업 순인 것으로 나타났기 때문이다. 그러나 청도 지역의 경우 한국의 제조기업이 많이 진출한 관계로 업종별 비중을 제조업, 서비스업, 도·소매업 순으로 할당하였다.

셋째, 세부업종에 대한 표본할당은 지역별 특성에 맞게 할당할 표본 수를 조정하였다. 즉 연변의 경우는 서비스업 중 음식, 숙박업의 표본 수 비중을 높였으며 심양의 경우는 제조업 중 전기·전자·기계기구 제조에 비중을 높였다. 북경의 경우는 여행사나 무역업을 그리고 청도는 제조업 중 섬유 및 의류, 완구나 가구 및 설비, 주방용품의 비중을 높였다. 또한 상해는 서비스업 중 무역업이나 여행사, 음식, 숙박업의 표본 수를 늘려서 지역 특성에 맞게 할당하였다.

구체적인 연구대상 지역과 업종별, 지역별 표본의 할당현황은 〈표 Ⅳ-2〉 와 같다.

〈표 Ⅳ-2〉 연구대상지역(연변, 심양, 북경, 청도, 상해) 표본설계

업종 / 지역		연변	심양	북경	청도	상해	계
서비스부문	음식업	9	5	6	2	3	25
	숙박업(호텔, 모텔 포함)	9	5	4	2	3	23
	자동차 정비, 전자·전기 수리업	7	6	2	3	2	20
	건설 및 토목업	8	4	3	3	2	20
	운송·배달 서비스업	7	2	4	2	2	17
	여행사	10	3	5	2	3	23
	무역업	10	3	4	2	3	22
	금융, 보험, 부동산	8	2	2	2	2	16
	계	68	30	30	18	20	166
제조업부문	음식가공	10	3	3	5	2	23
	섬유 및 의류, 완구	10	2	2	5	2	21
	가구 및 설비, 주방용품	6	2	3	5	1	17
	화학, 유류, 고무, 피혁제품	6	2	3	3	2	16
	금속 및 합금	6	4	3	4	1	18
	전기·전자·기계 기구제조	6	4	3	5	2	20
	운송장비	6	3	3	5	1	18
	계	50	20	20	32	11	133
도소매업부문	의류·액세서리·가방전문점	3	2	2	2	2	11
	가구점	3	2	1	2	1	9
	잡화점 및 백화점	3	2	2	2	2	11
	식료품 및 제과점	2	1	1	1	1	6
	철골 및 건축자재	3	1	2	1	2	9
	전자·전기제품 판매점	3	1	1	1	2	8
	주류 판매점	3	1	1	1	1	7
	계	20	10	10	10	11	61
합계		138	60	60	60	42	360

5) 실사 설계

면접원 선정	흑룡강신문 각 지사 담당자 또는 현지 공동연구원들과 그 지역 대학생으로서 조사대상지역 출신이거나 그 지역에 연고가 있는 사람을 면접원으로 선발하였다.
면접원 훈련 및 연습면접	조사연구에 대한 연구목적, 조사내용, 조사방법, 그리고 조사지역에 대해 설명회를 갖고 설문지 내용에 대한 숙지사항을 테스트하기 위해 모의면접을 실시하였다.
면접진행 및 면접원 통제	현지 조사책임자가 각 조사대상지역에서 1일 간격으로 질문지를 배부, 회수, 검토하는 방법으로 면접원에 의해 발생될 수 있는 오차를 줄이도록 하였다.
검증조사	본 연구단이 중국방문 시 완성된 질문지 중 조사대상 지역별로 10%를 무작위로 추출하여 직접방문 및 전화 검증하였다. 허위나 조작이 발견될 경우 해당설문지를 무효화하였고 예비표본에서 재조사를 실시하였다.

6) 자료처리

중국 각 지역별로 조사된 설문지를 조사책임자가 회수하여 한국으로 우송한 후 본 연구원에서 통합, MS Excel을 이용하여 설문응답을 코딩한 후 SPSS 통계패키지를 이용하여 통계 처리하였다.

(1) 자료처리 과정

설문지 편집	설문응답에 대한 오류 및 누락 검증
코딩 및 자료 입력	설문응답의 부호화 및 자료입력
자료 정리	입력자료의 오류 검색
데이터 가공	- MicroSoft Excel, SPSS 통계패키지

(2) 표본의 가중치

표본선정에 대한 모든 자료는 조선족 밀집지역의 인구특성에 맞게 지역별 및 직업별 조선족 분포 수, 업종별 자영업분포를 토대로 표본 수를 선정하였으며, 표본 수 선정에 대한 기초 자료는 중국민족통계연감(2004), 주중한국대사관, 재외동포재단, 외교통상부의 통계자료를 참고하였다.

(3) 결과요약

- 표에 나타난 값은 모두 백분율로 산출하였다.
- 점수화가 가능한 응답에 대해서는 평균점수를 산출하여 계산하였다.
- 각 문항에 대해서 응답 수와 조사결과 집계표가 제시되었다.
- 무응답이나 오기(誤記)에 대해서는 산출에서 제외하고 별도항목을 선정하여 기록하였다.

2. 조사대상 일반현황

1) 인적사항

중국 조선족기업 대상 설문조사 수는 총 217개로써 각 지역별 개수를 보면 연변 48개, 심양 39개, 북경 46개, 청도 39개, 상해 45개로 되어 있다. 이를 각 지역별 비율로 나타내보면 연변은 22%, 심양 18%, 북경 21%, 청도 18%, 상해 21%로 전반적으로 비슷한 설문조사비율을 나타내고 있음을 알 수 있다.

설문조사 수를 바탕으로 중국 조선족기업 전체의 성별 비율을 살펴보면 남자가 80%, 여자는 20%로 남자가 월등히 많음을 알 수 있다. 전체적으로 연령별 분포를 보면 30대가 28%, 40대는 46%로 30~40대가 전체의 74%를 차지함으로써 중국 조선족기업의 경영자는 대체적으로 젊은 계층임을 알 수 있다. 지역별 비교에 의하면 연변과 심양은 40~50대가 연변 85%, 심양 80%를 차지하고 북경, 청도, 상해는 30~40대가 북경 80%, 청도 88%, 상해 89%를 차지하는 것으로 조사되었다. 이는 중국 조선족의 주된 집거지역인 연변과 심양의 조선족기업인은 40~50대가 주류를 이루며 중국의 대도시이자 외자계 기업들이 많이 진출해 있는 북경, 청도, 상해는 젊은 조선족기업인인 30~40대가 주류를 이루고 있는 것으로 나타났다.

〈표 Ⅳ-3〉 조선족기업 경영자의 성별 및 연령

구분	지역	응답수						비 율					
		연변	심양	북경	청도	상해	계	연변	심양	북경	청도	상해	계
성별	남	36	30	34	33	39	172	75%	81%	76%	85%	87%	80%
	여	12	7	11	6	6	42	25%	19%	24%	15%	13%	20%
	합계	48	37	45	39	45	214	100%	100%	100%	100%	100%	100%
	무응답	0	2	1	0	0	3						
연령	20대	0	1	1	1	5	8	0%	3%	2%	3%	11%	4%
	30대	1	6	10	17	25	59	2%	16%	22%	44%	57%	28%
	40대	25	16	26	17	14	98	52%	43%	58%	44%	32%	46%
	50대	16	10	7	4	0	37	33%	27%	16%	10%	0%	17%
	60대이상	6	4	1	0	0	11	13%	11%	2%	0%	0%	5%
	합계	48	37	45	39	44	213	100%	100%	100%	100%	100%	100%
	무응답	0	2	1	0	1	4						

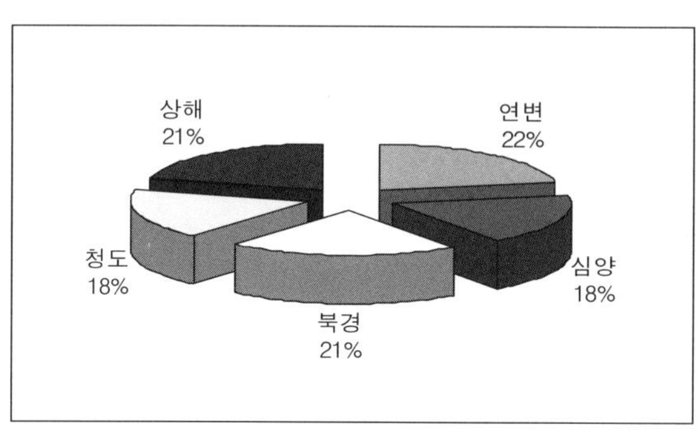

〈그림 Ⅳ-1〉 조선족기업의 설문조사 비율

2) 설립 시기

<표 Ⅳ-4> 조선족기업의 설립 시기

구분 \ 지역	응답수						비 율					
	연변	심양	북경	청도	상해	계	연변	심양	북경	청도	상해	계
1950년 이전	1	0	0	0	0	1	2%	0%	0%	0%	0%	0%
1951~1960	2	0	0	0	0	2	4%	0%	0%	0%	0%	1%
1961~1970	1	0	0	0	0	1	2%	0%	0%	0%	0%	0%
1971~1980	4	0	0	0	0	4	8%	0%	0%	0%	0%	2%
1981~1990	6	0	0	0	0	6	13%	0%	0%	0%	0%	3%
1991~2000	19	16	9	12	2	58	40%	41%	20%	31%	4%	27%
2000년 이후	15	23	37	27	43	145	31%	59%	80%	69%	96%	67%
소계	48	39	46	39	45	217	100%	100%	100%	100%	100%	100%
무응답	0	0	0	0	0	0						
합계	48	39	46	39	45	217						

중국조선족기업의 설립 시기를 살펴보면 전체기업의 67%가 2000년 이후에 설립된 것으로 나타났고, 1990년 이전에 설립한 기업의 수는 전체 6%로서 상대적으로 아주 미미함을 알 수 있다. 또한 전체기업의 94%가 1991년 이후에 설립된 것으로 나타남으로써 조선족기업의 역사는 25년이 채 안 된 아직 뿌리내리지 못한 역사인 것을 알 수 있다. 지역별 비교에 의하면 조선족의 주된 집거지역인 동북 3성 내의 연변과 심양지역의 경우 1991년도 이후 설립이 연변 71%, 심양 100%로서 거의 대부분의 기업이 1991년도에 설립되었으며 북경과 청도, 상해는 2000년도 이후 설립이 북경 80%, 청도 6%, 상해 96%로서 중국 대도시 조선족기업의 역사는 불과 5~6년인 것으로 조사되었다.

3) 회사 형태

〈표 Ⅳ-5〉 조선족기업의 회사 형태

구분 \ 지역	응답수						비 율					
	연변	심양	북경	청도	상해	계	연변	심양	북경	청도	상해	계
사영독자기업	28	16	27	25	37	133	58%	41%	59%	68%	82%	62%
사영합자기업	6	20	18	7	5	56	13%	51%	39%	19%	11%	26%
사영합작기업	1	0	0	2	1	4	2%	0%	0%	5%	2%	2%
기타	13	3	1	3	2	22	27%	8%	2%	8%	4%	10%
소계	48	39	46	37	45	215	100%	100%	100%	100%	100%	100%
무응답	0	0	0	2	0	2						
합계	48	39	46	39	45	217						

중국 5개 지역 조선족기업 217개를 대상으로 회사형태에 대한 설문조사를 한 결과 사영독자기업이 62%, 사영합자기업이 26%로 조사됨으로써 조선족기업의 회사 형태는 대부분 사영독자기업인 것으로 나타났다. 지역별 비교에 의하면 심양지역을 제외한 나머지 4개 지역은 사영독자기업이 주된 회사 형태이며(연변 58%, 북경 59%, 청도 68%, 상해 82%) 심양 지역의 조선족기업은 사영합자기업 51%, 사영독자기업 41%로 조사됨으로써 다른 4개 지역에 비하여 사영합자기업이 주된 회사 형태인 것으로 나타났다.

4) 주력업종

<표 Ⅳ-6> 조선족기업의 주력업종

구분	지역	응답수						비 율					
		연변	심양	북경	청도	상해	계	연변	심양	북경	청도	상해	계
서비스업부문	음식업	2	0	6	4	2	14	5%	0%	13%	11%	5%	7%
	숙박업 (호텔,모텔포함)	2	3	3	0	0	8	5%	8%	7%	0%	0%	4%
	자동차정비, 전자·전기수리업	2	0	0	2	1	5	5%	0%	0%	6%	3%	2%
	건설 및 토목업	4	0	1	1	2	8	9%	0%	2%	3%	5%	4%
	운송/배달서비스업	0	0	2	2	0	4	0%	0%	4%	6%	0%	2%
	여행사	0	1	4	0	3	8	0%	3%	9%	0%	8%	4%
	무역업	4	1	2	5	8	20	9%	3%	4%	14%	20%	10%
	금융,보험,부동산	2	1	1	2	0	6	5%	3%	2%	6%	0%	3%
	기타	9	9	12	2	9	41	21%	23%	26%	6%	23%	20%
	소계	25	15	31	18	25	114	58%	38%	67%	50%	63%	55%
제조업부문	음식가공	0	1	0	0	0	1	0%	3%	0%	0%	0%	0%
	섬유 및 의류,완구	0	1	0	5	0	6	0%	3%	0%	14%	0%	3%
	가구 및 설비, 주방용품	0	4	0	0	0	4	0%	10%	0%	0%	0%	2%
	화학,유류, 고무,피혁제품	1	0	0	0	0	1	2%	0%	0%	0%	0%	0%
	금속 및 합금	0	0	0	1	2	3	0%	0%	0%	3%	5%	1%
	전기·전자· 기계기구제조	1	1	1	4	8	14	0%	3%	2%	11%	20%	7%
	운송장비	0	0	0	0	0	0	0%	0%	0%	0%	0%	0%
	기타	3	5	4	4	1	17	7%	13%	9%	11%	3%	8%
	소계	4	12	5	14	11	46	9%	31%	11%	39%	28%	23%
도소매업부문	의류·액세서리· 가방전문점	3	0	0	2	0	5	7%	0%	0%	6%	0%	2%
	가구점	2	0	0	0	0	2	5%	0%	0%	0%	0%	1%
	잡화점 및 백화점	1	1	0	0	0	2	2%	3%	0%	0%	0%	1%
	식료품 및 제과점	1	0	2	0	0	3	2%	0%	4%	0%	0%	1%
	철골 및 건축자재	0	0	0	0	0	0	0%	0%	0%	0%	0%	0%
	전자· 전기제품판매점	0	6	0	0	2	8	0%	15%	0%	0%	5%	4%
	주류판매점	0	0	0	0	0	0	0%	0%	0%	0%	0%	0%
	기타	7	5	8	2	2	24	16%	13%	17%	6%	5%	12%
	소계	14	12	10	4	4	44	33%	31%	22%	11%	10%	22%
	합계	43	39	46	36	40	204	100%	100%	100%	100%	100%	100%
	무응답	5	0	0	3	5	13						
	총계	48	39	46	39	45	217						

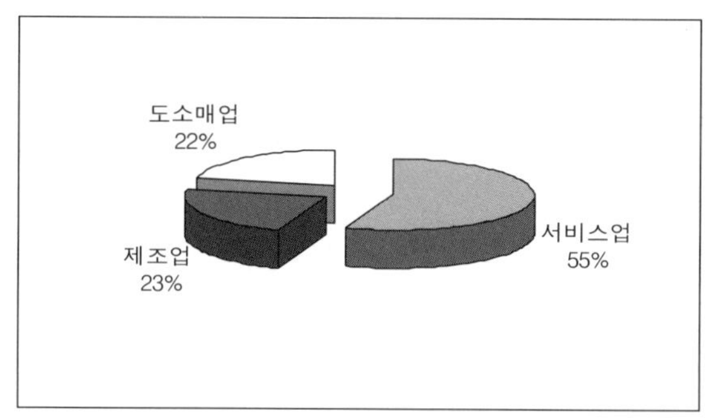

〈그림 Ⅳ-2〉 조선족기업의 주력업종

중국 5개 지역 조선족기업의 주력업종을 설문조사한 결과 가장 많이 종사하는 업종은 서비스업(55%)이며 다음으로 제조업(23%), 도소매업(22%) 순인 것으로 나타났다. 조선족기업 전체적으로 볼 때 세부업종으로는 음식 · 숙박업(11%)에 가장 많이 종사하며 다음으로는 무역업(10%), 전기 · 전자 · 기계기구 제조(7%) 순인 것으로 조사되었다.

지역별 비교에 의하면 연변과 북경은 서비스업(연변 58%, 북경 67%), 도소매업(연변 33%, 북경 22%), 제조업(연변 9%, 북경 11%) 순으로 나타났으며 심양과 청도, 상해 지역은 서비스업(심양 38%, 청도 50%, 상해 63%), 제조업(심양 31%, 청도 39%, 상해 28%), 도소매업(심양 31%, 청도 11%, 상해 10%) 순으로 조사되었다.

각 지역에 대한 세부 업종을 보면 연변에서는 음식 · 숙박업(10%)과 건설 및 토목업(9%), 무역업(9%), 의류 · 액세서리 · 가방 전문점(7%) 순이며, 심양은 전자 · 전기제품 판매점(15%), 가구 및 설비, 주방용품(10%), 숙박업(8%) 순으로 많이 종사하는 것으로 조사되었다.

또한 북경의 경우는 음식 · 숙박업(20%), 여행사(9%) 순이며 청도의 경우 무역업(14%), 섬유 및 의류, 완구(14%), 음식업(11%), 전기 · 전자 · 기계기구 제조(11%)인 것으로 나타났다. 상해의 경우는 무역업(20%), 전기 · 전자 · 기계기구 제조(20%), 여행사(8%) 순으로 많이 종사하는 것으로 조사되었다.

5) 종업원 수

〈표 Ⅳ-7〉 조선족기업의 종업원 수

구분 \ 지역	응답수						비 율					
	연변	심양	북경	청도	상해	계	연변	심양	북경	청도	상해	계
10명 미만	7	6	17	4	33	67	19%	15%	37%	10%	73%	33%
10~20명	9	6	14	10	6	45	24%	15%	30%	26%	13%	22%
20~50명	20	9	10	11	5	55	54%	23%	22%	28%	11%	27%
50~100명	3	9	1	4	0	17	8%	23%	2%	10%	0%	8%
100~500명	5	7	4	9	1	26	14%	18%	9%	23%	2%	13%
500~1,000명	1	1	0	0	0	2	3%	3%	0%	0%	0%	1%
1,000명 이상	2	1	0	1	0	4	5%	3%	0%	3%	0%	2%
소계	37	39	46	39	45	206	100%	100%	100%	100%	100%	100%
무응답	11	0	0	0	0	11						
합계	48	39	46	39	45	217						

중국 5개 지역의 조선족기업에 채용된 종업원 수를 설문조사한 결과 10명 미만이 33%, 10~20명 미만이 22%, 20~50명 미만이 27%로서 전체적으로 볼 때 50명 미만이 82%로 나타남으로써 종업원 수 기준으로 볼 때 조선족기업의 규모가 비교적 작음을 알 수 있다.

지역별 비교에 의하면 연변의 경우 20~50명 미만이 54%를 차지하고 50명 미만이 97%를 차지함으로써 연변자치주 조선족기업의 영세성을 알 수 있다. 심양의 경우 20~500명 미만이 64%로 나타났는데 이는 심양이 전통적인 중공업 도시이고 기계 등 제조업이 주력 업종이기 때문에 기업의 규모가 비교적 큼을 알 수 있다.

북경의 경우 종업원 수 50명 미만이 89%로서 이는 북경 조선족기업들이 대부분 종업원 수가 많은 제조업보다는 무역업 등 서비스업에 종사하기 때문인 것으로 나타났다. 청도 조선족기업의 경우 10~50명 미만이 54%, 100~500명 미만이 23%로서 이는 청도 지역에 진출한 많은 외자기업의 영향으로 청도 조선족기업들이 비교적 규모가 큰 제조업이나 또는 규모가 작은 무역업에 종사하기 때문인 것으로 조사되었다. 상해 조선족기업의 경우 10명 미만이 73%, 50명 미만이 97%로 이는 중국 제1의 상업도시인 상해에서 사업을 하는 조선족기업의 경우 대부분의 주력 업종이 서비스업인 무역업에 종사하기 때문에 종업원의 규모가 작은 것으로 조사되었다.

(1) 조선족기업의 민족별 종업원 출신 비율

중국 5개 지역 조선족기업에 채용된 종업원의 민족별 출신 비율을 보면 한족이 71%, 조선족이 29%의 비율로 나타남으로써 중국 조선족기업들은 종업원을 채용할 때 대부분 한족을 채용하는 것으로 조사되었다. 지역별 비교에 의하면 연변을 제외한 심양, 북경, 청도, 상해 지역의 조선족기업들은 대부분 한족을 종업원으로 채용(심양 83%, 북경 83%, 청도 87%, 상해 65%)하고 있는 반면에, 연변은 조선족자치주이기 때문에 조선족기업들이 같은 민족인 조선족을 채용하는 비율(조선족 53%, 한족 47%)이 약간 더 높은 것으로 조사되었다.

중국 조선족기업들이 종업원을 채용할 때 전체 종업원 중 조선족 종업원의 채용 비율이 어느 정도인가를 설문조사한 결과 전체 종업원 중 조선족 종업원의 비율을 10% 미만 채용이 95%, 10~30% 미만이 4%, 30~50% 미만이 1%로 나타남으로써 조선족기업들은 종업원 중 조선족의 비율을 대부분 10% 미만 채용하는 것으로 조사되었다.

〈표 Ⅳ-8〉 조선족기업의 민족별 종업원 출신 비율

구분＼지역	응답수						비 율					
	연변	심양	북경	청도	상해	계	연변	심양	북경	청도	상해	계
조선족	3,275	788	233	581	240	5,117	53%	16%	16%	13%	35%	29%
한족	2,891	4,046	1,192	3,870	447	12,446	47%	83%	83%	87%	65%	71%
기타	7	24	14	7	3	55	0%	0%	1%	0%	0%	0%
합계	6,173	4,858	1,439	4,458	690	17,618	100%	100%	100%	100%	100%	100%

〈표 Ⅳ-9〉 조선족기업의 조선족 출신 종업원 비율

구분 \ 지역	응답수						비 율					
	연변	심양	북경	청도	상해	계	연변	심양	북경	청도	상해	계
10% 미만	43	36	45	37	45	206	90%	92%	98%	95%	100%	95%
10~30%	5	3	0	1	0	9	10%	8%	0%	3%	0%	4%
30~50%	0	0	1	1	0	2	0%	0%	2%	3%	0%	1%
50~70%	0	0	0	0	0	0	0%	0%	0%	0%	0%	0%
70~90%	0	0	0	0	0	0	0%	0%	0%	0%	0%	0%
90% 이상	0	0	0	0	0	0	0%	0%	0%	0%	0%	0%
합계	48	39	46	39	45	217	100%	100%	100%	100%	100%	100%
무응답	0	0	0	0	0	0						

3. 중국내 기업 및 해외(한국포함)기업과의 네트워크

1) 중국내 조선족기업

(1) 경영활동상 가장 많이 활용하고 있는 네트워크

〈표 Ⅳ-10〉 조선족기업의 경영활동상 활용 네트워크

제1순위

구분 \ 지역	응답수						비 율					
	연변	심양	북경	청도	상해	계	연변	심양	북경	청도	상해	계
혈연	5	4	3	5	0	17	11%	11%	7%	14%	0%	8%
지연	13	13	22	8	23	79	28%	36%	50%	22%	52%	38%
업연(동일업종)	18	8	10	21	18	75	39%	22%	23%	58%	41%	36%
학연	1	6	7	1	0	15	2%	17%	16%	3%	0%	7%
물연(동일상품)	2	3	2	1	2	10	4%	8%	5%	3%	5%	5%
신연(동일종교)	0	1	0	0	0	1	0%	3%	0%	0%	0%	0%
기타	7	1	0	0	1	9	15%	3%	0%	0%	2%	4%
소계	46	36	44	36	44	206	100%	100%	100%	100%	100%	100%
무응답	2	3	2	3	1	11						
합계	48	39	46	39	45	217						

제2순위

혈연	11	0	4	0	1	16	26%	0%	10%	0%	7%	10%
지연	10	13	9	4	4	40	23%	37%	21%	16%	29%	25%
업연(동일업종)	7	5	11	2	4	29	16%	14%	26%	8%	29%	18%
학연	3	11	12	1	3	30	7%	31%	29%	4%	21%	19%
물연(동일상품)	6	3	4	16	2	31	14%	9%	10%	64%	14%	19%
신연(동일종교)	1	2	1	0	0	4	2%	6%	2%	0%	0%	3%
기타	5	1	1	2	0	9	12%	3%	2%	8%	0%	6%
소계	43	35	42	25	14	159	100%	100%	100%	100%	100%	100%
무응답	5	4	4	14	31	58						
합계	48	39	46	39	45	217						

중국 5개 지역의 조선족기업인들이 경영활동상 가장 많이 활용하고 있는 네트워크는 제1순위로 지연(38%)과 업연(동일업종, 36%)인 것으로 조사되었다. 지역별 비교에 의하면 심양과 북경, 상해는 지연(심양 36%, 북경 50%, 상해 52%)과 업연(심양 22%, 북경 23%, 상해 41%) 순으로 많이 활용하며 연변과 청도는 업연(연변 39%, 청도 58%), 지연(연변 28%, 청도 22%) 순으로 많이 활용하는 것으로 나타났다.

중국 조선족기업인들이 경영활동상 가장 많이 활용하는 네트워크의 2순위로는 지연(25%), 학연(19%), 물연(동일상품, 19%), 업연(18%) 순으로 많이 활용하는 것으로 조사되었다.

특이한 점은 연변의 경우 다른 지역보다 혈연을 더 중요한 네트워크로 활용하고 있다는 점이다. 이는 연변이 조선족자치주라는 조선족 집거지의 영향 때문인 것으로 보인다.

(2) 중국내 조선족기업과의 상호협력이나 교류관계에 있는 조선족기업

① 중국내 조선족기업과의 상호협력·교류 여부

중국 5개 지역 조선족기업인들에게 중국 내에 있는 조선족기업과의 네트워크를 파악하기 위하여 중국내 조선족기업과의 상호협력이나 교류 여부를 물었다. 전체적으로 볼 때 70%는 상호협력이나 교류관계가 있다고 응답하였으며 나머지 30%는 교류나 상호협력이 없는 것으로 조사되었다. 지역별 비교에 의하면 연변이나 심양, 북경의 조선족기업인의 경우 상호협력이나 교류가 있다는 비율(연변 88%, 심양 82%, 북경 74%)이 높은 반면에 청도와 상해 조선족기업인의 경우는 다른 조선족기업인과의 상호협력이나 교류 여부가 거의 비슷하게 나타났는데 이는 청도의 경우 한국기업 등 외자계 기업과의 상호협력이나 교류가 많기 때문으로 보인다.

중국내에 있는 조선족기업과의 상호협력이나 교류관계가 없다고 하는 중국 5개 지역 조선족기업인들에게 상호협력이나 교류관계가 없는 이유를 물었다. 응답결과에 의하면 가장 큰 이유는 조선족기업과의 상호협력이나 교류의 필요성을 못 느낌(57%)으로 응답되었고 다음으로는 특별한 이유는 없음(16%)으로 나타났다.

<표 Ⅳ-11> 중국내 조선족기업과의 상호협력 · 교류 여부

구분 \ 지역	응답수						비 율					
	연변	심양	북경	청도	상해	계	연변	심양	북경	청도	상해	계
있다	42	32	34	22	21	151	88%	82%	74%	56%	49%	70%
없다	6	7	12	17	22	64	13%	18%	26%	44%	51%	30%
소계	48	39	46	39	43	215	100%	100%	100%	100%	100%	100%
무응답	0	0	0	0	2	2						
합계	48	39	46	39	45	217						

② 중국내 조선족기업과의 상호협력이나 교류 내용

중국내 조선족기업과의 상호협력이나 교류를 하고 있다는 중국 5개 지역 조선족기업인에게 어떤 것들을 상호협력이나 교류를 하고 있는지를 물었다. 중국 조선족기업인들은 상호협력이나 교류의 1순위로 원재료나 제품의 조달(43%), 사업정보교환(24%), 판로개척(19%) 순으로 상호협력이나 교류를 하고 있는 것으로 나타났다. 지역별 비교에 의하면 원재료나 제품의 조달이 북경을 제외한 중국 4개 지역이 공히 가장 높은 비율(연변 40%, 심양 66%, 청도 38%, 상해 38%)로 나타났으며 북경의 경우는 판로개척이 가장 높은 비율(35%)로 응답되었다.

〈표 Ⅳ-12〉 중국내 조선족기업과의 상호협력이나 교류 내용

제1순위

구분 \ 지역	응답수						비 율					
	연변	심양	북경	청도	상해	계	연변	심양	북경	청도	상해	계
원재료/제품조달	17	21	10	8	8	64	40%	66%	29%	38%	38%	43%
투자 및 자본조달	2	0	0	2	2	6	5%	0%	0%	10%	10%	4%
기술제휴	4	2	1	2	1	10	10%	6%	3%	10%	5%	7%
사업정보교환	8	5	10	5	8	36	19%	16%	29%	24%	38%	24%
판로개척	9	4	12	4	0	29	21%	13%	35%	19%	0%	19%
합자/합작	2	0	1	0	2	5	5%	0%	3%	0%	10%	3%
기타	0	0	0	0	0	0	0%	0%	0%	0%	0%	0%
소계	42	32	34	21	21	150	100%	100%	100%	100%	100%	100%
무응답	0	0	0	1	0	1						
합계	42	32	34	22	21	151						

제2순위

구분 \ 지역	응답수						비 율					
	연변	심양	북경	청도	상해	계	연변	심양	북경	청도	상해	계
원재료/제품조달	4	0	2	0	0	6	10%	0%	6%	0%	0%	6%
투자 및 자본조달	5	1	2	0	1	9	12%	33%	6%	0%	8%	9%
기술제휴	5	0	0	1	0	6	12%	0%	0%	11%	0%	6%
사업정보교환	14	2	14	4	5	39	33%	67%	41%	44%	42%	39%
판로개척	7	0	13	3	5	28	17%	0%	38%	33%	42%	28%
합자/합작	4	0	1	1	1	7	10%	0%	3%	11%	8%	7%
기타	3	0	2	0	0	5	7%	0%	6%	0%	0%	5%
소계	42	3	34	9	12	100	100%	100%	100%	100%	100%	100%
무응답	0	29	0	13	9	51						
합계	42	32	34	22	21	151						

상호협력이나 교류의 2순위로는 사업정보교환(39%), 판로개척(28%) 순으로 조사되었다. 지역별 비교에 의하면 5개 지역이 공히 사업정보교환이 가장 비율이 높으며(연변 33%, 심양 67%, 북경 41%, 청도 44%, 상해 42%), 다음으로는 판로개척이 심양을 제외한 4개 지역(연변 17%, 북경 38%, 청도 33%, 상해 42%)에서 높았다. 심양은 사업정보교환(67%) 다음으로 투자 및 자본조달(33%) 순으로 높게 조사되었다.

결과적으로 중국 5개 지역 조선족기업인들은 다른 조선족기업과의 상호협력이나 교류의 첫째 이유로는 원재료나 제품의 조달이며 다음으로는 사업정보교환과 판로개척인 것으로 나타났다.

③ 중국내 조선족기업과의 상호협력이나 교류 비중

<표 Ⅳ-13> 중국내 조선족기업과의 상호협력이나 교류 비중

구분 \ 지역	응답수						비율					
	연변	심양	북경	청도	상해	계	연변	심양	북경	청도	상해	계
매우작은편임	1	0	1	3	0	5	2%	0%	3%	14%	0%	3%
작은편임	2	0	4	3	1	10	5%	0%	12%	14%	5%	7%
보통	2	10	18	11	13	54	5%	34%	55%	50%	68%	37%
많은편임	11	16	9	4	4	44	26%	55%	27%	18%	21%	30%
매우많은편임	26	3	1	1	1	32	62%	10%	3%	5%	5%	22%
소계	42	29	33	22	19	145	100%	100%	100%	100%	100%	100%
무응답	0	3	1	0	2	6						
합계	42	32	34	22	21	151						

중국 5개 지역의 조선족기업인과 중국내 조선족기업 간의 상호협력이나 교류의 비중이 어느 정도인지를 물었다. 전체적으로 볼 때 조선족기업과의 상호협력이나 교류의 비중이 보통(37%), 많은 편임(30%), 매우 많은 편임(22%)으로 나타남으로써 보통 이상이라고 응답한 비율이 전체의 89%로 조사되었다. 즉 중국 5개 지역의 조선족기업인들은 중국내 조선족기업 간의 상호협력이나 교류의 비중이 많은 것으로 나타났다.

지역별 비교에 의하면 연변의 경우 88%가 상호협력이나 교류가 많은 것으로 응답(매우 많은 편임 62%, 많은 편임 26%)하였고 심양의 경우 65%가 상호협력이나 교류가 많다는 것으로 응답(많은 편임 55%, 매우 많은 편임 10%)하였다. 이는 연변이나 심양이 조선족의 집거지로서의 영향 때문인 것으로 풀이된다. 반면에 북경, 청도, 상해는 대도시라는 영향 때문에 연변과 심양에 비하여 상호협력이나 교류의 비중이 적은 것으로 나타났다.

④ 중국내 조선족기업과의 상호협력이나 교류시 성과

〈표 Ⅳ-14〉 중국내 조선족기업과의 상호협력이나 교류시 성과

구분 \ 지역	응답수						비 율					
	연변	심양	북경	청도	상해	계	연변	심양	북경	청도	상해	계
매우불만족	0	0	0	0	0	0	0%	0%	0%	0%	0%	0%
불만족	0	0	6	0	0	6	0%	0%	18%	0%	0%	4%
보통	17	11	18	12	9	67	40%	34%	55%	60%	47%	46%
만족	20	19	8	8	10	65	48%	59%	24%	40%	53%	45%
매우만족	5	2	1	0	0	8	12%	6%	3%	0%	0%	5%
소계	42	32	33	20	19	146	100%	100%	100%	100%	100%	100%
무응답	0	0	1	2	2	5						
합계	42	32	34	22	21	151						

중국내 조선족기업과의 상호협력이나 교류시 성과에 관한 물음에 대해서는 전체적으로 볼 때 만족(만족 45%, 매우 만족 5%)하는 것으로 응답되었다. 지역별 비교에 의하면 연변과 심양의 조선족기업은 만족도가 높으나(연변 60%, 심양 65%) 북경이나 청도, 상해의 조선족기업은 만족도가 다른 두 지역에 비하여 더 낮았다(북경 27%, 청도 40%, 상해 53%). 이는 동북 3성 지역인 연변과 심양의 조선족기업은 같은 조선족 기업끼리의 상호협력이나 교류가 잦음으로써 서로 간에 만족도가 높은 것으로 보이나 북경이나 청도, 상해의 조선족기업들은 같은 동족인 조

선족기업과의 교류보다는 외자기업이나 한족기업 또는 중국진출 외국기업 등과의 관계 형성으로 지역내 조선족기업과의 관계가 소원해진 결과로 보인다.

특히 북경은 다른 4개 지역에 비하여 만족도가 가장 낮은데(만족 27%, 불만족 18%) 이는 중국의 수도이자 최대의 도시인 북경에서 사업을 하는 조선족기업끼리의 상호협력이나 교류가 소원할 뿐만 아니라 교류가 있다 하더라도 썩 만족스럽지 못함을 나타내는 것으로 보인다.

(3) 중국내 조선족기업과의 상호협력·교류의 장애요인

중국 5개 지역 조선족기업인들에게 같은 지역 또는 다른 지역 조선족기업인과의 상호협력이나 교류의 장애요인을 물었다. 응답결과를 보면 장애요인의 제1순위로는 치열한 경쟁(41%)과 조선족기업협회의 매개역할 미비(22%), 원활한 정보네트워크 부족(16%) 순으로 조사되었다. 장애요인의 제2순위로는 기업가정신과 상도의 부재(32%), 원활한 정보네트워크 부족(23%), 신뢰할 만한 기업 없음(14%) 순으로 응답되었다. 전체적으로 제1, 2순위를 종합해 보면 조선족기업인끼리의 상호협력이나 교류의 첫 번째 장애요인으로서는 '치열한 경쟁'(41%)이며 다음으로 '기업가정신과 상도의 부재'(32%), '원활한 정보네트워크 부족'(23%) 순으로 나타났다.

상호협력이나 교류의 장애요인을 지역별로 비교해보면 연변 조선족기업의 경우 치열한 경쟁(56%) 및 기업가정신과 상도의 부재(28%), 원활한 정보네트워크 부족(26%)을 장애요인으로 꼽았으며, 심양은 치열한 경쟁(54%) 및 기업가정신과 상도의 부재(35%) 순으로 나타났다. 또한 북경 조선족기업의 경우는 장애요인의 첫 번째로 기업가정신과 상도의 부재(61%), 치열한 경쟁(54%) 순이며 청도의 경우는 기업가정신과 상도의 부재(45%), 원활한 정보네트워크 부족(40%) 순으로 응답되었다. 상해 조선족기업의 경우는 장애요인의 첫 번째로 치열한 경쟁(41%)과 기업가정신과 상도의 부재(32%)인 것으로 나타났다.

<표 Ⅳ-15> 중국내 조선족기업과의 상호협력·교류의 장애요인

제1순위

구분 \ 지역	응답수						비 율					
	연변	심양	북경	청도	상해	계	연변	심양	북경	청도	상해	계
치열한 경쟁	25	21	22	2	6	76	56%	54%	54%	9%	15%	41%
조선기업협회의 매개역할 미비	8	2	1	7	23	41	18%	5%	2%	32%	58%	22%
신뢰할만한 기업 없음	3	1	6	1	0	11	7%	3%	15%	5%	0%	6%
원활한 정보네트워크 부족	6	1	2	10	11	30	13%	3%	5%	45%	28%	16%
기업가정신과 상도의 부재	2	9	5	2	0	18	4%	23%	12%	9%	0%	10%
기타	1	5	5	0	0	11	2%	13%	12%	0%	0%	6%
소계	45	39	41	22	40	187	100%	100%	100%	100%	100%	100%
무응답	3	0	5	17	5	30						
합계	48	39	46	39	45	217						

제2순위

구분	연변	심양	북경	청도	상해	계	연변	심양	북경	청도	상해	계
치열한 경쟁	3	0	1	1	7	12	7%	0%	3%	7%	22%	8%
조선기업협회의 매개역할 미비	9	0	0	2	5	16	21%	0%	0%	13%	16%	10%
신뢰할만한 기업 없음	6	4	9	2	2	23	14%	12%	25%	13%	6%	14%
원활한 정보네트워크 부족	11	2	4	6	14	37	26%	6%	11%	40%	44%	23%
기업가정신과 상도의 부재	12	12	22	1	4	51	28%	35%	61%	7%	13%	32%
기타	2	16	0	3	0	21	5%	47%	0%	20%	0%	13%
소계	43	34	36	15	32	160	100%	100%	100%	100%	100%	100%
무응답	5	5	10	24	13	57						
합계	48	39	46	39	45	217						

(4) 중국내 조선족기업 상호간 협력이나 교류를 활성화하기 위한 방안

〈표 Ⅳ-16〉 중국내 조선족기업 상호간 협력이나 교류를 활성화하기 위한 방안

제1순위

구분＼지역	응답수						비 율					
	연변	심양	북경	청도	상해	계	연변	심양	북경	청도	상해	계
상호간 정보제공과 적극협조	20	9	8	13	13	63	44%	28%	20%	42%	33%	34%
정기적인 교류를 통한 활성화	14	8	5	9	24	60	31%	25%	13%	29%	60%	32%
상호경쟁보다는 상생의 마인드를 길러야함	7	15	25	6	2	55	16%	47%	63%	19%	5%	29%
중국 주재 한국 대사관의 역할 기대	3	0	0	1	1	5	7%	0%	0%	3%	3%	3%
기업간 상품전시회 개최	1	0	2	1	0	4	2%	0%	5%	3%	0%	2%
기타	0	0	0	1	0	1	0%	0%	0%	3%	0%	1%
소계	45	32	40	31	40	188	100%	100%	100%	100%	100%	100%
무응답	3	7	6	8	5	29						
합계	48	39	46	39	45	217						

제2순위

구분＼지역	응답수						비 율					
	연변	심양	북경	청도	상해	계	연변	심양	북경	청도	상해	계
상호간 정보제공과 적극협조	7	0	17	6	14	44	16%	0%	45%	23%	41%	25%
정기적인 교류를 통한 활성화	4	9	8	8	9	38	9%	28%	21%	31%	26%	22%
상호경쟁보다는 상생의 마인드를 길러야함	25	6	12	9	6	58	56%	19%	32%	35%	18%	33%
중국 주재 한국 대사관의 역할 기대	8	17	0	3	5	33	18%	53%	0%	12%	15%	19%
기업간 상품전시회 개최	1	0	1	0	0	2	2%	0%	3%	0%	0%	1%
기타	0	0	0	0	0	0	0%	0%	0%	0%	0%	0%
소계	45	32	38	26	34	175	100%	100%	100%	100%	100%	100%
무응답	3	7	8	13	11	42						
합계	48	39	46	39	45	217						

중국내 조선족기업과의 상호협력이나 교류의 활성화 방안에 대한 응답결과를 보면 제1순위로서는 첫째로 '상호간 정보제공과 적극 협조'(34%)를 다음으로는 '정기적인 교류를 통한 활성화'(32%)로 나타났다. 활성화 방안의 제2순위로는 첫째로 '상호경쟁보다는 상생의 마인드를 길러야 함'(33%), 다음으로는 '상호간 정보제공과 적극 협조'(25%)로 조사되었다.

결과적으로 조선족기업인 상호간의 협력이나 교류의 활성화 방안은 첫째로 '상호간 정보제공과 적극 협조'(34%)이며 다음으로 '상호경쟁보다는 상생의 마인드를 길러야 함'(33%)과 '정기적인 교류를 통한 활성화'(32%)로 나타났다. 즉 조선족기업인들은 상호간의 협력이나 교류의 활성화를 위해서는 온라인과 오프라인 상의 네트워크를 통한 상호간의 교류와 상생마인드인 것으로 조사되었다. 조선족기업인 상호간의 협력이나 교류의 활성화 방안에 대한 각 지역 간의 비교를 보면 연변 조선족기업인의 경우 제1순위로서는 '상호간 정보제공과 적극 협조'(44%)를 그리고 제2순위로서는 '상호경쟁보다는 상생의 마인드를 길러야 함'(56%)에 응답함으로써 전체 조선족기업인과 같은 마인드이며 심양 조선족기업인의 경우는 1순위로 '상호경쟁보다는 상생의 마인드를 길러야 함'(47%), 2순위로는 '중국 주재 한국대사관의 역할 기대'(53%)에 응답하였다. 심양 조선족기업의 경우는 중국 주재 한국대사관의 역할을 기대하는 부분이 다른 지역과 다른 특징이 있다. 북경 조선족기업의 경우 제1순위로서는 '상호경쟁보다는 상생의 마인드를 길러야 함'(63%)과 제2순위로는 '상호간 정보제공과 적극 협조'(45%)로 나타났다. 청도 조선족기업인의 경우는 제1순위로 '상호간 정보제공과 적극 협조'(42%), 제2순위로는 '상호경쟁보다는 상생의 마인드를 길러야 함'(35%)으로 조사되었다. 상해 조선족기업의 경우는 제1순위로 '정기적인 교류를 통한 활성화'(60%)에 그리고 제2순위로는 '상호간 정보제공과 적극 협조'(41%)에 응답하였다.

결과적으로 중국의 각 지역 조선족기업인들도 서로 간의 정기적인 교류와 만남 그리고 상생마인드를 가지고 상호간의 정보교환을 원하는 것으로 나타났다.

2) 중국내 한국투자기업

(1) 한국투자기업과의 상호협력이나 교류 여부

<표 Ⅳ-17> 한국투자기업과의 상호협력 · 교류 여부

구분＼지역	응답수						비 율					
	연변	심양	북경	청도	상해	계	연변	심양	북경	청도	상해	계
있다	36	31	44	25	35	171	77%	79%	96%	68%	78%	80%
없다	11	8	2	12	10	43	23%	21%	4%	32%	22%	20%
소계	47	39	46	37	45	214	100%	100%	100%	100%	100%	100%
무응답	1	0	0	2	0	3						
합계	48	39	46	39	45	217						

중국 5개 지역 조선족기업들이 중국 내에 있는 한국투자기업과의 상호협력이나 교류를 한 적이 있는지를 물었다. 응답결과에 의하면 상호협력이나 교류를 한 적이 있다는 응답이 80%이며 없다는 응답이 20%로 조사되었다. 결과적으로 중국내 조선족기업인들은 중국진출 한국기업과의 상호협력이나 교류가 잘 이루어지고 있음이 설문조사 결과 밝혀졌다. 각 지역별 비교에 의하면 북경을 제외한 나머지 지역인 연변, 심양, 청도, 상해의 조선족기업들은 거의 비슷한 수준으로 중국내 한국투자기업과의 상호 협력이나 교류가 잘 이루어지는 것으로 응답되었다.

그러나 북경 조선족기업의 경우는 다른 지역에 비하여 상호협력이나 교류의 빈도가 훨씬 많음(있다, 96%)으로 나타남으로써 중국의 수도인 북경에서의 한국투자기업과 조선족기업 간의 네트워크 구축에 긍정적인 영향을 끼칠 것으로 보인다.

중국 5개 지역 조선족기업 중 중국내 한국투자기업과의 상호협력이나 교류관계가 없다고 하는 조선족기업만을 대상으로 그 이유를 설문조사한 결과, 제1순위로 첫째 '상호협력이나 교류의 필요성을 못 느낌'(35%), 다음으로는 '신뢰할 만한 기업이 없음'(26%)으로 조사되었다. 제2순위를 보면 첫째, '특별한 이유는 없음'(50%), 다음으로는 '경쟁업체이니까'(23%)로 응답되었다. 결과적으로 중국의 조선족기업들은 중국내 한국투자기업과의 상호협력이나 교류관계가 없는 이유 1순위로는 '특별한 이유는 없음'(50%)이며 다음으로는 '상호협력이나 교류의 필요성을 못 느낌'(35%), '신뢰할 만한 기업 없음'(26%) 순으로 조사되었다. 즉 중국의 조선족기업들은 한국투자기업과는 특별한 이유가 없이 상호협력이나 교류의 필요성을 느끼지 못하고 또한 신뢰할 만한 기업을 찾지 못하기 때문에 상호협력이나 교류가 이루어지지 않는 것으로 나타났다.

① 한국투자기업과의 상호협력이나 교류 내용

〈표 Ⅳ-18〉 한국투자기업과의 상호협력·교류 내용

제1순위

지역 구분	응답수						비율					
	연변	심양	북경	청도	상해	계	연변	심양	북경	청도	상해	계
원재료·제품조달	7	8	4	12	9	40	19%	26%	9%	48%	26%	23%
투자 및 자본조달	2	1	0	2	3	8	6%	3%	0%	8%	9%	5%
기술제휴	6	0	2	2	3	13	17%	0%	5%	8%	9%	8%
사업정보교환	9	8	3	4	9	33	25%	26%	7%	16%	26%	19%
판로개척	9	13	35	5	5	67	25%	42%	80%	20%	14%	39%
합자·합작	2	0	0	0	6	8	6%	0%	0%	0%	17%	5%
기타	1	1	0	0	0	2	3%	3%	0%	0%	0%	1%

소계	36	31	44	25	35	171	100%	100%	100%	100%	100%	100%
합계	36	31	44	25	35	171						

제2순위

원재료·제품조달	1	0	2	1	3	7	3%	0%	5%	6%	13%	5%
투자 및 자본조달	2	1	0	1	1	5	6%	3%	0%	6%	4%	3%
기술제휴	7	0	0	1	0	8	19%	0%	0%	6%	0%	5%
사업정보교환	10	18	32	4	5	69	28%	62%	76%	25%	21%	47%
판로개척	4	9	7	6	8	34	11%	31%	17%	38%	33%	23%
합자·합작	9	0	0	3	7	19	25%	0%	0%	19%	29%	13%
기타	3	1	1	0	0	5	8%	3%	2%	0%	0%	3%
소계	36	29	42	16	24	147	100%	100%	100%	100%	100%	100%
무응답	0	2	2	9	11	24						
합계	36	31	44	25	35	171						

중국 조선족기업의 중국내 한국투자기업과의 상호협력이나 교류의 내용에 대한 응답결과를 보면 제1순위로 첫째 판로개척(39%)인 것으로 나타났으며 다음으로 원재료·제품조달(23%)과 사업정보교환(19%)인 것으로 조사되었다. 제2순위를 보면 첫째로 사업정보교환(47%)으로 응답되었으며 다음으로 판로개척(23%)과 합자·합작(13%)으로 조사되었다. 결과적으로 중국 조선족기업들은 '사업정보교환'(47%), 이나 '판로개척'(39%), '원재료·제품조달'(23%)에 관한 것을 중국내 한국투자기업과 상호협력이나 교류를 하고 있는 것으로 응답되었다.

지역별 비교에 의하면 연변 조선족기업인들은 제1순위로 사업정보교환(25%)이나 판로개척(25%)을 그리고 제2순위로는 사업정보교환(28%)을 한국투자기업과 상호협력이나 교류를 하고 있는 것으로 조사되었다. 그리고 심양의 조선족기업은 제1순위로 판로개척(42%)을 제2순위로는 사업정보교환(62%)을 상호협력이나 교류하며 북경 조선족기업은 제1순위로 판로개척(80%), 제2순위로 사업정보교환(76%)을 상호협력이나 교류하며 청도 조선족기업의 경우는 제1순위로 원재료·제품조달(48%)을 그리고 제2순위

로는 판로개척을 상호협력과 교류를 하고 있는 것으로 응답되었는데 청도
지역은 중국에서 한국투자기업이 가장 많이 진출해 있는 지역이고 따라서
조선족기업 또한 많은 지역이기 때문에 조선족기업과 한국투자기업 상호
간 '원재료나 제품조달'과 '판로개척'에 대한 상호협력이나 교류가 많은 것
으로 나타났다. 상해 조선족기업의 경우 제1순위로는 원재료·제품조달
(26%)과 사업정보교환(26%)이며 제2순위로는 판로개척을 상호협력이나 교
류하는 것으로 나타났다.

② 한국투자기업과의 상호협력이나 교류 비중

〈표 Ⅳ-19〉 한국투자기업과의 상호협력·교류 비중

구분 \ 지역	응답수						비 율					
	연변	심양	북경	청도	상해	계	연변	심양	북경	청도	상해	계
매우작은편임	3	0	0	1	1	5	9%	0%	0%	4%	3%	3%
작은편임	4	2	5	3	4	18	11%	6%	16%	13%	11%	12%
보통	21	11	10	7	20	69	60%	35%	31%	30%	57%	44%
많은편임	5	14	14	10	9	52	14%	45%	44%	43%	26%	33%
매우많은편임	2	4	3	2	1	12	6%	13%	9%	9%	3%	8%
소계	35	31	32	23	35	156	100%	100%	100%	100%	100%	100%
무응답	1	0	12	2	0	15						
합계	36	31	44	25	35	171						

중국내 한국투자기업과의 상호협력이나 교류의 비중을 물었다 응답
결과 전체의 41%가 교류의 비중이 많다(많은 편임 33%, 매우 많은 편
임 8%)고 응답하였다. 이는 교류의 비중이 보통(44%)이라는 응답자까
지 포함하면 전체의 85%가 상호협력이나 교류의 비중에 긍정적인 반
응을 보였다. 조선족기업과 한국투자기업과의 상호협력이나 교류의 비
중은 연변이나 상해보다 심양, 북경, 청도가 한국투자기업과의 상호협
력이나 교류의 비중이 더 많은 것으로 응답되었으며 특히 심양 조선족
기업의 경우는 한국투자기업과의 상호협력이나 교류의 비중이 나머지

4개 지역보다 많은 것으로 조사되었다.

③ 한국투자기업과의 상호협력이나 교류성과

〈표 Ⅳ-20〉 한국투자기업과의 상호협력 · 교류성과

구분＼지역	응답수						비 율					
	연변	심양	북경	청도	상해	계	연변	심양	북경	청도	상해	계
매우 불만족	1	1	0	0	0	2	3%	5%	0%	0%	0%	1%
불만족	1	0	5	1	6	13	3%	0%	12%	4%	17%	8%
보통	14	3	8	11	10	46	40%	14%	19%	48%	29%	29%
만족	16	16	23	10	18	83	46%	76%	55%	43%	51%	53%
매우 만족	3	1	6	1	1	12	9%	5%	14%	4%	3%	8%
소계	35	21	42	23	35	156	100%	100%	100%	100%	100%	100%
무응답	1	10	2	2	0	15						
합계	36	31	44	25	35	171						

중국 조선족기업의 중국내 한국투자기업과의 상호협력이나 교류의 성과평가에 대한 응답 결과를 보면 만족이 61%(만족 53%, 매우 만족 8%)로 '보통'에 대한 응답 29%까지 감안하면 전체의 90%가 한국투자기업과의 상호협력이나 교류성과에 대해서 매우 긍정적인 반응을 보이는 것으로 조사되었다. 지역별 비교에 의하면 한국투자기업과의 상호협력이나 교류성과에 대해 가장 만족하는 지역은 심양이 81%(만족 76%, 매우 만족 5%)로서 이는 심양이 연변 다음으로 조선족이 많이 거주하는 지역이며 또한 심양은 전형적인 중국의 중공업 도시이기 때문에 오래 전부터 이 지역에 진출한 한국투자기업과의 상호협력이나 교류(예: 심양 한국주)가 잘 이루어지고 있는 것으로 나타나 있다. 상호협력이나 교류의 성과에 대해서 가장 만족도가 적은 지역은 상해(불만족 17%)로 응답되었다.

(2) 한국투자기업과의 상호협력이나 교류의 장애요인

〈표 Ⅳ-21〉 한국투자기업과의 상호협력 · 교류 장애요인

제1순위

지역 구분	응답수						비 율					
	연변	심양	북경	청도	상해	계	연변	심양	북경	청도	상해	계
치열한 경쟁	23	16	17	2	2	60	51%	47%	43%	7%	5%	32%
중국 한국상회나 조선족기업협회의 매개역할 미비	10	9	5	11	34	69	22%	26%	13%	41%	83%	37%
신뢰할만한 기업 없음	5	3	6	1	1	16	11%	9%	15%	4%	2%	9%
원활한 정보네트워크 부족	4	0	8	10	4	26	9%	0%	20%	37%	10%	14%
기업가정신과 상도의 부재	2	5	2	3	0	12	4%	15%	5%	11%	0%	6%
기타	1	1	2	0	0	4	2%	3%	5%	0%	0%	2%
소계	45	34	40	27	41	187	100%	100%	100%	100%	100%	100%
무응답	3	5	6	12	4	30						
합계	48	39	46	39	45	217						

제2순위

지역 구분	응답수						비 율					
	연변	심양	북경	청도	상해	계	연변	심양	북경	청도	상해	계
치열한 경쟁	4	2	1	1	2	10	9%	6%	3%	11%	7%	7%
중국 한국상회나 조선기업협회의 매개역할 미비	8	6	1	3	3	21	18%	18%	3%	33%	10%	14%
신뢰할만한 기업 없음	5	0	5	1	6	17	11%	0%	14%	11%	21%	11%
원활한 정보네트워크 부족	14	3	13	1	16	47	32%	9%	35%	11%	55%	31%
기업가정신과 상도의 부재	10	15	16	2	2	45	23%	44%	43%	22%	7%	29%
기타	3	8	1	1	0	13	7%	24%	3%	11%	0%	8%
소계	44	34	37	9	29	153	100%	100%	100%	100%	100%	100%
무응답	4	5	9	30	16	64						
합계	48	39	46	39	45	217						

중국 5개 지역 조선족기업인에게 중국내 한국투자기업과의 상호협력이나 교류의 장애요인이 무엇인지를 물었다. 응답결과를 보면 상호협력이나 교류의 장애요인 1순위로 첫째 '중국 한국상회나 조선족기업협회의 매개역할 미비'(37%)이며 다음으로 조선족기업과 한국투자기업 상

호간의 '치열한 경쟁'(32%)과 상호간의 '원활한 정보네트워크의 부족'(14%)으로 응답되었다. 상호협력이나 교류의 장애요인 2순위로서는 첫째 상호간의 '원활한 정보네트워크 부족'(31%), 다음으로 '기업가정신과 상도의 부재'(29%)와 '중국 한국상회와 조선족기업협회의 매개역할 미비」(14%)로 나타났다.

결과적으로 중국 조선족기업인과 중국내 한국투자기업과의 상호협력이나 교류의 가장 큰 장애요인으로서는 첫째 '중국 한국상회와 조선족기업협회의 매개역할 미비'(37%)이며 다음으로는 상호간의 '치열한 경쟁'(32%)과 '원활한 정보네트워크의 부족'(31%)인 것으로 조사되었다. 즉 중국 조선족기업과 중국내 한국투자기업과의 상호협력이나 교류를 활성화하기 위해서는 중국 한국상회와 조선족기업협회의 상호교류를 활성화할 수 있는 매개역할이 중요하며 또한 이 매개역할을 통하여 상호간의 치열한 경쟁보다는 상생할 수 있는 방안을 강구하고 이어서 조선족기업과 한구투자기업 간의 원활한 정보유통을 위한 네트워크의 구축이 필요함을 설문조사를 통해서 알 수 있었다.

지역별 비교에 의하면 연변 조선족기업들은 1순위로서 '치열한 경쟁'(51%)을 그리고 2순위로서는 '원활한 정보네트워크 부족'(32%)을 상호협력이나 교류의 장애요인으로 생각하고 있는 것으로 응답되었다. 또한 심양의 조선족기업들은 장애요인 1순위로 '치열한 경쟁'(47%)을 그리고 2순위로서는 '기업가정신과 상도의 부재'(44%)를 장애요인으로 생각하고 있으며 북경의 조선족기업들은 제1순위로 '치열한 경쟁'(43%)을, 제2순위로는 '기업가정신과 상도의 부재'(43%)를 장애요인으로 꼽았다. 청도 조선족기업들은 제1, 2순위로 공히 '중국 한국상회나 조선족기업협회의 매개역할 미비'(41%)를 상호간의 협력이나 교류의 장애요인으로 꼽았다. 청도 지역의 경우 한국투자기업이 많이 진출해 있기 때문에 중국 한국상회 또한 잘 조직되어 있으며 청도 조선족기업협회도 정비가 잘 되어 있다. 따라서 양 협회의 원활한 교류만 활성화된다면 상호간의 네트워크 구축이 잘 될 것으로 전망한다. 상해 조선족기업의 경우 제1순위로 '중국 한국상회나 조선족기업협회의 매개역할 미비'(83%)와 제2순위로는 '원활한 정보네트워크 부족'(55%)인 것으로 나타났다.

(3) 한국투자기업과의 상호협력이나 교류 활성화 방안

〈표 Ⅳ-22〉 한국투자기업과의 상호협력 · 교류 활성화 방안

제1순위

구분 \ 지역	응답수						비율					
	연변	심양	북경	청도	상해	계	연변	심양	북경	청도	상해	계
상호간 정보제공과 적극협조	27	10	13	16	11	77	60%	33%	32%	53%	28%	42%
정기적인 교류를 통한 활성화	8	13	4	9	16	50	18%	43%	10%	30%	41%	27%
상호경쟁보다는 상생의 마인드를 길러야함	2	7	23	5	0	37	4%	23%	56%	17%	0%	20%
중국 주재 한국대사관의 역할기대	1	0	0	0	11	12	2%	0%	0%	0%	28%	6%
기업간 상품전시회 개최	6	0	0	0	1	7	13%	0%	0%	0%	3%	4%
기타	1	0	1	0	0	2	2%	0%	2%	0%	0%	1%
소계	45	30	41	30	39	185	100%	100%	100%	100%	100%	100%
무응답	3	9	5	9	6	32						
합계	48	39	46	39	45	217						

제2순위

구분 \ 지역	연변	심양	북경	청도	상해	계	연변	심양	북경	청도	상해	계
상호간 정보제공과 적극협조	5	5	10	4	7	31	11%	17%	26%	15%	24%	18%
정기적인 교류를 통한 활성화	13	8	14	10	9	54	30%	27%	36%	37%	31%	32%
상호경쟁보다는 상생의 마인드를 길러야함	16	12	9	6	3	46	36%	40%	23%	22%	10%	27%
중국 주재 한국대사관의 역할기대	9	0	6	2	5	22	20%	0%	15%	7%	17%	13%
기업간 상품전시회 개최	1	5	0	4	5	15	2%	17%	0%	15%	17%	9%
기타	0	0	0	1	0	1	0%	0%	0%	4%	0%	1%
소계	44	30	39	27	29	169	100%	100%	100%	100%	100%	100%
무응답	4	9	7	12	16	48						
합계	48	39	46	39	45	217						

조선족기업과 한국투자기업 상호간 협력이나 교류를 활성화하기 위한 방안에 대한 응답결과를 보면 제1순위로서는 첫째, '상호간 정보제공과 적극 협조'(42%)를 그리고 다음으로는 '정기적인 교류를 통한 활성화'(27%)와 '상호경쟁보다는 상생의 마인드를 길러야 함'(20%)으로 나타났다. 상호간 협력이나 교류의 활성화 방안 제2순위로서는 첫째 '정기적인 교류를 통한 활성화'(32%)를, 다음으로는 '상호경쟁보다는 상생의 마인드를 길러야 함'(27%)과 '상호간 정보제공과 적극 협조'(18%)인 것으로 응답되었다.

결과적으로 조선족기업과 한국투자기업 간의 상호협력이나 교류를 활성화하기 위해서는 첫째 '상호간 정보제공과 적극 협조'(42%)를 그리고 다음으로는 '정기적인 교류를 통한 활성화'(32%)와 '상호경쟁보다는 상생의 마인드를 길러야 함'(27%)인 것으로 조사되었다. 즉 중국 조선족기업과 중국진출 한국기업과의 상호협력이나 교류를 활성화하기 위해서는 한국상회나 조선족기업협회 간의 매개역할을 통한 정기적인 교류로 활성화하여 서로 간에 상생할 수 있는 마인드를 갖는 것이 중요하다. 연변, 심양, 북경, 청도, 상해 등 각 지역별로 비교하더라도 상호협력이나 교류의 활성화 방안은 상호간 정보제공과 적극협조, 정기적인 교류를 통한 활성화, 상호경쟁보다는 상생의 마인드를 길러야 함 등인 것으로 나타났다.

3) 한국에 있는 기업

(1) 한국에 있는 기업과 상호협력이나 교류 여부

중국 5개 지역 조선족기업과 한국에 있는 한국기업과 사업상 상호협력이나 교류를 한 적이 있는지를 물었다. 응답결과에 의하면 '있다'(54%), '없다'(46%)로 응답됨으로써 사실상 중국 조선족기업들은 한국에 있는 기업과의 상호협력이나 교류가 활발한 것으로 조사되었다.

지역별 비교에 의하면 중국 조선족자치주인 연변과 한국투자기업이 가장 많이 진출해 있는 청도 지역의 조선족기업들이 한국에 있는 기업과의 상호협력이나 교류가 가장 많은 것(연변 79%, 청도 70%)으로 나타났다. 반면에 중국의 대도시이며 한국투자기업이 다른 지역에 비하여 상대적으로 적게 진출해 있는 북경과 상해의 조선족기업들은 한국에 있는 한국기업과의 상호협력이나 교류가 가장 적은 것으로 나타났다. 또한 심양 조선족기업들은 한국에 있는 한국기업과의 상호협력이나 교류가 반반(있다 51%, 없다 49%)인 것으로 조사되었다.

중국 5개 지역 조선족기업인 중 한국에 있는 기업과 상호협력이나 교류가 없는 기업인을 대상으로 상호협력이나 교류가 없는 이유를 물었다. 응답결과에 의하면 첫 번째 이유로서는 '상호협력이나 교류의 필요성을 못 느낌'(64%)이며 다음으로 '특별한 이유는 없음'(11%)인 것으로 조사되었다. 지역별 비교에서 특이한 점은 연변의 조선족기업인들은 한국에 있는 기업과의 상호협력이나 교류가 없는 가장 큰 이유를 '신뢰할 만한 기업이 없음'(40%)으로 응답하였다. 이는 연변조선족기업의 경우 한국기업에 대한 불신풍조가 짙게 깔려 있기 때문에 한국에 있는 기업까지 신뢰를 하지 못하는 상황으로 이어진 것 같다.

〈표 Ⅳ-23〉 한국에 있는 기업과 상호협력·교류 여부

구분 \ 지역	응답수						비 율					
	연변	심양	북경	청도	상해	계	연변	심양	북경	청도	상해	계
있다	38	20	13	26	19	116	79%	51%	28%	70%	43%	54%
없다	10	19	33	11	25	98	21%	49%	72%	30%	57%	46%
소계	48	39	46	37	44	214	100%	100%	100%	100%	100%	100%
무응답	0	0	0	2	1	3						
합계	48	39	46	39	45	217						

① 한국에 있는 기업과 상호협력이나 교류 내용

〈표 Ⅳ-24〉 한국에 있는 기업과 상호협력·교류 내용

제1순위

구분 \ 지역	응답수						비 율					
	연변	심양	북경	청도	상해	계	연변	심양	북경	청도	상해	계
원재료·제품조달	11	8	5	13	8	45	30%	40%	38%	50%	44%	39%
투자 및 자본조달	1	0	0	1	0	2	3%	0%	0%	4%	0%	2%
기술제휴	5	3	1	3	2	14	14%	15%	8%	12%	11%	12%
사업정보교환	11	3	0	2	5	21	30%	15%	0%	8%	28%	18%
판로개척	7	6	7	6	0	26	19%	30%	54%	23%	0%	23%
합자·합작	1	0	0	1	3	5	3%	0%	0%	4%	17%	4%
기타	1	0	0	0	0	1	3%	0%	0%	0%	0%	1%
소계	37	20	13	26	18	114	100%	100%	100%	100%	100%	100%
무응답	1	0	0	0	1	2						
합계	38	20	13	26	19	116						

제2순위

구분	연변	심양	북경	청도	상해	계	연변	심양	북경	청도	상해	계
원재료·제품조달	1	0	0	1	0	2	3%	0%	0%	7%	0%	2%
투자 및 자본조달	4	2	1	1	4	12	11%	10%	9%	7%	33%	13%
기술제휴	11	3	1	4	1	20	30%	15%	9%	29%	8%	21%
사업정보교환	9	12	8	4	2	35	24%	60%	73%	29%	17%	37%
판로개척	4	2	1	3	4	14	11%	10%	9%	21%	33%	15%
합자·합작	8	0	0	1	1	10	22%	0%	0%	7%	8%	11%
기타	0	1	0	0	0	1	0%	5%	0%	0%	0%	1%
소계	37	20	11	14	12	94	100%	100%	100%	100%	100%	100%
무응답	1	0	2	12	7	22						
합계	38	20	13	26	19	116						

중국 조선족기업과 한국에 있는 기업 간에 어떤 것을 상호협력이나 교류를 하였는지를 물었다. 응답결과에 의하면 한국에 있는 기업과의 상호협력이나 교류의 1순위로서 첫째, '원재료·제품조달'(39%)이며 다음으로 '판로개척'(23%)과 '사업정보교환'(18%)인 것으로 조사되었다. 한국에 있는 기업과의 상호협력이나 교류의 2순위로서는 첫째, '사

업정보교환'(37%)이며 다음으로 '기술제휴'(21%)와 '판로개척'(15%)인 것으로 나타났다.

결과적으로 제 1,2순위를 종합해 보면 중국 조선족기업과 한국에 있는 기업간의 가장 우선되는 협력이나 교류는 첫째 '원재료·제품조달'(39%)이며 다음으로 '사업정보교환'(37%)과 '판로개척'(23%) 순인 것으로 나타났다.

지역별 비교에 의하면 연변 조선족기업들은 한국에 있는 기업과 상호협력이나 교류의 1순위로 '원재료·제품조달'과 '사업정보교환'이며 2순위로는 '기술제휴'인 것으로 조사되었다. 심양 조선족기업의 경우는 1순위로 '원재료·제품조달'을, 2순위로는 '사업정보교환'인 것으로 응답되었다. 청도 조선족기업의 경우는 1순위로 '원재료·제품조달'을, 2순위로는 '기술제휴'와 '사업정보교환'이며 상해 조선족기업은 1순위로 '원재료·제품조달'과 2순위로는 '투자 및 자본조달', '판로개척'인 것으로 나타났다. 각 지역별 비교에서 보면 상해 조선족기업은 다른 지역과는 달리 한국에 있는 기업과의 상호협력이나 교류시 '투자 및 자본조달'(33%)이 상당히 큰 비중을 차지하고 있는 것으로 응답되었다.

② 한국에 있는 기업과 상호협력이나 교류 비중

중국 조선족기업과 한국에 있는 기업 간의 상호협력이나 교류의 비중이 어떠한지를 물었다. 중국 조선족 전체적으로 볼 때 많음이 51%(많은 편임 36%, 매우 많은 편임 15%)로서 상호간에 상호협력이나 교류의 비중이 많음을 알 수 있다. 이를 지역별로 비교해보면 연변 조선족기업은 한국에 있는 기업과의 상호협력이나 교류의 비중이 다른 지역에 비하여 상대적으로 많지 않은(작은 편임, 24%) 것으로 응답되었으며 북경과 심양의 조선족기업은 한국에 있는 기업과의 상호협력이나 교류의 비중이 많은 편인(북경 92%, 심양 80%) 것으로 조사되었다. 즉 연변에 있는 조선족기업들은 규모가 적은 영세한 기업들이 많으므로 연변 지역의 한계를 벗어나지 못하기 때문에 한국에 있는 기업과의 상호협력이나 교류의 비중이 많은 편인 것으로 해석된다. 반면에 청도 지역의 조선족기업은 청도에 진출한 한국기업과의 상호협력이나 교류의 비중이 많기 때문에 정작 한국에 있는 기업과의 협력이나 교류비중은 매우 많은 편은 아닌(많은 편임 39%, 매우 많은 편임 13%) 것으로 나타났으며 상해 조선족기업 또한 상업도시이고 항구도시이기 때문에 한국에 있는 기업과의 교류가 적지 않은(많은 편임 44%, 매우 많은 편임 11%) 것으로 보인다.

<표 Ⅳ-25> 한국에 있는 기업과 상호협력·교류 비중

구분 \ 지역	응답수						비율					
	연변	심양	북경	청도	상해	계	연변	심양	북경	청도	상해	계
매우작은편임	0	0	0	1	0	1	0%	0%	0%	4%	0%	1%
작은편임	9	2	1	2	2	16	24%	10%	8%	9%	11%	15%
보통	20	2	0	8	6	36	54%	10%	0%	35%	33%	33%
많은편임	7	11	5	9	8	40	19%	55%	42%	39%	44%	36%
매우많은편임	1	5	6	3	2	17	3%	25%	50%	13%	11%	15%
소계	37	20	12	23	18	110	100%	100%	100%	100%	100%	100%
무응답	1	0	1	3	1	6						
합계	38	20	13	26	19	116						

③ 한국에 있는 기업과 상호협력이나 교류성과

중국 조선족기업이 한국에 있는 기업과의 상호협력이나 교류성과를 어느 정도로 평가하는지에 대하여 물었다. 전체적으로 볼 때 만족스러운 수준(만족 49%, 매우 만족 13%)으로 응답되었다. 지역별 비교에 의하면 한국에 있는 기업과의 상호협력이나 교류의 성과가 심양이나 북경, 상해의 조선족기업들은 만족(심양 80%, 북경 75%, 상해 77%)하는 것으로 응답되었으나 연변이나 청도의 조선족기업들은 한국에 있는 기업과의 상호협력이나 교류성과에 상대적으로 만족도가 적은(연변 50%, 청도 46%) 것으로 나타났다. 이러한 결과에는 여러 가지 이유가 있겠지만 다른 지역에 비하여 연변과 청도는 각각 처해진 기업환경이 한국에 있는 기업과의 상호협력이나 교류가 다른 지역(심양 북경, 상해)에 비하여 빈번하기 때문에 상호협력이나 교류과정에서 상대적인 실망감을 느꼈기 때문인 것으로 보인다.

〈표 Ⅳ-26〉 한국에 있는 기업과 상호협력·교류성과

구분 \ 지역	응답수						비 율					
	연변	심양	북경	청도	상해	계	연변	심양	북경	청도	상해	계
매우 불만족	1	0	0	1	0	2	3%	0%	0%	4%	0%	2%
불만족	1	2	2	2	2	9	3%	10%	17%	8%	12%	8%
보통	17	2	1	10	2	32	45%	10%	8%	42%	12%	29%
만족	17	13	4	9	11	54	45%	65%	33%	38%	65%	49%
매우 만족	2	3	5	2	2	14	5%	15%	42%	8%	12%	13%
소계	38	20	12	24	17	111	100%	100%	100%	100%	100%	100%
무응답	0	0	1	2	2	5						
합계	38	20	13	26	19	116						

(2) 한국에 있는 기업과 상호협력이나 교류의 장애요인

중국 조선족기업인에게 한국에 있는 기업과의 상호협력이나 교류의 장애요인이 무엇인지에 대하여 물었다. 중국 조선족기업인은 한국에 있는 기업과의 상호협력이나 교류의 장애요인 1순위로서 첫째, 중국 조선족기업인과 한국에 있는 기업과의 사이에 '상호 원활한 정보네트워크 부족'(58%)이며 다음으로 '한국 정부의 재외동포정책 미흡'(15%)과 '조선족기업의 상호협력이나 교류정신 부족'(14%)인 것으로 응답하였다. 상호협력이나 교류의 장애요인 2순위로서는 첫째로 '온라인상의 한상네트워크 구축 미비'(33%)이며 다음으로 '조선족기업의 상호협력이나 교류정신 부족'(24%)과 '한국 정부의 재외동포정책 미흡'(19%)인 것으로 나타났다.

〈표 Ⅳ-27〉 한국에 있는 기업과 상호협력 · 교류 장애요인

제1순위

구분 \ 지역	응답수						비율					
	연변	심양	북경	청도	상해	계	연변	심양	북경	청도	상해	계
상호 원활한 정보네트워크 부족	19	29	27	19	17	111	41%	85%	66%	61%	43%	58%
한국 정부의 재외동포정책 미흡	13	0	0	5	11	29	28%	0%	0%	16%	28%	15%
온라인상의 한상네크워크 구축 미비	2	0	10	3	5	20	4%	0%	24%	10%	13%	10%
조선족기업의 상호협력이나 교류정신 부족	11	4	1	3	7	26	24%	12%	2%	10%	18%	14%
기업가정신과 상도의 부재	1	0	3	1	0	5	2%	0%	7%	3%	0%	3%
기타	0	1	0	0	0	1	0%	3%	0%	0%	0%	1%
소계	46	34	41	31	40	192	100%	100%	100%	100%	100%	100%
무응답	2	5	5	8	5	25						
합계	48	39	46	39	45	217						

제2순위

구분	연변	심양	북경	청도	상해	계	연변	심양	북경	청도	상해	계
상호 원활한 정보네트워크 부족	7	2	10	2	8	29	16%	13%	26%	8%	24%	19%
한국 정부의 재외동포정책 미흡	8	5	1	6	10	30	18%	31%	3%	24%	30%	19%
온라인상의 한상네크워크 구축 미비	6	2	26	10	8	52	14%	13%	68%	40%	24%	33%
조선족기업의 상호협력이나 교류정신 부족	21	2	1	6	7	37	48%	13%	3%	24%	21%	24%
기업가정신과 상도의 부재	2	5	0	1	0	8	5%	31%	0%	4%	0%	5%
소계	44	16	38	25	33	156	100%	100%	100%	100%	100%	100%
무응답	4	23	8	14	12	61						
합계	48	39	46	39	45	217						

결과적으로 제1순위와 2순위를 종합하여 보면 중국 조선족기업과 한국에 있는 기업과의 상호협력이나 교류의 첫 번째 장애요인은 조선족기업과 한국에 있는 기업과의 '상호 원활한 정보네트워크 부족'(58%)이며 다음으로는 '온라인상의 한상네트워크 구축 미비'(33%)와 '조선족기업의 상호협력이나 교류정신 부족'(24%)인 것으로 응답되었다. 즉 중국 조선족기업이 한국에 있는 기업과의 상호협력이나 원활한 교류를 위해서는 한상네트워크의 구축이 필수적이며 또한 조선족기업과 한국기업 간의 적극적인 상호협력이나 교류의 마인드를 가져야 하는 것으로 나타났다.

(3) 한국에 있는 기업과 상호협력이나 교류를 활성화하기 위한 방안

중국 5개 지역 조선족기업과 한국에 있는 기업과 상호간 협력이나 교류를 활성화하기 위한 방안에 대하여 물었다. 응답결과에 의하면 조선족기업과 한국에 있는 기업 상호간 협력이나 교류를 활성화하기 위한 방안 1순위는 첫째, '온라인상의 한상네트워크 구축'(52%)이며 다음으로 '한국기업의 정보제공 및 홍보'(28%)인 것으로 응답되었다. 제2순위는 첫째, '한국기업의 정보제공 및 홍보'(32%)와 '상호경쟁보다는 상생의 마인드를 길러야 함'(32%)이며 '한국 정부의 중국 조선족기업을 위한 우대정책'(20%)인 것으로 나타났다.

결과적으로 중국 조선족기업과 한국에 있는 기업과의 상호협력이나 교류를 활성화하기 위한 방안을 도출하기 위하여 제1순위와 2순위를 종합하면 첫째, '온라인 상의 한상네트워크 구축'(52%)이며 다음으로 '한국기업의 정보제공 및 홍보'(32%)인 것으로 나타났다.

〈표 Ⅳ-28〉 한국에 있는 기업과 상호협력 · 교류활성화 방안

제1순위

구분 \ 지역	응답수						비율					
	연변	심양	북경	청도	상해	계	연변	심양	북경	청도	상해	계
온라인상의 한상네트워크 구축	13	28	33	14	9	97	28%	93%	87%	45%	22%	52%
한국기업의 정보제공 및 홍보	16	1	1	9	25	52	34%	3%	3%	29%	61%	28%
상호경쟁보다는 상생의 마인드를 길러야함	8	1	3	4	3	19	17%	3%	8%	13%	7%	10%
한국정부의 중국 조선족기업을 위한 우대정책	9	0	1	4	4	18	19%	0%	3%	13%	10%	10%
기업간 상품전시회 개최	1	0	0	0	0	1	2%	0%	0%	0%	0%	1%
소계	47	30	38	31	41	187	100%	100%	100%	100%	100%	100%
무응답	1	9	8	8	4	30						
합계	48	39	46	39	45	217						

제2순위

구분 \ 지역	응답수						비율					
	연변	심양	북경	청도	상해	계	연변	심양	북경	청도	상해	계
온라인상의 한상네트워크 구축	2	2	5	6	11	26	4%	7%	13%	19%	31%	14%
한국기업의 정보제공 및 홍보	8	15	18	7	10	58	17%	50%	47%	23%	28%	32%
상호경쟁보다는 상생의 마인드를 길러야함	17	12	15	8	6	58	37%	40%	39%	26%	17%	32%
한국정부의 중국 조선족기업을 위한 우대정책	18	1	0	8	9	36	39%	3%	0%	26%	25%	20%
기업간 상품전시회 개최	1	0	0	2	0	3	2%	0%	0%	6%	0%	2%
소계	46	30	38	31	36	181	100%	100%	100%	100%	100%	100%
무응답	2	9	8	8	9	36						
합계	48	39	46	39	45	217						

4) 중국이나 기타 외국기업

(1) 중국기업과의 교류내용

〈표 Ⅳ-29〉 중국기업과의 교류 내용

중국기업과 교류가 있다.(복수응답)

구분 \ 지역	응답수						비율					
	연변	심양	북경	청도	상해	계	연변	심양	북경	청도	상해	계
원재료/제품조달	26	29	24	22	16	117	21%	29%	22%	36%	18%	24%
투자 및 자본조달	6	2	1	2	1	12	5%	2%	1%	3%	1%	2%
기술제휴	21	3	1	4	4	33	17%	3%	1%	7%	4%	7%
사업정보교환	30	34	40	12	31	147	24%	34%	36%	20%	35%	30%
판로개척	26	29	43	16	18	132	21%	29%	39%	26%	20%	27%
합자/합작	17	2	2	5	19	45	13%	2%	2%	8%	21%	9%
기타	0	0	0	0	0	0	0%	0%	0%	0%	0%	0%
합계	126	99	111	61	89	486	100%	100%	100%	100%	100%	100%

중국기업과 교류가 없다.(복수응답)

구분	연변	심양	북경	청도	상해	계	연변	심양	북경	청도	상해	계
원재료/제품조달	0	0	0	0	1	1	0%	0%	0%	0%	33%	2%
투자 및 자본조달	2	2	0	9	0	13	25%	17%	0%	36%	0%	27%
기술제휴	1	2	0	5	0	8	13%	17%	0%	20%	0%	17%
사업정보교환	1	3	0	3	1	8	13%	25%	0%	12%	33%	17%
판로개척	3	3	0	3	1	10	38%	25%	0%	12%	33%	21%
합자/합작	1	2	0	5	0	8	13%	17%	0%	20%	0%	17%
기타	0	0	0	0	0	0	0%	0%	0%	0%	0%	0%
합계	8	12	0	25	3	48	100%	100%	0%	100%	100%	100%

중국 조선족기업이 중국기업과 상호협력이나 교류가 가장 많은 품목이나 내용을 보면 '사업정보교환'(30%)이며, 다음으로는 '판로개척'(27%)과 '원재료·제품조달'(24%)인 것으로 나타났다. 지역별 특성에 의하면 연변과 심양, 상해 조선족기업이 중국기업과 가장 많이 교류하는 품목은 '사업정보교환'(연변 24%, 심양 34%, 상해 35%)이며 북경의 조선족기업들은 '판로개척'(39%)이고 청도의 조선족기업들은 중국기업과 '원재료·제품조

달'(36%)을 가장 많이 상호협력 및 교류를 하고 있는 것으로 조사되었다.

한편 중국 조선족기업이 중국기업과 가장 교류가 적은 품목이나 내용은 '투자 및 자본조달'(27%)이며 다음으로는 '판로개척'(21%)인 것으로 나타났다. 지역별 특성에 의하면 중국기업과 상호협력이나 교류가 가장 적은 품목이나 내용은 연변의 경우 '판로개척'(38%)이며 심양은 '기술제휴와 사업정보교환'(25%), 청도는 '투자 및 자본조달'(36%), 상해는 '원재료·제품조달', '사업정보교환 및 판로개척'(33%)인 것으로 조사되었다.

(2) 중국내 외국기업(한국투자기업 제외)과의 교류내용

〈표 Ⅳ-30〉 중국내 외국기업과의 교류내용

중국내 외국기업과 교류가 있다.(복수응답)

지역 구분	응답수						비율					
	연변	심양	북경	청도	상해	계	연변	심양	북경	청도	상해	계
원재료/제품조달	3	9	0	11	1	24	8%	18%	0%	41%	8%	18%
투자 및 자본조달	4	0	0	1	2	7	11%	0%	0%	4%	17%	5%
기술제휴	5	4	0	2	2	13	14%	8%	0%	7%	17%	10%
사업정보교환	12	21	6	6	3	48	33%	41%	100%	22%	25%	36%
판로개척	7	17	0	6	2	32	19%	33%	0%	22%	17%	24%
합자/합작	5	0	0	1	2	8	14%	0%	0%	4%	17%	6%
기타	0	0	0	0	0	0	0%	0%	0%	0%	0%	0%
합계	36	51	6	27	12	132	100%	100%	100%	100%	100%	100%

중국내 외국기업과 교류가 없다.(복수응답)

구분	연변	심양	북경	청도	상해	계	연변	심양	북경	청도	상해	계
원재료/제품조달	1	0	0	6	0	7	11%	0%	0%	15%	0%	13%
투자 및 자본조달	2	1	0	8	0	11	22%	33%	0%	20%	0%	21%
기술제휴	2	0	0	7	0	9	22%	0%	0%	18%	0%	17%
사업정보교환	1	1	0	6	0	8	11%	33%	0%	15%	0%	15%
판로개척	2	1	0	6	0	9	22%	33%	0%	15%	0%	17%
합자/합작	1	0	0	7	0	8	11%	0%	0%	18%	0%	15%
기타	0	0	0	0	0	0	0%	0%	0%	0%	0%	0%
합계	9	3	0	40	0	52	100%	100%	0%	100%	0%	100%

중국 조선족기업이 중국내에서 한국투자기업을 제외한 중국내 외국기업과의 상호협력이나 교류의 내용 중 가장 비중이 크고 활발한 분야는 '사업정보교환'(36%)이며 다음으로는 '판로개척'(24%)과 '원재료·제품조달'(18%)인 것으로 나타났다. 이는 중국 조선족기업이 중국에 진출한 외자계 기업을 통하여 외국의 선진적인 기술이나 투자 등 사업정보를 교환하고 해외로의 판로를 개척하며 중국 내수시장에서 생산과 판매를 위한 원재료·제품조달에 힘쓰는 것으로 보여 중국 조선족기업의 진취적인 성향에 향후 성장과 발전을 엿볼 수 있는 내용이다.

지역별 특성을 보면 연변과 심양, 북경, 상해의 조선족기업들은 중국에 진출한 외자계 기업들과의 상호협력이나 교류의 가장 최우선 목적이 '사업정보교환'(연변 33%, 심양 41%, 북경 100%, 상해 25%)이며 청도 조선족기업들은 '원재료·제품조달'(41%)인 것으로 응답되었다. 청도 지역은 한국투자기업이 가장 많이 진출해 있을 뿐만 아니라 외자계 기업 또한 많이 진출해 있으므로 청도 지역 조선족기업들이 원재료의 수입이나 완제품의 수입 및 수출이 활발하게 이루어지고 있기 때문으로 해석된다.

한편 중국 조선족기업이 외자계 기업과의 상호협력이나 교류가 가장 부진한 품목이나 내용을 보면 첫째로 '투자 및 자본조달'(21%)이며 다음으로는 '기술제휴'(17%)와 '판로개척'(17%)인 것으로 나타났다. 이는 중국 조선족기업이 한국투자기업을 제외한 중국 외자계 기업과는 투자 및 자본조달이나 기술제휴에서 상호협력이나 교류가 많지 않음을 나타낸다.

(3) 해외 외국기업(한국기업 제외)과의 교류 내용

〈표 Ⅳ-31〉 해외 외국기업과의 교류 내용

해외 외국기업과 교류가 있다.(복수응답)

구분 \ 지역	응답수						비율					
	연변	심양	북경	청도	상해	계	연변	심양	북경	청도	상해	계
원재료/제품조달	2	0	1	15	1	19	10%	0%	11%	42%	11%	24%
투자 및 자본조달	3	0	0	2	1	6	15%	0%	0%	6%	11%	8%
기술제휴	3	0	0	3	1	7	15%	0%	0%	8%	11%	9%
사업정보교환	4	3	3	7	2	19	20%	50%	33%	19%	22%	24%
판로개척	3	3	4	7	3	20	15%	50%	44%	19%	33%	25%
합자/합작	5	0	1	2	1	9	25%	0%	11%	6%	11%	11%
기타	0	0	0	0	0	0	0%	0%	0%	0%	0%	0%
합계	20	6	9	36	9	80	100%	100%	100%	100%	100%	100%

해외 외국기업과 교류가 없다.(복수응답)

구분	연변	심양	북경	청도	상해	계	연변	심양	북경	청도	상해	계
원재료/제품조달	1	0	0	5	0	6	33%	0%	0%	16%	0%	18%
투자 및 자본조달	0	0	0	7	0	7	0%	0%	0%	23%	0%	21%
기술제휴	0	0	0	7	0	7	0%	0%	0%	23%	0%	21%
사업정보교환	0	0	0	4	0	4	0%	0%	0%	13%	0%	12%
판로개척	1	0	0	3	0	4	33%	0%	0%	10%	0%	12%
합자/합작	1	0	0	5	0	6	33%	0%	0%	16%	0%	18%
기타	0	0	0	0	0	0	0%	0%	0%	0%	0%	0%
합계	3	0	0	31	0	34	100%	0%	0%	100%	0%	100%

중국 조선족기업이 한국기업을 제외한 해외 외국기업과의 교류내용 중 가장 많은 비중을 차지하는 것은 '판로개척'(25%)이며 다음으로는 '원재료·제품조달'(24%)인 것으로 응답되었다. 지역별 특성을 보면 연변의 조선족기업들은 해외 외국기업과 '합자나 합작'(25%) 또는 '사업정보교환'(20%) 목적으로 교류가 가장 많은 것으로 조사되었으며 심양 조선족기업들은 '사업정보교환'과 '판로개척'(50%), 북경과 상해의 조선족기업들은 '판로개척'(44%, 상해 33%)에 교류가 가장 많은 것으로 나타났다. 또한 청도 조선족기업들은 '원재료·제품조달'(42%)에 해외

외국기업과의 교류가 가장 많은 것으로 응답되었다. 청도 조선족기업들은 한국기업과 마찬가지로 해외 외국기업과도 원재료나 완제품을 수입·수출하여 글로벌 기업으로 성장해 나가는 것으로 보인다.

한편 중국의 조선족기업이 해외에 있는 외국기업과의 네트워크가 가장 부진한 분야는 '투자 및 자본조달'(21%)과 '기술제휴'(21%)인 것으로 나타났다. 즉 중국 조선족기업들은 아직은 중국을 벗어난 해외에 투자처를 찾는 단계가 아닌 것으로 보이며 또한 자본조달 역시 가족이나 친·인척 또는 친구·거래처로부터 조달하는 것으로 설문이나 면담조사 결과로 밝혀짐에 따라 조선족기업이 아직은 해외로부터 자금을 유입하여 사업을 하는 단계는 아닌 듯하다. 기술제휴 역시 조선족기업들이 해외 기업들로부터 기술을 유입할 만큼 기업의 성장이 빠르지는 않는 것 같다.

(4) 화상기업과의 교류내용

중국 조선족기업이 화상기업과의 교류가 있는지를 설문조사하였다. 결과에 의하면 중국 조선족기업이 화상기업과의 교류가 많은 분야는 '사업정보교환'(31%)이며 다음으로는 '판로개척'(21%) 순으로 나타났다. 즉 중국 조선족기업들은 화상기업과 실질적으로 수출, 수입이나 투자를 하기보다는 화상기업을 통하여 사업에 관한 정보를 얻거나 중국 내 또는 해외판로를 개척하는 데 필요한 정보를 얻는 수준인 것으로 보인다. 다시 말하자면 화상기업들과 수출·수입이나 투자 또는 합자나 합작을 할 만큼 조선족기업들이 규모나 자금 면에서 시기적으로 이른 것으로 보인다.

한편 중국 조선족기업이 화상기업들과 교류가 부진한 분야를 보면 '원재료·제품조달'(18%)과 '투자 및 자본조달'(18%), '기술제휴'(18%) 분야인 것으로 나타났다. 즉 조선족기업들은 화상기업과 직접적으로 사업상의 교류를 하지 않기 때문에 청도 조선족기업 등 특정 지역을 제외하고는 원재료·제품조달이나 투자 및 자본조달, 기술제휴 같은 분야의 교류가 부진한 것으로 보인다. 지역별 특성을 볼지라도 중국 전체 조선족기업의 특징이 그대로 나타난 것 같다. 즉 연변의 조선족기업은 원재료·제품조달이나 기술제휴 분야에 화상기업과의 교류가 부진하며 청도 조선족기업의 경우는 투자 및 자본조달과 기술제휴 분야에, 그리고 상해 조선족기업의 경우는 원재료·제품조달이나 투자 및 자본조달 분야에 화상기업과의 교류가 부진한 것으로 응답하였다.

〈표 Ⅳ-32〉 화상기업과의 교류 내용

화상기업과 교류가 있다.(복수응답)

구분＼지역	응답수						비 율					
	연변	심양	북경	청도	상해	계	연변	심양	북경	청도	상해	계
원재료/제품조달	0	1	0	4	12	17	0%	8%	0%	36%	17%	16%
투자 및 자본조달	0	1	0	1	7	9	0%	8%	0%	9%	10%	8%
기술제휴	0	1	0	1	5	7	0%	8%	0%	9%	7%	7%
사업정보교환	2	4	5	2	20	33	67%	33%	42%	18%	29%	31%
판로개척	0	4	6	1	12	23	0%	33%	50%	9%	17%	21%
합자/합작	1	1	1	2	13	18	33%	8%	8%	18%	19%	17%
합계	3	12	12	11	69	107	100%	100%	100%	100%	100%	100%

화상기업과 교류가 없다.(복수응답)

구분	연변	심양	북경	청도	상해	계	연변	심양	북경	청도	상해	계
원재료/제품조달	4	0	0	6	1	11	20%	0%	0%	16%	25%	18%
투자 및 자본조달	3	0	0	7	1	11	15%	0%	0%	19%	25%	18%
기술제휴	4	0	0	7	0	11	20%	0%	0%	19%	0%	18%
사업정보교환	3	0	0	6	1	10	15%	0%	0%	16%	25%	16%
판로개척	3	0	0	5	1	9	15%	0%	0%	14%	25%	15%
합자/합작	2	0	0	6	0	8	10%	0%	0%	16%	0%	13%
기타	1	0	0	0	0	1	5%	0%	0%	0%	0%	2%
합계	20	0	0	37	4	61	100%	0%	0%	100%	100%	100%

5) 대학(연구소), 정부기관, 금융기관, 단체

(1) 중국 및 한국대학(연구소)과의 산학협력 관계 체결 여부

〈표 Ⅳ-33〉 중국 및 한국대학(연구소)과의 산학협력 관계 체결 여부

지역 구분	응답수						비 율					
	연변	심양	북경	청도	상해	계	연변	심양	북경	청도	상해	계
있다	15	1	2	6	4	28	33%	3%	4%	16%	9%	13%
없다	30	38	44	31	41	184	67%	97%	96%	84%	91%	87%
소계	45	39	46	37	45	212	100%	100%	100%	100%	100%	100%
무응답	3	0	0	2	0							
합계	48	39	46	39	45							

중국 조선족기업은 중국 및 한국대학(연구소)과의 산학협력을 위한 네트워크 구축 상태가 미비(있다 13%, 없다 87%)한 것으로 나타났다. 즉 조선족기업들은 지금까지는 자체적으로 회사를 꾸려나가기 바쁜 관계로 대학 등과 산학협력 네트워크를 구축하기 어려웠던 것으로 보인다. 따라서 조선족기업들은 아직은 성장과정에 있으므로 대학 및 연구소와 연계하여 기술을 개발한다든가 아니면 사원들을 대학에 보내어 교육을 시키는 단계는 아직 이른 것으로 판단된다.

지역별 특성에 의하면 연변 조선족기업과 청도 조선족기업의 경우가 상대적으로 다른 지역에 비하여 산학협력 관계가 있는 것(연변 33%, 청도 16%)으로 나타났다. 이는 연변 조선족기업의 경우 연변대학이나 연변과학기술대학 내에 있는 경영대학원의 경영자 과정이나 최고경영자 과정을 통하여 대학 교수들로부터 선진적인 경영기법을 배우며 또한 산업대학원을 통하여 최신 기술을 배울 기회를 가지고 있으며, 청도 지역 또한 한국투자기업이나 한국상회, 청도 조선족기업협회 등과의 네트워크를 통하여 청도 조선족기업들이 산학연계의 기회가 다른 지역에

비하여 많은 것으로 보인다.

산학협력의 내용에 대한 추가설문조사에 의하면, 연변 지역의 경우 기술개발, 교육서비스, 경영자문 등의 분야에서 산학협력이 이루어지는 것으로 나타났다. 한편, 청도 지역의 경우에는 채용(인턴십)분야에서 산학협력이 이루어지고 있는 것으로 나타났다.

중국 조선족기업 중 중국 및 한국대학(연구소)과의 산학협력관계가 체결되어 있지 않은 기업을 대상으로 체결되어 있지 않은 이유를 물었다. 응답결과를 보면 첫 번째 이유로는 '필요성을 못 느껴서'(34%)이며 다음으로는 '자금문제'(31%)와 '대학과의 네트워크 부재'(28%)인 것으로 나타났다. 위의 결과를 놓고 볼 때 중국의 조선족기업들은 아직까지는 기업의 규모나 자금 또는 최고경영자의 마인드가 대학과 산학협력관계를 체결할 만큼 오픈되어 있지 않은 것으로 보인다. 그러나 비록 적은 숫자일망정 산학협력관계가 체결되어 있는 기업도 있기 때문에 향후 기업의 규모가 커지고 산학협력의 필요성이 느껴지면 더 많은 기업들이 산학협력 관계를 체결할 것으로 보인다.

① 향후 원하는 부문의 산학협력체계

중국 조선족기업에게 향후 원하는 부문의 산학협력체계를 물었다. 조선족기업들이 원하는 산학협력체계의 1순위로는 '기술개발'(28%)과 '경영자문'(27%), '제품개발'(12%)인 것으로 응답되었으며 2순위로는 '경영자문'(40%)과 '제품개발'(18%), '인력개발'(15%) 순인 것으로 조사되었다. 이러한 결과를 놓고 볼 때 향후 조선족기업들이 원하는 산학협력 체계는 기술개발과 경영자문, 제품개발, 인력개발인 것으로 나타났는데 이는 조선족기업들이 중국에서 기업을 성장시키기 위해서는 필수불가결한 요소들인 것으로 판단된다. 특히 기술개발은 중국시장의 치열한 경쟁에서 살아남기 위해서는 기술 및 제품개발은 필수적이며 또

한 선진적인 경영기법을 배우고 경영자문을 구하는 것과 대학에 위탁
교육을 의뢰하여 인력개발을 꾀하는 것도 기업들의 성장을 위한 필수
요소인 것으로 판단된다.

〈표 Ⅳ-34〉 향후 원하는 부문의 산학협력체계

제1순위

구분 \ 지역	응답수						비 율					
	연변	심양	북경	청도	상해	계	연변	심양	북경	청도	상해	계
채용(인턴십)	1	1	0	2	2	6	2%	3%	0%	6%	5%	3%
교육서비스	10	2	3	6	1	22	24%	6%	7%	18%	3%	11%
기술개발	18	11	15	10	2	56	43%	31%	33%	29%	5%	28%
경영자문	4	9	4	4	32	53	10%	25%	9%	12%	80%	27%
인력개발	4	3	4	4	1	16	10%	8%	9%	12%	3%	8%
제품개발	5	5	4	8	2	24	12%	14%	9%	24%	5%	12%
기타	0	5	16	0	0	21	0%	14%	35%	0%	0%	11%
소계	42	36	46	34	40	198	100%	100%	100%	100%	100%	100%
무응답	6	3	0	5	5	19						
합계	48	39	46	39	45	217						

제2순위

구분 \ 지역	연변	심양	북경	청도	상해	계	연변	심양	북경	청도	상해	계
채용(인턴십)	3	0	0	1	2	6	8%	0%	0%	4%	17%	4%
교육서비스	2	1	2	3	1	9	5%	3%	7%	12%	8%	6%
기술개발	5	7	3	3	2	20	13%	21%	10%	12%	17%	14%
경영자문	19	11	9	13	3	55	49%	33%	31%	50%	25%	40%
인력개발	3	7	6	3	2	21	8%	21%	21%	12%	17%	15%
제품개발	7	5	9	2	2	25	18%	15%	31%	8%	17%	18%
기타	0	2	0	1	0	3	0%	6%	0%	4%	0%	2%
소계	39	33	29	26	12	139	100%	100%	100%	100%	100%	100%
무응답	9	6	17	13	33	78						
합계	48	39	46	39	45	217						

지역별 특성에 의하면 연변, 심양, 북경, 청도의 조선족기업들은 제1
순위로는 '기술개발'(연변 43%, 심양 31%, 북경 33%, 청도 29%)을 산

학협력체계로 원하고 있으며 제2순위로는 '경영자문'(연변 49%, 심양 33%, 북경 31%, 청도 50%)을 원하는 것으로 나타났다. 또한 상해의 조선족기업들은 산학협력체계로 '경영자문'(80%)을 원하는 것으로 조사되었다. 결과적으로 5개 지역 조선족기업을 각 지역별로 볼지라도 그들이 원하는 것은 '기술개발'과 '경영자문'인 것으로 판단된다.

(2) 「민족금융기관」 설립의 필요 여부

〈표 Ⅳ-35〉「민족금융기관」 설립의 필요 여부

구분 \ 지역	응답수						비 율					
	연변	심양	북경	청도	상해	계	연변	심양	북경	청도	상해	계
있다	32	28	33	30	43	166	73%	72%	72%	86%	96%	81%
없다	12	11	10	5	2	40	27%	28%	22%	14%	4%	19%
소계	44	39	43	35	45	206	100%	100%	93%	100%	100%	100%
무응답	4	0	3	4	0	11						
합계	48	39	46	39	45	217						

중국 조선족기업들에게 '민족금융기관'의 설립이 필요한지를 물었다. 응답자의 81%가 민족금융기관의 설립이 필요함을 나타내었다. 즉 중국 조선족기업들은 '민족금융기관'의 설립을 강력히 원하고 있다. 왜냐하면 중국 조선족기업들이 사업자금이 필요할 때 중국은행에서 자금을 조달하기가 힘들기 때문이다. 실제로 중국 현지에서 조선족기업인을 대상으로 설문조사나 면담에 의하면 조선족기업들은 사업자금을 대부분 가족이나 친·인척 또는 친구나 회사의 대리점으로부터 조달하는 것으로 응답하였다.

(3) 사업상 참여하는 단체나 조직

〈표 Ⅳ-36〉 사업상 참여하는 단체나 조직(복수응답)

구분＼지역	응답수						비 율					
	연변	심양	북경	청도	상해	계	연변	심양	북경	청도	상해	계
조선족기업협회	12	8	1	25	4	50	17%	12%	2%	71%	12%	19%
조선족기업인골프협회	3	11	2	2	2	20	4%	16%	3%	6%	6%	8%
조선족기독실업인협회	0	3	0	0	4	7	0%	4%	0%	0%	12%	3%
동종업종기업인협회	27	13	15	1	1	57	39%	19%	25%	3%	3%	22%
기업인 친목단체	18	31	37	2	3	91	26%	46%	63%	6%	9%	34%
기타	9	2	4	5	20	40	13%	3%	7%	14%	59%	15%
합계	69	68	59	35	34	265	100%	100%	100%	100%	100%	100%

중국 조선족기업들에게 사업상 어떤 단체나 조직에 참여하고 있는지를 물었다. 한 기업이 여러 단체나 조직에 참여할 수 있으므로 복수응답으로 처리하였다. 응답결과에 의하면 조선족기업들이 사업상 참여하는 단체나 조직의 제1순위는 '기업인 친목단체'(34%)이며 다음으로는 '동종업종 기업인 협회'(22%)와 '조선족기업협회'(19%) 순인 것으로 나타났다. 이러한 결과를 놓고 볼 때 중국의 조선족기업들의 핵심적인 조직이 '조선족기업협회'임에도 불구하고 조선족기업협회가 사업상 참여하는 단체나 조직의 제1순위가 되지 못하는 이유 중의 하나는 청도를 제외한 나머지 지역의 조선족기업협회가 단합해서 하나로 뭉치지 못하고 이합집산으로 여러 개의 조직으로 갈라져 있기 때문이다.

지역별 특성에 의하면 연변의 조선족기업들은 '동종업종 기업인 협회'(39%)와 '기업인 친목단체'(26%) 그리고 '조선족기업협회'(17%) 순으로 나타났다. 현재 연변에는 조선족만의 기업협회가 따로 없으며 단지 조선족과 한족기업인들의 조직인 '길림성연길기업가연합회'가 있을 뿐이다. 심양의 조선족기업들은 '기업인 친목단체'(46%)와 '동종업종 기업인 협회'(19%), '조선족기업인 골프협회'(16%)에 참여하고 있는데 이는 심양의 조선족기업협회가 둘로 나뉘어져 있어서 심양 조선족기업들의 구심점 역할을 못하기 때문인 것으로 풀이된다. 북경의 조선족기업 역시 '기업인 친목단체'(63%)와 '동종업종 기업인 협회'(25%)에 참여하고 있는 것으로 응답되었는데 북경의 조선족기업협회 역시 2~3개의 조직으로 나뉘어 있어서 통합된 '조선족기업협회'가 없는 실정이다. 청도 조선족기업들은 '조선족기업협회'(71%)에 대부분이 참여하고 있는 것으로 나타났는데 이는 청도의 조선족기업들이 단합이 잘 되어 있기 때문이다. 상해의 경우는 조선족기업들의 구심점 역할을 해야 하는 '조선족기업협회'가 통합되지 못하였기 때문에 조선족기업들이 '조선족기업협회'(12%)와 '조선족기독실업인협회'(12%)로 나뉘어 참여하고 있다.

① 조직이나 단체에 참여시 사업활동상 도움 내용

중국 조선족기업이 조직이나 단체에 참여함으로써 사업활동상 가장 도움이 되는 것은 '사업정보교환'(28%)과 '인적네트워크 구축'(28%)이며 다음으로 '판로 및 시장개척'(26%)에 관한 정보를 입수하는 것으로 나타났다.

지역별 특성을 보면 연변이나 청도의 조선족기업들은 조직이나 단체에 참여함으로써 '사업정보교환'이 사업활동상 가장 도움이 되는 것으로 나타났으며 심양이나 북경, 상해의 조선족기업인들은 조직이나 단체에 참여함으로써 '인적네트워크 구축'이 사업활동상 가장 도움이 되는 것으로 나타났다.

〈표 Ⅳ-37〉 조직이나 단체에 참여시 사업활동상 도움 내용

구분＼지역	응답수						비 율					
	연변	심양	북경	청도	상해	계	연변	심양	북경	청도	상해	계
사업정보교환	34	24	35	22	13	128	41%	29%	27%	35%	14%	28%
인적네트워크구축	1	34	41	18	33	127	1%	41%	31%	29%	36%	28%
판로및시장개척	21	21	40	12	24	118	26%	26%	31%	19%	26%	26%
자금조달용이	2	2	11	0	2	17	2%	2%	8%	0%	2%	4%
경영자문	16	0	1	5	15	37	20%	0%	1%	8%	16%	8%
수출입용이	3	1	1	2	4	11	4%	1%	1%	3%	4%	2%
노동력조달용이	2	0	1	1	1	5	2%	0%	1%	2%	1%	1%
기타	3	0	1	3	0	7	4%	0%	1%	5%	0%	2%
합계	82	82	131	63	92	450	100%	100%	100%	100%	100%	100%

(4) 한국상회나 코트라 등 기업관련 단체와 상호교류 여부

중국 조선족기업에게 중국진출 한국기업의 조직인 한국상회나 현지에 사무소가 있는 한국무역투자진흥공사(KOTRA) 등 한국관련단체와 네트워크가 구축되어 있는지를 물었다. 응답결과에 의하면 중국 조선족기업의 26%만이 네트워크가 구축되어 있고 나머지 74%는 아직 교류가 없는 것으로 나타났다. 이러한 결과를 놓고 볼 때 중국 조선족기업들은 아직 한국관련단체와는 교류가 원활하지 않은 것으로 나타났다. 따라서 중국 조선족기업과 한국투자기업 또는 조선족기업협회나 한국상회 등과 상호 네트워크 구축을 위해서는 관련단체의 노력이 필요함을 보여준다. 왜냐하면 상호교류를 통해서 상생방안을 강구할 수 있기 때문이다.

〈표 Ⅳ-38〉 한국상회나 코트라 등 기업관련 단체와 상호교류 여부

구분＼지역	응답수						비 율					
	연변	심양	북경	청도	상해	계	연변	심양	북경	청도	상해	계
있다	30	6	2	10	6	54	67%	15%	4%	30%	14%	26%
없다	15	33	43	23	36	150	33%	85%	96%	70%	86%	74%
소계	45	39	45	33	42	204	100%	100%	100%	100%	100%	100%
무응답	3	0	1	6	3	13						
합계	48	39	46	39	45	217						

지역별 특성을 보면 한국상회나 코트라 등 기업관련단체와 상호교류가 가장 많은 지역은 연변 조선족기업(67%)이며 다음으로는 청도(30%), 심양(15%), 상해(14%) 순으로 나타났다. 이러한 결과를 놓고 볼 때 연변 조선족기업들은 중국의 개혁·개방 이후 계속적으로 한국기업들과 가장 빈번한 교류를 해왔기 때문에 한국상회나 코트라 등과도 상호교류가 많았던 것으로 보이며 청도 조선족기업의 경우 한국투자기업이 청도에 많이 진출한 관계로 한국상회나 코트라 등과도 상호교류가 많았음을 보여준다. 또한 심양의 경우는 조선족이 많이 거주하는 지역이고 심양이 전통적인 중공업 도시인데다가 심양 한국주간이 있을 정도로 심양 조선족기업들이 한국투자기업 또는 한국기업과의 관계가 우호적이기 때문인 것으로 보인다. 북경의 조선족기업들이 한국상회 등 관련단체와 교류가 가장 적은 것으로 나타난 이유는 북경 지역이 중국의 수도이자 각국에서 진출한 글로벌 기업들의 각축장이기 때문에 상대적으로 북경 조선족기업과 한국 관련단체 등과의 상호교류도 적은 것으로 해석된다.

중국 조선족기업 중 한국상회나 코트라 등 기업관련단체와 상호교류가 없는 기업을 대상으로 향후에 교류를 추진할 의사가 있는지를 물었다. 응답결과에 의하면 추진하겠다는 응답이 92%(연변 93%, 심양 86%, 북경 95%, 청도 91%, 상해 94%)가 나왔다. 결과적으로 중국 조선족기업들은 한국상회나 코트라 등 기업관련단체와 교류하기를 원하는 것으로 나타났다. 이는 현재 교류하고 있는 기업들이 여러 가지 이유로 교류를 하게 된 것과 마찬가지로 향후 교류하고자 하는 기업들도 교류 희망 이유는 다양할 지라도 결과적으로 중국 조선족기업과 한국상회 등 한국기업과 관련 있는 단체와의 상호교류는 중국 시장에서 상생을 하기 위해 필수사항이라 할 수 있다.

① 상호교류 시 교류 이유

〈표 Ⅳ-39〉 상호교류시 교류 이유

구분＼지역	응답수						비 율					
	연변	심양	북경	청도	상해	계	연변	심양	북경	청도	상해	계
같은 민족단체 니까	4	3	0	5	1	13	13%	50%	0%	50%	17%	24%
합자나 합작을 위해	14	0	0	4	3	21	47%	0%	0%	40%	50%	39%
선진경영기법 의 도입을 위해	9	1	0	1	1	12	30%	17%	0%	10%	17%	22%
한국으로의 진 출을 위해	3	2	0	0	0	5	10%	33%	0%	0%	0%	9%
기타	0	0	2	0	1	3	0%	0%	100%	0%	17%	6%
소계	30	6	2	10	6	54	100%	100%	100%	100%	100%	100%
무응답	0	0	0	0	0	0						
합계	30	6	2	10	6	54						

중국 조선족기업 중 한국상회나 코트라 등 기업관련단체와 상호교류가 있는 기업을 대상으로 어떠한 연유로 상호교류하게 되었는지를 물었다. 응답결과에 의하면 중국 조선족기업들은 '합자나 합작을 위해'(39%) 한국상회나 코트라 등 기업관련 단체와 상호교류하며 다음으로는 '같은 민족단체이니까'(24%)와 '선진경영기법의 도입을 위해서'(22%)와 같은 이유로 상호교류하는 것으로 응답되었다. 이러한 결과를 놓고 볼 때 결론적으로 중국 조선족기업들은 상호교류의 1순위로 사업과 직접 관련이 있는 합자나 합작을 위해서 상호교류하며 그 다음으로는 같은 민족단체 또는 선진 경영기법의 도입 등에 관심이 있는 것으로 나타났다.

지역별 특성을 보면 연변 조선족기업들은 '합자나 합작을 위해서'(47%) 한국상회 등과 상호교류하며 다음으로는 '선진경영기법의 도입을 위해서'(30%) 교류하는 것으로 조사되었다. 심양과 청도의 조선족 기업들은 다른 3개 지역(연변, 북경, 상해)과 달리 상호교류의 제1순위로 '같은 민족단체이니까'(심양 50%, 청도 56%)에 응답하였다. 이는 심양지역의 조선족기업들은 심양 진출 한국기업 또는 한국에 있는 기업과의 우호관계가 매우 좋으므로 동포애가 회사이익보다 앞서는 것으로 보인다. 청도 또한 청도 진출 한국기업들과 조선족기업과의 상생의 현장이기 때문에 동일한 응답이 나오는 것으로 보인다. 심양 조선족기업의 경우 교류이유의 2번째로 '한국으로의 진출을 위해'(33%)로 응답되었는데 이러한 결과는 한국 및 한국기업으로서는 매우 고무적인 응답이다. 왜냐하면 중국 조선족기업들의 한국진출은 서로 간의 상생을 위한 바람직한 일이기 때문이다. 청도 조선족기업의 2번째 응답은 '합자나 합작을 위해'(40%)로 나타났는데 이는 청도 지역에 한국기업이 많이 진출하기 때문일 것이다. 상해 지역의 조선족기업들은 「합자나 합작을 위해서」(50%) 한국상회 등과 상호교류하는 것으로 조사되었다.

(5) 기업활동에 '온라인 화상네트워크' 활용정도

〈표 Ⅳ-40〉「온라인 화상네트워크」 활용 정도

구분 \ 지역	응답수						비 율					
	연변	심양	북경	청도	상해	계	연변	심양	북경	청도	상해	계
전혀활용하지않음	3	2	4	15	6	30	7%	5%	9%	42%	13%	14%
활용하지않음	8	7	3	11	21	50	18%	19%	7%	31%	47%	24%
보통	28	15	1	7	14	65	62%	41%	2%	19%	31%	31%
자주활용함	5	10	10	3	3	31	11%	27%	22%	8%	7%	15%
매우자주활용함	1	3	28	0	1	33	2%	8%	61%	0%	2%	16%
소계	45	37	46	36	45	209	100%	100%	100%	100%	100%	100%
무응답	3	2	0	3	0	8						
합계	48	39	46	39	45	217						

중국 조선족기업에게 '온라인 상의 화상네트워크'를 현재 어느 정도 활용하고 있는지를 물었다. 응답결과에 의하면 '보통'(31%)이라고 응답한 비율이 가장 많았으며 '전혀 활용하지 않음'(14%)과 '활용하지 않음'(24%)을 합하여 38%로 응답됨으로써 조선족기업인들이 온라인 상의 화상네트워크를 기업활동에 활용하지 않는 것으로 응답되었다. 한편 '자주 활용함'(15%)과 '매우 자주 활용함'(16%)을 합한 31%의 조선족기업인들은 자주 활용하는 것으로 조사되었다. 결과적으로 중국 조선족기업들은 기업활동에 '온라인상의 화상네트워크'를 활용하고 있는 초보단계라고 말할 수 있겠다.

지역별 비교에 의하면 북경의 조선족기업인들은 '온라인상의 화상네크워크'를 가장 많이 활용(자주 활용함 22%, 매우 자주 활용함 61%)하는 것으로 응답되었으며 대조적으로 청도와 상해의 조선족기업들은 별로 활용하지 않는 것으로 나타났다. 북경 조선족기업의 경우는 중국의 수도라는 정치적 환경의 영향인 것으로 보이며 상해나 청도 역시 상업도시 및 외자기업의 집중 투자지역이라는 경제 및 기업환경의 영향 때문으로 보인다. 연변과 심양 조선족기업의 경우는 아직 경제 인프라나 기업환경이 '온라인 화상네트워크'를 기업활동에 이용할 상황이 아닌 것으로 보인다.

(6) 온라인 '한상네트워크' 구축시 원하는 정보

〈표 Ⅳ-41〉 온라인 '한상네트워크' 구축시 원하는 정보

제1순위

구분＼지역	응답수						비 율					
	연변	심양	북경	청도	상해	계	연변	심양	북경	청도	상해	계
해외한상기업의 수출입정보	11	18	7	9	14	59	24%	49%	15%	25%	32%	28%
자본유치 및 투자정보	10	11	8	4	11	44	22%	30%	17%	12%	25%	21%
인력채용정보	7	1	1	1	1	11	15%	3%	2%	3%	2%	5%
중국 및 해외시장개척	11	4	10	14	3	42	24%	11%	22%	40%	7%	20%
해외한상기업의 기술 및 상품정보	4	3	14	7	15	43	9%	8%	30%	20%	34%	21%
기타	3	0	6	0	0	9	7%	0%	13%	0%	0%	4%
소계	46	37	46	35	44	208	100%	100%	100%	100%	100%	100%
무응답	2	2	0	4	1	9						
합계	48	39	46	39	45	217						

제2순위

구분＼지역	응답수						비 율					
	연변	심양	북경	청도	상해	계	연변	심양	북경	청도	상해	계
해외한상기업의 수출입정보	5	0	1	5	2	13	11%	0%	3%	17%	7%	7%
자본유치 및 투자정보	7	9	10	3	8	37	16%	25%	25%	10%	29%	21%
인력채용정보	4	1	0	2	1	8	9%	3%	0%	7%	4%	4%
중국 및 해외시장개척	11	14	12	8	4	49	24%	39%	30%	27%	14%	27%
해외한상기업의 기술 및 상품정보	17	12	17	10	13	69	38%	33%	43%	33%	46%	39%
기타	1	0	0	2	0	3	2%	0%	0%	7%	0%	2%
소계	45	36	40	30	28	179	100%	100%	100%	100%	100%	100%
무응답	3	3	6	9	17	38						
합계	48	39	46	39	45	217						

중국 조선족기업에게 온라인 상 '한상네트워크'(한인기업의 포탈사이트)를 구축한다면 얻고 싶은 정보가 무엇인지를 물었다. 응답결과를 보면 얻고 싶은 정보의 제1순위로는 '해외한상기업의 수출입 정보'(28%)이며 제2순위로는 '해외한상기업의 기술 및 상품 정보'(39%)인 것으로 조사되었다. 응답결과를 종합해보면 중국의 조선족기업들은 '한상네트워크'를 통하여 원하는 정보는 해외한상기업의 수출입 정보와 해외한상기업의 기술 및 상품정보 등인 것으로 밝혀졌다. 즉 중국 조선족기업들은 수출이나 수입, 투자 등 해외로의 진출을 위한 정보를 얻고 싶은 것으로 보인다.

지역별 특성에 의하면 연변의 조선족기업들은 제1순위로서 '해외한상기업의 수출입 정보'(24%)와 '중국 및 해외시장 개척'(24%) 정보를 얻기를 원하며 제2순위로서는 '해외한상기업의 기술 및 상품 정보'(38%)인 것으로 응답하였다. 심양의 조선족기업들은 얻고 싶은 정보 제1순위로서 '해외한상기업의 수출입 정보'(49%)와 제2순위로는 '중국 및 해외시장개척'(39%) 정보를 원하는 것으로 나타났다. 북경의 조선족기업들은 얻고 싶은 정보 제1순위로서 '해외한상기업의 기술 및 상품정보」(30%)인 것으로 조사되었으며 청도의 조선족기업들은 제1순위로서 '중국 및 해외시장개척'(40%)과 제2순위로서는 '해외한상기업의 기술 및 상품정보'(33%)인 것으로 밝혀졌다. 상해의 조선족기업들은 얻고 싶은 정보 제1순위로서 '해외한상기업의 기술 및 상품정보'(34%)인 것으로 나타났다. 결과적으로 각 지역의 조선족기업들은 '한상네트워크'를 통하여 해외한상기업의 수출입정보와 해외한상기업의 기술 및 상품정보를 얻기를 원하는 것으로 조사되었다.

4. 수출 및 기술이전, 수입 및 기술도입, 투자에 관한 네트워크

1) 수출 및 기술 이전

(1) 수출 여부

〈표 Ⅳ-42〉 해외(한국포함)기업과의 수출 여부

구분 \ 지역	응답수						비 율					
	연변	심양	북경	청도	상해	계	연변	심양	북경	청도	상해	계
있다	13	9	8	23	10	63	31%	24%	17%	64%	23%	31%
없다	29	28	38	13	34	142	69%	76%	83%	36%	77%	69%
소계	42	37	46	36	44	205	100%	100%	100%	100%	100%	100%
무응답	6	2	0	3	1	12						
합계	48	39	46	39	45	217						

중국 5개 지역 조선족기업에게 수출하고 있는지를 물었다. 응답결과에 의하면 전체 응답자의 31%만이 수출을 하고 있는 것으로 응답되었다. 지역별 비교에 의하면 5개 지역 중 유일하게 청도만이 응답자의 64%가 수출을 하고 있는 것으로 조사되었다. 특히 청도 지역은 중국기업과 외자기업 그리고 중국진출 한국기업 등 많은 기업들이 진출해 있을 뿐만 아니라 여기에 진출한 조선족기업들은 대부분 OEM방식에 의한 생산을 하기 때문에 주로 외국에 수출을 많이 하는 것으로 조사되었다. 그 외 연변, 심양, 북경, 상해의 조선족기업들은 내수에 비하여 수출이 차지하는 비율이 적은 것으로 나타났다. 특히 북경의 경우는 조선족기업의 17%만이 수출을 하고 있다는 응답을 함으로써 5개 지역 중 가장 낮은 수출 비중을 보였다.

(2) 수출하고 있다면, 주요 수출대상국

〈표 Ⅳ-43〉 수출 시 주요 수출대상국(복수응답)

구분＼지역	응답수						비 율					
	연변	심양	북경	청도	상해	계	연변	심양	북경	청도	상해	계
한국	12	7	4	15	11	49	46%	78%	50%	39%	69%	51%
미국	3	0	0	6	1	10	12%	0%	0%	16%	6%	10%
일본	5	1	0	9	4	19	19%	11%	0%	24%	25%	20%
러시아·중앙아시아	4	0	1	1	0	6	15%	0%	13%	3%	0%	6%
유럽	0	0	2	6	0	8	0%	0%	25%	16%	0%	8%
기타	2	1	1	1	0	5	8%	11%	13%	3%	0%	5%
합계	26	9	8	38	16	97	100%	100%	100%	100%	100%	100%

중국의 5개 지역 조선족기업 중 수출을 하고 있는 기업을 대상으로 설문조사를 하였다. 즉 수출을 하고 있다면 주요 수출대상국이 어디인지를 물었다. 응답결과에 의하면 중국 조선족기업들의 주요 수출대상국은 한국이며(51%) 다음으로 일본(20%), 미국(10%) 순인 것으로 응답되었다.

각 지역별 비교에 의하면 5개 지역 중 한국으로의 수출 비중이 가장 높은 지역은 심양(한국, 78%)이며 다음으로는 상해 지역(한국, 69%) 조선족기업이었다. 연변의 조선족기업들은 주요 수출대상국이 한국 46%, 일본 19%, 러시아·중앙아시아 15%인 것으로 조사되었는데 러시아·중앙아시아로의 수출은 연변 지역이 러시아·중앙아시아 지역과 인접해 있는 영향인 것으로 나타났다. 북경 조선족기업들은 다른 지역과 달리 한국(50%) 다음으로 유럽으로의 수출 비중(25%)이 높았다. 청도의 조선족기업들은 주요 수출대상국이 한국(39%) 뿐만 아니라 일본(24%), 미국(16%), 유럽(16%) 등 여러 국가들과 글로벌 네트워크 형성이 되어 있는 것으로 나타났다.

(3) 최근 3년간 수출실적

〈표 Ⅳ-44〉 최근 3년간 수출실적

2003년 수출실적

구분＼지역	응답수						비 율					
	연변	심양	북경	청도	상해	계	연변	심양	북경	청도	상해	계
10만 위안미만	0	0	0	0	0	0	0%	0%	0%	0%	0%	0%
10~50만 위안	4	1	0	1	0	6	40%	25%	0%	8%	0%	19%
50~100만 위안	3	0	0	0	0	3	30%	0%	0%	0%	0%	10%
100~500만 위안	2	2	1	6	2	13	20%	50%	33%	50%	100%	42%
500~1,000만 위안	1	0	0	4	0	5	10%	0%	0%	33%	0%	16%
1,000~5000만 위안	0	1	1	1	0	3	0%	25%	33%	8%	0%	10%
5,000만 위안이상	0	0	1	0	0	1	0%	0%	33%	0%	0%	3%
소계	10	4	3	12	2	31	100%	100%	100%	100%	100%	100%
무응답	3	5	5	11	8	32						
합계	13	9	8	23	10	63						

2004년 수출실적

구분	연변	심양	북경	청도	상해	계	연변	심양	북경	청도	상해	계
10만 위안미만	2	0	0	0	0	2	17%	0%	0%	0%	0%	5%
10~50만 위안	4	1	0	1	0	6	33%	20%	0%	6%	0%	14%
50~100만 위안	2	1	0	1	1	5	17%	20%	0%	6%	14%	12%
100~500만 위안	3	1	0	7	3	14	25%	20%	0%	44%	43%	33%
500~1,000만 위안	0	1	2	4	3	10	0%	20%	67%	25%	43%	23%
1,000~5000만 위안	1	1	1	3	0	6	8%	20%	33%	19%	0%	14%
5,000만 위안이상	0	0	0	0	0	0	0%	0%	0%	0%	0%	0%
소계	12	5	3	16	7	43	100%	100%	100%	100%	100%	100%
무응답	1	4	5	7	3	20						
합계	13	9	8	23	10	63						

2005년 수출실적

구분	연변	심양	북경	청도	상해	계	연변	심양	북경	청도	상해	계
10만 위안미만	2	0	0	0	0	2	18%	0%	0%	0%	0%	4%
10~50만 위안	4	2	0	1	0	7	36%	22%	0%	5%	0%	13%
50~100만 위안	1	1	2	2	0	6	9%	11%	33%	10%	0%	11%
100~500만 위안	3	3	1	9	4	20	27%	33%	17%	43%	44%	36%
500~1,000만 위안	0	1	1	5	5	12	0%	11%	17%	24%	56%	21%
1,000~5000만 위안	1	2	2	3	0	8	9%	22%	33%	14%	0%	14%
5,000만 위안이상	0	0	0	1	0	1	0%	0%	0%	5%	0%	2%
소계	11	9	6	21	9	56	100%	100%	100%	100%	100%	100%
무응답	2	0	2	2	1	7						
합계	13	9	8	23	10	63						

중국 5개 지역 조선족기업을 대상으로 수출실적을 물었다. 즉 중국 조선족기업이 중국내 기업 및 해외(한국 포함)기업과의 최근 3년간 (2003년부터 2005년까지) 수출실적이 어느 정도 되는지를 설문조사하였다. 응답결과에 의하며 2003년도의 수출실적은 100~500만 위안 미만이 42%를 차지하며 다음으로 10~50만 위안 미만이 19%, 500~1,000만 위안 미만이 16%를 차지하는 것으로 응답되었다.

2003년도 수출실적에 대한 각 지역별 특징을 보면 연변 조선족기업들의 수출실적은 10만~500만 위안 미만에 90%가 분포되어 있는데 가장 분포 비율이 높은 부분은 10~50만 위안 미만으로서 40%를 차지하는 것으로 조사되었다. 심양 조선족기업은 100~500만 위안 미만에 가장 분포도가 높으며(50%) 다음으로 10~50만 위안 미만에 25%, 1,000~5,000만 위안 미만에 25%가 분포되어 있음으로서 연변에 비하여 수출의 규모가 큼을 알 수 있다. 북경 조선족기업의 경우 100~500만 위안 미만에 33%, 1,000~5,000만 위안 미만에 33%, 5,000만 위안 이상에 33%가 분포되어 있음으로서 대도시답게 수출의 규모도 큼을 알 수 있다. 청도의 조선족기업들의 수출규모는 100~500만 위안 미만에 50%가 분포되어 있고 500~1,000만 위안 미만에 33%가 분포되어 있음으로서 북경에 비해서 수출의 규모가 큰 편은 아니나 규모가 100~1,000만 위안 미만에 전체의 83%가 집중되어 있다. 상해는 100~500만 위안 미만에 100%가 분포되어 있다.

2004년도 수출실적을 보면 100~1,000만 위안이 전체의 56%가 분포되어 있는데 이는 2003년도 수출실적(100~1,000만 위안, 58%)과 거의 유사한 분포이다. 지역별 비교에 의하면 연변 지역의 경우 10~500만 위안 사이의 분포가 전체의 92%로 분포되어 있는데 이는 2003년도 실적과 유사하다. 심양의 경우 2004년도에는 10만에서 5,000만 위안 사이에 100%가 분포되어 있는데 이는 2003년도와는 약간 다른 형태이다. 북경 조선족기업의 경우 500~1,000만 위안 사이에 67%가 분포되어 있음으로서 전년도보다 수출액이 늘어난 상태이다.

2005년도의 중국 조선족 수출실적을 보면 100~500만 위안이 36%, 500~1,000만 위안이 21%, 1,000만~5,000만 위안이 14%로서 100~5,000만 위안이 전체의 71%를 차지하는 것으로 조사되었다. 지역별 비교에 의하면 연변 조선족기업의 경우 10~500만 위안 사이의 분포가 전체의 90%로서 전년도(2003, 2004년도)와 비슷한 분포이다. 즉 연변의 수출실적은 전년도에 비하여 발전이 없는 것으로 조사되었다. 심양의 경우는 2004년도와 비슷한 실적이나 단지 100~500만 위안 사이의 분포가 20%에서 33%로 늘어났다는 것을 알 수 있다. 북경의 경우는 전년도에는 500~5,000만 위안에 집중되어 있었는데 2005년도에는 50만 위안에서 5,000만 위안 사이에 골고루 분포되어 있는 특징이 있다. 청도의 수출실적은 2004년도와 거의 유사하고 상해 조선족기업의 경우는 500~1,000만 위안 사이의 분포가 43%에서 56%로 수출량이 늘어난 것을 알 수 있다.

결과적으로 볼 때 중국 5개 지역 조선족기업의 3년간(2003~2005년)의 수출실적은 큰 변화 없이 현상유지를 하는 상태인 것으로 나타났다.

(4) 주요수출품

수출을 하고 있다는 중국 조선족기업을 대상으로 주요수출품이 무엇인지를 물었다. 응답결과에 의하면 중국 조선족기업들이 가장 많이 수출하는 품목은 섬유 및 의류, 완구(29%)인 것으로 응답하였다. 다음으로는 기타 항목(27%)인데 기타항목에 대한 구체적인 언급이 없어서 알 수 없다. 다음으로는 전기, 전자, 기계 기구제조(14%) 항목이며 가구 및 설비, 주방용품도 전체의 13%나 차지할 만큼 많은 양의 수출을 하는 것으로 조사되었다. 지역별 비교에 의하면 연변지역 조선족기업들은 섬유 및 의류, 완구(21%)와 음식가공(14%) 항목을 많이 수출하는 것으로 조사되었다. 심양의 조선족기업들은 가구 및 설비와 주방용품(20%) 그리고 금속 및 합금(20%)을 수출함으로써 이 지역이 중국의 전통적인 중공업 도시임을 알 수 있다. 북경의 조선족기업은 가구 및 설비와 주방용품(20%) 그리고 전기, 전자, 기계기구 제조(20%) 항목을 주로 수출하며 청도 지역의 조선족기업은 섬유 및 의류, 완구의 수출 비중이 43%를 차지할 만큼 수출물량이 많은데 이는 중국에 진출한 한국기업이나 한국에 있는 기업으로부터 OEM 방식에 의한 생산, 가공, 수출의 영향으로 보인다. 다음으로는 가구 및 설비, 주방용품(13%)과 음식가공(13%)의 수출이다. 상해 조선족기업의 수출품목은 전기, 전자, 기계기구 제조(45%)와 섬유 및 의류, 완구(36%)를 수출하는 것으로 나타났다.

<표 Ⅳ-45> 주요수출품 품목(복수응답)

구분 \ 지역	응답수						비 율					
	연변	심양	북경	청도	상해	계	연변	심양	북경	청도	상해	계
섬유및 의류,완구	3	1	0	10	4	18	21%	10%	0%	43%	36%	29%
가구 및 설비,주방용품	1	2	1	3	1	8	7%	20%	20%	13%	9%	13%
화학,유류,고무,피혁제품	0	0	0	2	0	2	0%	0%	0%	9%	0%	3%
금속 및 합금	0	2	0	0	1	3	0%	20%	0%	0%	9%	5%
전기,전자,기계 기구제조	1	1	1	1	5	9	7%	10%	20%	4%	45%	14%
운송장비	0	0	0	0	0	0	0%	0%	0%	0%	0%	0%
음식가공	2	1	0	3	0	6	14%	10%	0%	13%	0%	10%
기타	7	3	3	4	0	17	50%	30%	60%	17%	0%	27%
합계	14	10	5	23	11	63	100%	100%	100%	100%	100%	100%

(5) 해외수출시 경쟁자

〈표 Ⅳ-46〉 해외수출시 가장 큰 경쟁자(복수응답)

제1순위

구분 \ 지역	응답수						비 율					
	연변	심양	북경	청도	상해	계	연변	심양	북경	청도	상해	계
중국조선족기업	8	2	2	1	3	16	62%	22%	25%	5%	33%	26%
중국기업	1	3	3	11	3	21	8%	33%	38%	50%	33%	34%
중국진출한국기업	3	3	2	6	1	15	23%	33%	25%	27%	11%	25%
한국기업	1	1	0	3	0	5	8%	11%	0%	14%	0%	8%
중국진출외국기업	0	0	0	0	2	2	0%	0%	0%	0%	22%	3%
외국기업	0	0	1	1	0	2	0%	0%	13%	5%	0%	3%
해외동포기업	0	0	0	0	0	0	0%	0%	0%	0%	0%	0%
화상기업	0	0	0	0	0	0	0%	0%	0%	0%	0%	0%
기타	0	0	0	0	0	0	0%	0%	0%	0%	0%	0%
소계	13	9	8	22	9	61	100%	100%	100%	100%	100%	100%
무응답	0	0	0	1	1	2						
합계	13	9	8	23	10	63						

제2순위

구분 \ 지역	응답수						비 율					
	연변	심양	북경	청도	상해	계	연변	심양	북경	청도	상해	계
중국조선족기업	2	1	1	1	2	7	15%	20%	33%	8%	29%	18%
중국기업	6	0	0	2	0	8	46%	0%	0%	17%	0%	20%
중국진출한국기업	3	1	2	4	0	10	23%	20%	67%	33%	0%	25%
한국기업	1	2	0	1	1	5	8%	40%	0%	8%	14%	13%
중국진출외국기업	1	0	0	3	3	7	8%	0%	0%	25%	43%	18%
외국기업	0	1	0	0	0	1	0%	20%	0%	0%	0%	3%
해외동포기업	0	0	0	0	0	0	0%	0%	0%	0%	0%	0%
화상기업	0	0	0	1	1	2	0%	0%	0%	8%	14%	5%
기타	0	0	0	0	0	0	0%	0%	0%	0%	0%	0%
소계	13	5	3	12	7	40	100%	100%	100%	100%	100%	100%
무응답	0	4	5	11	3	23						
합계	13	9	8	23	10	63						

수출을 하는 중국 조선족기업을 대상으로 수출을 할 때 가장 큰 경쟁자가 누구인지를 물었다. 응답결과에 의하면 중국 조선족기업이 수출을 할 때 가장 큰 경쟁자는 제1순위로 중국기업(34%)과 중국 조선족기업(26%), 중국진출 한국기업(25%) 순으로 응답하였다. 제2순위로는 중국진출 한국기업(25%), 다음으로는 중국기업(20%)과 중국 조선족기업(18%), 중국진출 외국기업(18%)인 것으로 나타났다. 제1순위와 제2순위를 종합해보면 중국 조선족기업이 수출할 때 가장 부담을 주는 경쟁자는 첫 번째로 중국기업이며 다음으로는 중국진출 한국기업과 중국 조선족기업인 것으로 조사되었다.

지역별 비교에 의하면 연변에서 수출을 하는 조선족기업의 경쟁자는 제1순위로 중국 조선족기업(62%)이며 제2순위는 중국기업(46%)인 것으로 응답되었다. 이는 연변은 조선족자치주이기 때문에 중국기업보다는 같은 종족인 조선족기업이 더 큰 경쟁자인 것으로 조사되었다. 심양의 조선족기업은 제1순위로 중국진출 한국기업(33%)과 중국기업(33%)이 가장 큰 경쟁자이며 제2순위로는 한국에 있는 기업(40%)인 것으로 응답하였다. 이는 심양의 조선족기업들이 대부분 한국투자기업과 합자나 합작을 하거나 한국에 있는 기업과 기술제휴 등을 하여 제품을 생산하는 것과 무관하지 않은 것 같다. 북경에서 수출을 하는 조선족기업들은 제1순위로 중국기업(38%)이 가장 큰 경쟁자이며 제2순위로는 중국진출 한국기업(67%)인 것으로 나타났으며 청도의 조선족기업 또한 수출시 가장 큰 경쟁자는 북경 조선족기업인과 같이 제1순위로 중국기업(50%)이며 제2순위로는 중국진출 한국기업(67%)인 것으로 응답하였다. 상해 조선족기업인의 경우 제1순위의 경쟁자는 중국 조선족기업(33%)과 중국기업(33%)이며 제2순위로는 중국진출 외국기업(43%)라고 하였는데 이는 상해라는 지역이 중국 최대의 상업도시이자 국제항구도시이기 때문에 중국진출 외국기업이 조선족기업의 경쟁자인 것으로 나타났다.

(6) 중국내 기업 및 해외(한국포함)기업에 기술이전 여부

중국 조선족기업에게 중국내 기업 및 해외(한국 포함)기업에 기술을 이전한 적이 있는지에 대하여 물었다. 응답결과에 의하면 중국 조선족기업들은 기술을 이전한 적이 대부분 없는(88%) 것으로 나타났다. 이는 중국 조선족기업의 경영역사가 짧고 중국 조선족기업들이 아직은 중국내 및 해외기업에 기술을 이전할 만큼 기술력이 갖추어져 있지 않기 때문인 것으로 보인다.

〈표 Ⅳ-47〉 중국내 기업 및 해외(한국포함)기업에 기술이전 여부

구분 \ 지역	응답수						비 율					
	연변	심양	북경	청도	상해	계	연변	심양	북경	청도	상해	계
있다	16	1	0	4	3	24	37%	3%	0%	11%	9%	12%
없다	27	36	44	31	32	170	63%	97%	100%	89%	91%	88%
소계	43	37	44	35	35	194	100%	100%	100%	100%	100%	100%
무응답	5	2	2	4	10	23						
합계	48	39	46	39	45	217						

지역별 비교에 의하면 연변 조선족기업만이 기술을 이전한 적이 있다(37%)는 비율이 다른 지역(심양 3%, 청도 11%, 상해 9%)에 비하여 높다. 이는 연변은 조선족자치주이기 때문에 조선족기업의 경영역사가 길어서 다른 지역에 비하여 기술이전의 비율이 더 높은 것으로 보인다.

중국내 기업 및 해외(한국 포함)기업에 기술을 이전하였다는 중국 조선족기업을 대상으로 어떤 형태의 기술을 이전하였는지를 물었다. 응답결과에 의하면 중국 조선족기업은 중국내 기업 및 해외(한국 포함)기업에 '기술공정'(46%)을 가장 많이 이전하였으며 다음으로는 '경영관

리'(21%)와 '특허권'(21%)을 이전한 것으로 응답되었다. 기술 이전이 가장 많이 이루어진 연변 조선족기업들은 '기술공정'(50%)을 가장 많이 이전하였으며 다음으로는 '경영관리'(25%)와 '특허권'(18%) 순으로 많이 이전한 것으로 조사되었다.

중국 조선족기업이 중국내 기업 및 해외(한국 포함)기업에 기술을 이전하였다면 어느 기업에 기술을 이전하였는지를 물었다. 설문조사결과에 의하면 중국 조선족기업들은 제1순위로 중국 조선족기업(29%)과 중국기업(29%)에 기술을 이전한 것으로 응답되었으며 제2순위로는 중국기업(40%)과 중국 조선족기업(25%)에 기술을 이전한 것으로 조사되었다. 결과적으로 중국 조선족기업들은 최우선적으로 중국 조선족기업에 기술을 이전(40%)하였으며 다음으로는 중국기업에 기술을 이전한 것으로 조사되었다.

2) 수입 및 기술도입

(1) 수입 여부

〈표 Ⅳ-48〉 해외(한국포함)기업과의 수입 여부

구분 \ 지역	응답수						비율					
	연변	심양	북경	청도	상해	계	연변	심양	북경	청도	상해	계
하고있다	20	8	3	20	14	65	47%	22%	7%	57%	31%	32%
하고있지않다	23	29	43	15	31	141	53%	78%	93%	43%	69%	68%
소계	43	37	46	35	45	206	100%	100%	100%	100%	100%	100%
무응답	5	2	0	4	0	11						
합계	48	39	46	39	45	217						

중국 조선족기업에게 중국내 기업 및 해외(한국 포함)기업으로부터 수입을 하고 있는지에 대하여 물었다. 응답결과에 의하면 중국 조선족기업들은 비율이 높지는 않지만 중국내 기업 및 해외(한국포함)기업으

로부터 수입을 하고 있는(32%) 것으로 응답되었다. 이는 중국 조선족기업이 중국내 및 해외기업으로부터 수출을 하고 있는 비율(31%)과 거의 동등한 것으로 나타났다. 지역별 비교에 의하면 수입을 제일 많이 하는 지역은 연변(47%)과 청도(57%)이고 적게 하는 지역은 북경(7%)으로 나타났다. 연변과 청도의 조선족 기업들은 한국투자기업 및 한국에 있는 기업으로부터 주문을 받아서 제품을 생산하는 기업이 많기 때문에 한국 등 외부로부터 원재료를 수입하는 양이 다른 지역의 조선족기업보다 많기 때문인 것으로 보인다.

(2) 주요 수입대상국

<표 Ⅳ-49> 주요 수입대상국(복수응답)

구분 \ 지역	응답수						비 율					
	연변	심양	북경	청도	상해	계	연변	심양	북경	청도	상해	계
한국	22	8	3	18	11	62	71%	100%	100%	82%	69%	78%
미국	1	0	0	1	2	4	3%	0%	0%	5%	13%	5%
일본	3	0	0	2	2	7	10%	0%	0%	9%	13%	9%
러시아 · 중앙아시아	3	0	0	0	0	3	10%	0%	0%	0%	0%	4%
유럽	0	0	0	0	1	1	0%	0%	0%	0%	6%	1%
기타	2	0	0	1	0	3	6%	0%	0%	5%	0%	4%
합계	31	8	3	22	16	80	100%	100%	100%	100%	100%	100%

중국 조선족기업이 중국내 기업 및 해외(한국 포함)기업으로부터 수입시 주요수입대상국에 대하여 물었다. 응답결과에 의하면 중국 조선족기업은 수입물품의 거의 대부분을 한국으로부터 수입(78%)하는 것으로 나타났으며 극히 적은 비율이지만 일본(9%)과 미국(5%)으로부터도 수입하는 것으로 조사되었다. 중국 조선족기업들이 한국으로 수출하는 비율 51%와 비교하면 조선족기업인들은 한국으로 수출하는 비율(51%)보

다 수입하는 비율(78%)이 더 많은 것으로 조사되었다. 지역별 비교에 의하면 심양과 북경의 조선족기업들은 한국으로부터 100% 수입하는 것으로 나타났으며 다음으로 청도는 한국으로부터 대부분 수입(82%)하며 나머지는 일본(9%)과 미국(5%)에서 수입하는 것으로 응답되었다. 이는 청도에 한국투자기업이 많기 때문인 것으로 풀이된다. 연변의 조선족기업인들은 수입의 대부분을 한국(71%)에서 하며 나머지는 일본(10%)과 러시아·중앙아시아(10%)에서 하는 것으로 나타났다. 상해의 조선족기업들은 다른 4개 지역(연변, 심양, 북경, 청도) 조선족기업에 비하여 한국으로부터의 수입(69%)이 적은 편인데 나머지는 미국(13%)과 일본(13%), 유럽(6%)에서 수입하는 것으로 응답되었다. 이는 상해가 국제항구도시이기 때문에 이루어진 거래라고 풀이된다.

(3) 최근 3년간 수입실적

중국의 5개 지역 조선족기업들에게 중국내 및 해외(한국포함)기업으로부터 최근 3년간(2003~2005년) 수입실적이 얼마나 되는지 조사하였다. 그 결과, 중국 조선족기업들은 2003년도에 10~500만 위안 수입을 87%, 500~5,000만 위안 수입을 11% 하였다.

2004년도에는 10~500만 위안의 수입을 79%, 500~5,000만 위안을 12% 그리고 5,000만 위안 이상 2%를 수입하는 것으로 응답하였다.

2005년도에는 10~500만 위안의 수입이 80%, 500~5,000만 위안이 15%, 5,000만 위안 이상이 2%로 수입하는 것으로 조사되었다.

즉 2003년도부터 2005년도까지 중국 조선족기업들이 수입한 정황을 보면 수입이 해마다 점증적으로 늘어남을 알 수 있다. 예를 들면 2003년도에는 500만 위안 이상의 수입이 11%였는데 2004년도에는 500만 위안 이상이 14%로 늘어났으며 2005년도에는 500만 위안 이상이 17%

〈표 IV-50〉 최근 3년간 수입실적

2003년 수입실적

구분 \ 지역	응답수						비율					
	연변	심양	북경	청도	상해	계	연변	심양	북경	청도	상해	계
10만 위안 미만	1	0	0	0	0	1	6%	0%	0%	0%	0%	3%
10~50만 위안	7	4	0	4	0	15	41%	57%	0%	33%	0%	41%
50~100만 위안	1	0	0	1	0	2	6%	0%	0%	8%	0%	5%
100~500만 위안	6	2	0	6	1	15	35%	29%	0%	50%	100%	41%
500~1,000만 위안	1	0	0	0	0	1	6%	0%	0%	0%	0%	3%
1,000~5000만 위안	1	1	0	1	0	3	6%	14%	0%	8%	0%	8%
5,000만 위안 이상	0	0	0	0	0	0	0%	0%	0%	0%	0%	0%
소계	17	7	0	12	1	37	100%	100%	0%	100%	100%	100%
무응답	3	1	3	8	13	28						
합계	20	8	3	20	14	65						

2004년 수입실적

구분	연변	심양	북경	청도	상해	계	연변	심양	북경	청도	상해	계
10만 위안 미만	2	0	0	1	0	3	12%	0%	0%	6%	0%	6%
10~50만 위안	5	2	0	5	0	12	29%	29%	0%	29%	0%	25%
50~100만 위안	2	2	0	4	3	11	12%	29%	0%	24%	43%	23%
100~500만 위안	5	2	0	4	4	15	29%	29%	0%	24%	57%	31%
500~1,000만 위안	1	0	0	3	0	4	6%	0%	0%	18%	0%	8%
1,000~5000만 위안	1	1	0	0	0	2	6%	14%	0%	0%	0%	4%
5,000만 위안 이상	1	0	0	0	0	1	6%	0%	0%	0%	0%	2%
소계	17	7	0	17	7	48	100%	100%	0%	100%	100%	100%
무응답	3	1	3	3	7	17						
합계	20	8	3	20	14	65						

2005년 수입실적

구분	연변	심양	북경	청도	상해	계	연변	심양	북경	청도	상해	계
10만 위안 미만	2	0	0	0	0	2	13%	0%	0%	0%	0%	4%
10~50만 위안	3	4	0	4	2	13	20%	50%	0%	27%	14%	24%
50~100만 위안	1	1	0	5	1	8	7%	13%	0%	33%	7%	15%
100~500만 위안	6	1	1	5	9	22	40%	13%	50%	33%	64%	41%
500~1,000만 위안	1	1	1	0	2	5	7%	13%	50%	0%	14%	9%
1,000~5000만 위안	1	1	0	1	0	3	7%	13%	0%	7%	0%	6%
5,000만 위안 이상	1	0	0	0	0	1	7%	0%	0%	0%	0%	2%
소계	15	8	2	15	14	54	100%	100%	100%	100%	100%	100%
무응답	5	0	1	5	0	11						
합계	20	8	3	20	14	65						

로 늘어남으로써 중국 조선족기업들의 수입량이 해마다 점증적으로 늘어난 것으로 파악될 수 있다.

지역적으로 보면 연변은 2003년에 10~50만 위안이 41%, 2004년에는 10~50만 위안과 100~500만 위안이 각각 29%, 2005년에는 100~500만 위안이 40%의 비율로 높게 나타나고 있다. 심양은 2003년에 10~50만 위안이 57%, 2004년에는 10~50만 위안, 50~100만 위안, 100~500만 위안이 각각 29%, 2005년에는 10~50만 위안이 50%의 비율을 나타내고 있다. 북경은 2003년과 2004년에는 응답수가 없고, 2005년에는 100~500만 위안과 500~1,000만 위안이 각각 50%의 비율을 보이고 있다. 청도는 2003년에 100~500만 위안이 50%, 2004년에는 10~50만 위안이 29%, 2005년에는 50~100만 위안과 100~500만 위안이 33%의 비율을 보였다. 상해는 2003년에는 100~500만 위안이 100%, 2004년에는 100~500만 위안이 57%, 2005년에는 100~500만 위안이 64%의 비율로 수입을 하고 있는 것으로 나타났다.

(4) 주요수입품의 품목

〈표 Ⅳ-51〉 주요수입품 품목

구분 \ 지역	응답수						비 율					
	연변	심양	북경	청도	상해	계	연변	심양	북경	청도	상해	계
자사제품 제조에 필요한 원재료	6	3	1	8	1	19	30%	43%	33%	40%	7%	30%
자사제품 제조에 필요한 부분품	0	0	0	5	2	7	0%	0%	0%	25%	14%	11%
일반 판매를 위한 원재료	5	1	0	0	0	6	25%	14%	0%	0%	0%	9%
일반 판매를 위한 완제품 및 부분품	9	3	0	6	11	29	45%	43%	0%	30%	79%	45%
기타	0	0	2	1	0	3	0%	0%	67%	5%	0%	5%
소계	20	7	3	20	14	64	100%	100%	100%	100%	100%	100%
무응답	0	1	0	0	0	1						
합계	20	8	3	20	14	65						

중국내 기업 및 해외기업으로부터 수입을 하였다는 중국 5개 지역 조선족기업을 대상으로 수입품을 어떤 용도로 활용하기 위해서 수입하였는지를 물었다. 응답결과에 의하면 중국 조선족기업들은 수입한 물품을 주로 '일반판매를 위한 완제품 및 부분품'(45%)에 사용하기 위해서 수입한 것으로 응답하였다. 즉 중국의 조선족기업들은 외부로부터 수입한 완제품이나 부분품을 중국 국내시장에 판매용으로 수입한 물품이 많다는 것이다. 다음으로는 '자사제품 제조에 필요한 원재료'(30%)로 사용하기 위해서 수입을 하며 또한 '자사제품 제조에 필요한 부분품'(11%)으로 사용하기 위해서 수입을 하는 것으로 조사되었다.

지역별 비교에 의하면 연변 조선족기업의 경우 주로 수입을 하는 물품이 '일반판매를 위한 완제품 및 부분품'(45%)이며 다음으로는 '자사제품 제조에 필요한 원재료'(30%), '일반판매를 위한 원재료'(25%)인 것으로 나타났다. 이는 연변의 조선족기업들이 수입하는 주된 목적이 수입을 하여 완제품을 생산하기보다는 완제품을 수입하여 판매하는 것이 주된 목적이라는 것으로 풀이되며 이는 연변이라는 협소한 지역의 조선족기업의 현 상태를 나타내는 것으로 보인다. 심양 조선족기업의 경우 수입하는 주된 목적이 '자사제품 제조에 필요한 원재료'(43%)로 활용하기 위해서 다음으로는 '일반 판매를 위한 완제품 및 부분품'(43%)과 '일반판매를 위한 원재료'(14%)를 수입하여 중국내수시장에 판매하기 위해서 수입하는 것으로 응답되었다. 북경의 조선족기업들은 주로 수입하는 목적이 '자사제품 제조에 필요한 원재료'(33%)에 활용하기 위해서 수입하는 것으로 나타났다. 청도 조선족기업들의 주요 수입품의 성격은 '자사제품 제조에 필요한 원재료'(40%)에 활용하기 위해서와 다음으로는 '일반판매를 위한 완제품 및 부분품'(30%)과 '자사제품 제조에 필요한 부분품'(25%)인 것으로 응답되었다. 즉 청도 지역은 한국투자기업들 뿐만 아니라 외자기업들이 많이 진출해 있기 때문

에 조선족기업들은 주로 일반판매를 위한 수입보다는 제품제조에 필요
한 원재료 및 부분품을 수입하는 것으로 풀이된다. 상해지역은 중국 제
1의 상업도시일 뿐만 아니라 국제항구도시이기 때문에 이 지역에서 사
업을 하는 조선족기업들은 국내나 해외에서 수입을 하는 주된 목적 및
주요수입품의 성격이 '일반판매를 위한 완제품 및 부분품'(79%)이 거의
대부분을 차지하며 나머지는 '자사제품 제조에 필요한 부분품'(14%)과
'자사제품 제조에 필요한 원재료'(7%)인 것으로 나타났다.

(5) 기술도입 여부

〈표 Ⅳ-52〉 중국내 기업 및 해외(한국포함)기업으로부터 기술도입 여부

구분＼지역	응답수						비 율					
	연변	심양	북경	청도	상해	계	연변	심양	북경	청도	상해	계
하고있다	27	4	3	9	4	47	60%	15%	7%	29%	15%	27%
하고있지않다	18	23	41	22	22	126	40%	85%	93%	71%	85%	73%
소계	45	27	44	31	26	173	100%	100%	100%	100%	100%	100%
무응답	3	12	2	8	19	44						
합계	48	39	46	39	45	217						

중국 조선족기업이 중국내 기업 및 해외(한국 포함)기업으로부터 기
술도입을 하고 있는지에 대하여 물었다. 응답자의 27%는 기술을 도입
하고 있다고 응답했고 나머지 73%는 기술도입을 하고 있지 않다고 응
답을 했다. 중국 조선족기업들이 중국내 및 해외(한국 포함)기업으로부
터 기술이전을 한 적이 있다고 응답한 비율인 12%에 비하면 15%나 더
높은 비율이다. 즉 중국의 조선족기업들이 처한 기업환경을 보면 기술
이전보다는 기술 도입이 더 많을 것이라는 일반적인 생각이 보다 구체
화되었다고 볼 수 있다.

지역별 비교에 의하면 기술도입을 가장 많이 하는 지역은 연변(60%)

이며 가장 작게 하는 지역은 상해(15%)로 나타났다. 즉 연변 지역의 경우 다른 지역에 비하여 기술이 낙후되어 있기 때문에 연변 조선족기업들의 기술도입은 필수적인 것으로 풀이된다. 북경 조선족기업들의 경우를 보면 주된 업종이 서비스업이나 도소매업이기 때문에 기술의 도입이 별로 필요치 않는 상황으로 인식되기 때문에 '기술도입을 하고 있지 않다'는 비율이 무려 93%나 되는 것으로 풀이된다.

중국 5개 지역 조선족기업들 중 중국내 및 해외(한국 포함)기업으로부터 기술을 도입하였다는 기업을 대상으로 어떤 기업으로부터 기술을 도입하였는지를 물었다. 응답결과에 의하면 중국 조선족기업들은 중국내 및 해외(한국포함)기업으로부터 기술을 도입한 기업 제1순위로 '한국기업'(62%)을 꼽았으며 다음으로는 '중국 조선족기업'(15%)과 '중국기업'(13%)인 것으로 응답하였다. 제2순위로는 '중국기업'(31%)과 '중국 조선족기업'(22%) 및 '한국기업'(16%)인 것으로 나타났다. 결과적으로 제1순위와 2순위를 종합해보면 중국 조선족기업들이 기술을 도입한 첫 번째 기업은 '한국기업'이며 다음으로는 '중국기업'(31%)과 '중국 조선족기업'(22%)인 것으로 조사되었다.

중국 조선족기업이 중국내 기업 및 해외(한국 포함)기업으로부터 도입한 기술의 형태를 물었다. 응답결과에 의하면 중국 조선족기업들이 도입한 주요 기술의 형태는 '기술공정'(52%)이며 다음으로는 '경영관리'(30%)와 '특허권'(7%)인 것으로 응답하였다.

3) 투 자

(1) 투자 여부

중국 조선족기업에게 중국내 기업 및 해외(한국 포함)기업에 투자하고 있는지를 물었다. 응답결과에 의하면 응답자의 72%는 투자하고 있지 않다고 응답하였다.

지역별 비교에 의하면 상해의 조선족기업들은 중국내 조선족기업 및 해외(한국 포함) 조선족기업들에게 '투자하고 있다'(71%)고 응답하였다. 즉 상해 조선족기업들은 다른 지역의 조선족기업들에 비하여(심양 3%, 북경 2%) '투자하고 있다'는 비율이 월등히 높았다.

〈표 Ⅳ-53〉 중국내 기업 및 해외(한국포함)기업과의 투자 여부

구분 \ 지역	응답수						비 율					
	연변	심양	북경	청도	상해	계	연변	심양	북경	청도	상해	계
하고있다	12	1	1	11	32	57	26%	3%	2%	37%	71%	28%
하고있지않다	34	35	45	19	13	146	74%	97%	98%	63%	29%	72%
소계	46	36	46	30	45	203	100%	100%	100%	100%	100%	100%
무응답	2	3	0	9	0	14						
합계	48	39	46	39	45	217						

(2) 투자대상기업

현재 투자를 하고 있는 중국 조선족기업에게 투자의 대상기업이 어디인지를 물었다. 투자대상기업의 제1순위로서 가장 비율이 높은 기업은 '중국기업'(34%)인 것으로 나타났으며 다음으로는 '중국 조선족기업'(27%)과 '한국기업'(16%)인 것으로 응답되었다. 중국 조선족기업의 투자대상기업 제2순위로는 첫째 '중국진출 한국기업'(33%)이며 다음으로는 '중국기업'인 것으로 밝혀졌다. 중국 조선족기업의 투자대상기업을 제1, 2순위를 종합해보면 중국 조선족기업의 투자대상 최우선 순위는 '중국기업'(34%)이며 다음으로는 '중국진출 한국기업'(33%)과 '중국 조선족기업'(27%)인 것으로 조사되었다. 즉 응답결과를 놓고 볼 때 중국 조선족기업들은 최우선 투자대상기업으로는 같은 국가이며 같은 기

업환경에 있는 '중국기업'을 첫 번째 투자대상기업으로 생각하고 있으며 다음으로는 기술력과 상품의 질이 뛰어나며 또한 모국기업인 '한국기업'을 투자대상으로 생각하고 있는 것으로 풀이된다. 그러나 같은 조선족기업은 투자대상의 후순위에 있는데 이는 같은 조선족기업이라 할지라도 투자조건 즉 자본, 기술, 우수한 품질 등 여러 가지 조건에서 조선족기업이 뒤지기 때문인 것으로 풀이된다.

지역별 비교에 의하면 연변 조선족기업의 투자대상 1순위기업은 '한국기업'(42%) 즉 한국에 있는 기업이며 투자대상 2순위 기업은 '중국기업'(17%)과 '중국진출 한국기업'(17%)인 것으로 나타났다. 연변 조선족기업들이 제1순위로 '한국기업'을 선택한 것은 연변이 조선족자치주이기 때문인 것으로 풀이된다. 심양 조선족기업의 투자대상 제1순위는 '중국 조선족기업'(100%)이며 2순위로는 '화상기업'이라는 다른 지역과는 좀 다른 의외의 결과가 나왔다. 이는 심양지역이 조선족이 많이 사는 전통적인 조선족 집거지이기 때문에 투자대상 또한 '중국 조선족기업'으로 생각하고 있는 것으로 풀이된다. 북경 조선족기업들은 투자대상기업 1순위로서는 '중국 조선족기업'(100%)이며 제2순위로서는 '한국기업'(100%)에 투자하고 있는 것으로 응답되었다. 청도의 조선족기업들은 현재 투자를 하고 있는 기업이 '중국기업'(36%)이며 제2순위도 '중국기업'(100%)인 것으로 응답함으로써 투자대상기업으로 같은 중국 국가 기업인 '중국기업'에 투자를 하고 있는 것으로 밝혀졌다. 상해의 조선족기업들은 투자기업 1순위로서는 '중국기업'(53%)이며 제2순위로서는 '중국진출 한국기업'인 것으로 밝혀졌다.

〈표 Ⅳ-54〉 중국내 기업 및 해외(한국포함)기업과의 투자시 대상기업

제1순위

구분 \ 지역	응답수						비 율					
	연변	심양	북경	청도	상해	계	연변	심양	북경	청도	상해	계
중국조선족기업	1	1	1	2	7	12	8%	100%	100%	18%	37%	27%
중국기업	1	0	0	4	10	15	8%	0%	0%	36%	53%	34%
중국진출한국기업	0	0	0	0	2	2	0%	0%	0%	0%	11%	5%
한국기업	5	0	0	2	0	7	42%	0%	0%	18%	0%	16%
중국진출외국기업	0	0	0	3	0	3	0%	0%	0%	27%	0%	7%
외국기업	0	0	0	0	0	0	0%	0%	0%	0%	0%	0%
해외동포기업	0	0	0	0	0	0	0%	0%	0%	0%	0%	0%
화상기업	0	0	0	0	0	0	0%	0%	0%	0%	0%	0%
기타	5	0	0	0	0	5	42%	0%	0%	0%	0%	11%
소계	12	1	1	11	19	44	100%	100%	100%	100%	100%	100%
무응답	0	0	0	0	13	13						
합계	12	1	1	11	32	57						

제2순위

구분	연변	심양	북경	청도	상해	계	연변	심양	북경	청도	상해	계
중국조선족기업	1	0	0	0	0	1	8%	0%	0%	0%	0%	4%
중국기업	2	0	0	1	0	3	17%	0%	0%	100%	0%	13%
중국진출한국기업	2	0	0	0	6	8	17%	0%	0%	0%	67%	33%
한국기업	1	0	1	0	0	2	8%	0%	100%	0%	0%	8%
중국진출외국기업	0	0	0	0	1	1	0%	0%	0%	0%	11%	4%
외국기업	0	0	0	0	2	2	0%	0%	0%	0%	22%	8%
해외동포기업	1	0	0	0	0	1	8%	0%	0%	0%	0%	4%
화상기업	0	1	0	0	0	1	0%	100%	0%	0%	0%	4%
기타	5	0	0	0	0	5	42%	0%	0%	0%	0%	21%
소계	12	1	1	1	9	24	100%	100%	100%	100%	100%	100%
무응답	0	0	0	10	23	33						
합계	12	1	1	11	32	57						

(3) 최근 3년간 투자실적

〈표 Ⅳ-55〉 최근 3년간 투자실적

2003년

구분 \ 지역	응답수						비 율					
	연변	심양	북경	청도	상해	계	연변	심양	북경	청도	상해	계
10만 위안미만	0	0	0	0	0	0	0%	0%	0%	0%	0%	0%
10~50만 위안	3	0	0	4	1	8	38%	0%	0%	44%	25%	38%
50~100만 위안	2	0	0	0	2	4	25%	0%	0%	0%	50%	19%
100~500만 위안	2	0	0	5	1	8	25%	0%	0%	56%	25%	38%
500~1,000만 위안	0	0	0	0	0	0	0%	0%	0%	0%	0%	0%
1,000~5000만 위안	0	0	0	0	0	0	0%	0%	0%	0%	0%	0%
5,000만 위안이상	1	0	0	0	0	1	13%	0%	0%	0%	0%	5%
소계	8	0	0	9	4	21	100%	0%	0%	100%	100%	100%
무응답	4	1	1	2	28	36						
합계	12	1	1	11	32	57						

2004년

구분 \ 지역	연변	심양	북경	청도	상해	계	연변	심양	북경	청도	상해	계
10만 위안미만	1	0	0	0	0	1	14%	0%	0%	0%	0%	3%
10~50만 위안	2	0	0	2	7	11	29%	0%	0%	22%	50%	37%
50~100만 위안	0	0	0	2	7	9	0%	0%	0%	22%	50%	30%
100~500만 위안	4	0	0	3	0	7	57%	0%	0%	33%	0%	23%
500~1,000만 위안	0	0	0	1	0	1	0%	0%	0%	11%	0%	3%
1,000~5000만 위안	0	0	0	0	0	0	0%	0%	0%	0%	0%	0%
5,000만 위안이상	0	0	0	1	0	1	0%	0%	0%	11%	0%	3%
소계	7	0	0	9	14	30	100%	0%	0%	100%	100%	100%
무응답	5	1	1	2	18	27						
합계	12	1	1	11	32	57						

2005년

구분 \ 지역	연변	심양	북경	청도	상해	계	연변	심양	북경	청도	상해	계
10만 위안미만	1	0	0	0	0	1	20%	0%	0%	0%	0%	2%
10~50만 위안	2	0	0	2	6	10	40%	0%	0%	20%	20%	21%
50~100만 위안	2	0	0	2	19	23	40%	0%	0%	20%	63%	49%
100~500만 위안	0	0	0	3	5	8	0%	0%	0%	30%	17%	17%
500~1,000만 위안	0	0	1	1	0	2	0%	0%	100%	10%	0%	4%
1,000~5000만 위안	0	1	0	0	0	1	0%	100%	0%	0%	0%	2%
5,000만 위안이상	0	0	0	2	0	2	0%	0%	0%	20%	0%	4%
소계	5	1	1	10	30	47	100%	100%	100%	100%	100%	100%
무응답	7	0	0	1	2	10						
합계	12	1	1	11	32	57						

중국내 기업 및 해외(한국 포함)기업에 투자를 하고 있는 중국 조선
족기업들에게 최근 3년간(2003~2005년)의 투자실적을 물었다. 응답결
과에 따라서 각 연도별 투자실적과 투자의 추이를 보면 다음과 같다.

중국 조선족기업들의 2003년도 투자실적을 보면 10~500만 위안의
투자가 전체의 95%를 차지하며 5,000만 위안 이상의 투자도 전체의 5%
로 응답되었다. 2004년도 투자실적을 보면 10~500만 위안의 투자가 전
체의 90%를 차지하며, 500~5,000만 위안의 투자가 3%, 5,000만 위안
이상의 투자도 전체의 3%를 차지하는 것으로 조사되었다.
2005년도의 투자실적을 보면 10~500만 위안의 투자가 전체의 87%
를 차지하며 500~5,000만 위안의 투자도 6%, 5,000만 위안 이상의 투
자는 전체의 4%를 차지하는 것으로 나타났다.

결과적으로 중국의 조선족기업들의 투자는 2003년도에 500만 위안
이상의 투자가 전체의 5%를 차지하다가 2004년도에는 6%, 2005년도
에는 10%를 차지함으로써 해마다 비율 측면에서 조선족기업들의 투자
가 늘어남을 알 수 있다.

(4) 투자 목적

현재 중국내 기업 및 해외기업(한국 포함)과 투자를 하고 있는 중국
조선족기업에게 주된 투자의 목적이 무엇인지를 물었다. 응답결과에 의
하면 중국 조선족기업의 투자를 하는 목적 제1순위로서는 '시장확
보'(61%)이며 다음으로는 '원료확보'(21%)인 것으로 응답되었다. 투자
목적 제2순위로서는 첫째 '원가절감'(30%)이며 다음으로는 '원료확
보'(26%)와 '시장확보'(17%)인 것으로 나타났다. 중국 조선족기업이 투
자를 하는 1, 2순위를 종합해보면 투자를 하는 목적의 최우선 순위로는
'시장확보'(61%)이며 다음으로는 '원가절감'(30%)과 '원료확보'(26%)

목적인 것으로 조사되었다. 이는 중국 조선족기업들이 생산한 제품을 중국 내수시장에 판매하기 위해서 '중국기업'과 투자 등을 통해서 제휴를 한다든가 또는 원가절감이나 원료확보를 위해서 한국기업이나 한국 투자기업 또는 조선족기업과의 투자를 하는 목적인 것으로 풀이된다.

〈표 Ⅳ-56〉 중국내 기업 및 해외(한국포함)기업과의 투자 목적

제1순위

지역 구분	응답수						비 율					
	연변	심양	북경	청도	상해	계	연변	심양	북경	청도	상해	계
원료확보	4	0	0	1	1	6	44%	0%	0%	9%	13%	21%
시장확보	4	0	0	7	6	17	44%	0%	0%	64%	75%	61%
원가절감	0	0	0	1	0	1	0%	0%	0%	9%	0%	4%
새로운기술습득	0	0	0	1	1	2	0%	0%	0%	9%	13%	7%
기타	1	0	0	1	0	2	11%	0%	0%	9%	0%	7%
소계	9	0	0	11	8	28	100%	0%	0%	100%	100%	100%
무응답	3	1	1	0	24	29						
합계	12	1	1	11	32	57						

제2순위

지역 구분	응답수						비 율					
	연변	심양	북경	청도	상해	계	연변	심양	북경	청도	상해	계
원료확보	2	0	0	3	1	6	22%	0%	0%	50%	13%	26%
시장확보	3	0	0	0	1	4	33%	0%	0%	0%	13%	17%
원가절감	3	0	0	2	2	7	33%	0%	0%	33%	25%	30%
새로운기술습득	0	0	0	0	4	4	0%	0%	0%	0%	50%	17%
기타	1	0	0	1	0	2	11%	0%	0%	17%	0%	9%
소계	9	0	0	6	8	23	100%	0%	0%	100%	100%	100%
무응답	3	1	1	5	24	34						
합계	12	1	1	11	32	57						

지역별 비교에 의하면 연변의 조선족기업들이 중국내 기업 및 해외(한국포함)기업과의 투자하는 목적 제1순위로서는 '원료확보'(44%)와 '시장확보'(44%)이며 제2순위로서는 '시장확보'(33%)와 '원가절감'(33%)인 것으로 나타났다. 청도의 조선족기업들은 '시장확보'(64%)가 제1순위 투자목적이

며 제2순위로는 '원료확보'인 것으로 조사되었다. 이는 청도가 중국기업과 한국투자기업 또는 중국 조선족기업 간의 각축장이기 때문에 투자를 통해서 시장과 원료를 확보하는 것이 급선무인 것으로 보인다. 또한 상해 조선족기업들은 중국내 기업 및 해외기업과의 투자목적 제1순위로서는 '시장확보'(75%)이며 제2순위로는 '새로운 기술습득'(50%)인 것으로 나타났다. 이는 다른 4개 지역과는 달리 '새로운 기술습득'을 중국내 및 해외기업과 투자를 하고 있는 목적으로서 특징이 있다.

(5) 한국에의 투자 고려 여부

<표 Ⅳ-57> 한국에의 투자 고려 여부

구분 \ 지역	응답수						비율					
	연변	심양	북경	청도	상해	계	연변	심양	북경	청도	상해	계
있다	24	8	9	9	5	55	51%	21%	20%	28%	13%	27%
없다	23	30	37	23	34	147	49%	79%	80%	72%	87%	73%
소계	47	38	46	32	39	202	100%	100%	100%	100%	100%	100%
무응답	1	1	0	7	6	15						
합계	48	39	46	39	45	217						

중국 조선족기업에게 향후 한국에 투자를 고려하고 있는지에 대하여 물었다. 응답결과에 의하면 중국 조선족기업은 향후 한국에 투자를 고려하겠다(27%)는 응답보다는 전혀 투자를 고려해볼 의향이 없다(73%)가 훨씬 많았다. 이는 현재 중국 조선족기업들이 중국내 및 해외(한국 포함)기업에 투자를 하고 있다(28%)는 비율과 거의 유사하다. 아는 아직 중국 조선족기업들이 기업의 규모나 내용상으로 한국 등 해외로 투자를 할만한 실력이나 여건이 되지 못한 때문인 것으로 풀이된다.

지역별 비교에 의하면 연변 조선족자치주의 조선족기업들이 향후 한국에 투자를 고려해 보겠다는 비율(51%)이 가장 높다. 가장 낮은 지역은 상해 조선족기업인들로 겨우 13%에 불과하다. 이는 상해가 국제도시이자 중국 제1의 상업도시이기 때문에 중국 조선족기업들이 한국에의 투자보다는 기업여건이 더 좋은 외국으로의 유리한 투자여건을 찾을 것으로 풀이된다. 심양, 북경, 청도 등 다른 세 지역은 한국에 투자를 고려하겠다는 비율(심양 21%, 북경 20%, 청도 28%)이 거의 유사한 것으로 나타났다.

(6) 한국에 투자시 한국정부에 요구사항

한국에의 투자를 고려하고 있는 중국 조선족기업들에게 투자시 한국정부에 요구하고 싶은 사항이 무엇인지를 물었다. 응답결과에 의하면 중국 조선족기업인들은 요구사항 제1순위로 '외자우대정책'(29%)을 요구하고 싶다는 것이며 다음으로는 '법제도의 정비'(20%)와 '재외국민 우대조치'(18%)를 요구하겠다는 것이다. 요구사항 제2순위로는 '조선족과 자녀의 한국취업 및 진학시 우대'(30%)와 '법제도의 정비'(14%) 및 '외자우대정책'(11%)과 '내국민 대우'(11%)이다. 중국 조선족기업들이 한국투자 시 한국정부에 요구사항의 1, 2순위를 모두 종합해보면 중국 조선족기업인들의 한국투자시 한국정부에의 요구사항의 최우선 순위로는 첫째, '외자우대정책'이며 다음으로 '조선족과 자녀의 한국취업 및 진학시 우대'와 '법제도의 정비'인 것으로 응답하였다. 중국 조선족기업들의 이런 요구사항들을 고려하여 한국정부가 해외한상들의 모국투자를 활성화하기 위한 방안과 제도적 장치 마련을 위하여 과감한 법과 제도의 정비를 서둘러야만 진정한 한상네트워크의 구축이 가능하리라 본다.

〈표 Ⅳ-58〉 한국에 투자시 한국정부에 요구사항

제1순위

구분 \ 지역	응답수						비 율					
	연변	심양	북경	청도	상해	계	연변	심양	북경	청도	상해	계
법제도의 정비	2	0	0	3	5	10	9%	0%	0%	33%	100%	20%
경제 인프라 구축	0	0	1	1	0	2	0%	0%	20%	11%	0%	4%
외자우대 정책	10	2	0	2	0	14	45%	25%	0%	22%	0%	29%
한상투자 우대정책	6	2	0	0	0	8	27%	25%	0%	0%	0%	16%
내국민 대우	1	0	0	1	0	2	5%	0%	0%	11%	0%	4%
재외국민 우대조치	1	2	4	2	0	9	5%	25%	80%	22%	0%	18%
조선족과 자녀의 한국취업 및 진학 시 우대	2	1	0	0	0	3	9%	13%	0%	0%	0%	6%
기타	0	1	0	0	0	1	0%	13%	0%	0%	0%	2%
소계	22	8	5	9	5	49	100%	100%	100%	100%	100%	100%
무응답	2	0	4	0	0	6						
합계	24	8	9	9	5	55						

제2순위

구분	연변	심양	북경	청도	상해	계	연변	심양	북경	청도	상해	계
법제도의 정비	5	0	0	1	0	6	25%	0%	0%	11%	0%	14%
경제 인프라 구축	2	0	0	2	0	4	10%	0%	0%	22%	0%	9%
외자우대 정책	3	0	1	1	0	5	15%	0%	17%	11%	0%	11%
한상투자 우대정책	3	1	0	0	0	4	15%	13%	0%	0%	0%	9%
내국민 대우	1	1	1	1	1	5	5%	13%	17%	11%	100%	11%
재외국민 우대조치	2	1	0	0	0	3	10%	13%	0%	0%	0%	7%
조선족과 자녀의 한국취업 및 진학시 우대	4	4	4	1	0	13	20%	50%	67%	11%	0%	30%
기타	0	1	0	3	0	4	0%	13%	0%	33%	0%	9%
소계	20	8	6	9	1	44	100%	100%	100%	100%	100%	100%
무응답	4	0	3	0	4	11						
합계	24	8	9	9	5	55						

5. 설문조사를 통해서 본 시사점

이상과 같이 중국 5개 지역 조선족기업을 대상으로 설문조사를 실시하여 상호협력 및 교류현황을 살펴보았다. 즉 중국 5개 지역 조선족기업들이 같은 지역 조선족기업이나 한국투자기업 또는 한국에 있는 기업과의 상호협력 및 교류현황 그리고 중국내 중국기업이나 외국기업 또는 해외외국기업과의 상호협력 및 교류현황, 대학이나 단체 등과의 협력 및 교류현황을 파악하였다. 다음에서는 5개 지역 설문조사 결과를 분석하여 조선족기업의 네트워크 구축과 시사점을 제시해 보고자 한다.

1) 중국 5개 지역별 조선족기업의 네트워크 구축과 시사점

(1) 연변조선족기업의 네트워크 구축과 시사점

① 연변 조선족기업의 네트워크 구축 현황

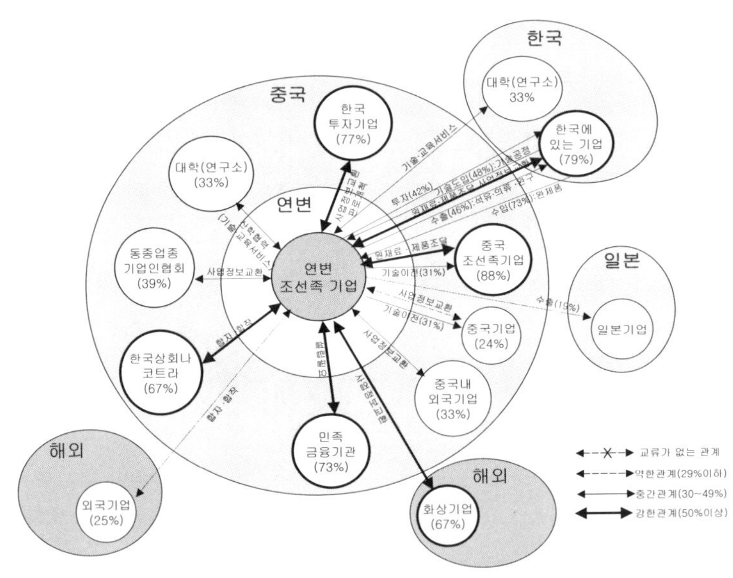

〈그림 Ⅳ-3〉 연변 조선족기업의 네트워크 구축 현황

② 연변 조선족기업의 네트워크 구축 분석 및 시사점

연변 조선족기업과 중국내 및 해외기업이나 단체와의 네트워크의 정도를 알아보았다 첫째, 연변 조선족기업은 한국투자기업(77%), 한국에 있는 기업(79%), 중국 조선족기업(88%), 한국관련단체인 한국상회나 코트라(67%), 해외 화상기업(67%) 등과 '강한 단계의 네트워크'(50% 이상)를 구축하고 있는 것으로 밝혀졌다.

구체적으로 보면 연변 조선족기업은 '한국투자기업'과 사업정보교환이나 판로개척 부분에서 그리고 '한국에 있는 기업'으로부터는 원재료·제품조달과 사업정보교환 분야에서 상호간에 강한 연대를 가지고 있는 것으로 나타났다. 또한 '중국 조선족기업'과는 원재료·제품조달 측면에서 상호협조하고 있으며 '한국상회나 코트라'로부터는 합자·합작에 관한 정보를 '해외 화상기업'으로부터는 사업정보를 상호 교환하는데 '강한 단계의 네트워크'를 구축하고 있는 것으로 조사되었다. 한편 연변 조선족기업은 '민족금융기관'의 설립필요(73%)를 강하게 느끼는 것으로 나타났다.

둘째, 연변 조선족기업은 중국내 외국기업(33%), 동종업종 기업인협회(39%), 중국 및 한국의 대학이나 연구소(33%)와 '중간단계의 네트워크'(30~49% 이하)를 구축하고 있는 것으로 조사되었다. 즉 '중국내 외국기업'및 '동종업종 기업인협회'에서는 사업정보교환을 그리고 '대학(연구소)'에서는 기술이나 교육서비스 등의 산학협력 체계를 구축하고 있는 것으로 나타났다.

셋째, 연변 조선족기업은 중국기업(24%), 해외의 외국기업(25%)과는 '약한 단계의 네트워크'(29% 이하)를 구축하고 있는 것으로 밝혀졌다. 즉 '중국기업'과는 사업정보교환, '해외외국기업'과는 합자·합작 등에서 '약한 단계의 네트워크'를 구축하고 있는 것으로 나타났다.

넷째, 연변 조선족기업의 수출이나 기술이전, 수입이나 기술도입, 투자에 관한 네트워크 구축을 보면 수출의 경우 '한국에 있는 기업'에 주로 수출(46%)하며 다음으로는 일본에 있는 '일본기업'에게 수출(19%)하는 것으로 조사되었다. 기술이전은 주로 '중국 조선족기업'(31%)과

'중국기업'(31%)에 하며 수입은 '한국에 있는 기업'으로부터 완제품을 수입(73%)하며 기술도입은 기술공정을 '한국에 있는 기업'으로부터 도입(48%)하는 것으로 밝혀졌다. 연변 조선족기업은 투자의 제1순위로 '한국에 있는 기업'(42%)에 투자하는 것으로 나타났다.

결과적으로 연변 조선족기업의 기업네트워크나 수출·수입·투자·기술도입이나 이전 등의 네트워크를 종합해 볼 때 가장 '강한 네트워크를 구축'하고 있는 대상은 '한국에 있는 기업', '중국 조선족기업', '한국투자기업' 순인 것으로 나타남으로써 향후 한상네트워크를 구축하는 데 긍정적인 영향을 미칠 것으로 기대된다.

(2) 심양 조선족기업의 네트워크 구축과 시사점

① 심양 조선족기업의 네트워크 구축 현황

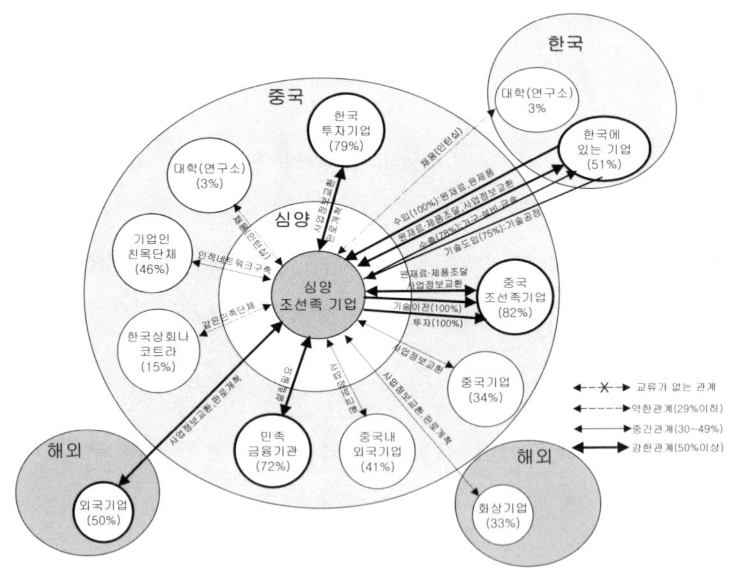

〈그림 Ⅳ-4〉 심양 조선족기업의 네트워크 구축 현황

② 심양 조선족기업의 네트워크 구축 분석 및 시사점

심양 조선족기업의 중국내 및 해외기업이나 단체와의 네트워크 구축 실태를 보면 다음과 같다.

첫째, 심양 조선족기업은 중국 조선족기업(82%)과 한국투자기업(79%) 그리고 한국에 있는 기업(51%)·해외의 외국기업(50%)과 '강한 단계의 네트워크를 구축'하고 있는 것으로 나타났다. 다시 말하면 '중국 조선족기업'과는 원재료·제품조달과 사업정보교환 및 기술이전과 투자 측면에서 강한 단계의 네트워크를 구축하고 있으며 '한국투자기업'과는 판로개척이나 사업정보교환 측면에서 강한 단계의 네트워크를 구축하고 있고 '한국에 있는 기업'과는 원재료·제품조달, 사업정보교환, 원재료나 완제품의 수입, 가구나 설비·금속의 수출, 기술공정의 도입에 강한 단계의 네트워크를 구축하고 있으며 '해외에 있는 외국기업'과는 사업정보교환이나 판로개척에 강한 단계의 네트워크를 구축하고 있는 것으로 조사되었다. 또한 '민족금융기관' 설립을 강하게(72%) 원하고 있는 것으로 나타났다.

둘째, 심양 조선족기업은 중국내 외국기업(41%)과 중국기업(34%) 그리고 화상기업(33%) 및 기업인 친목단체(46%)와 '중간 단계의 네트워크'를 구축하고 있는 것으로 조사되었다. 즉 심양 조선족기업은 '중국내 외국기업'과 '중국기업' 그리고 '화상기업'과는 사업정보교환이나 판로개척을 통해서 그리고 '기업인 친목단체'와는 인적네트워크 구축을 통해서 '중간 단계의 네트워크'를 구축하고 있는 것으로 밝혀졌다.

셋째, 한국상회나 코트라(15%) 및 중국이나 한국의 대학이나 연구소(3%)와는 '약한 단계의 네트워크'를 구축하고 있는데, 즉 한국상회나 코트라는 같은 민족의 단체이니까 참여하며 대학(연구소)의 경우는 채

용(인턴십)을 통해서 약한 단계의 네트워크를 구축하고 있는 것으로 조
사되었다.

(3) 북경 조선족기업의 네트워크 구축과 시사점

① 북경 조선족기업의 네트워크 구축 현황

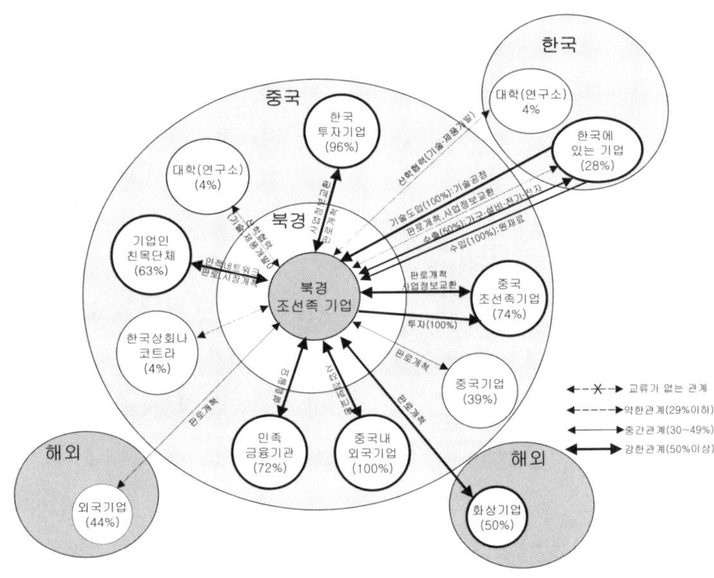

〈그림 IV-5〉 북경 조선족기업의 네트워크 구축 현황

② 북경 조선족기업의 네트워크 구축 분석 및 시사점

북경 조선족기업의 중국내 및 해외기업이나 단체와의 네트워크 구축
실태를 보면 다음과 같다.

첫째, 북경 조선족기업은 한국투자기업(96%), 중국 조선족기업(74%),
중국내 외국기업(100%), 화상기업(50%)이나 민족금융기관(74%), 기업
인 친목단체(63%)와 '강한 단계의 네트워크'를 구축하고 있는 것으로

조사되었다. 다시 말하면 북경 조선족기업은 '한국투자기업'과는 판로 개척이나 사업정보교환을 통해서 그리고 '중국 조선족기업'과는 판로 개척, 사업정보교환, 투자를 통해서 '강한 단계의 네트워크'를 구축하고 있으며 '중국내 외국기업'이나 '해외화상기업'과는 사업정보교환이나 판로개척을 통해서 '강한 단계의 네트워크'를 구축하고 있는 것으로 나타났다. 또한 북경 조선족기업은 기업인 친목단체의 참석을 인적네트워크 구축과 판로 및 시장개척을 위해서인 것으로 조사되었다. 북경 조선족기업들은 '민족금융기관' 설립을 강하게 원하고 있는 것으로 나타났다.

둘째, 북경 조선족기업들은 '중국기업'(39%)이나 '해외외국기업'(44%)과는 판로개척을 통해서 '중간 단계의 네트워크'를 구축하고 있는 것으로 응답되었다.

셋째, 북경 조선족기업들은 '한국에 있는 기업'(28%)과는 판로개척이나 사업정보교환을 통해서 '약한 단계의 네트워크'를 구축하고 있는 것으로 조사되었으며 또한 '한국상회나 코트라'의 단체가입(4%)이나 중국이나 한국의 '대학이나 연구소'(4%)와는 기술이나 제품개발을 통한 산학협력 관계를 통해서 '약한 단계의 네트워크'를 구축하고 있는 것으로 나타났다.

(4) 청도 조선족기업의 네트워크 구축과 시사점

① 청도 조선족기업의 네트워크 구축 현황

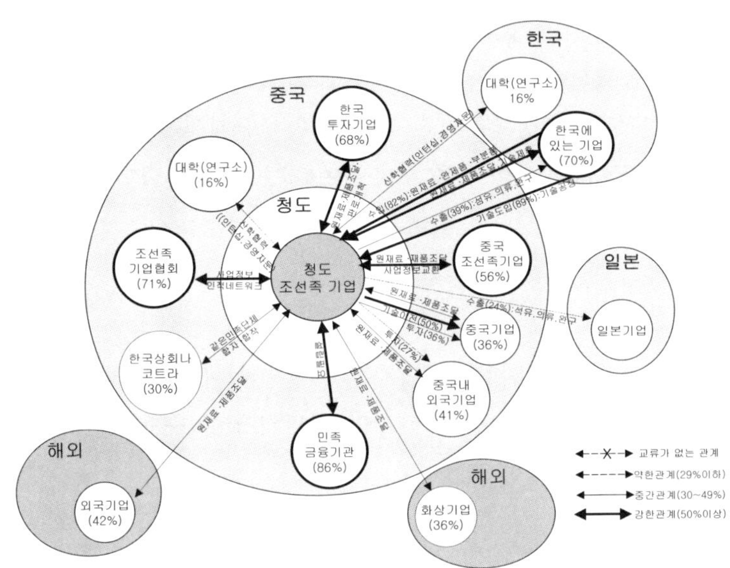

〈그림 Ⅳ-6〉 청도 조선족기업의 네트워크 구축 현황

② 청도 조선족기업의 네트워크 구축 분석 및 시사점

청도 조선족기업의 중국내 및 해외기업이나 단체와의 네트워크 구축 상황을 분석해보면 다음과 같다.

첫째, 청도 조선족기업은 '한국에 있는 기업'(70%)이나 '한국투자기업'(68%), '중국 조선족기업'(56%) 그리고 '조선족기업협회'(71%)와 '강한 단계의 네트워크'를 구축하고 있는 것으로 조사되었다. 즉 청도 조선족기업은 '한국에 있는 기업'과 강한 단계의 네트워크를 구축하고 있는 것으로 나타났으나 섬유나 의류, 완구 등의 수출(39%)은 '중간 단계의 네트워크'를 구축하는 것으로 조사되었다. 한편 '한국투자기업'과는 원재료나 제품조달, 판로개척을 통해서 그리고 '중국 조선족기업'과는 원재료·제품조달, 사업정보교환을 통해서 '강한 단계의 네트워크'를 구축하며 '조선족기업협회'와는 사업정보나 인적네트워크를 통해서 '강한 단계의 네트워크'를 구축하는 것으로 나타났다. 또한 청도 조선족기업은 '민족금융기관'의 설립을 간절히(86%) 원하고 있는 것으로 나타났다.

둘째, 청도 조선족기업은 해외 '외국기업'(42%)이나 '중국내 외국기업'(41%), '중국기업'(36%), '화상기업'(36%)이나 '한국상회나 코트라'(30%) 등의 단체와 '중간 단계의 네트워크'를 구축하는 것으로 조사되었다. 즉 청도 조선족기업은 원재료나 제품의 조달을 통해서 해외 '외국기업'과 '중간 단계의 네트워크'를 구축하는 것으로 나타났다. 그러나 '중국내 외국기업'의 경우는 원재료나 제품조달을 통해서 중간 단계의 네트워크를 구축하나 투자(27%)의 경우는 '약한 단계의 네트워크'를 구축하는 것으로 나타났다. 그리고 '중국기업'의 경우는 원재료, 제품조달과 투자의 경우는 '약한 단계의 네트워크'를 구축하나 중국기업에게 기술이전의 경우(50%)에는 '강한 단계의 네트워크'를 구축하는 것으로 응답되었다. 한편 '화상기업'의 경우에는 원재료나 제품조달을 통해서 '중간 단계의 네트워크'를 구축하는 것으로 응답되었다. 한편 일본에 있는 '일본기업'과는 섬유나 의류·완구의 수출(24%)로 인하여 '중간 단계의 네트워크'를 구축하고 있는 것으로 나타났다.

셋째, 한국이나 중국에 있는 대학이나 연구소(16%)와의 인턴십이나 경영자문 등의 산학협력은 '약한 단계의 네트워크'를 구축하는 것으로 밝혀졌다.

(5) 상해 조선족기업의 네트워크 구축과 시사점

① 상해 조선족기업의 네트워크 구축 현황

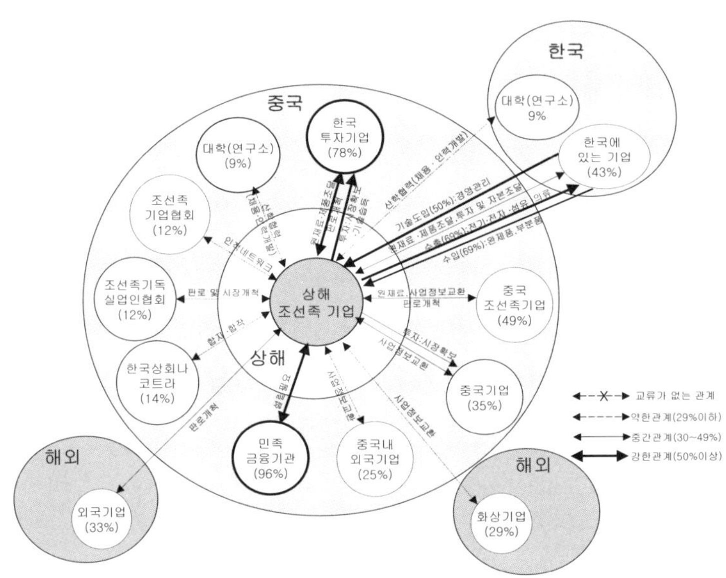

〈그림 Ⅳ-7〉 상해 조선족기업의 네트워크 구축 현황

② 상해 조선족기업의 네트워크 구축 분석 및 시사점

상해 조선족기업의 중국내 및 해외기업이나 단체와의 네트워크 구축 실태를 보면 다음과 같다.

첫째, 상해 조선족기업은 '한국투자기업'(78%)과 '강한 단계의 네트워크'를 구축하고 있는 것으로 나타났다. 즉 원재료나 제품조달, 판로개척을 통해서 또는 투자를 통해서 '한국투자기업'과 '강한 단계의 네트워크'를 구축하고 있는 것으로 나타났다. 한편 상해 조선족기업은 '민족금융기관'설립을 간절히(96%) 원하는 것으로 조사되었다.

둘째, 상해 조선족기업은 '중국 조선족기업'(49%), '한국에 있는 기업’(43%), ‘중국기업’(35%), ‘해외외국기업’(33%)과 ‘중간 단계의 네트워크’를 구축하고 있는 것으로 나타났다. 즉 ‘중국 조선족기업’은 원재료나 사업정보교환, 판로개척을 통해서 상해 조선족기업과 ‘중간 단계의 네트워크’를 구축하며 ‘한국에 있는 기업’과는 원재료나 제품조달, 투자 및 자본조달 측면에서 ‘중간 단계의 네트워크’를 구축하였다. 또한 ‘한국에 있는 기업’과는 원재료나 제품조달, 투자 및 자본조달 측면에서 ‘중간 단계의 네트워크’를 구축하나 상해 조선족기업이 ‘한국에 있는 기업’에 전기 · 전자 · 섬유 · 의류 등을 수출(69%)하거나 경영관리 등의 기술을 도입(50%) 또는 완제품이나 부분품을 수입(69%)할 때는 ‘강한 단계의 네트워크’를 구축하고 있는 것으로 나타났다. 상해 조선족기업이 ‘중국기업’으로부터 사업정보를 교환할 때는 ‘중간 단계의 네트워크’를 구축하나 ‘중국기업’에 시장확보를 위한 투자를 할 때는 ‘강한 단계의 네트워크’를 구축하는 것으로 조사되었다. ‘해외 외국기업’과는 판로개척을 통해서 ‘중간 단계의 네트워크’를 구축하는 것으로 응답되었다.

셋째, 상해 조선족기업은 해외 ‘화상기업’(29%), ‘중국내 외국기업’(25%)과 ‘약한 단계의 네트워크’를 구축하며 또한 ‘한국상회나 코트라’(14%), ‘조선족기독 실업인 협회’(12%), 중국이나 한국의 대학이나 연구소(9%)와 ‘약한 단계의 네트워크’를 구축하고 있는 것으로 조사되었다. 즉 해외 ‘화상기업’이나 ‘중국내 외국기업’의 경우는 사업정보교환을 통해서 ‘약한 단계의 네트워크’를 구축하며 ‘한국상회나 코트라’는 합자나 합작을 통해서 그리고 ‘조선족 기독실업인 협회’는 판로 및 시장개척을 통해서, ‘조선족기업협회’는 인적네트워크를 통해서 ‘약한 단계의 네트워크’를 구축하는 것으로 나타났다. 또한 중국이나 한국의 대학이나 연구소는 채용이나 인력개발 등의 산학협력을 통해서 ‘약한 단계의 네트워크’를 구축하는 것으로 나타났다.

2) 중국 조선족기업의 네트워크 구축과 시사점

이상에서는 중국 5개 지역 조선족기업 대상 설문조사 분석을 통해서 각 지역 조선족기업의 네트워크 구축 현황과 시사점을 보았다. 다음에서는 중국 5개 지역 조선족기업 네트워크 현황을 종합하여 중국 전체 조선족기업의 네트워크 구축현황과 시사점을 보고자 한다.

(1) 중국 조선족기업의 네트워크 구축 현황

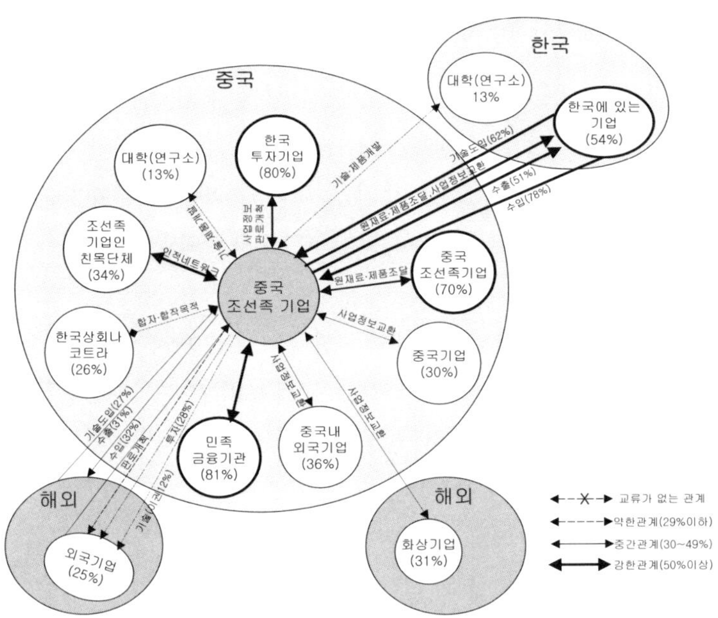

〈그림 Ⅳ-8〉 중국 조선족기업의 네트워크 구축 현황

(2) 중국 조선족기업의 네트워크 구축 분석 및 특징

① 중국 조선족기업의 네트워크 구축 분석

중국의 연변, 심양, 북경, 청도, 상해 등 5개 지역에서 기업을 경영하는 217개의 조선족기업을 대상으로 네트워크 실태를 설문조사한 결과를 보면 다음과 같다.

첫째, 중국 조선족기업들은 '한국투자기업'(80%), '중국 조선족기업'(70%), '한국에 있는 기업'(54%) 순으로 '강한 단계의 네트워크'를 구축하고 있는 것으로 조사되었다. 이를 구체적으로 보면 '한국투자기업'과는 사업정보나 판로개척을 통해서 '강한 단계의 네트워크'를 구축하고 있는 것으로 나타났으며 '중국 조선족기업'과는 원재료나 제품조달을 통해서 상호간에 '강한 단계의 네트워크'를 구축하고 있는 것으로 보인다. 또한 '한국에 있는 기업'과는 원재료나 제품조달, 사업정보교환을 통해서 네트워크를 구축하며 특히 중국 조선족기업들은 '한국에 있는 기업'과 전체 수출의 51% 그리고 전체수입의 78%와 기술도입의 62%를 함으로써 수출과 수입, 기술도입을 통해서도 상호간에 '강한 단계의 네트워크'를 구축하고 있는 것으로 나타났다.

한편 중국 조선족기업들은 '민족금융기관'의 설립을 강력히(81%) 원하는 것으로 나타났다. 왜냐하면 중국 조선족기업들은 사업에 필요한 자금의 조달이 중국 은행에서 원활하지 못하기 때문인 것으로 응답되었다.

둘째, 중국 조선족기업들은 '중국내 외국기업'(36%), '화상기업'(31%), '중국기업'(30%) 순으로 '중간 단계의 네트워크'를 구축하고 있으며 '조선족기업인 친목단체'(34%)와도 '중간 단계의 네트워크'를 구축하고 있는 것으로 밝혀졌다. 이를 좀 더 자세히 보면 '중국내 외국기업'과는 상호간에 사업정보교환을 통해서 또한 '화상기업'과 '중국기업'도 상호간에 사업정보교환을 통해서 '중간 단계의 네트워크'를 구축하고 있으며 '조선족기업인 친목단체'와의 교류를 통해서 인적네트워크를 구축하고 있는 것으로 응답하였다.

셋째, 해외에 있는 '외국기업'(25%), '한국상회나 코트라'(26%), 중국 및 한국의 대학이나 연구소(13%)와는 '약한 단계의 네트워크'를 구축하고 있는 것으로 나타났다. 즉, 다시 말하면 해외에 있는 '외국기업'과는 판로개척의 측면과 기술이전(12%), 투자(28%), 기술도입(27%)의 측면에서 '약한 단계의 네트워크'를 구축하고 있으나 중국 조선족기업과 '해외의 외국기업'과는 수출(31%), 수입(32%) 측면에서는 '중간 단계의 네트워크'를 구축하고 있는 것으로 조사되었다. 또한 중국 조선족기업이 '한국상회나 코트라' 등 한국단체와의 교류는 합자나 합작의 목적으로서 '약한 단계의 네트워크'를 구축하고 있는 것으로 나타났으며 '중국이나 한국에 있는 대학이나 연구소'와는 기술이나 제품개발을 통한 산학협동 차원에서 '약한 단계의 네트워크'를 구축하고 있는 것으로 밝혀졌다.

결과적으로 중국 조선족기업들은 '한국투자기업'이나 '한국에 있는 기업' 또는 '중국 조선족기업'을 통해서 원재료나 제품조달, 판로개척·사업정보교환을 하며 중국 조선족기업들은 '한국에 있는 기업'과 전체 수출의 51%와 수입의 78%, 기술도입의 62%를 함으로써 상호간에 '강한 단계의 네트워크'를 구축하고 있는 것으로 나타났다. 한편 민족금융기관의 설립을 간절히 원하며 '조선족기업인 친목단체'와는 '중간 단계의 네트워크'를 그리고 '한국상회나 코트라' 또는 '중국 및 한국의 대학이나 연구소'와는 '약한 단계의 네트워크'를 구축하고 있는 것으로 나타났다.

② 조선족기업의 각 지역에 대한 단계별 네트워크 구축과 특징

지역 ＼ 네트워크 단계	강한 단계의 네트워크 (50% 이상)	중간 단계의 네트워크 (30%~49%)	약한 단계의 네트워크 (29% 이하)	특징
중국 조선족기업 (5개 지역 종합)	· 한국투자기업(80%) · 중국조선족기업(70%) · 한국에 있는 기업(54%) · 민족금융기관 설립(81%)	· 중국내 외국기업(36%) · 화상기업(31%) · 중국기업(30%) · 조선족기업인친목단체(34%)	· 해외외국기업(25%) · 한국 상회나 코트라(26%) · 중국 및 한국의 대학이나 연구소(13%)	중국 조선족기업은 전체적으로 볼 때 「한국투자기업」을 가장 선호하는 것으로 나타났다.
연변 조선족기업	· 한국투자기업(77%) · 한국에 있는 기업(79%) · 중국조선족기업(88%) · 한국 상회나 코트라(67%) · 해외 화상기업(67%)	· 중국내 외국기업(33%) · 동종업종 기업인협회(39%) · 중국 및 한국의 대학이나 연구소(33%)	· 중국기업(24%) · 해외외국기업(25%)	연변에서는 「중국 조선족기업」과 가장 강한 단계의 네트워크를 구축하는 것으로 분석되었다.
심양 조선족기업	· 중국조선족기업(82%) · 한국투자기업(79%) · 한국에 있는 기업(51%) · 해외의 외국기업(50%)	· 중국내 외국기업(41%) · 중국기업(34%) · 화상기업(33%) · 기업인친목단체(46%)	· 한국 상회나 코트라(15%) · 중국 및 한국의 대학이나 연구소(3%)	심양에서는 「중국 조선족기업」과 「한국투자기업」이 강한 단계의 네트워크를 구축하는 것으로 분석되었다.
북경 조선족기업	· 한국투자기업(96%) · 중국조선족기업(74%) · 중국내 외국기업(100%) · 화상기업(50%) · 기업인친목단체(63%) · 민족금융기관(74%) · 수출(50%) · 수입(100%) · 기술도입(100%)	· 중국기업(39%) · 해외외국기업(44%)	· 한국에 있는 기업(28%) · 한국 상회나 코트라(4%) · 중국 및 한국의 대학이나 연구소(4%)	북경에서는 다른 지역과 달리 「한국에 있는 기업」이 약한 단계의 네트워크를 구축하는 것으로 나타났다.
청도 조선족기업	· 한국에 있는 기업(70%) · 한국투자기업(68%) · 중국조선족기업(56%) · 조선족기업협회(71%) · 수입(82%) · 기술도입(89%) · 민족금융기관(86%)	· 해외외국기업(42%) · 중국내 외국기업(41%) · 중국기업(36%) · 화상기업(36%) · 한국 상회나 코트라(30%) · 수출(39%)	· 중국 및 한국의 대학이나 연구소(16%)	청도에서는 「한국에 있는 기업」이 가장 높은 비율로 강한 단계의 네트워크를 구축하는 것으로 분석되었다.
상해 조선족기업	· 한국투자기업(78%) · 민족금융기관(96%) · 한국에 있는 기업에 수출(69%) 기술도입(50%) 수입(69%)	· 중국조선족기업(49%) · 한국에 있는 기업(43%) · 중국기업(35%) · 해외외국기업(33%)	· 해외화상기업(29%) · 중국내 외국기업(25%) · 한국 상회나 코트라(14%) · 조선족기독실업인협회(12%) · 중국 및 한국의 대학이나 연구소(9%)	「중국 조선족기업」이나 「한국에 있는 기업」이 다른 지역과 달리 중간 단계의 네트워크를 구축하는 것으로 조사되었다.

V
맺음말

1. 연구성과

1) 전체 연구내용 요약

세계 각국에 흩어져 있는 특정 민족 집단 가운데 화교는 여러 가지 측면에서 두드러진 특징을 지니고 있다. 먼저 그 수만 보아도 5천만명 이상으로 엄청날 뿐만 아니라 이들의 이주사 또한 수세기에 이를 정도로 장대하다. 불모의 대륙이나 황량한 벌판, 적도의 밀림 속에서 풍요의 땅을 찾아 기약 없는 유랑의 길을 떠났던 이들은, 이제 이주지의 유랑민이 아닌 어엿한 주민으로 굳게 뿌리를 내렸다. 또한 화교들은 그들의 모국으로부터 존경받는 해외 국민으로 대접받고 있다.

실질적으로 화교들이 성장하는 데 원동력이 되었던 것은 그들의 똑똑하고 부지런한 품성과 검소한 생활 습관뿐만이 아니다. 바로 결속을 통한 철저한 상호단결력과 치밀한 조직력이 그 비결이었다. 중국 정부에서 해외 거주 중국인들에게 제대로 관심을 가져주지 않았기 때문에, 화교들은 자신들 스스로 단체와 모임 등을 결성할 수밖에 없었다. 게다가 바다 건너 낯선 땅에서 이들이 의지할 것이라고는 혈연, 즉 핏줄 뿐이었다. 예나 지금이나 세계 어디를 가든 혈연만큼 강한 단결력을 보여주는 것은 없다. 세계가 점점 더 지구촌화되어감에 따라 국경이 사라지고 있는 것은 사실이나, 아이러니하게도 민족적 단결심은 더욱 강해지고 있다. 전세계 화교 그물망은 바로 이런 혈연으로 연결되었기 때문에, 어떤 단체보다도 강한 결속력을 이룰 수 있는 것이다(정성호, 2004, 90~91).

600만 해외교포를 보유하고 있는 우리에게 중국의 화교정책과 화교에 대한 연구는 남북통일과 경제발전 및 한민족 문화의 번영을 위해 재외교포들의 적극적인 역할을 이끌어 낼 수 있는 효과적인 재외동포정책을 수립하는 데 있어서 중요한 교훈을 제공해 주고 있다. 따라서 우리도 중국의 화교정책을 보면서 전 세계에 퍼져서 왕성한 활동을 벌이고 있는 600만 재외동포와 보다 체계적인 네트워크를 형성하여 전세계적 차원의 한상 네트워크를 구축하여, 통일을 위한 외교적 대응과 한민족 문화의 전 세계적 전파를 행할 수 있는 발판으로 활용할 뿐만 아니라 이를 이용하여 우리 경제가 전 세계로 뻗어 나가서 발전할 수 있는 기반으로 적극 활용해야 할 것이다.

본 보고서는 총 5장으로 구성되어 있다. 즉 제1장은 머리말이며 제2장은 중국기업의 글로벌화와 화상네트워크로서 2차자료를 활용하였으며 본 보고서의 이론적 기반을 구축하였다. 제3장은 조선족기업의 네트워크 사례조사로서 본 연구팀이 직접 중국현지 조선족기업을 대상으로 면담한 내용과 발굴한 내용을 대상으로 성공사례와 실패사례를 개발하였다. 제4장은 조선족기업 네트워크 실태 설문조사를 하여 조선족기업의 네트워크 실태를 분석하였다.

이러한 내용에 따라 구성된 본 보고서의 각 장별 내용을 요약하면 다음과 같다.

제2장은 중국기업의 글로벌화와 화상네트워크로서 중국기업의 글로벌화, 화상네트워크, 중국 경제의 발전과 화상의 역할로 나뉘어 있다. 중국기업의 글로벌화에서는 그동안 세계의 공장이자 거대한 소비시장으로서 개혁·개방 이래 지난 20여 년간 연평균 거의 10%에 가까운 성장률을 지속해온 중국이 그동안 추진해온 '인진라이(引進來)' 정책에서 '조우추취(走出去)' 정책을 추진하게 된 배경과 내용, 단계별 전개과정을 언급하였다. 다음으로 중국기업의 다양한 글로벌화 방식과 해외직접투자 현황 및 투자목표에 따른 해외직접투자의 유형을 언급하였고 중국기업의 해외투자동향과 특징에서는 중국기업의 해외투자동향을 업종별·지역별 분포로 나누어 보았으며 해외투자확산의 특징을 언급하였다. 또한 중국기업이 IMF 외환위기 이후 한국에 대한 투자가 증가세에 있다는 것을 살펴보았다. 이어서 화상네트워크에서는 화상자본의 발전형태와 화상의 경영특성에 대하여 언급하였다. 다음으로 화상자본의 규모와 산업구조에서는 2005년에 홍콩에서 발행된 아주주간에 세계화상 500인에 대한 상세한 자료가 있어서 그 자료를 분석하여 세계화상의 경제규모나 산업별 분포, 화상 주요국가별 영업실적 등을 분석하였다. 다음으로 화상네트워크 현황과 구조적 특징에서는 온라인과 오프라인 네트워크 현황과 특징에 대해서 알아보았다. 마지막으로 중국 경제의 발전과 화상의 역할에서는 해외 화인계 자본의 중국 지역에 대한 접근과 중국의 화교우대정책 그리고 화상기업의 중국투자현황을 살펴보았다. 마지막으로 중국의 경제 성장에 따른 화상의 역할 증대에 대하여 언급하고 화상네트워크 벤치마킹을 할 수 있는 방법을 강구하였다.

제3장에서는 중국 조선족기업의 네트워크 사례를 조사하였다. 즉 조선족기업의 네트워크를 성공과 실패로 나누어 사례를 조사하였는데 성공사례에서는 중국의 연변과 심양, 북경, 청도, 상해의 5개 지역에서 기업을 경영하는 조선족기업 중에서 비교적 성공한 기업을 대상으로 면

담을 통하여 성공사례를 개발하였다. 이를 좀 더 자세히 살펴보면 다음과 같다.

연변의 조선족기업인 길림천우그룹은 주업종이 건설·부동산업으로서 이 회사의 경영자인 전규상 회장은 원래 국영기업이었던 천우그룹을 인수하고 민영기업으로 전환하여 우수한 기업으로 성장시킨 경영자이다. 성공비결은 개척정신과 최고의 품질 그리고 정직과 성실이며 고객만족을 최우선으로 하는 기업가정신이다.

심양의 조선족기업인 영성실업은 투자회사로서 단독투자회사와 대지분참여회사, 주식참여회사 등 17개의 회사와 약 3천 여 명의 직원을 거느리고 있다. 이 회사 민영근 회장의 비전은 지금까지 영성실업이 한·중간 구축해온 네트워크를 통하여 한국기업이 중국에 진출하여 성공할 수 있도록 허브 역할을 자청하여 실천하고 있는 한상네트워크의 주역이다. 결과적으로 영성실업 민영근 회장의 탁월한 경영능력과 글로벌 경영 마인드 그리고 기업 내외적으로 잘 구축된 인적네트워크는 이 회사의 성공비결이라 할 수 있다.

북경세종지능유한책임공사는 국가급 신기술 기업이다. 업종은 제조업이고 세부업종은 소방전자이다. 즉 이 회사는 연구로부터 제품개발과 생산, 기술배양, 판매, 애프터서비스까지를 담당하는 토탈 소방전기제품 전문기업이다. 이 회사의 최고경영자인 천걸 회장은 직접 제품을 연구·개발하고 생산하여 중국 내수판매나 해외로 수출한다. 회사의 최대 장점은 제품의 연구개발에서 생산판매·A/S까지 토탈 서비스 시스템이며 부채가 없고 정직과 성실·고객만족을 최우선으로 하고 있다.

청도아위사상포유한공사는 중국 청도의 최대 가방생산업체로서 3개의 가방생산회사와 1,600여 명의 직원 그리고 연수출액이 1,600만 달러에 이르며 생산된 제품은 전량 미국이나 유럽, 일본 등으로 수출된다. 이 회사의 강점은 타 회사와 비교하여 생산시설이 월등하다는 것과 전 직원이 성실하고 애사심이 강하다는 것이다.

상해김금자컨설팅유한회사는 창업한 지 얼마 되지 않은 회사이지만 상해 컨설팅업계에서 비약적으로 성장함으로써 장래에 기대가 되는 조선족업체이다. 이 회사의 강점은 고객만족을 최우선으로 하며 또한 이 회사의 김금자 사장은 대학에서 회계학을 전공하였고 조선족기업과 중국기업, 한국투자기업 등에서 다년간 실무를 익힌 컨설팅 전문가이다.

다음으로 네트워크 형태에 따른 기업실패를 3가지 유형으로 나누어 보았다.

첫째 유형은 조선족기업과 한국기업의 합자유형으로서 D재생자원유한공사의 중외합자기업의 지분양도 실패사례이다. 또한 A전기장판유한공사의 판매관리 부실로 인한 실패사례인데 중국에서는 외상거래를 해서는 안 된다는 교훈이 되는 사례이다. 다음으로 S피혁유한공사의 세무전략 수립실패로 인한 사례인데 중국에서 기업을 경영하면서 세무처리에 유의하고 투명하게 해야 한다는 교훈이다.

둘째 유형은 조선족기업과 한국기업·한족기업 간의 합자유형인데 P인쇄유한공사의 사례로서 중국기업의 지분양수도 잘못으로 인한 실패사례이다. 중국에서 지분을 양수하거나 양도할 때 철저하게 합법성을 조사해야 실패하지 않는다는 교훈을 주는 사례이다.

셋째 유형은 조선족기업과 중국(홍콩)기업 간의 합자에 관한 유형이다. 이 회사는 무한 K볼링오락유한회사의 경영실패에 의하여 기업이 망한 사례인데 주된 실패원인은 노무관리, 재무관리, 합자투자 당사자 간의 불화 그리고 볼링 스포츠 운동의 사양화를 들 수 있다.

제4장에서는 중국 조선족기업의 네트워크 실태 설문조사를 하였다. 이 조사는 중국의 연변과 심양, 북경, 청도, 상해 등 5개 지역 조선족기업 217개를 대상으로 조사하였다. 이 연구의 실증분석에는 최종적으로 217부(연변 48부, 심양 39부, 북경 46부, 청도 39부, 상해 45부)의 조선족기업 관련 설문지가 활용되었다. 설문조사 및 면담방법은 중국 조선족기업인들과 일대일 개별접촉을 통해 이루어졌다. 주요 분석결과는 다음과 같다.

중국내 기업 및 해외(한국 포함)기업과의 네트워크 분석결과를 보면

첫째, 본 연구의 대상은 중국 5개 지역 조선족기업과 중국내 조선족기업과의 네트워크 구축에 관한 분석결과를 보면 다음과 같다.

- 조선족기업인들이 경영활동상 가장 많이 활용하고 있는 네트워크는 제1순위로 지연(38%)과 업연(동일업종, 36%)이며 제2순위로는 지연(25%)과 학연(19%), 물연(동일상품, 19%) 순으로 조사되었다.
- 중국내 조선족기업과는 응답기업의 70%가 상호협력이나 교류가 있다고 응답하였으며 상호협력이나 교류의 내용은 제1순위로는 원재료나 제품의 조달(43%)이며 제2순위로는 사업정보교환(39%)인 것으로 나타났다. 상호협력이나 교류의 비중은 보통 이상이라고 응답한 비율이 전체의 89%로 응답되었다. 상호교류 시 성과에 대해서는 전체적으로 만족(50%)하는 것으로 응답되었다. 조선족기업 간에 상호협력이나 교류관계가 없는 이유로는 제1순위로는

조선족기업과의 상호협력이나 교류의 필요성을 못 느낌(57%)이며 제2순위로는 '특별한 이유는 없음'(40%)인 것으로 나타났다.

- 중국내 조선족기업과의 상호협력이나 교류의 장애요인으로서 제1순위는 치열한 경쟁(41%)과 조선족기업협회의 매개역할 미비(22%)이며 제2순위로는 기업가정신과 상도의 부재(32%), 원활한 정보네트워크 부족(23%)인 것으로 응답하였다.
- 조선족기업 상호간 협력이나 교류를 활성화하기 위한 방안으로서는 상호간 정보제공과 적극협조(34%)이며 다음으로는 상호간 경쟁보다는 상생 마인드를 길러야 함(33%)인 것으로 조사되었다.

둘째, 중국 조선족기업과 중국내 한국투자기업 간의 네트워크와 관련하여 상호간에 교류가 활발하게 이루어지고 있으며, 그 교류가 가장 잘 이루어지고 있는 지역은 북경 조선족기업(96%)이며 가장 잘 이루어지지 않는 지역은 청도(68%)인 것으로 밝혀졌다.

- 한국투자기업과의 상호협력이나 교류 내용 1순위로서는 '사업정보교환'(47%)이며 다음으로 '판로개척'(39%)인 것으로 조사되었다.
- 한국투자기업과의 상호협력이나 교류 비중을 전체적으로 볼 때 많은(보통 44%, 많은 편임 33%, 매우 많은 편임 8%) 편인 것으로 조사되었으며, 지역별 특성에 의하며 심양 조선족기업들이 한국투자기업과의 교류비중이 가장 많고(58%) 연변이 가장 적은(20%) 것으로 나타났다.
- 한국투자기업과의 상호협력이나 교류의 성과를 전체적으로 볼 때 만족(만족 53%, 매우 만족 80%)한 것으로 나타났으며, 지역별 특성에 의하면 심양 조선족기업들이 상호협력이나 교류의 성과에 대해서 가장 만족(만족 76%, 매우 만족 5%)하며 상해 조선족기업들이 만족도가 적은(불만족 17%) 것으로 조사되었다.

- 중국 조선족기업 중에서 한국투자기업과 상호협력이나 교류가 없는 기업을 대상으로 설문조사 결과, 상호협력이나 교류가 없는 이유는 '특별한 이유 없음'(50%)이며 다음으로는 '상호협력이나 교류의 필요성을 못 느낌'(35%)과 '신뢰할만한 기업 없음'(26%)인 것으로 조사되었다.
- 중국 조선족기업과 한국투자기업과의 상호협력이나 교류의 장애요인은 제1순위로는 '조선족기업협회의 매개역할 미비'(37%)이며 다음으로 '치열한 경쟁'(32%)과 '원활한 정보네트워크 부족'(31%)인 것으로 나타났다.
- 한국투자기업과의 상호협력이나 교류의 활성화 방안으로서는 '상호간 정보제공과 적극 협조'(42%)이며 다음으로 '정기적인 교류를 통한 활성화'(32%), '상호경쟁보다는 상생의 마인드를 길러야 함'(27%)인 것으로 조사되었다.

셋째, 중국 조선족기업과 한국에 있는 기업간의 네트워크 실태와 특성을 보면 다음과 같다.

- 한국에 있는 기업과 상호협력이나 교류를 한 적이 있는지에 대하여 물었다. 응답결과에 의하면 조선족기업의 54%가 한국에 있는 기업과 상호협력이나 교류를 한 적이 있는 것으로 조사되었다. 지역별 특성을 보면 연변 조선족기업들이 한국에 있는 기업과 상호협력이나 교류의 빈도가 가장 많으며(79%) 북경 조선족기업들이 가장 적은(28%) 것으로 나타났다.
- 한국에 있는 기업과 상호협력이나 교류를 한 적이 있는 조선족기업에게 상호협력이나 교류의 내용을 물었다. 조선족기업들은 한국에 있는 기업과 상호협력이나 교류를 하는 내용 1순위로서 '원재료·제품 조달'(39%)이며 다음으로 '사업정보 교환'(37%), '판

로개척'(23%)인 것으로 응답하였다.

- 한국에 있는 기업과 상호협력이나 교류의 비중은 많은 편인(많은 편임 36%, 매우 많은 편임 15%) 것으로 나타났다. 지역별 특성을 보면 연변 조선족기업들이 한국에 있는 기업과의 상호협력이나 교류비중이 가장 적은 것으로 나타났으며 북경 조선족기업이 가장 많은 것으로 나타났다.
- 조선족기업들은 한국에 있는 기업과 상호협력이나 교류의 성과에 만족(만족 49%, 매우 만족 13%) 하는 것으로 나타났다. 지역별 특성을 보면 상호협력과 교류성과에 심양 조선족기업들이 가장 만족(만족 65%, 매우 만족 15%)해하며 북경 조선족기업이 가장 불만족하는 것으로 나타났다.
- 한국에 있는 기업과 상호협력이나 교류가 없는 이유 제1순위로서는 '특별한 이유 없음'(64%)이며 다음으로는 '상호협력이나 교류의 필요성을 못 느낌'(58%)인 것으로 응답하였다.
- 중국 조선족기업과 한국에 있는 기업과의 상호협력이나 교류의 장애요인 1순위로는 '상호 원활한 정보네트워크 부족'(58%)이며 다음으로는 '온라인 상의 한상네트워크 구축 미비'(33%)와 '조선족기업의 상호협력이나 교류정신 부족'(24%)인 것으로 응답하였다.
- 중국 조선족기업과 한국에 있는 기업과 상호협력이나 교류를 활성화하기 위한 방안으로서 제1순위는 '온라인 상의 한상네트워크 구축'(52%)이며 다음으로 '상호경쟁보다는 상생의 마인드를 길러야 함'(32%)과 '한국기업의 정보제공 및 협조'(32%)인 것으로 나타났다.

넷째, 중국이나 기타 외국기업과의 네트워크 구축 실태를 보면 다음과 같다.

- 중국 조선족기업이 중국기업과 상호협력이나 교류가 가장 많은 품목이나 내용을 보면 '사업정보교환'(30%)이며, 다음으로는 '판로개척'(27%)과 '원재료·제품조달'(24%)인 것으로 나타났다.
- 중국내에서 한국투자기업을 제외한 중국내 외국기업과의 상호협력이나 교류의 내용 중 가장 비중이 크고 활발한 분야는 '사업정보교환'(36%)이며 다음으로는 '판로개척'(24%)과 '원재료·제품조달'(18%)인 것으로 나타났다.
- 중국 조선족기업이 한국기업을 제외한 해외 외국기업과의 교류내용 중 가장 많은 비중을 차지하는 것은 '판로개척'(25%)이며 다음으로는 '원재료·제품조달'(24%)인 것으로 응답되었다.
- 중국 조선족기업이 화상기업과의 교류가 많은 분야는 '사업정보교환'(31%)이며 다음으로는 '판로개척'(21%) 순으로 나타났다.

다섯째, 대학(연구소), 정부기관, 금융기관, 단체와의 네트워크 구축 실태를 보면 다음과 같다.

- 중국 조선족기업은 중국 및 한국 대학(연구소)과의 산학협력을 위한 네트워크 구축 상태가 미비(87%)한 것으로 나타났으며 산학협력관계 체결시 상호 협력내용 제1순위로는 기술(36%)과 교육서비스(21%)이며 제2순위로는 제품개발(30%)과 경영자문(22%)인 것으로 나타났다. 산학협력 관계가 체결되어 있지 않은 이유에 대한 응답결과 첫 번째 이유로는 '필요성을 못 느껴서'(34%)이며 다음으로는 '자금문제'(31%)와 '대학과의 네트워크 부재'(28%)인 것으로 조사되었다. 조선족기업에게 향후 원하는 부문의 산학협력 체계를 문의한 결과 '기술개발'(28%)과 '경영자문'(27%)인 것으로 나타났다.

- 중국 조선족기업들에게 '민족금융기관'의 설립 필요성에 대해서 설문한 결과 응답자의 81%가 민족금융기관의 설립이 필요한 것으로 응답하였다.

- 조선족기업들이 사업상 참여하는 단체나 조직의 제1순위로는 '기업인 친목단체'(34%)이며 다음으로는 '동종업종 기업인 협회'(22%)와 '조선족기업협회'(19%) 순인 것으로 나타났다. 조직이나 단체에 참여함으로써 사업활동상 가장 도움이 되는 것은 '사업정보교환'(28%)과 '인적네트워크 구축'(28%)이며 다음으로 '판로 및 시장개척'(26%)인 것으로 응답되었다.

- 중국 조선족기업인에게 한국상회나 코트라 등 기업관련단체와 상호교류가 있는지를 설문한 결과 응답자의 26%만이 상호네트워크가 구축되어 있는 것으로 나타났다. 한국상회와 코트라 등 기업관련단체와 어떠한 연유로 상호교류하게 되었는지를 설문한 결과에 의하면 첫째로 '합자나 합작을 위해서'(39%)이며 다음으로는 '같은 민족단체이니까'(24%)로 응답되었다. 상호교류가 없는 기업의 경우에도 향후에 교류를 추진할 의사를 거의(92%) 가지고 있었다.

- 중국 조선족기업에게 '온라인 상의 화상네트워크'를 현재 어느 정도 활용하고 있는지를 문의한 결과 38%의 조선족기업인들이 온라인상의 화상네트워크를 기업활동에 활용하지 않는 것으로 나타났다.

- 온라인 상의 '한상네트워크'를 구축한다면 얻고 싶은 정보의 제1순위로는 '해외한상기업의 수출입 정보'(28%)이며 다음으로는 '자본유치 및 투자정보'(21%)와 '해외한상기업의 기술 및 상품정보'(21%)인 것으로 응답되었다.

중국내 기업 및 해외(한국 포함)기업과의 수출 및 기술이전과 수입 및 기술도입, 투자에 대한 네트워크 분석결과를 보면 첫째, 중국 조선족기업의 수출실태와 특성을 보면 다음과 같다.

- 해외(한국 포함)기업과 수출을 하고 있는지에 대한 물음에 응답자의 31%만이 수출을 하고 있는 것으로 나타났다. 지역별 특성에 의하면 5개 지역 중 청도만이 응답자의 64%가 수출을 하고 있는 것으로 조사되었으며 북경의 경우는 조선족기업의 17%만이 수출을 하고 있는 것으로 조사되었다.
- 수출을 하고 있다면, 주요 수출대상국은 한국(51%)이며 다음으로는 일본(20%), 미국(10%) 순인 것으로 응답되었다. 지역별 특성에 의하면 한국으로의 수출비중이 가장 높은 지역은 심양(한국 수출 78%)이며 다음으로는 상해 지역(한국 수출 69%) 조선족기업이었다.
- 중국 조선족기업의 최근 3년간 수출실적을 보면 '100~500만 위안'이 가장 비중이 높게 조사되었다.
- 주요수출품 품목으로는 '섬유 및 의류·완구'(29%)이며 다음으로는 '전기, 전자, 기계기구 제조'(14%) 품목과 '가구 및 설비, 주방용품'(13%)인 것으로 나타났다.
- 해외 수출할 때의 경쟁자를 보면 가장 큰 경쟁자는 '중국기업'(34%)이며 다음으로는 '중국 조선족기업'(26%)과 '중국진출 한국기업'(25%)인 것으로 밝혀졌다.
- 중국 조선족기업에게 중국내 기업 및 해외(한국포함)기업에 기술을 이전한 적이 있는지에 대하여 설문한 결과 응답자의 12%만이 기술을 이전한 적이 있는 것으로 나타났다. 기술을 이전한 적이 있는 조선족기업에게 어떤 형태의 기술을 이전하였는지를 설문한 결과 '기술공정'(46%)과 '경영관리'(21%), '특허권'(21%)을 이전한 것으로 나타났다. 기술이전 대상기업으로는 '중국 조선족기업'(29%)과 '중국기업'(29%)인 것으로 응답하였다.

둘째, 중국 조선족기업의 수입 및 기술도입 실태와 특성을 보면 다음과 같다.

- 해외(한국 포함)기업과 수입을 하고 있는지에 대한 물음에 중국 조선족기업의 32%만이 해외(한국포함)기업과 수입을 하고 있는 것으로 나타났다. 지역별 특성에 의하면 수입을 제일 많이 하는 지역은 연변(47%)과 청도(57%)의 조선족기업이고 적게 하는 지역은 북경(7%) 조선족기업인 것으로 응답되었다.
- 수입을 하고 있는 중국 조선족기업의 주요 수입대상국은 거의 대부분(78%)이 '한국'으로부터 수입하는 것으로 나타났다.
- 중국 조선족기업의 최근 3년간 수입실적은 2003년도에는 '100~500만 위안'이 가장 높게 나타났다.
- 중국 조선족기업이 수입하는 주요수입품의 품목은 '일반판매를 위한 완제품 및 부분품'(45%)이며 다음으로는 '자사제품제조에 필요한 원재료'(30%)인 것으로 나타났다. 지역별 특성에 의하면 연변과 심양, 상해의 조선족기업은 '일반판매를 위한 완제품 및 부분품'을 주로 수입하고, 심양과 청도의 조선족기업을 '자사제품 제조에 필요한 원재료'를 주로 수입하는 것으로 조사되었다.
- 중국 조선족기업은 중국내 기업 및 해외(한국 포함)기업으로부터 응답자의 27%만이 기술도입을 하고 있다고 응답하였다. 기술도입을 하고 있다는 조선족기업을 대상으로 설문한 결과 중국 조선족기업들은 기술도입의 제1순위로 '한국기업'(62%)을 꼽았으며 다음으로는 '중국기업'(31%)과 '중국 조선족기업'(22%)인 것으로 조사되었다. 중국 조선족기업들이 도입한 주된 기술의 형태는 '기술공정'(52%)이며 다음으로는 '경영관리'(30%)와 '특허권'(7%)인 것으로 나타났다.

셋째, 중국 조선족기업의 투자실태와 특성을 보면 다음과 같다.

- 중국내 기업 및 해외(한국 포함)기업에 투자 여부에 대해 조선족기업의 28%가 중국내 기업 및 해외(한국 포함)기업에 투자를 하고 있다고 응답했다. 지역별 특성에 의하면 상해 조선족기업이 가장 많이 투자(71%)를 하고 있으며 북경(2%)과 심양(3%)의 투자비율이 가장 적은 것으로 나타났다.
- 중국 조선족기업의 투자대상 기업은 제1순위로 '중국기업'(34%)이며, 제2순위로는 '중국진출 한국기업'(33%)과 '중국 조선족기업'(27%)인 것으로 나타났다. 지역별 특성에 의하면 연변 조선족기업은 '한국기업', 심양과 북경은 '중국 조선족기업', 청도와 상해는 '중국기업'이 투자대상기업인 것으로 조사되었다.
- 중국 조선족기업의 최근 3년간 투자실적을 보면 2003년도에는 '10~50만 위안'(38%), '100~500만 위안'(38%)에 투자비율이 가장 높았으며 2004년도에는 '10~100만 위안' 투자가 전체의 67%를 차지하였다. 2005년도에는 '10~50만 위안'이 21%, '50~100만 위안'이 49%로 '10~100만 위안'이 전체의 70%를 차지하는 것으로 조사되었다.
- 중국 조선족기업의 주된 투자의 목적은 '시장확보'(61%)이며 다음으로는 '원가절감'(30%)인 것으로 응답되었다.
- 향후 한국투자 고려 여부에 대해서 중국 조선족기업은 27%만이 향후 한국에의 투자를 고려하고 있는 것으로 응답하였다. 지역별 특성에 의하면 연변 조선족기업이 향후 한국에의 투자를 가장 많이 고려(51%)하고 있는 것으로 나타났으며 상해 조선족기업의 비율(13%)이 가장 적었다.
- 향후 한국에 투자시 한국정부에 요구사항으로는 제1순위로 '외자우대정책'(29%)이며 다음으로 '조선족과 자녀의 한국 취업 및 진학시 우대'(30%)인 것으로 응답하였다

2) 화상네트워크 벤치마킹을 통해서본 중국 한상네트워크 활성화 방안

(1) 화상네트워크와 조선족기업 네트워크의 비교

화상네트워크	조선족기업 네트워크
· 화교기업의 경영관행 　- 중앙집권적 의사결정 : 다양한 용도의 기술보유, 단순한 회계관행 　- 가부장적 인사관리 : 종업원들의 강력한 충성심 유도 　- 내부금융선호 : 친족, 사내유보금, 자사의 금융자회사로부터의 차입 　- 서비스비용 지출기피 : 법률, 금융 및 마케팅 관련 컨설팅, 연구개발투자, 디자인 등 서비스에 대한 비용지출 꺼림 　- 가업상속 : 장남이 가업을 계승 　- 가족의 경영참여 : 가업을 보존하려는 화교기업가의 성향 　- 화교기업간의 호의적 거래 : 지연, 학연, 교회 단체 　- 부동산과의 연계 : 가장 선호하는 투자대상 　- 적극적인 신규사업 진출 · 이주지에서의 적응력 강화(이주국 경제에 철저 동화) · 민간 사회조직의 공적기능 활성화 　- 상조회, 상공회의소, 직업조합, 복지위원회, 지역모임 등 · 신용제도 : 화교사회의 집행제도 · 소수민족으로서의 고난 경험 : 검소한 생활, 높은 교육열 · 비공개로 인한 이익 · 가문의 명예 중시 : 신용상태의 기초수단 · 틈새시장의 개척 · 국경을 초월한 유대관게 : 투자정보 획득 · 자본조달의 용이 : 친구, 친척, 동향인들에게 의존 · 현지 정부 및 정치인과의 유대관계 강화 · 풍부한 정보수집 : 라이벌 기업의 동향이나 치안정보 등 · 화교 : 글로벌 네트워크 결정에 적극적	· 조선족기업의 경영관행 및 네트워크 　- 자금 : 자체저축, 친인척, 친구로부터 조달. 　- 한국기업으로부터 기술이전, 원료나 제품 납품 　- 한국에 투자 　- 한국기업의 제품을 수입하여 판매 　- 주력업종 : 서비스업 　- 경영활동활용네트워크 : 지연, 업연,물연, 학연 　- 조선족기업과의 협력·교류 : 원재료·제품조달, 사업정보교환 　- 한국투자기업과 상호협력이나 교류 : 판로개척 　- 한국에 있는 기업과 상호협력이나 교류: 원재료·제품조달, 판로개척, 사업정보교환 　- 중국기업과의 교류 : 사업정보교환 　- 중국내 외국기업과의 교류 : 사업정보교환 　- 해외외국기업과의 교류 : 판로개척, 원재료·제품조달 　- 화상기업과의 교류 : 사업정보교환 　- 중국 및 한국대학과의 교류 : 기술, 교육서비스 　- 민족금융기관 설립 필요 　- 기업인친목단체, 동종업종 기업인협회 　- 한국상회·코트라와 상호교류 : 합자·합작 　- 수출대상국 : 한국, 수출품 : 섬유·의류 　- 기술이전 : 중국 조선족기업, 중국기업 　- 수입대상국 : 한국, 수입품 : 일반판매를 위한 완제품 및 부분품 　- 기술도입 : 한국기업, 기술형태 : 기술공정 　- 투자대상기업 : 중국기업, 중국진출 한국기업 　- 투자목적 : 시장확보, 원가절감 　- 한국에 투자고려 요구사항 : 외자우대정책, 조선족과 자녀의 한국취업 및 진학시 우대 · 상당수의 조선족기업인은 정직하고 성실함 · 절대 빚을 지지 아니함 · 민족의식이 강함 · 한국투자기업과 합자나 합작을 통하여 사업을 함. · 가족간의 기업경영 : 특히 부부간에 기업을 경영함

· 화교의 족별사업체 : 자체 네트워크를 구성 · 화교 : 혈연, 지연, 업연(동향관계가 가장 중요) · 국제적인 사업관계를 유지하는 사적인 네트워크 　: 동성회, 동향회, 지역별 상공회의소 · 현대적 경영방식의 도입 · 전문경영인 중시 · 오프라인상의 네트워크 : 세계화상대회 · 정보교류의 신속성과 긴밀성을 유지 · 화교사회의 주류인사와 중국 대륙의 지도층과 두 　터운 개인적 친분 유지 · 온라인상의 화상네트워크	· 오프라인상의 네트워크 : 세계한상대회와 세계무역 　인협회(OKTA)

(2) 화상네트워크의 중국 한상네트워크에 적용 가능성 검토

① 유사성

화교들은 홍콩과 대만을 제외하더라도 3천6백만 명에 달하는데 이는 전체 중국인의 인구 중 2.6%에 해당한다. 홍콩과 대만까지를 포함한다면 6천만 명으로서 중국계 인구의 5%를 차지하고 있다. 반면에 한국의 재외동포는 6백 여만 명에 이르는데 이는 전체 한국인의 9.8%에 해당한다. 인구 대비 퍼센트 비율로 보면 중국 화교보다 한국의 재외동포의 비율이 훨씬 높고 이들은 대부분 미국과 일본, 중국과 러시아에 거주하고 있다. 이토록 재외동포는 화교에 못지 않는 막대한 자산가치를 가지고 있으나 지금껏 활용되지 못한 점에서 잠재적 가치에 머무르고 있었다.

본 연구팀이 지난 3년에 걸쳐서 중국 조선족사회의 경제환경과 중국 조선족기업의 경영활동 그리고 마지막으로 중국 조선족기업의 네트워크 실태를 조사해 본 결과 경영활동과 네트워크 측면에서 다음과 같은 유사점을 발견할 수 있었다.

첫째, 검소한 생활을 하고 빚을 두려워하며 교육열이 높다. 화상들처럼 조선족기업인들도 경영활동을 하는데 빚을 지지 않으려고 노력을 하며 무리한 투자를 하지 않는다. 또한 기업을 경영하는데 정직, 성실하며 교육열이 높다. 조선족기업인 스스로도 열심히 배우려고 노력하며 2세 교육도 중국내 또는 한국이나 미국 등 해외로의 유학도 많이 보내고 있다. 자본조달도 화상들이나 조선족기업인 역시 친구나 친척, 동향인으로부터 조달하거나 자체적으로 저축을 통해서 조달한다.

둘째, 화교사회에서도 혈연과 지연, 업연을 통한 소위 꽌시에 의하여 사업을 해나가는 성향이 있는데 조선족기업인 역시 경영활동에 활용하는 네트워크로서 지연과 업연, 물연, 학연인 것으로 조사되었다. 특히 북경, 청도, 상해 등 대도시에서 기업을 경영하는 조선족들은 지연 즉 같은 고향의 친구나 선후배 관계 등에 의해서 서로 도우며 사업을 하는 것으로 나타났다.

셋째, 민족의식이 강하다. 세계 곳곳에 퍼져서 차이나타운을 형성하며 살고 있는 중국 화교들은 민족의식이 강하다. 즉 중화사상이라는 의식 속에 타국에 살지라도 그 나라에 동화되면서 다른 한편으로는 화교들끼리 차이나타운을 형성하여 서로 돕고 살면서 경제력을 바탕으로 세력을 넓혀가고 있다. 중국 조선족 역시 중국내 대도시에 살면서도 한민족이라는 자부심과 높은 교육열에 의해서 중국 주류사회에서 영향력을 행사하는 조선족 과학자나 기업인, 작가 등이 많다. 그러나 개혁·개방 이후 아직까지 중국 조선족기업인으로서 경제적으로 큰 영향력을 행사할 수 있는 기업인은 드물다. 향후 10년 이내에 조선족기업인 중에 큰 영향력을 행사할 수 있는 기업인의 출현이 기대된다.

넷째, 조선족기업들은 회사경영에 필요한 자금을 기업 외부, 즉 중국 금융기관으로부터 조달하기보다 기업내부금융 즉 친족이나 사내유보금 등으로부터 조달하는 것으로 나타났으며 따라서 민족금융기관 설립의 필요성을 강력히 원하는 것으로 조사되었다. 화상기업들 역시 사업자금 조달에 내부금융을 선호하는 것으로 밝혀졌다. 즉 친족으로부터 조달하던지 아니면 회사 내에 유보된 자금 또는 자기회사의 금융 자회사로부터의 차입에 의한 것으로 알고 있다.

다섯째, 가족간에 경영하는 기업이 많다. 즉 중국 조선족기업들은 기업을 경영하면서 부부간에 기업을 경영하는 경우가 많았다. 예를 들면 남편이 사장으로서 대외적인 활동을 하면 아내는 경리나 회계를 담당함으로써 회사 내부의 살림을 맡아서 하는 경우가 많았다. 그럼으로써 사업이 안정적으로 건실하게 성장하는 조선족기업이 많았다(예:심양의 북광상무유한공사, 청도의 성원복장유한공사 등). 화상들 역시 대부분의 기업이 중소기업들이므로 가업을 보존하려는 화교기업가의 성향에 의해서 가족을 경영에 참여시키며 유교적인 관습에 의해서 장남에게 기업을 계승하게 한다. 또한 화상들은 가족들간의 자체적인 네트워크를 형성하여 화교들만의 족벌사업체를 구성하고 있다.

여섯째, 조선족기업들은 한국에서 진출한 기업이나 한국에 있는 기업과 수출, 수입, 투자나 기술이전, 기술제휴, 원재료 납품, OEM 방식의 생산 등 많은 경영활동에서 한국 특히 한국투자기업이나 한국에 있는 기업과 강한 네트워크를 구축하고 있다. 중국 화상들 역시 중국에 투자를 하거나 중국기업과 합자나 합작을 한다. 또한 해외로 진출한 중국기업이 현지의 화상기업들과의 합자나 합작을 통해서 사업을 하고 있다.

일곱째, 한국의 재외동포기업인들 및 중국 조선족기업인들은 매년 열리는 세계한상대회를 통해서 모국기업 또는 동포기업인들과 사업네트워크를 구축하고 있다. 오프라인 상에서 만나 서로 교류하며 수출과 수입, 투자 등을 상호협조하고 있다. 화상기업 역시 2년마다 개최되는 (제 8차 화상대회 : 2005. 9월에 서울에서 개최됨) 화상대회를 통해 오프라인 상에서 상호미팅을 통하여 꽌시를 갖으며 수출과 수입, 투자 등 사업교류도 한다. 그러나 한국의 재외동포 기업인보다 더 발전적인 것은 세계 화상들을 대상으로 상호교류하며 사업을 하는 온라인 상의 화상 네트워크가 구축되어 있다는 사실이다.

② 차이점
먼저 일반적인 차이점을 보면 다음과 같다.

첫째, 우선 한민족의 경우, 한반도를 제외한다면 재외동포가 정치적 주도권을 쥐고 있는 곳은 단 한 군데도 없다. 반면 중국인들은 본토는 물론이거니와 홍콩, 싱가포르, 대만에서 정치적 주도권을 장악하고 있다.

둘째, 화상들에 비해서 세계적으로 명성을 누리는 한상들이 많지 않다는 것이다. 이러한 사실들은 세계한상네트워크를 구축하는데 장애가 될 수 있다.

셋째, 재외동포에 대한 양국의 정책에 차이점이 있다. 즉 중국의 등소평은 경제적 측면을 고려하여 화교자본을 유치하는 정책을 추구하여 화교와 중국 간의 상호협력을 촉진시켰다. 이와 반대로 한국은 재외동포들을 모국을 버린 배신자로 취급하여 아직까지 재외동포들과의 상생 방안이나 정책을 내놓지 못하고 있다.

넷째, 모국에 대한 양국의 재외동포들이 갖고 있는 시각 차이다. 화교들은 그들이 중국에서 환대를 받고 있다고 느낀다. 따라서 그들은 중국 본토에 기꺼이 투자할 마음을 갖고 있다. 그러나 재외동포들은 그들이 한국에서 부정적으로 비춰지고 있다고 느끼며, 이는 한국에 투자하는 것을 꺼리게 만들고 있다. 이와는 대조적으로 현재 중국 정부는 화교에 대해 적극적이면서 포용하는 정책을 채택하고 있다. 이를 위해 중국 정부는 다양한 화교지원법을 입안하고 화교들을 위한 사무소를 제공해주고 있다. 이들 사무소는 중국의 전통적인 인적네트워크인 '꽌시'에 의해서 운영된다(정영록, 2003:74~75).

다음으로 본 연구팀이 설문과 면담조사를 통해서 파악된 중국 조선족기업 네트워크와 화상네트워크와의 차이점을 보면 다음과 같다.

첫째, 중국 조선족기업들은 중국이라는 같은 국가의 기업인 '중국기업'과의 사업상 네트워크도 한국투자기업이나 한국에 있는 기업보다 더 상호협력이나 교류가 적은 것으로 조사되었다. 중국기업과 가장 많은 상호협력이나 교류는 '사업정보교환'인 것으로 나타났다. 반면에 화상기업들은 이주국 경제에 철저히 동화되어서 이주지에서의 적응력을 강화시키며 이주국의 경제에 기여하면서 화상 스스로의 힘을 키워가는 것이다. 또한 현지 정부 및 정치인과의 유대관계 강화를 통하여 이주국에서 기업을 성장시키는 데 유리한 상황을 전개시킨다. 반면에 중국 조선족기업들은 중국 현지정부와 정치인의 대부분이 한족 출신인데 이들과의 유대관계가 강한 네트워크는 구축되지 못한 것 같다.

둘째, 중국 조선족기업들은 같은 한민족인 중국내의 조선족기업과도 '강한 네트워크'가 구축되고 있지 못한 것 같다. 즉 조선족기업과의 협력이나 교류의 주된 분야는 원재료나 제품조달 또는 사업정보교환의 정도에 그침으로써 지속적으로 상생할 수 있는 네트워크 구축은 되지 않은 것으로 나타났다. 반면에 화교기업들은 지연이나 학연 또는 교회단체들을 통하여 화교기업 상호간에 호의적인 거래를 하며 지속적인 네트워크를 통하여 상대방에 대한 적극적인 지원을 아끼지 않는다.

셋째, 중국 조선족기업인들이 가장 많이 활동하는 단체가 '기업인 친목단체'와 '동종업종 기업인협회' 또는 중국 각 지역의 '조선족기업협회'에 참여하여 서로 사업정보를 교환하는 정도이다. 물론 각 지역마다 조금씩 차이는 있지만 화상기업들처럼 민간 사회조직이 공적기능을 가질 수 있는 정도까지는 되지 못한 것 같다. 반면에 화상기업들은 자체 조직인 상조회나 상공회의소, 직업조합, 복지위원회 지역 모임 등 민간 사회조직의 공적기능 활성화를 통하여 화상기업 자체적인 강한 네트워크 구축에 의한 상생을 하고 있는 것으로 나타났다.

넷째, 중국 조선족기업들은 물론 지역마다 조금씩 차이점은 있지만 주력업종이 서비스업인 반면에 화상기업들이 가장 선호하는 투자대상은 부동산과의 연계된 사업인 것으로 조사되었다.

다섯째, 중국 조선족기업들의 중국내 네트워크로서는 한국투자기업과의 상호협력이나 교류 다음으로 조선족기업과의 협력, 사업정보교환을 위한 중국내 외국기업과의 교류 등이며 해외외국기업과의 네트워크로는 원재료·제품조달, 판로개척, 사업정보교환을 위하여 한국에 있는 기업과 상호협력이나 교류를 하며 다음으로는 판로개척이나 원재료·제품조달을 위한 해외외국기업과의 교류와 사업정보교환을 위한 화상기업과의 교류 등이다. 반면에 화상기업들은 국경을 초원한 유대관계로 투자정보를 획득하며 또한 동성회나 동향회, 지역별 상공회의소를 통한 국제적인 사업관계를 유지하는 사적인 네트워크를 구축한다. 한편 화교들은 글로벌 네트워크 결정에 적극적이며 또한 현대적인 경영방식의 도입과 전문 경영인을 중시하는 선진 경영기법을 도입함으로써 글로벌 경쟁사회에 빠르게 대처하고 있다. 반면에 중국 조선족기업들은 중국내 한국투자기업이나 한국에 있는 기업 또는 중국기업이나 중국 조선족기업에 국한되고 편협된 네트워크를 구축함으로써 글로벌 경쟁사회를 대처해 나가는 데 취약하다.

여섯째, 중국 조선족기업의 주된 투자대상 기업은 중국기업과 중국진출 한국기업이며 한국에의 투자를 고려하고 있는 조선족기업은 27%에 불과하며 투자시 한국정부에 요구사항은 외자우대정책과 조선족과 자녀의 한국취업 및 진학시 우대인 것으로 조사되었다. 반면에 화교기업들은 모국인 중국의 화교우대 정책과 유리한 투자정책으로 중국 본토에 많은 화교자본이 유입되고 있으며 또한 화교사회의 주류인사와 중국 대륙의 지도층과 두터운 개인적 친분유지를 통해서 중국 본토와의 기업 네트워크를 더욱 강화하고 있는 것으로 나타났다.

3) 중국 한상네트워크 구축

중국 조선족기업과 한국투자기업 그리고 한국에 있는 기업 및 미국, 일본, 러시아 등 해외동포기업과 온라인상에서의 네트워크 구축을 위해서는 중국 조선족기업 네트워크의 유인요인과 장애요인이 파악되어야 최종적으로 중국 한상네트워크를 구축할 수 있을 것이다.

(1) 중국 한상네트워크 구축에 관한 유인요인

첫째, 중국 조선족기업인들은 기업의 글로벌화·세계화에 필수요건인 언어의 장벽 극복이 가능하다. 즉 중국어와 한국어 등 2개 국어 이상을 구사할 수 있는 능력이 있다.

둘째, 중국 조선족기업인들은 학력이 높고 우수하며 중국진출 한국기업이나 한국에 있는 기업들을 통하여 선진 경영기법이나 기술을 습득하여 사업을 하고 있으며 중국 대도시에서 사업을 하는 조선족기업의 경영자들은 대부분 30~40대의 젊은 사람들이다.

셋째, 연변, 심양, 북경, 청도, 상해 등 대도시에서 사업을 하는 조선족기업 경영자들은 현지에 진출한 세계적인 브랜드를 가진 기업들과의 사업상의 교류를 통하여 글로벌 경영 마인드를 가짐으로써 기업의 성장이 빠르므로 향후 중국의 주류 기업군에 포함될 가능성이 크다.

넷째, 중국 조선족기업인들은 정직, 성실하며 검소하고 또한 사업을 하는데 빚을 지기를 싫어하며 따라서 절대 무리한 투자를 하지 않는다.

다섯째, 중국 조선족기업인들은 민족의식이 강하므로 모국인 한국에서 그들에 대한 정책적인 배려와 환대를 하면 그들은 최선을 다해 모국인 한국에의 투자와 중국 내수시장에서 한국상품의 대리점 역할을 할 것이다.

여섯째, 중국 조선족기업들은 한국투자기업이나 한국에 있는 기업과 가장 강한 네트워크를 구축하고 있으므로 상호협조체제를 구축할 수 있다.

일곱째, 해마다 한국에서 열리는 세계한상대회에 많은 중국 조선족기업인들이 참여하며 한국기업 또는 해외동포기업과의 오프라인 상의 네트워크를 구축하고 있으며 온라인 상의 한상네트워크 구축에 관심이 많다.

(2) 중국 한상네트워크 구축에 관한 장애요인

첫째, 중국 조선족들은 연변 조선족자치주를 제외한 중국의 다른 지역에서는 정치적으로 주도권이 없다는 것과 조선족기업 역시 중국기업 중에서 업종별로 대표성을 가질 만한 규모의 기업이 없다는 것이다.

둘째, 중국 조선족기업은 국가적으로 보면 중국기업인데도 불구하고 중국의 대표적인 기업들과의 네트워크 구축이 약하므로 인하여 중국 내에서 기업을 성장시키는 데 한계가 있다는 시각이다. 또한 조선족기업들은 대부분 생산하는 제품의 기술을 한국투자기업이나 한국에 있는 기업으로부터 이전을 받는다. 따라서 조선족기업 스스로 연구개발비를 투자하여 제품에 대한 연구개발을 하는 기업이 적으므로 글로벌 기업으로 성장하는데 한계가 있다.

셋째, 중국 조선족기업과 민족기업인 조선족기업과의 네트워크 관계 구축이 약하므로 중국 내에서 조선족기업끼리 상생하는데 한계가 있다.

넷째, 중국 조선족기업들의 조직인 '조선족기업협회'가 난립이 되어서로 단합하지 못하므로 중국 내에서조차 구심점이 없어서 외부의 세력에 강하게 대처하지 못하는 단점이 있다. 또한 중국진출 한국기업들의 조직인 한국상회와의 교류도 원활하지 못하므로 중국 한상네트워크 구축에 걸림돌이 되고 있다.

다섯째, 중국 조선족기업의 주력업종이 '서비스 업종'으로서 장래 성장산업인 IT나 BT, NT 등의 첨단 산업과는 거리가 멀어서 장래성을 엿보기가 어렵다.

여섯째, 중국 조선족기업은 현재 한국투자기업이나 한국에 있는 기업과의 수출이나 수입, 기술도입 등으로 교류는 많으나 조선족기업의 한국에의 투자는 극히 미미하여 향후 한국에의 투자를 고려하고 있는 기업도 27%에 불과하므로 한국에의 투자매력이 없는 것으로 보인다.

일곱째, 한국에서 중국에 진출한 기업이나 한국에 있는 기업 또는 한국인들까지도 아직까지 중국 조선족이나 조선족기업에 대한 이미지가 부정적인 측면이 많아서 상호간 네트워크를 구축하는 데 걸림돌이 된다.

(3) 중국 한상네트워크 구축방안

급변하는 경영환경 속에 한국기업의 중국진출 전략이 '업그레이드'되고 있다. 이미 중국에 진출해 있는 기업이나 향후 중국진출을 계획하고 있는 기업들은 중국 내 투자, 경영환경 변화에 따라 기존 전략으로는 실패의 고배를 마실 수밖에 없다는 것을 알고 있다. 즉 기술력의 뒷받침 없이 저임금 이점만을 노리고 중국 투자에 나서거나 '아웃소싱의 전진기지'로 핵심역량을 확보하기 위해 대 중국 사업을 강화하는 경영전략이 급부상하는 가운데 제조업 위주에서 서비스업종으로 투자가 확산되는 추세이다. 따라서 기존에는 제조업이 중국진출을 주도했지만 서비스업종 기업들이 중국공략에 본격적으로 나서고 있다. 즉 향후 중국에 진출을 계획하고 있거나 현재 중국에 진출해 있는 기업들은 중국 정부의 경제정책 추진 방향인 에너지·신소재·서비스산업 등 새로운 산업분야를 주목해야 한다.

우리 기업들의 중국진출이 활발하지만 상당수 기업이 투자에 실패해 철수하는 등 그 내용을 보면 만족스럽지 못한 것이 사실이다. 시장상황이나 노동관행 등에서 중국의 사정을 제대로 파악하지 못한 것이 큰 요인이다. 중국 기업인과의 네트워크 확대는 중국의 경제상황과 정책 동향에 대한 한국기업인들의 정보획득을 용이하게 하고 유리한 사업기회 발굴과 사업파트너 물색에도 도움을 줌으로써 시행착오를 줄이게 될 것이다(매일경제, 2006. 6. 23:1∼6).

한국기업이 중국에서 화교 다음으로 유리한 환경은 풍부한 조선족 동포가 제공하는 인적환경이다. 화교들은 그들 자신이 직접적으로 언어환경에 부담이 없고 화교네트워크를 통해 움직이기 때문에 사업상 절대적으로 유리하다. 한국은 이 정도는 아니라도 직접 대화가 가능한 '중국인'인 2백만 명의 조선족이 있다 이러한 환경은 다른 나라보다 훨씬 유리한 현지 정보원의 존재를 의미하며 시장의 흐름을 중국인 입장에서 해석할 수 있는 여건을 제공해 준다. 뿐만 아니라 빠르고 민첩하게 사업을 전개할 수 있도록 도와주는 훌륭한 지원 세력이 있다는 것을 의미한다. 더욱 좋은 사실은 대부분의 조선족은 평균 중등교육 이상으로 중국의 다른 소수민족보다 훨씬 높은 교육수준을 갖추었기 때문에 인재의 풀(pool)이 커서 고용에도 큰 무리가 없다(임허규, 2003:258). 또한 우후죽순처럼 창업하여 성장하여 가는 중국 대도시의 조선족기업들은 중국진출 한국기업이나 한국에 있는 기업의 등불이며 동반자이다. 이들 조선족기업과의 네트워크 구축은 중국 한상네트워크 구축방안을 보면 다음과 같다.

첫째, 중국 조선족기업은 한국투자기업이나 한국에 있는 기업과 네트워크가 잘 구축되어 있다. 따라서 한국투자기업이나 한국에 있는 기업의 제품을 중국 내수시장에 판매할 때 중국 조선족기업이 중개 역할을 할 수 있다. 즉 조선족기업이 총대리점이나 판매회사로서의 역할을 함으로써 상생할 수 있으며 또한 한국기업이나 한국투자기업이 북한 나진특구나 홍콩, 이스라엘 등 아시아나 유럽으로 진출시 조선족기업의 외국기업과의 꽌시를 활용할 수 있다. 또한 한국의 공업단지(예:여천공업단지)에서 필요로 하는 생산직 근로자들을 조선족기업이 세운 중한직업전문학교에서 한국산업인력공단의 지원을 받아서 교육을 시켜 한국의 공단에 필요한 인력을 공급할 수 있다(예:길림천우그룹).

둘째, 한국에서 아파트 등을 짓는 건설업체가 중국에 진출할 때 중국조선족기업 건설업체와 합자나 기술제휴 등을 통하여 아파트를 건설하고 내부 인테리어 등 한국의 모델하우스 기법을 도입하여 중국 아파트소비자들의 기호에 맞춤으로써 한국건설업체와 중국 조선족건설업체의 상생을 가져올 수 있을 뿐만 아니라 부수적으로 건설업종에 해당되는 한국과 조선족기업과의 네트워크를 통하여 중국 내수시장의 아파트 건설뿐만 아니라 도로, 골프장 등 다른 건설분야까지 진출할 수 있는 네트워크가 구축될 수 있을 것이다(예:길림천우그룹과 청도의 천태코리아타운).

셋째, 한국에서 중국에 진출한 기업이나 한국에 있는 기업이 사업에 성공하기 위해서는 4가지 단계를 거쳐야 하는데 첫 번째 단계는 사업제휴 성립단계로서 한국과 중국 양국의 검증된 수익모델사업을 개발하고 기존의 성공적인 경영의 노하우 토대 위에 양국내 확고한 사업기반을 다지는 일이며, 두 번째 단계로는 사업성장기반 구축단계로서 한국기업과 중국기업 상호교류시 걸림돌이 되는 지리적, 문화적, 언어적, 체제적 장벽을 극복하는 일이며, 세 번째 단계로서는 사업활성화 단계로서 한국기업과 중국기업간에 완벽한 비즈니스 허브 시스템을 구축하는 일인데 비즈니스 허브 역할을 중국 조선족기업에게 맡긴다는 것이다. 마지막 성공사업단계에서는 전의 3단계 기반에 의하여 구축된 네트워크에 의하여 한국기업과 중국기업 상호간에 안정적인 성장과 고부가가치를 창출하고 신뢰경영체제를 확립하여 시장내 지배력을 강화하고 명성을 구축한다는 비전 전략이다(예:심양영성실업).

넷째, 조선족기업으로 하여금 중국시장 진출에 어려움을 겪고 있는 한국의 유망제품을 발굴하여 중국시장에서 독점적 판매권을 획득하여 정확한 목표시장을 공략하여 수익을 창출하도록 한다. 장기적인 성공사업 영위를 위해서는 사업제휴 파트너와의 신뢰경영교류가 가장 최선이므로 사업과 관련된 모든 경영정보(재무, 영업, 고객 등)를 온라인 상에서 공유함으로써 상호상생할 수 있는 방안을 강구한다(예:심양영성실업).

다섯째, 중국 비즈니스 인프라 스트럭쳐(infra-structure), 즉 법률, 회계, 유통, 마케팅, 고급인력, IT, 정부관계, 자본 등의 핵심역량이 구비된 조선족기업을 사업파트너로 하여 중국의 유통사업, 마케팅 사업, 프렌차이즈 사업, 무역 및 물류사업, 호텔사업, 외식사업, IT사업, 컨설팅 사업, 건설사업, 광고 및 매체사업 등을 함으로써 이러한 사업을 통해 시장규모의 확대 및 신속한 시장선점을 통해 시장 선도자로서의 지위를 강화할 수 있으며 또한 안정적 사업기반 구축 및 최적의 비즈니스 시스템 운영을 통한 영업이익률을 극대화하고 동종업계 최고의 브랜드 파워를 형성할 수 있다(예:심양영성실업).

여섯째, 한국의 유망제품을 발굴하여 중국 조선족기업으로 하여금 중국 내에서 판매대행을 하게 함으로써 비용절감효과와 아울러서 제품 및 서비스 품질향상과 제품인지도 제고, 시장정보축적, 시장점유율 확대, 안정적인 매출구조를 형성하여 신규 유통망을 확보하고 생산시설기반을 조성할 수 있으며 마케팅 능력을 배가할 수 있음으로써 경쟁우위 요소를 확보하고 수익과 부가가치를 창출할 수 있다(예:심양영성실업).

일곱째, 뛰어난 기술을 가진 조선족기업과의 기술제휴를 통한 공동기술개발로 중국 내수시장 뿐만 아니라 한국, 유럽, 미국 등 세계를 대상으로 수출을 할 수 있으며 또한 세계에 뻗어 있는 조선족기업의 기술네트워크를 통하여 한국기업이나 한국투자기업의 제품이나 기술을 수출할 수 있다. 또한 조선족기업 등 해외동포기업들이 마음 놓고 투자할 수 있도록 법이나 제도를 정비하여야 할 것이다. 그리고 한국기업과의 기술제휴를 통하여 생산된 제품을 조선족기업의 판매자회사나 대리회사, 대리점을 통해서 중국 내수시장에 판매할 수 있다(예:북경세종지능유한책임공사).

여덟째, 조선족기업들은 대부분 한국투자기업이나 한국에 있는 기업 그리고 중국기업이나 조선족기업과 강한 관계의 네트워크가 구축되어 있기 때문에 중국기업이나 해외외국기업과의 매개 역할자로서 중요한 위치에 있다. 또한 미래에는 이들이 한국에 투자의 주역이 될 가능성이 많기 때문에 정부에서는 지금부터라도 조선족기업인 등을 우대할 수 있는 제도적 장치를 마련하여 향후 민족자산으로써 또한 한상으로써 역할을 할 수 있도록 배려해야 할 것이다(예:청도아위사상포유한공사).

아홉째, 조선족기업의 한국에의 투자를 유치하기 위한 한국에 전용공단이 필요하다. 즉 한국 내에서 비즈니스를 하고자 하는 조선족기업인 나아가서는 재외동포기업인들을 위한 전용공단의 조성이 필요하다. 중국 조선족기업인이나 재외동포기업인이 전용공단에 입주 시에는 세금, 융자, 공장부지 그 외 출입국 관리나 체류 등에 있어서 투자에 걸림돌이 되지 않도록 정부의 강력한 정책적인 배려가 필요하다.

2. 향후과제

1) 연구의 한계

지난 3년 동안(2003. 9~2006. 8) 중국 조선족기업을 대상으로 기초조사연구를 하였다. 즉 제1차년도인 2003년 9월부터 2004년 8월까지는 중국 조선족사회의 경제환경을 조사하였는데 특히 지금까지 아무도 조사한 적이 없는 중국 조선족들의 자영업(개체호) 실태를 조사하였다. 중국 조선족들의 집거지인 연변과 심양, 하얼빈, 북경, 청도의 조선족 자영업자 약 1천3백 명을 대상으로 설문조사를 하였으며 또한 각 지역의 자영업자 중 일부는 선별하여 직접 면담을 하여 '중국 조선족사회의 경제환경 기초조사'라는 제목으로 보고서를 작성하고 단행본도 발간하였다.

이어서 제2차년도인 2004년 9월부터 2005년 8월까지 중국의 연변, 심양, 북경, 청도, 상해를 방문하여 중국 조선족기업을 대상으로 면담과 설문조사를 하였다. 면담은 연구대상지역인 5개 지역 조선족기업인 약 30명을 대상으로 이루어졌으며 설문조사는 중국 조선족기업의 경영활동 즉 인사, 재무, 생산, 마케팅, 세무 등에 대한 조선족기업의 경영실태에 대하여 기초조사를 하였다 설문지는 총 291부가 회수되어 '중국 조선족기업의 경영실태 조사'에 대한 분석이 이루어졌다.

제3차년도인 2005년 9월부터 2006년 8월까지는 '중국 조선족기업의 네트워크 실태조사'란 주제로 2차년도 연구대상지역과 같은 연변, 심양, 북경, 청도, 상해에서 총 30개 기업 중 각 지역별로 비교적 성공한 기업을 대상으로 성공사례를 개발하였으며 다음으로 중국 현지전문가인 공동연구원을 통해 조사된 실패사례를 각 유형별로 개발하였다. 설문조사는 중국 5개 지역에서 총 217부가 회수되어 분석이 이루어졌다. 제3차년도 설문조사의 주된 내용은 중국 조선족기업과 한국투자기업이나 한국에 있는 기업과의 네트워크 실태 그리고 중국기업, 중국내 외국기업, 해외의 외국기업이나 화상기업들과의 상호협력이나 교류 내용을 조사하였으며 또한 이들 기업과의 수출과 수입, 투자, 기술이전이나 기술도입에 대한 설문조사도 하였다.

본 연구팀이 지난 3년 동안 조사·연구한 중국 조선족사회의 경제환경과 경영실태 그리고 조선족기업의 네트워크 실태조사는 국내나 해외를 막론하고 최초의 연구이다. 아직까지도 국내의 중국 전문가나 대학교수 등 학자들은 중국 조선족기업에 대해서는 아예 연구대상 밖의 주제일 정도로 관심이 없다. 대부분의 중국 전문가나 교수들은 중국 13억을 대상으로 하는 큰 테마의 중국 경제나 경영 또는 중국기업에 대한 연구만을 할 뿐이지 중국 13억의 극히 일부인 200만 명의 조선족, 그중에서도 조선족기업을 대상으로 하는 연구는 전무하다. 이 연구는 앞으로도 상당기간 학자들의 관심 밖의 연구가 될지도 모른다. 그러다 보니 본 연구팀이 연구를 하는데 어려움이란 헤아릴 수없이 많았다. 이를 구체적으로 다 열거하기에는 어려움이 많으므로 아래에서 몇 가지만을 언급하고자 한다.

첫째, 중국 조선족기업에 대한 최초의 연구이다 보니 중국 전체 또는 각 지역별 조선족기업에 대한 통계자료가 전무하다는 사실이다. 따라서 면담을 하거나 설문조사 시 모집단의 규모를 알지 못하므로 표본을 설정하는데 임의성이 개입될 수밖에 없었다. 그러다 보니 설문조사 결과에 대해서조차도 신뢰성을 인정받지 못하는 상황도 발생했었다.

둘째, 면담조사시 연구대상 5개 지역의 조선족기업에 대한 통계나 명단의 입수가 어려워서 면담대상기업을 선정하는 데 현지공동연구원이 선정한 기업을 방문해야하는 상황이었다. 물론 현지를 방문하기 전에 현지의 공동연구원을 통해 면담대상기업의 규모나 업종, 경영자의 이름

등을 미리 조사하여 2배수로 선별하고 사전에 메일 등으로 보내도록 지시하였으나 만족할 만큼 잘 협조적이지 못하였다.

셋째, 5개 지역 조선족기업을 대상으로 한 지역당 40부씩 총 200부의 설문지 회수를 목표로 현지공동연구원을 통해 지시하고 사전 교육을 시켰다. 그러나 나중에 회수된 설문지를 검토해본 결과 각 지역마다 설문지 작성에 조금씩의 차이가 있음을 발견하였으나 분석하는 데는 큰 문제가 되지 않는다는 팀 회의 결과에 따라 분석하였다. 그러나 설문지 코딩과정에서 1개 지역의 설문지 40부가 조작된 것을 확인하고 현지공동연구원을 통해 다시 설문지를 작성하도록 지시하여 한 달 후에 40부를 재차 회수하여 분석해야 하는 아픔도 있었다.

이외에도 크고 작은 한계점들이 있었으나 본 연구팀의 기지와 지혜를 발휘하여 무사히 연구를 마칠 수 있어서 감사할 따름이다.

2) 향후 연구활동

이 연구는 제목이 '기초조사'인 것처럼 지금까지 밝혀지지 않고 조사되지 않았던 중국 조선족사회의 경제환경과 자영업자, 기업 등의 경영활동 그리고 네트워크에 대한 기초조사를 하였다. 이러한 조사들의 목적은 최종적으로 세계한상 네트워크를 구축하는 것이다. 즉 중국 조선족기업과 한국투자기업 한국에 있는 기업 그리고 해외동포기업 간에 한상네트워크를 구축하여 글로벌 사회에서 세계한인기업을 대상으로 수출, 수입, 투자, 기술도입이나 이전, 원재료의 조달, 기업정보 등을 상호협조하고 교류함으로써 상생할 수 있는 방안을 마련하는 것이다. 따라서 이 연구가 계속되지 못한다면 지난 3년간 중국 현지 조선족과 기업인들의 도움으로 해왔던 중국 한상연구가 자칫 사장되지 않을까 심히 염려된다. 한국이 재외동포들을 민족자산화하자는 취지 아래 뒤늦게 시작된 한상·문화 연구는 일본이나 다른 선진국에서는 한국보다 벌써 10년 정도 앞선 시기부터 연구를 진행해오고 있는 실정이다.

이 연구는 중국을 세계의 경제대열에 설 수 있도록 밑거름이 되고 있는 중국 화상네트워크를 벤치마킹하여 연구를 진행하였다. 따라서 향후 연구에서도 계속적으로 화상연구와 아울러 중국 조선족기업을 대상으로 하는 중국 한상연구를 진행하여 향후 화상과 같은 한상네트워크를 구축하여 중국 조선족기업과 재일동포기업 그리고 재미교포기업 및 러시아 고려인 기업 그리고 모국인 한국기업 간에 온라인 상에서 수출, 수입, 투자, 사업정보교환 등을 통하여 상생(win-win)할 수 있는 한상네트워크가 구축될 때까지 이 연구가 계속되어야 할 것이다.

참고문헌

1. 국내문헌

곤도 요시오(2004), 『중국진출기업 100문 100답』, 서울 : 매일경제신문사.

김시중(2003), "재중동포의 경제적 지위와 역할", 「코리안 디아스포라와 세계경제」, 서울 : 국제경제연구소.

김재기(2005), "중화경제권 화교네트워크의 부상과 조직적 특성에 관한 연구", 「대한정치학회보」, 12집 3호.

김익수(2005), 「중국기업의 글로벌화와 한국기업의 대응」, 서울 : 삼성경제연구소

______(2004), 『중국시장 마케팅』, 서울 : 박영사.

김숙련 · 김영림(2005), 「중국 연변」, 서울 : 김영사.

김현동 · 주인영(1999), 『재중동포사회 기초자료집 II : 중국 조선족 집거지역별 개괄』, 서울 : 재외동포재단.

김화섭(2004), 『중국의 해외직접투자 전략과 시사점』, 서울 : 산업연구원.

대외경제정책연구원(2003), 「2003 중국경제연보」, 서울 : 김 · 이 정보인쇄.

동북아정보문화센터(2003), 「중국 비즈니스 총람(上)」.

매일경제신문, 2005. 9. 26일자.

____________, 2006. 6. 20일자.

박정동 · 김경희(2003), 「거대한 소비시장 중국」, 서울 : Book&Book.

____________(2003), 「세계의 공장 중국」, 서울 : Book&Book.

박한진(2004), 「10년 후, 중국」, (주)해냄출판사.

______(2004),「화교 그리고 화상네트워크」, 월간조선.

설용수(2004), 「조선족 이야기」, 서울 : 미래문화사.

소영일(2006), 「중국경영전략」, 서울 : 지구문화사.

신국호(2004), 「중국, 기회인가 위협인가」, 서울 : 종합출판.

아주주간(2005), 국제화상500.

왕샤오핑·박정동(2004), 「화인형 기업경영」, 서울 : 삼성경제연구소..

요녕조선문보, 2003. 5.

유인경(2005), "중국 경영컨설팅 시장의 현황과 전망", 「중국학연구」31집 단행본.

이덕훈(2002), 「화교 경제의 생성과 발전」, 대전 : 한남대학교 출판부.

이영일·김병식(2001), "중국 스포츠산업의 현황과 전망", 「한국 스포츠 산업·
　　　경영학회지」제6권 1호, 한국 스포츠 산업 경영학회.

이장섭·임채완·최웅용 외(2006), 『중국조선족 기업의 경영활동』, 서울 :북코
　　　리아.

이종학(2003), "조선족의 도시이주와 사회적응에 관한 연구", 고려대학교 대학원
　　　석사학위논문.

이중우(2005), 「글로벌 경쟁시대의 네트워크 전략」, 서울 : 두양사.

이학규(1999), "화교기업의 특질과 전략적 제휴가능성", 「화교네트워크와 차이
　　　나타운 국제학술 심포지엄」, Modern&Clean Seoul Chinatown.

인민일보, 2004. 6. 15 「중국 관리자문업 발전 현상 분석」.

임채완·리단(2005), "화상과 한상네트워크의 현황비교", 「세계화상과 한상네트
　　　워크」, 세계한상·화상대회 개최기념 학술회의.

임허규(2003), 『CEO』를 위한 중국보고서』, 서울 : 자인.

정성호(2004), 「화교」, 서울 : 살림출판사.

정영록(2003), "화교 비즈니스 네트워크가 한국에 주는 함의", 「코리안 디아스포
　　　라와 세계경제」, 서울 : 국제경제연구소.

정헌석(2000), 『기업은 왜 망하는가?』, 서울 : 명경사.

조영복·김성규(2004), "네트워크 조직과 경영전략에 관한 연구", 「인적자원관
　　　리연구」제8집, 한국인적자원관리학회.

중국상무부(2003), 『중국대외직접투자공보』.

최웅용·임채완·이장섭 외(2005), 『중국 조선족사회의 경제환경』, 서울 : 집문당.

프린팅 코리아(www.printingkorea.co.kr).

코트라(2005), "중국기업의 해외투자 러시와 시사점", 코트라 동북아팀.

하나금융경영연구소(2005), 「China Report」, 서울 : 하나은행.

한국산업은행(2003), 「중국 심양의 투자가이드), 서울 : 다인 인쇄제품 유한공사.

홍인기(2006), 「최신 중국의 금융시장론」, 서울 : 박영사.

LI LONG · 고상영(2004), 「중국 컨설팅 서비스산업 급부상」, 서울 : KOTRA.

2. 국외문헌

「人民日報」 해외판(2003), 2003. 1. 9, 4면.

中國國家統計局, 『中國統計年鑑』, 1979~2004, 1992~2003년 각 연도판.

"中國企業 '走出去' 面面, (2003), 『國際先驅導報』.

王璞主編, 『在中國做管理咨詢』, 北京 : 機械工業出版社, 2003.

楊榮蘭(2000), 『中國 "硅谷" 來自中關村的前沿報道』, 北京 : 北京郵電大學出版社.

"Chinese Firms Encouraged to Invest Overseas : Bank"(2003), People's Daily online.

"Chinese Firms Expand Overseas Investment"(2004), Asian Wall Street journal, Aug. 2.

"Chinese Firms Step Up Overseas Expansion"(2002), China Daily.

"China Simplifies Investment Procedures"(2004), China Daily. Oct. 12, 2004 ; "China Eases Way for Overseas Investment by Local Firms", Dow Jones Website.

Gilligan, C. and Hird, M.(1986), International Marketing : Strategy and Management, Croom Helm.

Hiroshi Matsunu&Elly Lin(2003), The Globalization of Chinese Companies&Advances into Japan, NRI paper NO. 68, 2003. 9.

Invest Korea(1991~2005).

| **부록 1** |

설문지 양식

중국 조선족기업 네트워크 실태조사 설문지

안녕하십니까?

우리나라 경제의 비약적인 발전과 더불어 우리 생활의 질도 날로 양상되고 있습니다. 본 설문의 목적은 조선족기업의 네트워크 실태를 파악하고 그 우려성을 분석하는 데 두었습니다. 우리나라 제3단계 경제발전 목표를 실현하고 더불어 조선족기업의 네트워크를 자신의 특점에 알맞게 합리화함으로써 삶의 질을 제고하는 데 많은 도움이 되리라 기대하면서 여러분의 다함없는 지지와 방조를 부탁드립니다.

응답해 주신 내용은 학술적인 연구목적으로만 사용되며 귀하께는 조금도 루가 되는 일이 없을 것임을 알려드립니다. 귀하의 응답내용과 귀사의 회사소개 자료나 광고홍보자료는 저희 연구에서 매우 중요하며, 조선족기업의 네트워크 실태를 파악하는데 귀중한 자료로 사용될 것입니다. 따라서 회사소개 자료나 광고홍보자료를 설문지에 첨부해 주시면 연구에 많은 도움이 되겠습니다.

귀하의 협조를 부탁드리며 본 조사를 위해 소중한 시간을 내 주셔서 진심으로 감사드립니다. 다가오는 새로운 한해 가내 행복하시고 하시는 일마다 뜻대로 이루어지시길 진심으로 축원합니다.

2006년 1월
중국 한상팀

연구책임자 : 최웅용(전남대학교 경영대학 교수)
e-mail : uychoi@chonnam.ac.kr
전임연구원 : 이장섭(전남대학교 사회과학연구원 연구교수)
e-mail : jslee3337@hanmail.net
연락처 : 82+62+530-1476, 82+11+646-3184, 82+19+659-3337
Fax : 82+62+530-2707
주관 : 세계한상·문화연구단
후원 : 대한민국 교육인적자원부 한국학술진흥재단

> Ⅰ. 먼저 귀사의 '일반현황'에 대한 설문입니다. 해당되는 란에 기입하거나 해당 번호에 "∨" 표시해 주십시오.

1. 귀사의 회사명은 무엇입니까? (회사명:)

2. 설립연도는 언제입니까?   (년)

3. 귀사는 어떤 형태의 회사입니까?

   ① 사영독자기업

   ② 사영합자기업

   ③ 사영합작기업

   ④ 기타(   )

4. 귀사의 주력 업종은 무엇입니까? (업종의 구체적인 내용을 쓰십시오)
   예:음식업(냉면집)   (   )

5. 2005년 12월말 현재 귀사의 종업원 수는 총 몇 명입니까? 총 (명)

   1) 위의 종업원을 출신 민족별로 구분하면 각각 몇 명씩입니까?
    조선족(명), 한족(명), 기타(명)

> Ⅱ. 다음은 귀사가 거래나 교류하고 있는 중국내 기업 및 해외(한국 포함)기업과의 네트워크에 대한 질문입니다. 해당되는 란에 기입하거나 해당 번호에 "∨" 표시해 주십시오.

1. 다음은 중국 내에 있는 '조선족기업'과의 네트워크에 대한 질문입니다.

   1) 귀사가 경영활동상 가장 많이 활용하고 있는 네트워크는 무엇입니까?
    (중요한 순서대로 번호 2개를 선택하십시오)
    제1순위(   ), 제2순위(   )

    ① 혈연   ② 지연   ③ 업연(동일업종)

    ④ 학연   ⑤ 물연(동일상품)   ⑥ 신연(동일종교)

    ⑦ 기타(   )

2) 귀사가 소재하고 있는 지역이나 다른 지역의 기업 중 사업상 상호협
   력이나 교류관계에 있는 조선족기업이 있습니까?
   ① 있다 → 아래 (1), (2), (3)번에 응답
   ② 없다 → 아래 (4)번에 응답

<table>
<tr><td>

(1) 어떤 것들을 상호협력이나 교류하였습니까?
　(중요한 순서대로 번호 2개를 선택하십시오)
　제1순위(　　　), 　제2순위(　　　)
　① 원재료·제품조달
　② 투자 및 자본조달
　③ 기술제휴　　　④ 사업정보교환
　⑤ 판로개척　　　⑥ 합자·합작
　⑦ 기타(　　　)

(2) 조선족기업과의 상호협력이나 교류 비중은?
　① 매우 작은 편임
　② 작은 편임
　③ 보통
　④ 많은 편임
　⑤ 매우 많은 편임

</td><td>

(3) 그 성과는 어떠했습니까?
　① 매우 불만족　　② 불만족
　③ 보통　　　　　④ 만족
　⑤ 매우 만족

(4) 상호협력이나 교류관계가 없는 이유는 무엇
입니까?
　(중요한 순서대로 번호 2개를 선택하십시오)
　제1순위(　　　), 　제2순위(　　　)
　① 상호협력이나 교류의 필요성을 못느낌
　② 신뢰할 만한 기업이 없음
　③ 조선족기업과의 상호협력이나 교류하는
　　　것이 불편함
　④ 경쟁업체이니까
　⑤ 특별한 이유는 없음
　⑥ 기타(　　　)

</td></tr>
</table>

3) 귀사 소재 지역내 또는 다른 지역 조선족기업과의 상호협력이나 교류
   의 장애요인은 무엇이라고 생각하십니까? (중요한 순서대로 번호 2개
   를 선택하십시오)　제1순위(　　　), 　제2순위(　　　)
   ① 치열한 경쟁
   ② 조선족기업협회의 매개역할 미비
   ③ 신뢰성 있는 기업이 없음
   ④ 원활한 정보네트워크 부족
   ⑤ 기업가정신과 상도의 부재
   ⑥ 기타(　　　　　　　　　)

4) 조선족기업 상호간 협력이나 교류를 활성화하기 위한 방안은 무엇이라고 생각하십니까? (중요한 순서대로 번호 2개를 선택하십시오)

제1순위(   ),   제2순위(   )

① 자발적 정보제공과 협조체제 구축

② 조선족기업협회의 통합

③ 상호 경쟁보다는 상생의 마인드를 길러야 함

④ 한국정부(재외동포재단)의 적극적인 지원

⑤ 기타(   )

2. 중국내에는 현재 약 5만 여 개(흑룡강신문사 조사)의 '한국투자기업'이 있습니다. 다음은 귀사의 '한국투자기업'과 상호협력이나 교류관계에 대한 질문입니다.

1) 중국내에 있는 한국투자기업과 상호협력이나 교류를 한 적이 있습니까?

① 있다 → 아래 (1), (2), (3)번에 응답

② 없다 → 아래 (4)번에 응답

(1) 어떤 것들을 상호협력이나 교류하였습니까? (중요한 순서대로 번호 2개를 선택하십시오) 제1순위( ), 제2순위( ) ① 원재료·제품조달 ② 투자 및 자본조달 ③ 기술제휴 ④ 사업정보교환 ⑤ 판로개척 ⑥ 합자·합작 ⑦ 기타( )	(3) 그 성과는 어떠했습니까? ① 매우 불만족 ② 불만족 ③ 보통 ④ 만족 ⑤ 매우만족
(2) 한국투자기업과의 상호협력이나 교류 비중은? ① 매우 작은 편임 ② 작은 편임 ③ 보통 ④ 많은 편임 ⑤ 매우 많은 편임	(4) 상호협력이나 교류관계가 없는 이유는 무엇입니까? (중요한 순서대로 번호 2개를 선택하십시오) 제1순위( ), 제2순위( ) ① 상호협력이나 교류의 필요성을 못느낌 ② 신뢰할 만한 기업이 없음 ③ 한국투자기업과의 상호협력이나 교류하는 것이 불편함 ④ 경쟁업체이니까 ⑤ 특별한 이유는 없음 ⑥ 기타( )

2) 귀사 소재 지역내 또는 타지역 한국투자기업과의 상호협력이나 교류의 장애요인은 무엇이라고 생각하십니까? (중요한 순서대로 번호 2개를 선택하십시오)   제1순위(   ),   제2순위(   )
　① 치열한 경쟁
　② 중국한국상회나 조선족기업협회의 매개역할 부족
　③ 신뢰성 있는 기업이 없음
　④ 상호간 원활한 정보네트워크 부족
　⑤ 기업가정신과 상도의 부재
　⑥ 기타(   )

3) 조선족기업과 한국투자기업 상호간 협력이나 교류를 활성화하기 위한 방안은 무엇이라고 생각하십니까? (중요한 순서대로 번호 2개를 선택하십시오)   제1순위(   ),   제2순위(   )
　① 상호간 정보제공과 적극협조
　② 정기적인 교류를 통한 활성화
　③ 상호경쟁보다는 상생의 마인드를 길러야 함
　④ 중국 주재 한국대사관의 역할기대
　⑤ 기업간 상품전시회 개최
　⑥ 기타(   )

3. 다음은 현재 '한국에 있는 기업'과의 상호협력이나 교류관계에 대한 질문입니다.

1) 귀사는 한국에 있는 기업과 사업상 상호협력이나 교류를 한 적이 있습니까?
　① 있다 → 아래 (1), (2), (3)번에 응답
　② 없다 → 아래 (4)번에 응답

<table>
<tr><td>

(1) 어떤 것들을 상호협력이나 교류하였습니까?

　(중요한 순서대로 번호 2개를 선택하십시오)

　제1순위(　　　), 제2순위(　　　)

　① 원재료 · 제품조달

　② 투자 및 자본조달

　③ 기술제휴　　　④ 사업정보교환

　⑤ 판로개척　　　⑥ 합자 · 합작

　⑦ 기타(　　　　　　　　)

(2) 한국투자기업과의 상호협력이나 교류 비중은?

　① 매우 작은 편임

　② 작은 편임

　③ 보통

　④ 많은 편임

　⑤ 매우 많은 편임

</td><td>

(3) 그 성과는 어떠했습니까?

　① 매우 불만족　　② 불만족

　③ 보통　　　　　④ 만족

　⑤ 매우 만족

(4) 상호협력이나 교류관계가 없는 이유는 무엇입니까?

　(중요한 순서대로 번호 2개를 선택하십시오)

　제1순위(　　　), 제2순위(　　　)

　① 상호협력이나 교류의 필요성을 못느낌

　② 신뢰할 만한 기업이 없음

　③ 상호협력이나 교류하는 것이 불편함

　④ 경쟁업체이니까

　⑤ 특별한 이유는 없음

　⑥ 기타(　　　　　　)

</td></tr>
</table>

2) 귀사는 한국에 있는 기업과 상호협력이나 교류의 장애요인은 무엇이라고 생각하십니까? (중요한 순서대로 번호 2개를 선택하십시오)

제1순위(　　　　), 제2순위(　　　　)

　① 상호 원활한 정보네트워크 부족

　② 한국정부의 재외동포정책 미흡

　③ 온라인상의 한상네트워크 구축 미비

　④ 조선족기업의 상호협력이나 교류정신 부족

　⑤ 기타(　　　　　　　　　　　)

3) 조선족기업과 한국에 있는 기업 상호간 협력이나 교류를 활성화하기 위한 방안은 무엇이라고 생각하십니까? (중요한 순서대로 번호 2개를 선택하십시오) 제1순위(　　　　), 제2순위(　　　　)

　① 온라인상의 한상네트워크 구축

　② 한국상회 등을 통한 한국기업의 정보 제공 및 홍보

　③ 상호경쟁보다는 상생의 마인드를 길러야 함

　④ 한국정부의 중국 조선족기업을 위한 우대정책

　⑤ 기타(　　　　　　　　　　　　　　　)

4. 다음은 중국이나 기타 외국에 있는 다음의 기업과의 상호협력이나 교류에 관한 질문입니다. 해당란에 "√" 표시하십시오.

교류품목 \ 기업구분	중국기업과의 교류		중국내외국기업과의 (한국투자기업 제외)교류		해외 외국기업과의 (한국기업 제외)교류		화상기업과의 교류	
	있다	없다	있다	없다	있다	없다	있다	없다
① 원재료·제품조달								
② 투자 및 자본조달								
③ 기술제휴								
④ 사업정보교환								
⑤ 판로개척								
⑥ 합자·합작								
⑦ 기타								

5. 다음은 대학(연구소), 정부기관, 금융기관, 단체와의 네트워크에 대한 질문입니다.

    1) 귀사는 중국 및 한국대학(연구소)과의 산학협력 관계가 체결되어 있습니까?

        ① 있다 → 2)번으로

        ② 없다 → 3)번으로

    2) 체결되어 있다면, 주로 어떤 부문을 상호협력하고 있습니까?
       (중요한 순서대로 번호 2개를 선택하십시오)
       제1순위(   ), 제2순위(   )

       ① 채용(인턴십)   ② 교육서비스

       ③ 기술개발   ④ 경영자문

       ⑤ 인력개발   ⑥ 제품개발

       ⑦ 기타(   )

3) 체결되어 있지 않다면, 그 이유는 무엇입니까?
   ① 기업환경 열악   ② 자금문제
   ③ 대학과의 네트워크 부재   ④ 필요성을 못 느껴서
   ⑤ 기타(   )

4) 귀사는 향후 어떤 부문의 산학협력체계를 원하십니까?
   (우선순위로 2가지 번호를 선택하십시오.)
   제1순위(   ),   제2순위(   )
   ① 채용(인턴십)   ② 교육서비스
   ③ 기술개발   ④ 경영자문
   ⑤ 인력개발   ⑥ 제품개발
   ⑦ 기타(   )

5) 귀하는 '민족금융기관'의 설립이 필요하다고 생각하십니까?
   ① 예   ② 아니오

6) 귀사는 사업상 어떤 단체나 조직에 참여하고 있습니까? (복수선택)
   ① 조선족기업협회   ② 조선족기업인골프협회
   ③ 조선족기독실업인협회   ④ 동종업종 기업인협회
   ⑤ 기업인 친목단체   ⑥ 기타(   )

7) 귀사가 조직이나 단체에 참여함으로써 사업활동상 어떤 도움이 됩니까?(복수응답)
   ① 사업정보 교환   ② 인적네트워크 구축
   ③ 판로 및 시장개척   ④ 자금조달 용이
   ⑤ 경영자문   ⑥ 수출입 용이
   ⑦ 노동력조달 용이   ⑧ 기타(   )

8) 귀사는 중국진출 한국기업의 조직인 한국상회나 코트라 등 기업관련 단체와 상호교류가 있습니까?

　① 있다 → 10)번으로　　　　　② 없다 → 11)번으로

9) 상호교류가 있다면, 어떠한 연유로 교류하게 됐습니까?

　① 같은 민족단체이니까

　② 합자나 합작을 위해서

　③ 선진 경영기법의 도입을 위해서

　④ 한국으로의 진출을 위해서

　⑤ 기타(　　　　　　　　　　)

10) 상호 교류가 없다면, 향후 교류를 추진하시겠습니까?

　① 하겠다　　　　　　　　　② 하지 않겠다

11) 귀사의 기업활동에 '온라인 화상네트워크'를 현재 어느 정도 활용하고 계십니까?

　① 전혀 활용하지 않음　　　② 활용하지 않음

　③ 보통　　　　　　　　　　④ 자주 활용함

　⑤ 매우 자주 활용함

12) 온라인상 '한상네트워크'(한인기업의 포탈사이트)를 구축한다면, 그것을 통하여 귀사가 가장 먼저 얻고 싶은 정보는 무엇입니까?
(중요한 순서대로 번호 2개를 선택하십시오)
제1순위(　　　　), 제2순위(　　　　)

　① 해외한상기업의 수출입정보

　② 자본유치 및 투자정보

　③ 인력채용정보

　④ 중국 및 해외시장개척

　⑤ 해외한상기업의 기술 및 상품정보

　⑥ 기타(　　　　　　　　　　　　　)

Ⅲ. 다음은 귀사가 상호협력이나 교류하고 있는 중국내 기업 및 해외(한국 포함)기업과의 수출(기술이전), 수입(기술도입), 투자에 대한 질문입니다. 해당되는 란에 기입하거나 해당 번호에 "√" 표시해 주십시오.

1. 다음은 중국내 기업 및 해외(한국 포함)기업과의 수출 및 기술이전에 대한 질문입니다.

   1) 귀사는 수출을 하고 있습니까?

      ① 하고 있다 → 2)번으로

      ② 하고 있지 않다 → 6)번으로

   2) 수출을 하고 있다면, 주요 수출 대상국은? (복수응답 가능)

① 한국	② 미국	③ 일본
④ 러시아 · 중앙아시아	⑤ 유럽	⑥ 기타(　　　　　)

   3) 귀사의 최근 3년간 수출실적을 기입하여 주십시오.

연 도	2003년	2004년	2005년
총수출액	위안	위안	위안

   4) 귀사의 주요수출품은 무엇입니까? (복수응답 가능)

① 섬유 및 의류, 완구	② 가구 및 설비, 주방용품
③ 화학 · 유류 · 고무 · 피혁제품	④ 금속 및 합금
⑤ 전기 · 전자 · 기계 기구제조	⑥ 운송장비
⑦ 음식가공	⑧ 기타(　　　　　　)

5) 귀사가 해외 수출을 할 때, 가장 큰 경쟁자는 누구입니까? (우선순위로 2가지만 선택하십시오) 제1순위(   ), 제2순위(   )
  ① 중국 조선족기업   ② 중국기업
  ③ 중국진출 한국기업   ④ 한국기업
  ⑤ 중국진출 외국기업   ⑥ 외국기업
  ⑦ 해외동포기업   ⑧ 화상기업
  ⑨ 기타(   )

6) 귀사는 중국내 기업 및 해외(한국 포함)기업에 기술을 이전한 적이 있습니까?
  ① 있다 → 7)번으로   ② 없다

7) 있다면, 어떤 형태의 기술을 이전하였습니까? (복수응답 가능)
  ① 특허권   ② 상표권   ③ 기술공정
  ④ 실용신안권   ⑤ 경영관리   ⑥ 기타(

8) 귀사는 어느 기업에 기술을 이전하였습니까? (우선순위로 2가지만 선택하십시오)   제1순위(   ), 제2순위(   )
  ① 중국 조선족기업   ② 중국기업
  ③ 중국진출 한국기업   ④ 한국기업
  ⑤ 중국진출 외국기업   ⑥ 외국기업
  ⑦ 해외동포기업   ⑧ 화상기업
  ⑨ 기타(   )

2. 다음은 중국내 기업 및 해외(한국 포함)기업과의 수입 및 기술도입에 대한 질문입니다.
  1) 귀사는 수입을 하고 있습니까?
    ① 하고 있다 → 2)번으로
    ② 하고 있지 않다

2) 수입을 하고 있다면, 주요 수입 대상국은? (복수응답 가능)
　① 한국　　　　　　　　② 미국　　　　　　③ 일본
　④ 러시아·중앙아시아　⑤ 유럽　　　　　　⑥ 기타(　　　　　)

3) 귀사의 최근 3년간 수입실적을 기입하여 주십시오.

연 도	2003년	2004년	2005년
총수입액	위안	위안	위안

4) 귀사의 주요 수입품의 성격은 무엇입니까?
　① 자사제품 제조에 필요한 원재료
　② 자사제품 제조에 필요한 부분품
　③ 일반 판매를 위한 원재료
　④ 일반 판매를 위한 완제품 및 부분품
　⑤ 기타(　　　　)

5) 귀사는 기술을 도입하고 있습니까?
　① 하고 있다 → 6)번으로
　② 하고 있지 않다

6) 기술을 도입하고 있다면, 주로 어디에서 도입합니까? (우선순위로 2
　가지만 선택하십시오) 제1순위(　　　　), 제2순위(　　　　)
　① 중국 조선족기업　　　　　② 중국기업
　③ 중국진출 한국기업　　　　④ 한국기업
　⑤ 중국진출 외국기업　　　　⑥ 외국기업
　⑦ 해외동포기업　　　　　　⑧ 화상기업
　⑨ 기타(　　　　　　　　)

7) 귀사가 도입한 기술의 형태는 어떤 것입니까? (복수응답 가능)

① 특허권　　　　　　② 상표권　　　　　　③ 기술공정

④ 실용신안권　　　　⑤ 경영관리　　　　　⑥ 플랜트수입

⑦ 기타(　　　　　　)

3. 다음은 중국내 기업 및 해외(한국 포함)기업과의 투자에 대한 질문입니다.

1) 귀사는 투자를 하고 있습니까?

① 하고 있다 → 2)번으로

② 하고 있지 않다 → 5)번으로

2) 투자를 하고 있다면, 대상기업은 어디입니까?　(우선순위로 2가지만 선택하십시오) 제1순위(　　　　), 제2순위(　　　　　)

① 중국 조선족기업　　　　　　② 중국기업

③ 중국진출 한국기업　　　　　④ 한국기업

⑤ 중국진출 외국기업　　　　　⑥ 외국기업

⑦ 해외동포기업　　　　　　　⑧ 화상기업

⑨ 기타(　　　　　　　)

3) 귀사의 최근 3년간 투자실적을 기입하여 주십시오.

연 도	2003년	2004년	2005년
총투자액	위안	위안	위안

4) 귀사가 투자를 하고 있는 목적은 무엇입니까?　(우선순위로 2가지만 선택하십시오) 제1순위(　　　　), 제2순위(　　　　　)

① 원료확보　　　　　　② 시장확보

③ 원가절감　　　　　　④ 새로운 기술습득

⑤ 기타(　　　　　　　)

5) 귀사는 한국에의 투자를 고려하고 있습니까?

   ① 있다 → 6)번으로   ② 없다

6) 고려하고 있다면, 투자시 한국정부에 어떤 점을 요구하고 싶습니까?
(우선순위로 2가지만 선택하십시오.)
제1순위(   ), 제2순위(   )

   ① 법제도의 정비   ② 경제인프라 구축

   ③ 외자우대 정책   ④ 한상투자 우대정책

   ⑤ 내국민 대우   ⑥ 재외국민 우대조치

   ⑦ 조선족과 자녀의 한국취업 및 진학시 우대

   ⑧ 기타(   )

Ⅳ. 귀사의 아래 사항에 대해서 기록하여 주십시오.

1. 소재지 및 전화번호는 무엇입니까?

주 소			
전화번호		팩 스	
홈페이지		이메일	

2. 귀사 대표자의 인적사항에 대해서 기록하여 주십시오.

성 명		연 령	세
성 별	남 여	고 향	성 시

〈수고하셨습니다. 대단히 감사합니다.〉

| 부록 2 |
면담양식

심층면접 내용

1) 기업정보

회사명			대표자명	(세)
소재지			전화번호	
			E-mail	
회사형태	독자, 합자, 합작, ( )		업태 및 업종	( )

자본	창업자본금		주식 출자 상황		
			총주식수	주주수	대주주
	총자본				

종업원수	조선족	명	합계 (명)
	한족	명	
	기타	명	

창업	년	월	일
연간매출액	2003년	2004년	2005년	2006년 판매목표
사훈			

2) 경영이념과 경영전략

면 접 항 목	내용요약
• 사업동기와 만족도는	
• 경영자의 개인적·사회적 배경은	
• 회사의 발전과정 (경영상태)에 대해서	
• 경영자의 가치관과 기업문화는	
• 회사의 약점과 강점은	
• 기업의 성장전략은 (예) 기술, 시장확대, 무역 등	
• 주력제품 서비스는 (고객만족 서비스)	
• 현지진출 한국기업과의 관련성 및 제휴 희망	

3) 한상네트워크

• 화상네트워크에 대한 의견	

한상 네트워크의 필요성 (조선족기업)	• 조선족기업	
	• 중국진출 한국기업	
	• 한국에 있는 기업	
	• 해외 (일본 등) 조선족기업	
	• 기타 (중국기업, 중국내 외국기업, 해외 외국기업)	
	• 대학·정부·금융 기관·단체 등	
• 향후 계획은?		

찾아보기

(ㄹ)

(ㅁ)

(ㅂ)

(ㅅ)

(ㅇ)

(ㅋ)

(ㅌ)

(ㅍ)

(ㅎ)

저자

임채완 전남대학교 정치외교학과 교수, 전남대학교 세계한상·문화연구단 단장, 정치사회학박사
Chaewan Lim

이장섭 전남대학교 세계한상·문화연구단 전임연구원, 경영학박사
Jangsub Lee

최웅용 전남대학교 경영대학 교수, 경영학박사
Ungyong Choi

김재기 전남대학교 정치외교학과 조교수, 정치학박사
Jaigi Kim

전남대학교 세계한상·문화연구 3차총서 ❸

중국조선족 기업의 네트워크

2007년 12월 20일 초판 인쇄
2007년 12월 25일 초판 발행

지 은 이　임채완, 이장섭, 최웅용, 김재기
펴 낸 이　이찬규
펴 낸 곳　**북코리아**
등록번호　제03-01240호
주　　소　121-020　마포구 공덕동 115-13번지 201호
전　　화　(02) 704-7840
팩　　스　(02) 704-7848
이 메 일　sunhaksa@korea.com
홈페이지　www.ibookorea.com

값 18,000원

ISBN 978-89-92521-50-5 94320
ISBN 978-89-92521-47-5(전11권)

이 총서는 2003년도 한국학술진흥재단의 지원에 의하여 연구되었음
(KRF-2003-072-BL2002)